노인복지론

제2판

김영미

YANGSEOWON
양서원

preface

머리말

고령사회에서 노인의 삶의 질 향상을 위한 노력

옛날 어느 작은 마을에서 고령사회의 도래가 느껴지기 시작했다. 그 마을의 노인들은 삶의 경험과 기여를 통해 가치 있는 구성원으로 존중받고 있었다. 마을 사람들은 노인들의 이야기를 듣고자 하였고, 노인들은 자신의 지혜를 어린 세대에게 전하며 새로운 유익한 소통이 이뤄져 갔다.

마을 정부는 고령사회를 대비하여 노인들을 위한 다양한 정책을 마련하고 있었다. 노인소득보장, 노인고용보장, 노인건강보장, 노인주거보장 등의 정책은 노인들이 안정적으로 노후를 보낼 수 있도록 지원하고 있었다. 이로써 노인들은 자립적으로 삶을 영위할 수 있었다.

또한, 마을에서는 노인들을 위한 다양한 복지서비스가 운영되고 있었다. 다양한 복지서비스, 노인상담과 의사소통, 노인평생교육, 노인여가활동 등은 노인들이 사회와 연결되며 의미 있는 삶을 누릴 수 있도록 도움을 주고 있었다. 이는 마을 사람들 간의 유대감을 증진시키고 노인들의 사회 참여를 촉진했다.

하지만 마을에서는 여전히 도전과 과제가 남아있었다. 치매로 고통받는 노인들을 위한 치매관리 프로그램이 시작되었지만, 노인들에게 더 많은 지원이 필요한 상황이었다. 노인인권을 보호하고 노인학대를 예방하기 위한 노력도 계속되고 있었다. 또한, 호스피스와 웰다잉서비스를 통해 말기환자 노인들이 편안하고 존엄한 삶을 마감할 수 있도록 지원하고 있었다.

이러한 정책과 서비스들은 고령친화산업의 발전을 촉진시키고 있었다. 노인들의 다양한 맞춤형 서비스와 혁신적인 솔루션들이 제공되어 고령사회를 더욱 풍요롭게 만들어가고 있었다.

마을은 노인들과 젊은 세대, 그리고 정부와 함께 노인들의 행복하고 건강한 삶을 위해 협력하고 있었다. 이제 마을은 더 나은 미래를 향해 함께 나아가며, 모든 세대가 평등하게 풍요로운 삶을 누릴 수 있는 공동체로 성장하고 있었다.

이 이야기는 고령사회에서 노인의 삶의 질 향상을 위한 노력을 다룬 것으로, 다음과 같은 내용을 담고 있습니다.

- 노인들이 사회 구성원으로 존중받고, 노인들의 삶의 경험과 지혜가 가치 있게 활용되는 공동체
- 노인들이 안정적인 노후를 보낼 수 있도록 지원하는 정책과 서비스
- 노인들이 사회와 연결되고 의미 있는 삶을 누릴 수 있도록 돕는 복지 서비스
- 노인들의 다양한 욕구를 충족시키기 위한 고령친화산업의 발전
- 노인, 젊은 세대, 정부의 협력

이러한 노력들은 고령사회에서 노인의 삶의 질 향상을 위해 매우 중요하다고 할 수 있습니다. 노인들이 존중받고, 안정적인 삶을 누리고, 사회와 연결될 수 있다면, 그들은 더 행복하고 건강한 삶을 살 수 있을 것입니다. 또한, 노인들의 경험과 지혜가 사회에 기여한다면 더 나은 공동체를 만들 수 있을 것입니다.

이 이야기는 고령사회를 맞이한 우리 사회가 나아가야 할 방향을 제시해 줍니다. 노인들의 삶의 질 향상을 위해 다양한 정책과 서비스를 마련하고, 노인과 젊은 세대가 함께 협력하여 더 나은 미래를 만들어 나가야 할 것입니다.

2024년 2월

김 영 미

차례

PART 03 노인복지 관련 주요 이슈

PART 01

고령사회와 노인의 이해

Chapter 01 고령사회와 노인

Chapter 02 노화와 주요 이론

CHAPTER 01

고령사회와 노인

학습목표

- 인구고령화와 고령사회 현상에 대해 알 수 있다.
- 노화 및 노인의 정의에 대해 알 수 있다.
- 인구고령화로 인한 문제 및 그 해결방안에 대해 알 수 있다.

1. 인구고령화와 고령사회 현상

1) 인구고령화사회의 도래

인구고령화사회의 도래는 현재와 미래의 사회적·경제적 변화를 형성하는 중요한 흐름 중 하나이다. 이는 인구구조의 변화와 함께 주로 평균 수명의 증가, 출생률의 감소 등으로 인해 고령인구 비중이 상대적으로 증가하는 추세를 의미한다.

(1) 인구고령화 현상

인구고령화는 한 사회의 인구 구성에서 노년 인구(65세 이상)의 비율이 점점 높아지는 현상으로, 노령화라고도 한다. 노인인구 증가의 주요 원인은 사회

경제 발전과 보건의료기술 발전이라고 볼 수 있다. 이로 인해 사람들의 평균 수명이 증가하고, 건강한 노년을 살아갈 수 있는 환경이 조성되었으며, 교육 수준의 상승은 건강한 생활 습관, 의학적 정보에 대한 이해 증가 등을 통해 노인들의 건강을 유지하는 데 기여했다. 또한 높은 교육 수준은 노년층에서도 적극적인 건강관리가 가능하게 했으며 국민의 건강에 대한 관심 증가로 인해 사회적으로 건강에 대한 인식이 높아지면서 예방적 건강 관리와 정기적인 의료검진이 보다 보편화되었으며 이로써 만성질환 예방 및 조기 발견이 가능해져 노인들의 건강이 더 잘 유지되고 있다. 그로 인해 생활수준이 향상되고 안전한 환경이 개선되면서 국가의 경제적 성장은 생활수준을 높이고 안전한 환경을 조성하였다. 삶의 질이 향상되면서 노인들이 활동적이고 건강한 삶을 누릴 수 있는 환경이 조성된 것을 인구고령화의 원인으로 볼 수 있다. 산업사회의 변화와 출생률의 감소도 그 원인으로 볼 수 있는데 산업화와 기술 발전으로 노동력이 대체되면서 가족 구조와 가치관이 변화했다. 이에 따라 출생률이 크게 감소하면서 전체 인구 중 노인인구의 상대적 비율이 높아지게 되었다. 이러한 원인들이 복합적으로 작용하여 인구고령화 현상이 발생하며, 이는 사회적 · 경제적인 변화와 함께 다양한 정책적 대응이 필요한 중요한 사회현상으로 인식되고 있다.

(2) 노인인구의 증가

우리나라는 1960년 이후 지속적으로 노인인구가 증가하여 2000년에는 노인인구 비율이 7.2%로서 고령화사회로 진입했다. 2018년에는 노인인구가 14%를 넘는 고령사회로 변화했고, 2025년에는 노인인구가 20% 이상이 넘는 초고령사회로 진입할 것으로 예상된다. 유엔의 인구 전망에 따르면, 세계적으로 2050년까지 전 세계 인구 중 22%가 65세 이상의 노년 인구로 구성될 것으로 예상된다. 이는 매우 빠른 속도로 진행 중인 전 세계적인 현상이다.

국제연합(UN)은 전체 인구에서 노년층의 비율을 기준으로 사회를 구분하고 있다. 전체 인구에서 노년층의 비율이 7% 이상인 사회를 고령화사회(Aging Society), 14% 이상이 넘으면 고령사회(Aged Society), 20% 이상인 사회를 초고령사회(Post-aged Society)로 구분하고 있다.

- 고령화사회(Aging Society): 전체 인구에서 노년층의 비율이 7% 이상인 사회
- 고령사회(Aged Society): 전체 인구에시 노년층의 비율이 14% 이상인 사회
- 초고령사회(Post-aged Society): 전체 인구에서 노년층의 비율이 20% 이상인 사회

고령화는 한 사회의 인구 구성에서 노년 인구(65세 이상)의 비율이 점점 높아지는 현상으로, 유소년층(만 0~14세)의 인구의 급속한 감소는 점차 사회의 주역을 이루는 청장년층(15~64세, 생산가능인구)의 감소를 가져왔고, 상대적으로 더 빠른 노령화가 일어나는 요인이 되고 있다. 이로 인해 오늘날 고령화는 단순한 사회 현상이 아니라 사회 전반적인 구조의 변화를 초래하는 심각한 사회문제로 인식되고 있다.

(3) 노인인구의 상대적 규모

노인인구의 상대적 규모를 나타내는 지표들은 사회의 노령화 수준을 평가하고, 노인인구의 상대적 규모에 따른 여러 사회 및 경제적 영향을 이해하는 데 도움을 준다.

표 1-1 노인인구의 상대적 규모를 나타내는 지표

구 분	내 용
고령화 지수	• 고령화 지수는 65세 이상 인구의 수를 15세 미만 인구수로 나눈 후 100을 곱한 값 • 고령화 지수가 100보다 크면 노인인구가 상대적으로 크다는 것을 의미하며, 값이 높을수록 고령화 정도가 심하다고 판단된다.
노령화 지수	• 노령화 지수는 65세 이상 인구를 100명으로 하는 전체 인구 중의 비율로 나타낸 값 • 노령화 지수가 높을수록 노인인구의 상대적인 비중이 높다는 것을 의미하며, 이는 노령화가 진행 중임을 나타낸다.
고령인구 비율	• 전체 인구 중 65세 이상 인구의 비율을 나타내는 지표 • 고령인구 비율이 높을수록 노인인구의 상대적인 규모가 크다는 것을 의미하며, 사회의 노령화 정도를 나타낸다.
평균 기대 수명	• 평균 기대 수명은 특정 연령에서 출생한 인구가 평균적으로 얼마나 살 것으로 예상되는지를 나타내는 통계적 지표 • 일반적으로 출생 시 예상 수명을 나타낸다. • 높은 평균 기대 수명은 일반적으로 건강하고 안전한 환경에서 살아가고 있는 인구를 나타낸다. 이는 의료 기술의 발전, 올바른 영양, 생활 습관 등이 개선되었음을 시사할 수 있다.
고령인구 비율의 변화율	• 특정 기간 동안 고령인구 비율이 어떻게 변화했는지를 나타내는 지표 • 고령인구 비율의 변화율이 크면 해당 기간 동안 노령화가 빠르게 진행되고 있음을 나타낸다.

노인인구의 상대적 규모를 나타내는 지표는 사회가 얼마나 노령화되었는지를 측정하는 데 도움을 주며, 높은 고령화 지수 및 노령화 지수는 노인인구의 상대적 비중이 높다는 것을 나타낸다. 또한, 사회적 부양비 파악을 위한 노령화 지수는 아동 및 생산 연령 인구 대비 노인인구의 비율을 나타내므로, 사회적 부양비를 측정하는 데 사용된다. 높은 부양비는 노인 부양에 대한 사회적 책임이 높아지고 있음을 나타내며, 노동시장 영향 평가를 위한 노령화 지수는 생산 연령 인구 대비 노인인구의 비율을 나타내어 노동시장에 미치는 영향을 평가하는 데 사용된다. 높은 노령화 지수는 노동력의 감소와 노동시장의 변화를 시사할 수 있다. 아울러 사회복지 및 의료서비스

수요 예측을 통한 고령인구 비율과 초고령인구 비율은 사회복지 및 의료서비스에 대한 수요의 증가를 나타내므로, 정부와 기관은 이를 통해 미래의 서비스 수요를 예측하고 대비할 수 있다. 노인인구의 상대적 규모를 나타내는 지표는 정책 및 서비스 계획 수립을 위해 노인인구의 상대적 규모를 이해하고, 이에 따른 사회적·경제적 영향을 예측하여 적절한 정책 및 서비스를 계획하는 데 활용된다.

노인인구의 상대적 규모를 나타내는 지표들은 미래의 사회 구조와 동향을 예측하고, 이에 대비하여 사회적으로 지속 가능하고 안전한 환경을 조성하는 데 도움을 주는 중요한 도구이다.

(4) 인구문제에 따른 변화

인구문제는 지역에 따라 다를 뿐만 아니라 시대에 따라서도 변화한다. 우리나라의 경우, 1960년대 이후 인구가 급격히 증가하자 가족계획 정책을 시행하여 출산을 억제하였다. 그러나 1990년 이후 출생률이 급격하게 줄어들자 총인구가 감소하는 문제를 해결하기 위해 노력하고 있다. 1960년대에는 3%였던 인구 증가율이 1970년대에는 '둘 낳기 운동'으로 그 절반인 1.5%로 떨어졌다. 1980년대에는 출생률을 낮추기 위한 가족계획으로 전국 주요 도시에 인구 시계탑의 설치와 가족계획 캠페인 등이 실시되었다. 그 결과 1988년에는 인구 증가율이 1%에 도달했다. 우리나라의 오래된 남아 선호 사상의 영향으로 성비 불균형이 나타났다. 1990년대 초·중학교에서는 여아 100명당 남아가 100~113명까지 늘어났다. 1990년대 이후에는 여성의 사회 참여 확대로 결혼 시기가 늦어지고, 자녀에 대한 가치관 변화와 육아 비용 및 시간의 부담으로 출생률이 매우 낮아졌다. 2000년대에는 심각한 출생률 저하로 정부에서는 본격적인 출산 장려 정책을 시행하기 시작했다. 통계청에 따르면 2023년 2분기 합계 출생률이 0.7까지 떨어지면서 출생률은 0.7도 무너질 가능성이 크다고 한다. 이러한 저출생은 우리나라의 인구고령화를 더욱 가속화시켰다. 세계에서 가장 빠른 속도로 진행되고 있는 우리나라의 인구고령화는 다양한 사회 변화 및 문제를 야기할 것으로 우려되고 있다.

행정안전부의 2022년과 2023년의 8월 말 주민등록인구통계 데이터를 활용하여 비교해 보면 2023년 8월 말의 전체 인구는 전년 동월 대비 0.36%가 감소하였으며, 시 · 도별 고령인구비율, 노령화 지수 및 노년부양비를 산출해 보면 전년 대비 모든 지역에서 고령화 관련 지표값이 더 높아진 것으로 나타나고 있다. 특히, 고령화 인구비율이 20% 이상인 초고령사회로 진입한 지역이 2022년 8월 말 기준 6개 지역에서 2023년 8월말 기준 부산, 강원, 충북, 전만, 전북, 경북, 경남 등 8개로 늘어난 것으로 나타나고 있다. 2023년 8월 말 기준 우리나라 전체 65세 이상 인구는 약 950만 명이며, 남자보다는 여자의 65세 이상 비율이 더 높고, 여자의 경우 이미 전국 기준 초고령사회 기준인 20%를 넘은 것으로 나타나고 있다.

부산광역시는 2021년 9월 말을 기준으로 65세 이상 인구 비율이 20.1%로 상승함으로써, 전국 7대 도시 중에서는 처음으로 초고령사회에 진입했다. 전국 17개 주요 시 · 도 중에서 고령화 속도가 가장 빠른 순서는 부산, 울산, 대구, 강원, 경북, 경남 순이었다. 반면 고령화 속도가 가장 느린 순서는 세종, 제주, 충남, 전남, 경기, 광주 순이었다. 심지어 세종은 전국에서 유일하게 고령화 비율이 줄고 있는 곳이었다. 젊은 층 유입이 가장 돋보이는 곳이라고 할 수 있다.

우리나라는 2025년 20.6%로 초고령사회 진입을 앞두고 국내에 거주하는 외국인 주민도 고령화 추세를 보이고 있는 것으로 나타났다. 서울을 중심으로 하는 외국인 주민 중 36%가 50대 이상의 연령대에 속해 있어, 고령화로 인한 의료비나 생계 문제 등에 대한 대비가 필요하다는 지적이 나왔다. 2020년 기준으로 서울의 외국인 주민은 44만 3,262명으로, 서울 전체 인구(약 950만 명)

중 4.6%를 차지했다. 특히 50대는 20.0%, 60대는 13.1%, 70대 이상은 3.1%로, 50대 이상이 총 36.2%를 차지하고 있다. 이러한 추세는 50~60세대 비중이 높아지고 있어, 외국인 주민도 고령화 단계에 진입하고 있다고 설명할 수 있다.

서울연구원은 '서울시, 외국인 주민 정책수요별 지원 방향을 세워야'라는 제목의 연구보고서를 통해 이러한 고령화 추세를 분석하고, 정책적 대응이 필요하다고 강조했다. 이는 외국인 주민들의 노후에 대한 안정적인 지원 및 복지체계를 구축하기 위한 준비가 필요하다는 시사점으로 해석될 수 있다.

또한 보고서에 따르면, 특히 서울의 경우 외국인 주민 중에서 5년 이상 장기체류하는 비율이 높아져, 국내에서 노후를 보내는 경우가 증가할 것으로 전망되고 있다. 서울 외국인 주민의 체류기간을 살펴보면 5~10년 미만은 23.6%로 전국(20.5%)보다 높고, 10년 이상도 14.5%로 전국(11.9%)보다 높게 나타났다고 한다.

이러한 경향은 서울이 국제도시로서 다양한 외국인들이 오래 머무르고 있다는 점을 반영하고 있다. 외국인이 장기적으로 국내에 머무르면서 노후를 국내에서 계획하는 경우가 늘어나고 있다는 것은, 국내에서의 생활환경 및 복지제도에 대한 인식이 긍정적으로 평가되고 있다는 시사점으로 해석될 수 있다. 따라서 이에 대한 적절한 정책 대응이 필요하며, 국내에서 외국인 주민들이 노후를 즐길 수 있는 환경과 지원이 강화되어야 할 것이다.

이혜숙(2020)은 외국인 주민의 고령화가 막 시작되는 단계에 있다고 강조하면서 "우리만 늙는 것이 아니라 외국인 주민도 같이 늙고 있다는 것을 인식하고 대비해야 하는 시점"이라고 말했다. 이는 현재 외국인 주민 중에서도 고령화가 점차 진행되고 있다는 사실을 강조하며, 이에 따른 사회적 대비와 대응이 필요하다는 경고를 담고 있다.

최근에는 우리나라도 평균수명이 상당히 증가하여 80세 시대에 진입했다는 평가가 있다. 이에 대한 전망 중 하나는 100세 시대가 다가왔다는 것이다. 이는 공중보건, 의료 기술, 생명공학 등의 발전으로 인해 가능해진 것으로 강조된다. 이러한 전망은 인간의 건강과 삶의 질을 향상시킬 수 있는 긍정적인 면을 갖고 있다.

그러나 장수사회의 도래는 부정적인 측면도 함께 고려해야 한다. 이는 여러 가지 사회적·경제적 문제를 야기할 수 있기 때문이다. 예를 들어, 노인 인구의 증가로 인한 사회적 지원체계의 부담 증대, 고령화로 인한 노동력 부족 및 경제성장 저하 등이 부정적인 측면으로 지적되고 있다. 따라서 장수사회의 도래에 대비하여 정책 및 사회적 대응이 필요하다. 이를 통해 긍정적인 면을 극대화하고 부정적인 측면을 최소화할 수 있도록 노력해야 한다.

장수사회의 도래로 인한 긍정적인 측면은 먼저, 보건 및 위생관리의 향상, 진단검사, 치료방법, 의료설비, 의약품, 생명공학 등의 현대 의학 기술의 발전이 높은 수명을 지속 가능케 했다는 점이다. 이러한 기술적 발전은 대다수의 사람들이 장수에 대한 소망을 이루게 했다.

그러나 부정적인 측면에서는 100세 시대의 도래로 인한 사회적·경제적 부담이 증가하고 있다는 점이다. 인구고령화로 인해 노인의 비중이 커지면서, 노인복지비의 증가, 정부 재정 악화, 후속 세대의 노인 부양 부담, 소비시장 위축, 생산성 저하 등 다양한 부작용이 나타나고 있다. 특히, 전통적으로 노년기는 가난, 질병, 무위, 고독을 경험하는 시기로 여겨져 부정적 시각이 강조되고 있다.

초고령사회에서 가장 필요한 것은 이러한 인구고령화와 고령사회의 현상을 객관적으로 파악하고 이를 분석하여 다양한 문제에 대한 대응책을 찾는 것이다. 이를 통해 정부와 사회가 합리적으로 대응할 수 있으며, 노인들의 삶의 질을 유지하고 사회 전반에 걸친 지속 가능한 발전을 이룰 수 있을 것이다.

2) 고령사회 현상

최근 우리 사회의 가장 큰 당면 과제 중 하나로 고령화 문제를 꼽는 데 주저하는 사람은 없을 것이다. 그 이유는 고령화가 우리 사회의 경제 · 사회 · 보건 등 전 분야가 직면할 당면 과제의 가장 근본적인 원인이기 때문이다.

(1) 무디스(국제 신용평가회사)의 보고서

국제 신용평가회사인 무디스(Moody's Corporation)는 2023년 5월 "인구고령화가 향후 20년간 경제성장을 둔화시킬 것"이라는 제목의 보고서를 발표했다. 인구고령화가 노동력 부족, 생산성 하락, 연금 및 의료비 지출 증가 등을 통해 경제성장에 부정적인 영향을 미칠 것으로 전망했다. 2050년까지 전 세계 인구의 22%가 65세 이상이 될 것으로 예상된다. 이러한 인구고령화는 특히 선진국에서 빠르게 진행되고 있다.

무디스는 인구고령화가 노동력 부족을 초래할 것으로 전망했다. 생산가능인구(15~64세)의 감소로 인해 노동력 공급이 줄어들면서, 기업의 생산 및 투자가 위축될 수 있으며 노동력 부족으로 인해 임금 상승이 억제되고, 경제성장이 둔화될 수 있다. 또한 인구고령화가 생산성 하락을 초래할 것으로 전망했다. 고령인구는 근로 시간이 짧고 기술 습득이 더디기 때문에 생산성이 낮을 수 있으며, 고령인구의 퇴직으로 인해 기업의 노하우와 경험이 축적될 수 있는 기회가 줄어들 수 있다. 또한 인구고령화가 연금 및 의료비 지출 증가를 초래할 것으로 전망했다. 고령인구는 노후생활을 위해 연금과 의료서비스에 대한 수요가 높으며 이에 따라 연금 및 의료비 지출이 증가하면서 정부의 재정 부담이 커질 수 있다. 이러한 인구고령화의 부정적인 영향은 각국의 정책에 따라 달라질 수 있다고 지적했으며 특히, 노동시장의 유연성 제고, 고령자 고용 활성화, 연금 및 의료제도 개혁 등의 정책을 통해 인구고령화의 부정적인 영향을 완화할 수 있다고 강조했다.

무디스의 보고서는 인구고령화가 세계 경제에 미칠 잠재적 영향을 경고하는 의미 있는 보고서로, 각국 정부는 인구고령화에 대한 대비를 철저히 함으로써 인구고령화의 부정적인 영향을 최소화하고, 경제성장을 지속하기 위한 노력을 기울여야 할 것이다.

무디스는 한국의 합계출산율(가임 여성 1명이 평생 낳을 것으로 예상되는 평균 출생아 수)이 지난해 0.78명까지 떨어져 역대 최저치를 기록했고, 노년부양비(15~64세 생산가능인구 대비 65세 이상 인구 비중)도 계속 높아지고 있다고 지적했다. "인구 통계적 압력은 생산성 향상과 투자에 부담을 주고 재정적 문제를 야기할 것"이라고 강조했다. 특히 유엔 자료를 인용해 "한국의 생산가능인구는 1998년에서 2017년 사이 11% 늘었으나, 2020년부터 2040년 사이에는 24% 쪼그라들 전망"이라고 밝혔다.

통계청 장래인구추계에 따르면 우리나라 생산가능인구는 2020년 3,738만 명에서 2040년 2,852만 명, 2060년 2,066만 명으로 줄어들 것으로 전망된다. 2020년과 비교할 때 2040년에는 886만 명, 2060년에는 1,672만 명이 사라지는 셈이다. 이 같은 저출생 · 고령화가 여러 측면에서 한국 경제의 기초체력을 약화시킬 우려가 있다고 밝혔다. 생산가능인구가 줄어들면 부가가치를 생산할 노동력의 공급이 줄어든다. 부양 부담 확대와 총인구 감소 등은 소비시장 위축과 기업의 투자 유인 축소로 이어질 수도 있다. 또 정부의 조세 수입은 줄어드는 반면 고령층을 위한 연금 · 재정 지출은 기하급수로 증가하게 된다. 이에 따라 한국의 잠재성장률이 2025년 이후 약 2.0% 수준으로 둔화할 것으로 예상했다. 다만 인구고령화와 높은 가계부채는 부정적 요인이지만, 고부가가치 산업의 경쟁력이 그 영향을 일부 상쇄할 것으로 전망했다. 그러면서 생산성을 높이기 위한 개혁이 성장률 경로를 바꾸는 역할을 할 수 있다고 제언했다. 또 정부가 계속 젊은 외국인 노동자의 이민을 장려하는 정책을 편다면 적어도 일시적으로는 생산성을 향상하고 노년 부양비의 균형을 잡을 수 있을 것이라고 설명하였다.

(2) 우리나라의 인구고령화

경제개발협력기구(OECD)의 보고서에서는 "한국은 그동안 가장 젊은 나라였지만, 향후 50년 이내 가장 늙은 나라로 변화할 것이다"라고 전망하였다. 2021년 우리나라 65세 이상 인구는 857만 명으로, 전년보다 약 42만 명 증가했다. 이는 전체 인구의 16.6%를 차지한다. 2025년이 도래하면 65세 이상 인구가 20.6%로 증가하면서 우리나라도 본격적인 초고령사회로 진입한다. 전체 인구 대비 65세 이상 고령인구가 20%를 넘어서면 초고령사회라 일컫는다. 앞으로 3년 후면 100명 중 20명 이상은 노인이라고 보면 된다. 한국의 고령인구 구성비는 2022년 17.5%에서 2070년에는 46.4%로 28.9%p가 증가하여 고령인구가 한국 인구의 절반을 차지할 것으로 전망되고 있다.

이에 따라 한국의 생산연령인구(15~64세)도 감소할 것으로 전망된다. 2022년 한국의 생산연령인구는 71.0%이지만 계속해서 감소하여 2070년에는 46.1%로 24.9%p 감소하여 인구구조에서 고령인구보다도 적은 비중을 차지할 것으로 전망된다.

빠르게 늘어나는 노령인구 비중에 따라, 사회의 역동성과 국가 성장 동력이 약해질 수밖에 없다. 정부는 이와 같은 초고령사회에 대비하여 발 빠른 로드맵이 필요하다고 여겨진다. 아울러 건강하고 지혜로운 시니어들의 역량을 끄집어내어 적극적으로 사회에 참여하도록 하는 정책이 필요하다.

인구정책은 장기적 관점에서 추진되어야 하는 정책이다. 인구의 구성은 수십 년의 기간에 걸쳐 점진적으로 변화하기 때문에, 인구정책의 효과를 보기 위해서는 최소 30년 이상의 시간이 소요된다.

한국의 경우, 저출생과 고령화의 속도가 세계에서 가장 빠른 수준이다.

따라서 초고령사회에 대비하기 위한 인구정책은 이미 시작되었어야 했다. 그러나, 정부와 사회의 인식 부족으로 인해 초고령사회에 대한 대비는 아직 충분하지 않다. 고령화로 인해 우리 사회가 직면할 문제는 생산가능인구 감소, 노인부양비 증가, 노인성 질환 증가 등 다양하다. 이러한 문제를 해결하기 위해서는 다양한 정책적 노력이 필요하다. 그리고 이러한 정책적 노력이 성공하기 위해서는 국민들의 이해와 공감이 필수적이다.

(3) 인구고령화의 사회적 파장

인구고령화는 사회 전반에 걸쳐 다양한 영향을 미치고 있다. 특히, 사회적 파장은 다음과 같은 측면에서 나타나고 있다.

첫째, 사회복지 부담의 증가이다. 노인인구의 증가로 인해 노인들에게 제공되는 사회복지서비스와 의료서비스에 대한 수요가 크게 늘어나고 있다. 이는 국가 및 지방정부에 사회복지 부담을 증가시키고 있다.

둘째, 경제적 파장이다. 노인인구의 증가는 노동시장에서의 변화와 경제적 영향을 미치고 있다. 노인들의 노동 참여가 감소하면서 노동시장에서의 인력 공급이 감소하게 되며, 이는 생산성에 영향을 줄 수 있다.

셋째, 가족 구조의 변화이다. 전통적인 가족 구조에서 벗어나는 추세가 있으며, 독거노인이나 부부만의 가구가 증가하고 있다. 이는 가족 구조와 관련된 사회적 변화를 초래하고 있다.

넷째, 사회적 부양체계의 도전이다. 인구고령화로 인해 노인들이 늘어나면서 사회적 부양체계에 대한 도전이 발생하고 있다. 가족이나 지역사회에서의 부양뿐만 아니라 국가 차원에서의 대책이 필요하다.

다섯째, 의료 및 건강서비스의 필요성 증가이다. 만성 질병 및 건강 문제에 대한 수요가 늘어나고 있다. 이에 따라 의료 및 건강서비스의 필요성이 증가하고 있다.

여섯째, 사회적 연대와 고립 문제이다. 노인들 간의 소통 부재, 사회적 연대 부족, 사회적 고립 등과 같은 문제가 발생할 수 있다. 이는 정신적인 건강에 영향을 미칠 수 있다.

일곱째, 노동시장의 구조 조정이 필요하다. 노인인구의 증가로 인해 노동시장의 구조를 조정할 필요성이 있다. 유연한 일자리 창출, 노후 일자리 지원 등이 고려되어야 한다.

이러한 사회적 파장은 지속적으로 고령화가 진행됨에 따라 더욱 중요해질 것이며, 사회적으로 효과적인 대응책과 정책 수립이 필요하다.

(4) 효과적인 대응책과 정책 수립

첫째, 노인 부양을 위한 재정 부담을 완화하기 위해 연금 및 의료제도를 개혁해야 한다. 이를 위해서는 연금 수급 연령을 높이거나, 의료보험료율을 인상하는 등의 방안이 고려될 수 있다.

둘째, 노인의 욕구 변화에 맞는 노인복지서비스를 확대해야 한다. 이를 위해서는 노인 일자리 창출, 노인 맞춤형 주거 제공, 노인 문화 활동 지원 등의 방안이 고려될 수 있다.

셋째, 가족 부양 부담을 완화하기 위한 지원이 이루어져야 한다. 이를 위해서는 가족 돌봄 휴가제 도입, 가족 돌봄서비스 지원 등의 방안이 고려될 수 있다.

넷째, 국가 차원에서의 사회적 부양체계를 강화해야 한다. 이를 위해서는 노인 지원센터 설립, 노인 교통 지원 등의 방안이 고려될 수 있다.

다섯째, 노동시장의 유연화를 통해 노인들의 노동 참여를 확대해야 한다. 이를 위해서는 정년 연장, 재고용 확대 등의 방안이 고려될 수 있다.

인구고령화는 사회 전반에 걸쳐 다양한 영향을 미치고 있는 중요한 문제이다. 정부와 사회의 적극적인 노력을 통해 이러한 영향을 극복하고, 노인들의 삶의 질을 향상시키며 사회의 지속 가능성을 확보할 수 있도록 해야 한다.

2. 노화 및 노인의 정의

노인(老人)이란 일반적으로 나이가 많은 사람, 혹은 늙은 사람을 지칭하는 말인데, 노인의 사전적 의미는 "나이가 들어 늙은 사람"이다. 나이는 시간의 경과에 따라 세포 기관 또는 개체에 나타나는 진행적인 변화가 나타나며, 노인은 나이가 들어감에 따라 제반 기능이 변화된 사람을 의미한다. 우리나라의 「노인복지법」에서는 노인을 65세부터라고 규정하고 있다.

1) 노인을 지칭하는 용어

노인을 지칭하는 용어는 각 나라와 문화에 따라 다양하게 사용된다. 각 나라에서 사용되는 일반적인 노인을 나타내는 용어는 단순한 일반화이며, 각 나라에서도 지방에 따라 다르게 사용될 수 있다.

우리나라는 "노인"이라는 용어가 가장 일반적으로 사용된다. 이는 「노인복지법」 제2조에 따르면, 만 65세 이상인 사람을 말한다. 또한, "어르신"이라는 용어도 사용되는데, 이는 존중하는 의미를 담고 있는 용어로, 최근에 가장 많이 사용되는 용어 중 하나이다.

영어권 국가에서는 "시니어(senior)"라는 용어가 가장 일반적으로 사용된다. "시니어(senior)"는 "나이가 많은"을 의미하는 단어로, 중년 또는 노년층을 포괄하는 의미로 사용된다. 또한, "엘더(elder)"라는 용어도 사용되는데, 이는 "연장자"를 의미하는 단어로, 특히 존경받는 노인을 지칭할 때 사용된다.

일본에서는 "おじいさん(오지이산)"과 "おばあさん(오바아산)"이라는 용어가 가장 일반적으로 사용된다. 이는 "할아버지"와 "할머니"를 의미하는 단어로, 존칭 접미사 "さん"가 붙어 있다. 또한, "シニア(시니아)"와 "ご高齢者(고고레이샤)"라는 용어도 사용되는데, 이는 각각 "노인"과 "고령자"를 의미하는 단어로, 법적·행정적 용어로 사용되기도 한다.

중국에서는 "老年人(로니엔런)"이라는 용어가 가장 일반적으로 사용된다. 이는 "노인"을 의미하는 단어로, 법적·행정적 용어로 사용되기도 한다.

2) 노인의 개념 정의

우리나라 「노인복지법」에서 노인은 '후손의 양육과 국가 및 사회의 발전에 기여하여 온 자'로 정의하고 있으며, '존경받으며 건전하고 안정된 생활을 보장'받는다고 명시하고 있다(제2조 기본이념). 따라서, 국가와 국민은 경로효친의 미풍양속에 따른 건전한 가족제도가 유지·발전되도록 노력하여야 하고(제3조 가족제도의 유지·발전), 국가와 지방자치단체는 노인의 보건 및 복지증진의 책임이 있으며, 이를 위한 시책을 강구하여 추진하여야 한다(제4소 보건복지증진의 책임).

노인은 나약한 존재가 아니다. 단순히 각종 혜택을 누리고 받기만 하는 수혜자 또는 피동적인 존재도 아니다. 노인 세대는 우리나라의 산업화, 민주화를 달성하여 선진국으로 발돋움하는 데에 많은 역할을 수행하였다. 노인은 삶의 주체로서 본인의 삶을 살아가고 선택하는 능동적인 존재다. 우리 사회는 노인이 안정된 생활을 유지할 수 있도록 지원할 책임이 있다.

노인의 개념은 크게 연령, 사회적 지위, 생물학적 변화, 심리적 변화 등의 기준으로 정의할 수 있다.

첫째, 연령 기준이다. 일반적으로 65세 이상을 노인으로 보며, 이는 유엔(UN)이 정한 기준이다. 우리나라의 경우, 「고령자복지법」에 따라 65세 이상을 노인으로 정의하고 있다.

둘째, 사회적 지위 기준이다. 은퇴를 통해 생산활동에서 이탈한 사람을 노인으로 보며, 이는 전통적인 방식이다. 우리나라는 60세 이상을 어르신(어른)이라고 지칭하기도 하는데, 이는 사회적 지위 기준에 따른 정의라고 볼 수 있다.

셋째, 생물학적 변화 기준이다. 신체 기능의 저하, 질병의 증가, 수명 연장 등의 변화를 노인의 특징으로 보며, 이는 노화의 생물학적 측면을 강조하는 정의이다.

넷째, 심리적 변화 기준이다. 자아정체감의 변화, 사회적 역할의 변화, 삶의 의미에 대한 성찰 등의 변화를 노인의 특징으로 보며, 이는 노화의 심리적 측면을 강조하는 정의이다.

최근에는 노인의 개념을 보다 긍정적으로 바라보는 시각이 확산되고 있다. 즉, 노인은 인생의 후반기에 접어든 사람으로서, 풍부한 경험과 지식을 바탕으로 사회에 기여할 수 있는 잠재력을 가진 사람이라는 인식이 확산되고 있다. 이러한 인식을 바탕으로, 노인의 사회적 참여와 복지 증진을 위한 노력이 이루어지고 있다.

(1) 국제노년학회(1951)의 정의

노인은 일반적으로 '생리적 · 행동적 · 심리적 · 사회적으로 노화과정의 변화가 복합적으로 작용하는 사람'으로, '노화(Aging)의 과정 또는 그 결과로서 생물, 심리, 사회적 기능이 약화되어 자립적 생활능력과 환경에 대한 적응능력이 약화되고 있는 사람'을 의미한다.

(2) 비렌(Birren, 1959)의 정의

노화를 ① 생물학적 노화 ② 심리학적 노화 ③ 사회학적 노화로 구분하였다. 노인의 개념은 최소한 인간의 생리적 · 신체적 · 심리적 · 사회적 노화현상으로 이해해야 한다고 하였다.

(3) 브린(Breen, 1960)의 정의

노화의 세 가지 영역을 동시에 고려하여 노인을 ① 생물적 및 생리적 측면에서 퇴화기에 있는 사람 ② 심리적 측면에서 정신기능과 성격이 변화하고 있는 사람 ③ 사회적 측면에서 지위와 역할이 상실되어 가는 사람이라고 규정하고 있다. 이러한 노인의 다면적 특성과 변화의 방향성은 노인의 신체적 · 정신적 · 사회적 측면의 복합적 욕구(needs)와 연결되며, 이에 대응한 활동으로 보건 의료복지의 필요성을 강조하게 하는 근거가 된다.

(4) 최성재 외(2010)의 정의

노인을 생리적 및 신체적 기능의 퇴화와 함께 심리적인 변화가 일어나서 개인의 자기 유지 기능과 사회적 역할기능이 약화되고 있는 사람으로 규정하고 있다. 이것은 노인의 노화 과정이 단순히 생체적인 측면뿐만 아니라 심리적 측면에서도 영향을 미치고 있음을 나타낸다.

3) 노인의 조작적 정의

노인의 조작적 정의는 노인의 개념을 객관적으로 측정할 수 있는 기준을 제시한 것이다.

(1) 개인의 자각에 의한 노인

노인들이 자신의 삶과 상황을 어떻게 이해하고 해석하는지, 그들이 가지는 주관적 경험에 중점을 둔 개념으로 노인들의 각자 다른 배경, 가치관, 경험 등이 그들의 자아 인식을 형성하는 데 영향을 미친다는 관점에서 나온 개념이다.

첫째, 주관적 경험과 자아 인식이다. 노인의 자각은 그들이 겪은 경험, 가치관, 믿음, 성격 등에 크게 영향을 받는다. 예를 들어, 어떤 노인은 노년을 긍정적으로 받아들이고 활기차게 생활할 수 있을 것이며, 다른 노인은 건강 문제나 사회적 고립 등으로 부정적으로 경험할 수 있다.

둘째, 삶의 질과 만족도이다. 개인의 자각은 노인의 삶의 질과 만족도에 직결된다. 자각이 긍정적이고 삶에 만족한다고 느끼는 노인은 보다 적극적으로 활동하고 사회적으로 참여할 가능성이 높아진다.

셋째, 자아존중과 삶의 목적이다. 노인의 자각은 자아 존중과 삶의 목적에 영향을 미친다. 노인들이 자신의 가치를 인정하고, 삶에 목적을 느끼며 자신을 존중한다면, 그들은 보다 긍정적으로 노년을 맞이할 수 있을 것이다.

넷째, 사회적 상호작용이다. 개인의 자각은 사회적 상호작용에도 영향을 미친다. 어떤 노인은 적극적으로 사회활동에 참여하며 자신의 역할을 유지하고자 노력할 것이고, 다른 노인은 사회적인 연결이 부족하거나 소외감을 느낄 수 있다.

이러한 관점에서 노인의 자각을 이해하고 존중하는 것은 개인 맞춤형 서비스 및 지원을 제공하는 데 중요하다. 각 노인은 고유한 경험과 성향을 가지고 있으며, 이를 이해하는 것이 그들의 삶을 보다 향상시키는 데 도움이 될 수 있다.

(2) 역연령에 따른 노인

노화는 개인적 측면에서는 자립적인 생활능력, 개인과 환경과의 관계에서는 환경 적응 능력을 떨어뜨리게 되는데, 이는 노인의 상태를 파악하고 서비스를 제공할 때, 개인의 자립 능력과 함께 환경에 대한 적응력을 동시에 고려해야 한다는 점을 말해준다. 가장 보편적으로 활용되는 것이 역연령(曆年齡, Chronological-Age)에 따른 노인의 개념이다. 출생 이후부터 달력상의 나이로 계산한 만 나이가 일정 연령 이상일 경우를 의미하며, 개별법이나 사업에 따라 다양한 연령 기준을 사용하고 있다. 「노인복지법」과 「노인장기요양보험법」에서는 65세 이상을 노인으로 규정하고 있다.

첫째, 복지적 정책으로 노인복지법, 기초연금법, 노인장기요양보험법 등은 노인의 생활 안정과 삶의 질 향상을 위한 복지적 정책을 규정하고 있다.

둘째, 경제적 정책으로 「국민연금법」, 「고용보험법」, 「근로기준법」 등은 노인의 경제적 안정을 위한 정책을 규정하고 있다.

셋째, 사회적 정책으로 「노인인권법」, 「장애인차별금지법」 등은 노인의 인권 보호와 사회 참여를 위한 정책을 규정하고 있다.

넷째, 의료적 정책으로 「국민건강보험법」, 「의료법」 등은 노인의 의료 접근성을 높이기 위한 정책을 규정하고 있다.

(3) 사회적 역할상실에 따른 노인

노인을 생물학적 또는 심리적 개념으로만 바라보는 것이 아니라, 사회문화적 측면에서 바라보는 것이다. 즉, 노인은 사회적으로 중요한 역할을 수행하는 주체로서, 이러한 역할의 상실이 노인에게 큰 영향을 미친다고 보고 있다. 대표적인 예로, 퇴직한 노인을 위한 재취업 지원 프로그램, 노인일자리 창출 사업, 노인연금제도 등을 시행하고 있다. 이러한 정책들은 노인의 사회적 역할상실로 인한 부정적 영향을 완화하고, 노인들의 삶의 질을 향상시키는 데 기여하고 있다.

첫째, 경제적 안정 제공이다. 재취업 지원 프로그램, 노인일자리 창출 사업, 노인연금제도 등은 노인에게 경제적 안정을 제공한다. 경제적 안정은 노인의 자존감과 삶의 질 향상에 기여한다.

둘째, 사회적 관계망 유지이다. 일자리, 사회활동 등은 노인의 사회적 관계망을 유지하는 데 도움이 된다. 사회적 관계망은 노인의 정서적 안정과 건강에 기여한다.

셋째, 생산적 노화 지원이다. 재취업 지원 프로그램, 노인일자리 창출 사업은 노인이 생산적으로 사회에 참여할 수 있도록 지원한다. 생산적 노화는 노인의 삶의 질 향상과 사회 발전에 기여한다.

따라서 사회적 역할상실에 따른 노인 개념은 노인의 삶의 질 향상을 위한 정책 수립에 중요한 역할을 한다.

(4) 기능적 연령에 따른 노인

개인의 신체적 · 정신적 · 사회적 기능의 정도에 따라 노인을 정의하는 것이다.

첫째, 신체적 기능이다. 일상생활을 수행할 수 있는 능력, 질병의 유무, 건강 상태 등을 기준으로 노인을 정의할 수 있다.

둘째, 정신적 기능이다. 인지기능, 기억력, 학습 능력 등을 기준으로 노인을 정의할 수 있다.

셋째, 사회적 기능이다. 사회 참여 · 사회적 관계 · 사회적 역할 등을 기준으로 노인을 정의할 수 있다.

기능적 연령에 따른 노인 개념은 노인의 삶의 질 향상을 위한 정책 수립에 중요한 역할을 한다. 노인의 기능을 향상시키고, 노인이 사회에서 활발하게 참여할 수 있도록 지원하는 정책을 수립할 수 있다.

4) 발달단계에 따른 노인

인간의 발달단계는 생물적 · 심리적 · 사회적 속성이나 환경적 특성에 따라 구분할 수 있다. 중년기는 사회적 전이가 심하며, 노화 증상이 나타나기 시작하는 시기이다. 하지만 중년기에 노화가 시작된다고 하여도 40~50대에 속한 사람을 노인으로 규정하지는 않으며, 60대부터 생물적 노화와 함께 심리적 노화가 진행된다.

60대부터는 신체적 변화가 가속화되며, 골다공증, 근력 감소, 시력 저하, 청력 저하, 기억력 감퇴, 인지기능 저하 등이 나타나기 시작한다. 또한, 심리적 변화도 나타나며, 우울감, 불안감, 소외감, 절망감 등이 발생할 수 있다. 사회적 변화도 나타나며, 퇴직, 배우자 사망, 자녀의 독립 등으로 인해 사회적 지위와 역할이 상실되고, 사회참여가 줄어들게 된다.

70대 후반부터는 신체적 · 심리적 · 사회적 변화가 더욱 가속화된다. 신체적으로는 만성질환을 앓는 경우가 많아지고, 인지기능이 저하되어 치매나 우울증 등의 정신 질환이 발생할 위험이 높아진다. 심리적으로는 소외감, 절망감, 불안감 등이 더욱 심해지고, 사회적으로는 타인에 대한 의존도가 높아지게 된다.

5) 법제적 연령에 따른 노인

우리나라는 「노인복지법」에 따라 만 65세 이상을 노인으로 정의하고 있다. 이는 1981년 「노인복지법」 제정 당시의 평균수명이 65세였던 것을 고려하여 결정된 것이다. 이는 노인의 신체적 · 정신적 변화가 나타나는 시점이 만 65세 전후이기 때문이다. 또한 노인복지 정책의 대상을 설정하는 데 중요한 기준이 된다. 노인복지 정책은 노인의 건강, 생활, 사회참여 등을 증진하기 위한 정책으로, 노인복지 정책의 대상을 설정함으로써 정책의 효과성을 높일 수 있다.

우리나라의 경우 복지정책 관련 법률 규정에 의한 노인에 대한 정의를 세부적으로 정리하면 다음과 같다.

(1) 노인복지법과 국민건강보험법

「노인복지법」에서는 노인에 대한 어떠한 용어의 정의도 내리지 않고 있으나 생업지원, 경로우대, 건강진단 등, 상담·입소 등 조치의 대상자로 "65세 이상의 국민"으로 규정하고 있다. 「국민건강보험법」에서는 노인에 대한 정의는 없으나 "65세 이상인 자"에 대해서는 보험료를 경감할 수 있도록 규정하고 있다.

(2) 국민연금법

「국민연금법」은 국민의 노령, 폐질 또는 사망에 대하여 연금급여를 실시함으로써 국민의 생활안정과 복지증진에 기여함을 목적으로 하고 있다. 가입기간이 10년 이상인 가입자 또는 가입자였던 자가 60세(특수직종 근로자의 경우에는 55세)에 달할 때에는 그때부터 생존하는 기간 동안 노령연금을 지급하고(제61조 제1항), 노령연금 지급금액도 60세(조기노령연금액은 55~59세)를 기준으로 하여 산정하고 있다. 다만 1969년생 이후 출생자에 대해서는 65세를 수급연령으로 규정하고 있다는 점에서 점차 연령이 상한되어 증가할 것으로 보인다.

(3) 고용상 연령차별금지 및 고령자고용촉진에 관한 법률

「고용상 연령차별금지 및 고령자고용촉진에 관한 법률」에서는 노동과 관련한 정의를 하고 있는데 비교적 낮은 연령계층에 대하여 고령자의 개념을 사용하고 있다. 인구, 취업자의 구성 등을 고려하여 '고령자'는 55세 이상인 자로, '준고령자'는 50세 이상 55세 미만인 자로 정의하고 있다.

(4) 가정폭력범죄의 처벌 등에 관한 특례법

「가정폭력범죄의 처벌 등에 관한 특례법」에서는 "60세 이상인 자"를 노인으로 규정하고 있다. 60세 이상의 노인과 기타 정상적 판단능력이 결여된 자의 치료 등을 담당하는 의료인 및 의료기관의 장이 가정폭력범죄를 알게 된 경우 이를 즉시 수사기관에 신고하도록 규정하고 있다.

(5) 노인장기요양보험법

건강보험가입자는 장기요양보험의 가입자가 된다(「노인장기요양보험법」 제7조 제1항). 급여대상으로 우리나라 노인장기요양보험제도는 '65세 이상인 자' 또는 '65세 미만이지만 노인성 질병을 가진 자'로 거동이 불편하거나 치매 등으로 인지가 저하되어 6개월 이상의 기간 동안 혼자서 일상생활을 수행하기 어려운 사람을 수급대상자로 하고 있다. 여기에 65세 미만의 노인성질병이 없는 일반적인 장애인은 제외되고 있다.

3. 인구고령화로 인한 문제 해결방안

1) 인구고령화로 인한 문제점

인구고령화는 인구구조에서 노인인구 비중이 상대적으로 높아지는 현상을 의미한다. 이러한 현상은 여러 문제점을 동반하며 사회, 경제, 의료, 복지 등 다양한 영역에 영향을 미친다.

첫째, 사회적 · 경제적 부담이다.

- 사회보험 부담 증가는 노인들의 의료 비용, 연금, 건강보험 등으로 인해 사회보험 부담이 크게 증가한다.
- 고용 문제는 노동력 인구의 감소로 인해 생산성 저하 및 고용시장의 압력이 발생할 수 있다.

둘째, 의료 부담이다.

- 만성질환 증가는 노인들의 건강 상태가 악화되면서 만성질환 예방과 치료에 대한 의료 비용이 크게 증가한다.
- 의료 인프라 부족은 인구고령화로 의료 수요가 증가하면서 의료 인프라 부족 문제가 발생할 수 있다.

셋째, 사회적 관계 변화이다.

- 가족 구조 변화는 가족의 구조가 소가족화되면서 노인 부양 문제와 고독 사회문제가 발생할 수 있다.
- 사회 참여 부족은 노인들의 사회 참여가 부족해지면서 사회적 고립과 삶의 질 저하 문제가 발생할 수 있다.

넷째, 노동시장의 변화이다.

- 노동력 공급 감소는 노동력 인구의 감소로 인해 생산성이 감소하고 경제 성장에 제약이 생길 수 있다.
- 퇴직 연령 연장은 노인들의 퇴직 연령이 연장되면서 젊은 세대의 고용 기회가 줄어들 수 있다.

다섯째, 복지제도의 취약성이다.

- 복지제도 부족은 인구고령화로 인한 복지 수요가 증가하지만, 그에 대응하는 충분한 복지제도가 마련되지 않으면 취약한 노인들의 복지 보호에 어려움이 발생한다.
- 노인 독거 문제는 혼자 사는 노인들의 수가 증가하면서 독거 노인들의 복지 필요성이 증가하고 있다.

여섯째, 인프라와 서비스 제공의 어려움이 있다.

- 치매 관리 부담은 노인 중 치매로 인한 케어 부담이 커지고, 이에 따른 병원, 요양원 등의 인프라와 서비스 제공이 어려워진다.
- 주거 환경 문제는 노인에게 적합한 주거 환경과 서비스 부족으로 노인들이 건강하고 편안한 환경에서 생활하기 어려울 수 있다.

인구고령화로 인한 이러한 문제점들은 지속적인 연구와 효과적인 정책 수립, 사회적 대응이 필요한 과제로 여겨지고 있다.

2) 인구고령화로 인한 문제 해결방안

인구고령화로 인한 노인복지문제를 해결하기 위해서는 종합적이고 효과적인 정책 및 프로그램이 필요하다.

첫째, 다양한 노인서비스 제공 강화이다.

- 거주형 서비스 확대는 노인들에게 안전하고 편리한 거주 환경을 제공하는 주거서비스를 확대하고 향상시킨다.
- 요양서비스 확충은 노인들의 의료 및 간병서비스 수요를 충족하기 위해 요양원, 방문 간병서비스 등을 확충한다.

둘째, 노인일자리 창출 및 노동시장 지원이다.

- 재취업 프로그램은 노인들을 위한 재취업 프로그램을 확대하고 적극적으로 고용 기회를 제공한다.
- 노동력 재교육은 노인들이 현대의 노동시장에 적응하기 위해 필요한 기술 및 교육 프로그램을 제공한다.

셋째, 건강관리 및 예방 프로그램 강화이다.

- 건강 증진 프로그램은 노인들을 대상으로 건강 증진 및 예방 프로그램을 실시하여 건강한 라이프스타일을 촉진한다.

- 치매 예방 교육은 치매 예방을 위한 교육 및 홍보 활동을 실시하여 노인들의 건강을 지원한다.

넷째, 사회 참여 및 문화·체육활동 촉진이다.

- 문화·체육행사 지원은 노인들이 사회적으로 참여하고 활동할 수 있도록 문화·체육활동을 지원하고 촉진한다.
- 지역사회 참여는 노인들이 지역사회에 참여하고 기여할 수 있도록 지원하고 네트워크를 강화한다.

다섯째, 가족 및 사회지원 강화이다.

- 가족 지원 프로그램은 가족들에게 노인 부양의 부담을 줄이기 위한 지원 프로그램을 확대하고 심리적 지원을 제공한다.
- 지역사회 네트워크는 지역사회 기반의 지원 네트워크를 구축하여 노인들이 서로 도움을 받을 수 있도록 한다.

여섯째, ICT 기술 활용이다.

- 디지털 교육 프로그램은 노인들에게 디지털 기술을 사용하는 방법을 가르치고, 디지털 리터러시를 향상시킬 수 있는 교육 프로그램을 제공한다.
- 온라인 의료서비스는 온라인을 통한 의료 상담 및 서비스를 확대하여 노인들이 편리하게 의료서비스를 이용할 수 있도록 한다.

일곱째, 정책 및 제도 개선이다.

- 복지제도 개편은 노인복지 관련 제도와 정책을 현대적인 사회환경에 맞게 개선하고 효율성을 높인다.
- 효율적인 자원 분배는 자원의 효율적인 분배를 통해 노인복지서비스의 품질을 유지하고 향상시킨다.

이러한 종합적인 방안들은 노인들의 삶의 질을 향상시키고, 사회적 통솔성을 강화하여 노인들이 더 활발하게 참여하고 행복한 삶을 살 수 있도록 도와줄 것이다.

요점정리

1. 인구고령화와 노인

- 인구고령화: 인구구조에서 고령층 비중이 상대적으로 높아지는 현상.
- 노인: 일반적으로 65세 이상으로 정의되며, 고령층의 증가와 더불어 사회적 관심과 중요성이 증대되고 있다.

2. 고령사회 현상

- 고령사회: 노인인구 비중이 상대적으로 높은 사회.
- 노화: 생물학적 과정으로 인한 신체적 및 정신적 변화.
- 노인의 정의: 연령, 역할, 기능, 건강 상태 등 다양한 요소로 정의되며, 다양성을 반영해야 함.

3. 인구고령화로 인한 문제

- 의료·복지 부담 증가: 의료와 사회복지서비스 수요가 증가하며, 급속한 인구고령화로 인한 부담 증가.
- 노인 취약성: 사회적 격차, 경제적 어려움, 고독과 사회적 고립 등 노인들의 취약성 증가.
- 노동력 감소: 인구구조 변화로 인한 노동력 감소와 경제적 영향.

Quiz

1. 고령화의 개념은 무엇인가?
2. 고령화의 주요 원인은 무엇인가?
3. 노인의 정의는 무엇인가?

1. 65세 이상 인구 비율이 증가하는 현상
2. 출생률 감소, 기대수명 증가
3. 일반적으로 65세 이상 인구를 말함

CHAPTER 02

노화와 주요 이론

학습목표

- 신체적 노화의 특성을 알 수 있다.
- 심리적 노화의 특성을 알 수 있다.
- 사회적 노화의 특성을 알 수 있다.

인간은 태어나 성장하고 발달하며, 결국에는 죽음에 이르는 인생의 여정을 걷는다. 사람들은 주로 성장을 발달의 중요한 부분으로 인식하고 있지만, 노년기의 쇠퇴 역시 인간 발달의 중요한 단계이다. 인간은 안정과 변화가 번갈아가며 이루어지는 연속체로서, 이러한 변화를 일컫는 말을 발달이라고 한다. 노화는 이러한 발달 과정 중에서 퇴행적인 발달을 나타내는데, 이는 주로 신체적 · 심리적 · 사회적 측면에서의 정상적이고 점진적인 변화를 의미한다. 노화는 성장이나 성숙과 대조되는 개념으로서, 시간이 흐름에 따라 나타나는 정상의 변화와 발달을 나타낸다. 노년기의 발달이 쇠퇴만을 담고 있는 것인지, 아니면 다른 영역에서의 새로운 변화와 성장이 있는지를 알아보기 위해서는 노년기를 단순히 퇴행적인 단계로만 이해하는 것이 아니라, 다양한 측면에서의 변화와 성장을 고려해야 한다. 이러한 고려는 노년기를 더 풍부하고 다양한 경험으로 이해하는 데 도움이 될 것이다.

1. 신체적 노화현상과 이론

1) 신체적 노화

노화라고 하면 구부정한 허리와 같은 눈으로 확인할 수 있는 신체구조의 외적 변화를 의미할 정도로 신체적 노화는 매우 익숙한 개념이다. 신체적 노화는 시간이 지남에 따라 발생하는 생물학적 변화로, 유기체의 신체 구조 및 기능이 노화 과정에서 변화하고 쇠퇴하는 현상을 나타낸다. 이러한 변화는 주로 외부에서 관찰 가능하며, 대개는 일상적인 활동에서 눈에 띄게 나타난다. 신체적 노화는 주로 주변에서 볼 수 있는 외부적 특징들과 관련이 있다.

2) 신체적 노화의 특성

첫째, 세포의 노화이다.

- 뼈와 근육의 위축은 뼈의 밀도가 감소하고 근육 조직이 감소하여 뼈와 근육이 위축되는 현상이 나타난다.
- 키의 감소는 척추뼈의 압축성 골절과 같은 이유로 키가 줄어들 수 있다.
- 피하지방의 감소는 피하지방의 감소로 인해 피부는 마르고 주름이 형성될 수 있다.

둘째, 면역능력의 저하이다.

- 면역능력 감소는 노화로 인해 면역세포의 활성이 감소하고, 이로 인해 감염에 대한 저항력이 약해질 수 있다.
- 질병의 발생과 악화는 면역능력의 저하로 인해 잠재적인 질병이 나타나거나 이미 발생한 질병이 악화될 수 있다.

셋째, 잔존능력의 저하이다.

- 신체조직의 잔존능력 감소는 조직의 회복 능력이 저하되고, 일상생활에서의 적응력이 감소할 수 있다.
- 어려운 상황 대처는 갑작스러운 상황이나 스트레스 상황에서의 대처 능력이 감소할 수 있다.

넷째, 회복능력의 저하이다.

- 만성질환과 합병증은 만성 질병이 있는 노인은 다른 합병증이 쉽게 발생하며, 사소한 원인으로도 중증으로 진행될 수 있다.
- 회복 속도 감소는 질병이나 부상에 대한 회복 속도가 느려질 수 있다.

다섯째, 비가역적 진행이다.

- 노화의 점진적 진행은 노화는 비가역적이며, 인간의 노력으로 완전히 막거나 뒤로 미룰 수 없는 진행성 과정이다.
- 노화의 피해 회복 불가능은 이미 발생한 노화의 피해는 회복하기 어려우며, 예방과 관리가 중요하다.

이러한 특성들은 노화 과정에서 생기는 생물학적 변화를 나타내며, 이를 이해하고 예방하기 위해서는 건강한 생활 습관과 적절한 의료 관리가 필요하다.

3) 신체적 노화의 주요 이론

신체적 노화현상이 왜 일어나는가를 설명하는 이론이다. 노화는 비의도적인 과정으로, 결국에는 세포, 조직, 체액의 감소 또는 축소의 변화를 초래한다. 또한, 노화는 환경과의 상호작용에 의한 구조상의 퇴행적 변화를 포함한다.

생물학적 노화 이론에 따르면, 노화는 다음과 같은 세 가지 주요 요인에 의해 발생한다.

첫째, 세포의 수명 감소이다. 세포는 시간이 지남에 따라 분열과 증식 능력이 감소하고, 결국에는 죽게 된다. 세포의 수명이 짧을수록 노화가 더 빨리 진행될 수 있다.

둘째, 세포의 손상 증가이다. 세포는 시간이 지남에 따라 손상을 입게 된다. 세포의 손상이 증가할수록 노화가 더 빨리 진행될 수 있다.

셋째, 세포의 재생 능력 감소이다. 세포는 손상된 세포를 스스로 수리할 수 있는 능력을 가지고 있다. 그러나 시간이 지남에 따라 세포의 재생 능력이 감소하게 된다. 세포의 재생 능력이 감소할수록 노화가 더 빨리 진행될 수 있다.

환경과의 상호작용도 노화를 촉진할 수 있다. 자외선, 흡연, 음주, 스트레스 등과 같은 환경 요인은 노화를 촉진하는 것으로 알려져 있다. 생물학적 노화에 따라 나타나는 신체적 변화로는 피부, 뼈, 면역체계 등 신체기능이 저하되어 소화 및 흡수기능 저하, 호흡기능 감퇴, 심장박동과 혈액순환 저하, 수면시간 감소 등의 변화도 나타난다.

(1) 유전자 이론

유전자는 두 가지 유형으로 나눌 수 있다.

첫째, 젊음 유전자로 젊음과 활기, 성장과 성숙을 촉진하는 유전자이다. 세포의 분열과 증식, 손상된 세포의 수리, 새로운 세포의 생성 등을 촉진하여 노화를 지연시키는 역할을 한다.

둘째, 노쇠 유전자로 기능을 쇠퇴시키고 구조를 파괴하는 유전자이다. 세포의 노화를 촉진하여 노화를 가속화하는 역할을 한다.

한 유전자가 청년기의 측면이 작용하고 중년기 이후에는 노쇠의 측면이 활성화되는 이중적인 역할을 한다는 것은, 유전자의 발현이 환경 요인에 의해 영향을 받을 수 있다는 것을 의미한다. 예를 들어, 건강한 생활 방식을 통해 젊음 유전자의 발현을 촉진하고 노쇠 유전자의 발현을 억제할 수 있다.

(2) 유전변이 이론

노화는 인간의 유전자 구조와 관련이 있다고 주장하는 이론이다.

첫째, 세포 분열 과정에서 돌연변이가 발생한다.

둘째, 돌연변이가 발생한 세포는 비정상적인 기능을 한다.

셋째, 비정상적인 세포는 주변 세포에 영향을 미쳐 노화 변화를 유발한다.

넷째, 노화 변화가 누적되면 결국에는 죽음에 이른다.

유전변이 이론은 노화의 원인으로 세포의 돌연변이를 지목한다. 세포의 돌연변이는 자연적으로 발생할 수도 있고, 환경 요인에 의해 발생할 수도 있다. 자연적으로 발생하는 돌연변이는 나이가 들수록 증가하는 것으로 알려져 있다. 환경 요인에 의해 발생하는 돌연변이에는 자외선, 방사선, 화학물질 등이 있다.

(3) 프로그램 이론

프로그램 이론은 노화가 이미 프로그램화되어 있다고 주장하는 이론으로, 노화의 원인을 설명하는 데 가장 유력한 이론 중 하나로 인정받고 있다. 프로그램 이론은 다음과 같은 세 가지 주요 가정을 가지고 있다.

첫째, 유기체(생명체)는 수정에서부터 시작되는 생체 시계(생명체가 가지고 있는 내부적인 시간 감각)를 가지고 있다. 생체 시계는 유기체의 수명과 관련된 유전 정보를 가지고 있다. 생체 시계는 유기체의 성장, 발달, 노화를 조절하는 역할을 한다.

둘째, 생체 시계는 일정한 분열 횟수를 가지고 있다. 유기체는 생체 시계에 따라 일정한 분열 횟수를 가지고 있다. 이 분열 횟수만큼 분열이 끝나면 기능이 쇠퇴하고 결국에는 죽음에 이른다.

셋째, 유기체는 생체 시계에 따라 세포의 노화를 조절한다. 유기체는 생체 시계에 따라 세포의 분열, 성장, 노화를 조절한다. 세포의 노화는 노화의 주요 원인 중 하나이다.

(4) 마모 이론

노화가 마치 기계가 마모되어 기능이 저하되는 것과 같은 과정이라고 주장하는 이론이다. 마모 이론에 따르면, 노화는 다음과 같은 과정을 통해 발생한다.

첫째, 세포의 구조와 기능이 점차 손상된다.

둘째, 손상된 세포는 정상적인 기능을 수행하지 못한다.

셋째, 손상된 세포가 축적되면 노화 변화가 발생한다.

넷째, 노화 변화가 누적되면 결국에는 죽음에 이른다.

마모 이론은 노화의 다양한 현상을 설명할 수 있는 강력한 이론으로 인정받고 있다. 예를 들어, 마모 이론은 다음과 같은 노화 현상을 설명할 수 있다.

첫째, 세포의 기능 저하로 마모 이론에 따르면, 손상된 세포는 정상적인 기능을 수행하지 못한다. 따라서 노화로 인해 세포의 기능이 저하되는 현상을 설명할 수 있다.

둘째, 노화 변화로 마모 이론에 따르면, 손상된 세포가 축적되면 노화 변화가 발생한다. 따라서 노화로 인해 나타나는 백발, 주름, 근육량 감소 등의 노화 변화를 설명할 수 있다.

이 이론은 노화를 치료하기 위한 새로운 방법을 개발하는 데 도움이 될 수 있다. 예를 들어, 세포 손상을 방지하거나, 손상된 세포를 복구하는 방법을 개발하면 노화를 지연하거나 치료할 수 있을 것이다.

(5) 면역학 이론

노화가 면역체계의 약화로 인해 발생한다고 주장하는 이론이다. 면역학 이론에 따르면, 노화는 다음과 같은 과정을 통해 발생한다.

첫째, 면역체계의 기능이 약화된다.

둘째, 약화된 면역체계는 병원균이나 세포 손상 등으로부터 신체를 효과적으로 보호하지 못한다.

셋째, 병원균이나 세포 손상이 누적되면 노화 변화가 발생한다.

넷째, 노화 변화가 누적되면 결국에는 죽음에 이른다.

면역학 이론은 다음과 같은 실험적 증거를 바탕으로 하고 있다.

첫째, 항체의 감소로 인해 나이가 들수록 항체의 생성이 감소한다.

둘째, 면역세포의 감소로 인해 나이가 들수록 면역세포의 수가 감소한다.

셋째, 면역세포의 기능 저하로 인해 나이가 들수록 면역세포의 기능이 저하된다.

면역학 이론은 노화를 치료하기 위한 새로운 방법을 개발하는 데 도움이 될 수 있다. 예를 들어, 면역체계를 강화하는 방법을 개발하면 노화를 지연하거나 치료할 수 있을 것이다.

4) 신체적 노화현상

신체적 노화는 나이가 들면서 신체의 구조와 기능이 점차 변화하는 현상을 말한다. 신체적 노화는 신체구조적 측면과 신체기능적 측면에서 다음과 같은 변화를 일으킨다.

(1) 신체구조적 측면

노화는 20세가 지나면서 서서히 시작되어 40세 이후부터 본격적으로 진행된다고 보는 것이 일반적이다. 그러므로 노화가 빠른 사람은 약 40세부터 시작되고, 노화가 늦은 사람이라 해도 50대 정도에는 생물학적 노화현상을 느끼기 시작한다. 신체구조적인 노화가 나타나는 순서는 일반적으로 눈, 이, 발, 다리, 뇌라고 알려져 있다.

① 근육량 감소

나이가 들수록 근육량이 감소한다. 이는 근육의 성장을 촉진하는 성장 호르몬의 분비가 감소하기 때문이다. 근육량 감소로 인해 근력과 지구력이 저하되며, 이는 일상생활에 지장을 줄 수 있다.

② 뼈의 골밀도 감소

나이가 들수록 뼈의 골밀도가 감소한다. 이는 골의 재생 속도가 흡수 속도보다 느려지기 때문이다. 골밀도 감소로 인해 골다공증이 발생할 수 있으며, 이는 골절의 위험을 증가시킨다.

③ 피부 노화

나이가 들수록 피부의 탄력성과 수분 함량이 감소한다. 이는 피부 세포의 재생 속도가 느려지기 때문이다. 피부 노화로 인해 주름이 생기고, 피부가 건조해지며, 피부색이 변할 수 있다.

④ 관절의 퇴행성 변화

나이가 들수록 관절의 연골이 닳고, 뼈가 변형된다. 이는 관절을 이루는 조직이 노화되기 때문이다. 관절의 퇴행성 변화로 인해 관절염이 발생할 수 있으며, 이는 관절의 통증과 기능 장애를 유발한다.

(2) 신체기능적 측면

신체기능적인 면에서 본 노화의 지표로는 소화기능, 혈액순환기능, 신진대사기능, 시력과 청력, 폐활량, 심장, 간장, 신장 등의 내장기능, 성욕 등을 들 수 있다. 생식기능과 같은 육체기능은 20~30대에 최고에 이르며, 그 뒤에는 점점 쇠퇴한다. 한편 정신기능은 신체기능이 떨어지기 시작해도 여전히 높아서 비로소 60~70대가 되어야 하강하기 시작한다. 신체적 기능의 노화를 세부적으로 살펴보면 다음과 같다.

① 면역력 저하

나이가 들수록 면역력이 저하된다. 이는 면역세포의 수와 기능이 감소하기 때문이다. 면역력 저하로 인해 감염병에 걸리기 쉽고, 질병의 중증도가 증가할 수 있다.

② 수면장애

나이가 들수록 수면의 질이 저하된다. 이는 수면 호르몬의 분비가 감소하고, 신체의 생체 시계가 변화하기 때문이다. 수면장애로 인해 피로감과 집중력 저하가 나타날 수 있다.

③ 인지기능 저하

나이가 들수록 인지기능이 저하된다. 이는 뇌의 신경 세포가 감소하고, 뇌의 신경 회로가 약화되기 때문이다. 인지기능 저하로 인해 기억력, 학습능력, 판단력 등이 저하될 수 있다.

신체적 노화는 유전적 요인과 환경적 요인에 의해 영향을 받는다. 유전적 요인은 신체적 노화의 속도를 결정하는 데 중요한 역할을 한다. 환경적 요인으로는 영양 상태, 운동, 스트레스 등이 있다. 건강한 생활습관을 유지하면 신체적 노화를 지연하거나 완화하는 데 도움이 될 수 있다.

2. 심리적 노화현상과 이론

1) 심리적 노화

심리적 노화는 신체적 노화와 함께 나타나는 과정으로, 정신적 능력과 성격, 태도 등이 점차 변화하는 현상을 말한다. 심리적 노화는 크게 다음과 같은 두 가지 측면으로 나눌 수 있다.

첫째, 인지적 측면이다.

- 기억력 감소는 나이가 들수록 기억력이 감소한다. 기억력 감소는 새로운 정보를 습득하거나 과거의 정보를 기억하는 데 어려움을 겪게 한다.
- 학습 능력 감소는 나이가 들수록 학습 능력이 감소한다. 학습 능력 감소는 새로운 것을 배우는 데 어려움을 겪게 한다.
- 판단력 감소는 나이가 들수록 판단력이 감소한다. 판단력 감소는 새로운 상황에 적응하는 데 어려움을 겪게 한다.
- 의사 결정 능력 감소는 나이가 들수록 의사 결정 능력이 감소한다. 의사 결정 능력 감소는 중요한 결정을 내리는 데 어려움을 겪게 한다.
- 창의력 감소는 나이가 들수록 창의력이 감소한다. 창의력 감소는 새로운 아이디어를 떠올리는 데 어려움을 겪게 한다.

둘째, 정서적 측면이다.

- 우울감 증가는 나이가 들수록 우울감이 증가할 수 있다. 우울감 증가는 외로움, 고립감, 무기력감 등의 증상을 유발할 수 있다.
- 불안감 증가는 나이가 들수록 불안감이 증가할 수 있다. 불안감 증가는 건강 문제, 경제 문제, 사회적 관계 문제 등의 스트레스 요인에 의해 발생할 수 있다.
- 분노 조절 능력 감소는 나이가 들수록 분노 조절 능력이 감소할 수 있

다. 분노 조절 능력 감소는 주변 사람들과의 갈등을 유발할 수 있다.

- 자기 확신 감소는 나이가 들수록 자기 확신이 감소할 수 있다. 자기 확신 감소는 새로운 도전을 하거나 목표를 달성하는 데 어려움을 겪게 할 수 있다.

심리적 노화는 유전적 요인과 환경적 요인에 의해 영향을 받는다. 유전적 요인은 심리적 노화의 속도를 결정하는 데 중요한 역할을 한다. 환경적 요인으로는 사회 경제적 지위, 교육 수준, 생활 방식 등이 있다. 건강한 생활 습관을 유지하고 사회 활동에 참여하는 것은 심리적 노화를 지연하거나 완화하는 데 도움이 될 수 있다.

2) 심리학적 노화의 특성

첫째, 우울증 경향의 증가이다.

- 우울증에 빠진 노인은 불면증, 식욕부진, 체중감소 등과 같은 신체적인 증상을 호소하고, 기억력이 저하되며, 흥미와 의욕을 상실하는 등의 심리적 증상을 겪게 된다.
- 주변 사람들에게 적대적으로 대하거나 타인을 비난하는 등의 행동을 보이기도 한다.

둘째, 내향성의 증가이다.

- 청 · 장년기에는 심적 에너지가 바깥 사회생활로 향해 있다가 노년기에 접어들면서 내면으로 향하기 때문에 내향성이 나타난다.
- 사회적 활동이 감소하고, 타인과 만나는 것을 기피할 뿐 아니라 내향적인 성격이 되어간다.

셋째, 조심성의 증가이다.

- 나이가 들수록 조심성이 증가한다. 조심성이 증가하는 원인에는 여러

가지가 있다. 일의 결과를 중시하기 때문에 조심스럽게 행동한다는 의견과 시청각 및 지각 능력이 감퇴하고, 자신감이 감퇴하기 때문에 조심성이 증가한다는 의견이 있다.

- 나이가 들수록 질문이나 문제에 대해 대답을 할지 망설이거나 하지 못하며, 때에 따라서는 중립을 지키곤 한다.
- 결단이나 행동이 느려지고 매사에 신중해진다.

넷째, 경직성의 증가이다.

- 노인은 자신에게 익숙한 습관적인 태도나 방법을 고수한다.
- 매사에 융통성이 없어지고, 새로운 변화를 싫어하며, 도전적인 일을 꺼리는 경향을 보인다.
- 새로운 기구를 사용하거나 새로운 방식으로 일을 처리하는 데에 저항한다.

다섯째, 생에 대한 회고의 경향이다.

- 자신이 지나온 일생의 여러 요인들 즉, 가족구성, 신체적 조건, 결혼, 취업, 직장 생활, 부부 생활, 성생활, 성역할 등을 떠올려 보게 된다.
- 지난 생에 대한 회상은 응어리졌던 감정을 해소하고, 실패와 좌절에 담담해져 자아통합을 가능하게 하고, 다가오는 죽음을 평온한 마음으로 맞을 수 있게 한다.

여섯째, 친근한 사물에 대한 애착심이다.

- 오랫동안 자신이 사용해 오던 친근한 사물에 대해 애착이 강하다.
- 애착은 지나온 과거를 회상하거나 마음의 안락을 찾는 데 도움을 준다.
- 친근한 사물에 애착을 보이는 이유는 자기 자신과 주변이 변하지 않고 유지되고 있다는 안도감, 정서적 안정감을 느끼고, 세월의 흐름 속에서 자기정체감을 유지하려는 것이다.

일곱째, 유산을 남기려는 경향이 있다.

- 노인은 죽음의 필연성을 인식하고 생명이 유한하다는 것을 자각하면서 자신이 이 세상에 다녀갔다는 흔적을 후세에 남기고자 한다.
- 자신이 가치 있는 삶을 살았다는 것을 인정받고자 한다.
- 이러한 생각으로 노인들은 혈육, 물질적 재산, 창조적 업적, 전통과 가치 등을 남기고자 한다.

여덟째, 의존성의 증가이다.

- 신체적 기능이 저하되면서 신체적으로 의존하게 된다.
- 임금 노동자로서의 역할을 상실함에 따라 경제적으로 의존하게 된다.
- 중추신경조직이 퇴화됨으로 인해 정신적으로도 의존하게 된다.
- 중요한 사람을 상실하게 되면서 사회적 · 심리적 · 정서적으로 다른 사람에게 더 의존하게 된다.

3) 심리학적 노화의 주요 이론

심리적 노화는 신체적 노화와 함께 나타나는 자연스러운 과정이다. 심리적 노화는 인지와 성격상의 변화를 의미한다. 인지적 측면에서는 기억력, 학습능력, 판단력, 의사 결정 능력, 창의력 등이 감소할 수 있다. 정서적 측면에서는 우울감, 불안감, 분노 조절 능력 감소, 자기 확신 감소 등이 나타날 수 있다. 심리적 노화가 항상 부정적인 것만은 아니다. 나이가 들면서 경험과 지혜가 쌓이면서 더욱 성숙해질 수도 있다. 또한, 나이가 들면서 사회적 역할이 줄어들면서 자신의 삶에 대해 더 깊이 생각하고 여유를 찾을 수도 있다.

(1) 분리 이론

분리 이론은 노인이 사회로부터 분리되는 것을 자연스럽고 기능적인 과정으로 보는 이론이다. 노인은 젊은 시절에 유지해 온 사회적인 관계와 역할을 지속하기 어려울 정도로 에너지와 활력을 상실하기 때문에 사회로부터 점차 분리되는 것이 자연스러운 현상이다.

분리 이론의 근거를 제시하면 다음과 같다.

첫째, 노인은 나이가 들면서 신체적 · 정신적 능력이 저하된다. 이러한 신체적 · 정신적 변화는 노인이 사회에서 활동하기 어렵게 만들 수 있다.

둘째, 사회적 역할의 변화로 노인은 나이가 들면서 직장 생활을 마치거나, 자녀가 독립하면서 사회적 역할이 줄어든다. 이러한 사회적 역할의 변화는 노인이 사회에서 소외감을 느끼게 만들 수 있다.

분리 이론은 노인의 사회 유리를 사회와 노인 모두에게 이롭다는 주장을 한다. 사회는 노인을 사회로부터 분리시킴으로써 사회의 자원을 효율적으로 사용할 수 있다. 또한, 노인은 사회로부터 분리됨으로써 여유와 안정을 찾을 수 있다.

(2) 활동 이론

활동 이론은 노인이 중년과 동일한 사회적 · 심리적 욕구를 지니고 있으며, 은퇴로 인한 역할 부재에 대신할 만한 활동을 찾아 사회참여를 추구한다는 이론이다. 노인은 나이가 들면서 다음과 같은 이유로 사회참여를 추구한다.

첫째, 사회적 역할의 상실로 노인은 은퇴, 자녀의 독립 등으로 인해 사회적 역할을 상실할 수 있다. 이러한 사회적 역할의 상실은 노인의 심리적 위축과 사회로부터의 소외감을 유발할 수 있다.

둘째, 생의 만족도 향상으로 사회참여는 노인의 사회적 관계를 유지하고, 새로운 경험을 쌓고, 자신감을 회복하는 데 도움이 될 수 있다. 활동 이론은 노인의 삶의 만족도를 향상시킬 수 있다.

노인의 사회참여는 노화의 성공적인 적응에 필수적이다. 노인은 사회적 관계와 역할을 유지하기 위해 적극적으로 사회참여를 해야 하며 중년기의 활동 유형과 유사해야 한다. 노인은 중년기의 활동을 유지하거나 새로운 활동을 개발함으로써 사회참여를 이어갈 수 있다.

활동 이론은 노인의 사회참여의 중요성을 강조하는 이론으로 노인의 사회참여를 증진하기 위한 다양한 정책과 프로그램 개발에 기여할 수 있다.

(3) 지속성 이론

지속성 이론은 노년기의 성격은 젊은 시절의 성격과 일관성을 유지한다는 이론이다. 이 이론에 따르면, 노인은 나이가 들면서 다음과 같은 이유로 성격의 지속성을 유지한다.

첫째, 성격의 안정성이다. 성격은 개인의 내면에서 형성되는 것으로, 외부 환경의 변화에도 쉽게 변하지 않는다.

둘째, 성격의 적응성이다. 성격은 개인이 환경에 적응하기 위한 중요한 수단으로, 노년기의 변화에도 적응하기 위해 성격의 지속성을 유지할 수 있다.

지속성 이론은 다음과 같은 주장을 한다.

- 노년기의 성격은 젊은 시절의 성격과 일관성을 유지한다.
- 성격의 지속성은 노년기의 삶의 만족도와 관련이 있다.

지속성 이론은 노년기의 성격 변화를 이해하는 데 도움이 되는 이론으로 노년기에도 개인의 성격이 중요한 영향을 미친다는 점을 강조한다.

(4) 초월 이론

노년기에 접어든 개인이 자신의 삶을 되돌아보고, 인생의 의미를 찾기 위해 노력하는 과정을 말한다. 노년기에 나타나는 다음과 같은 특징들을 강조한다.

첫째, 자아 성찰이다. 노인은 나이가 들면서 자신의 삶을 되돌아보고, 삶의 의미를 찾기 위해 노력한다.

둘째, 사회적 역할의 변화이다. 노인은 은퇴, 자녀의 독립 등으로 인해 사회적 역할이 변화할 수 있다. 이러한 사회적 역할의 변화는 노인의 삶의 의미를 재발견하는 기회가 될 수 있다.

셋째, 죽음의 수용이다. 노인은 죽음을 수용하고, 삶의 의미를 찾기 위해 노력한다.

초월 이론은 다음과 같은 주장을 한다.

- 노년기는 자아 성찰과 삶의 의미를 찾기 위한 중요한 시기이다.
- 초월은 노년기의 건강한 발달을 위한 중요한 요소이다.

초월 이론은 노년기의 삶의 의미를 이해하는 데 도움이 되는 이론으로 노년기에도 개인의 삶에 의미를 찾을 수 있다는 가능성을 제시한다.

4) 심리학적 노화현상

(1) 기억력과 학습 능력의 감소

노인은 나이가 들면서 기억력과 학습 능력이 감소할 수 있다. 이는 뇌의 신경 세포와 신경 회로의 변화에 기인한다.

(2) 문제 해결 능력의 감소

노인은 나이가 들면서 새로운 문제를 해결하는 능력이 감소할 수 있다. 이는 인지적 유연성의 감소에 기인한다.

(3) 창의력의 감소

노인은 나이가 들면서 창의력이 감소할 수 있다. 이는 뇌의 신경 세포의 연결망 변화에 기인한다.

이러한 지적 측면의 변화는 노년기의 삶에 다양한 영향을 미칠 수 있다. 예를 들어, 기억력과 학습 능력의 감소는 새로운 정보의 습득과 익히는 데 어려움을 줄 수 있다. 문제 해결 능력의 감소는 새로운 상황에 적응하는 데 어려움을 줄 수 있다. 창의력의 감소는 새로운 아이디어를 떠올리는 데 어려움을 줄 수 있다. 그러나 이러한 지적 측면의 변화는 모든 노인에게 동일하게 나타나는 것은 아니다. 개인의 건강 상태, 교육 수준, 생활 방식, 사회적 환경 등의 요인에 따라 차이가 있을 수 있다. 또한, 인지 기능을 유지하기 위한 노력을 기울이면 이러한 변화를 어느 정도 늦출 수 있다.

3. 사회적 노화현상과 이론

1) 사회적 노화

노인이 되면 사회적 역할이 변화된다. 역할 변화를 편안하게 기꺼이 받아들이는 사람도 있지만, 해오던 역할을 갑작스럽게 상실한 경우 위기를 경험하기도 한다. 새로운 기술과 적응 방식을 사용해야 하는 역할 변화도 스트레스를 초래한다. 노인은 경쟁사회에서 노동력의 노화와 생산성의 감소 등을 겪으면서 젊은 세대와의 경쟁에서 뒤처지게 되고, 상실감과 고립감을 느끼게 된다. 사회적 노화는 노년기로의 전환과 함께 이루어지는 개인 수준에서의 사회적 상황 변화를 의미한다. 이러한 사회적 상황 변화는 다음과 같은 세 가지 영역으로 구분할 수 있다.

첫째, 사회관계망과 상호작용이다. 노인은 나이가 들면서 사회관계망이 축소되고, 사회적 상호작용이 감소할 수 있다. 이러한 변화는 노인의 사회적 고립과 소외감, 우울감 등의 부정적인 결과를 초래할 수 있다.

둘째, 연령규범과 사회화이다. 노인은 나이가 들면서 사회로부터 새로운 역할과 기대를 받게 된다. 이러한 연령규범은 노인의 행동과 태도에 영향을 미칠 수 있다.

셋째, 지위와 역할의 변화이다. 노인은 은퇴, 자녀의 독립 등으로 인해 사회적 지위와 역할이 변화할 수 있다. 이러한 변화는 노인의 자아 정체성과 삶의 질에 영향을 미칠 수 있다.

사회적 노화는 개인의 신체적·심리적 노화와 함께 노년기의 삶에 중요한 영향을 미친다. 따라서 사회적 노화를 이해하고, 사회적 노화를 긍정적으로 적응하기 위한 노력을 기울이는 것이 중요하다.

2) 사회적 노화의 특성

첫째, 역할상실이다. 노인에게 사회적 역할 변화가 생기는 대표적인 사건은 은퇴이다. 은퇴로 인해 사회적 역할을 상실할 뿐 아니라 가정 내에서도 가장으로서의 역할이나 어머니로서 가족을 돌보는 역할을 잃게 되어 심리적으로 위축된다.

둘째, 경제적 빈곤이다. 노인은 대부분 자신이 일하던 직장에서 퇴직하여 여가생활이나 새로운 일을 수행하게 된다. 노후소득을 위한 연금이나 노후자금이 없는 경우에는 경제적 빈곤에 놓이게 된다. 경제협력개발기구(OECD) 국가 중 노인 빈곤율이 가장 높은 곳이 한국이다.

셋째, 유대감의 상실이다. 노인은 직장에서 퇴직하면서 사회적 관계도 줄어들게 된다. 친척이나 친구 관계도 소원해지고, 그들과의 유대감도 줄어들거나 없어지게 된다. 단순화된 관계 속에서 노인은 고독감과 우울감이 증가하게 되고, 자살까지 발생하기도 한다.

넷째, 사회적 관계 위축이다. 노인은 신체적 노화를 경험하면서 복합적이고 만성적인 질환을 갖게 된다. 고혈압, 당뇨 등의 만성질환은 다른 질환과 복합되어 나타나면서 신체적 기능을 쇠퇴시키고, 사회적 관계에서도 부정적으로 작용하기도 한다.

3) 사회적 노화의 주요 이론

노화와 관련된 사회현상은 매우 복잡하다. 노화는 개인의 신체적 · 심리적 · 사회적 변화를 포함하는 광범위한 과정이기 때문이다. 또한, 노화는 개인뿐만 아니라 사회 전체에 영향을 미치는 사회현상이다. 따라서 노화와 관련된 사회현상을 설명하기 위해서는 다양한 이론적 관점을 통합적으로 활용할 필요가 있다. 다양한 이론적 관점을 활용하면 노화와 관련된 다양한 측면을 종합적으로 이해할 수 있다.

(1) 활동 이론

활동 이론은 노인의 노화 과정을 삶의 다양한 측면에서 이해하고 개선하기 위한 중요한 이론 중 하나이다. 다양한 활동에 참여하는 것이 노인의 삶의 질을 향상시키며, 건강에 긍정적인 영향을 미칠 수 있다고 주장한다. 가장 기본적인 가정 중 하나는 노인의 성공적인 노화가 삶의 만족도와 건강에 영향을 미친다는 것이다. 이는 노인의 노화를 부정적인 것으로만 바라보는 것이 아니라, 긍정적인 측면에서도 고려해야 한다는 것을 의미한다. 노인이 여전히 다양한 활동에 참여하고 사회적 관계를 유지할 경우, 삶의 만족도가 높아지고 건강 상태도 향상될 수 있다는 것이 이론의 핵심이다.

이는 노인이 나이가 들더라도 여전히 다양한 활동에 참여할 수 있는 능력을 가지고 있다고 가정한다. 신체적 · 정신적 · 사회적 능력을 모두 포함하며, 노인은 이러한 능력을 유지하고 향상시키기 위해 노력할 수 있다는 것을 의미한다. 다양한 활동에 참여하면 삶의 만족도와 건강이 향상된다는 가정은 노인의 일상적인 활동이 그들의 삶에 긍정적인 영향을 미칠 수 있다는 점을 강조한다. 이는 정신적으로 활발한 활동이나 사회적 활동이 노인의 정신적인 건강에 도움이 될 수 있다는 것을 시사한다.

또한 노인의 사회적 노화를 이해하는 데 중요한 역할을 한다. 노인이 사회적 활동이 감소하면 삶의 만족도와 건강이 저하될 수 있다고 이론은 주장한다. 이는 은퇴와 같은 생활 변화로 인해 사회적 관계가 약화될 수 있음을 강조하며, 이에 대한 대응책으로 사회적 활동을 유지하고 새로운 관계를 형성하는 노력이 필요하다는 것을 제시한다.

(2) 사회유리 이론

사회유리 이론(disengagement theory)은 노인은 나이가 들면서 사회로부터 분리되고, 사회에서의 역할이 감소하는 것이 자연스러운 과정이라는 이론이다. 커밍(Cumming)과 헨리(Henry)가 1961년에 처음으로 제안한 이론으로, 노인은 건강상의 문제, 은퇴, 자녀의 독립 등으로 인해 사회로부터 분리되고, 사회에서의 역할을 줄이게 된다고 주장한다.

사회유리 이론은 다음과 같은 가정을 한다.

첫째, 노화는 자연스러운 과정이며, 노인은 나이가 들면서 사회로부터 분리되고, 사회에서의 역할을 줄인다.

둘째, 노인의 사회유리화이며 개인과 사회 모두에게 이롭다.

이는 노인의 사회적 노화를 이해하는 데 중요한 역할을 한다. 예를 들어,

노인은 은퇴, 자녀의 독립 등으로 인해 사회에서의 역할이 줄어들면, 사회에서의 참여가 감소하고, 사회적 관계가 축소될 수 있다. 또한, 노인은 사회로부터 분리됨으로써, 사회에 대한 부담을 줄이고, 개인의 삶의 질을 향상시킬 수 있다.

그러나 다음과 같은 한계도 가지고 있다.

- 모든 노인이 사회로부터 분리되는 것은 아니다.
- 노인의 사회유리는 개인의 특성, 건강 상태, 경제적 상황 등에 의해서도 영향을 받을 수 있다.

노인의 사회적 노화를 이해하는 데 중요한 이론이지만, 다양한 요인을 고려하여 노인을 이해할 필요가 있다. 노인의 사회적 노화를 이해하고, 노인의 사회적 적응을 지원하기 위한 정책과 프로그램을 개발하는 데 기여할 수 있다. 예를 들어, 노인의 사회유리를 완화하기 위해서는 노인에게 다양한 활동의 기회를 제공하고, 노인에게 사회 참여를 장려하는 정책과 프로그램을 개발할 필요가 있다.

(3) 현대화 이론

현대화 이론은 사회가 현대화되면서 노인의 지위와 역할이 하락한다는 이론이다. 사회의 산업화, 도시화, 교육의 대중화 등과 같은 현대화 과정이 노인의 지위와 역할을 변화시킨다고 주장한다.

첫째, 산업화로 인한 노동력 감소이다. 산업화가 진행될수록 노인의 노동참여가 감소한다는 가정은 과거부터 여러 연구에서 나온 결과 중 하나이다. 산업화는 종종 체력이 필요한 노동을 감소시키고, 효율적인 생산 수단이 늘어나면서 노인의 경제적 기여가 상대적으로 줄어들게 된다.

둘째, 도시화로 인한 가족관계 약화이다. 도시화가 진행될수록 가족 구조가 변하고, 노인과 자녀 간의 지리적 및 사회적 거리가 벌어질 수 있다. 이로 인해 가족관계가 약화되고, 노인들이 사회적 지원을 받기 어려워질 수 있다.

셋째, 교육의 대중화로 인한 지식과 기술의 뒤떨어진다. 교육의 대중화로 노인 세대의 교육 수준이 상대적으로 뒤떨어진다는 주장은, 현대 사회에서 노인들이 현대 기술 및 지식의 발전에 따라 따라가기 어렵다는 것을 의미한다. 이러한 가정들을 뒷받침하기 위한 연구는 노인의 삶과 사회적 참여, 가족관계, 교육 수준 등 다양한 측면에서 조사되고 있다. 이러한 연구 결과 현대화 이론은 노인의 사회적 노화를 이해하는 데 중요한 토대를 제공하고 있다고 볼 수 있다.

(4) 사회교환 이론

사회교환 이론은 미국의 사회학자 조지 호만스가 1961년에 발표한 이론으로, 인간의 행동은 교환관계의 원리에 의해 결정된다고 주장한다. 고전경제학, 기능주의적 인류학 및 행동주의적 심리학에 사상적 토대를 두고 있다.

이 이론에 따르면, 사회적 행동이란 결국 "두 사람 이상 사이에서의 활동의 교환"이며, 대인관계란 "사람 사이에 보상을 반복적으로 교환하는 것"으로 이해된다. 사회적 행동과 대인관계를 형성 · 유지하는 주된 조건은 '주는 것(투자)보다 받는 것(보상)의 가치가 높아지는 것'인데, 이러한 조건이 구비될 경우 사회적 교환행위가 지속된다는 것이다. 즉, 사회적 행동과 대인관계에서 교환을 주고받는 행위자들은 가능한 한 대등한 입장에서 교환관계를 형성하고 유지하려고 하지만 동등하지 않은 입장에서 이루어지고 지속되는 경우가 많다. 교환이 불가피하게 이루어져야 하는 관계의 경우 교환자원(지식, 기술, 금전, 사회적 승인, 복종, 존경 등)의 가치가 높거나 풍부한 교환자원을 소유한 자가 낮은 가치의 교환자원과 부족한 교환자원을 소유한 자를 지배하게 된다.

또한 노인의 사회적 노화를 이해하는 데에도 유용한 시사점을 제공한다. 예를 들어, 노인의 경우 은퇴, 자녀의 독립 등으로 인해 교환자원의 가치와 양이 감소하게 된다. 따라서 이러한 변화에 대응하기 위해 노인은 새로운 교환자원을 개발하거나, 기존 교환자원의 가치를 높이기 위한 노력을 할 필요가 있다. 아울러 사회교환 이론은 노인의 사회적 고립과 소외 문제를 이해하는 데에도 도움이 된다. 노인의 경우 교환자원의 가치와 양이 감소함에 따라 사회적 지위가 하락하고, 사회적 관계가 약화될 수 있다. 이러한 결과로 노인은 사회적 고립과 소외를 경험할 수 있다. 따라서 노인의 사회적 고립과 소외 문제를 해결하기 위해서는 노인의 교환자원을 보충하고, 사회적 관계를 증진하기 위한 노력이 필요하다.

(5) 사회와해 이론

사회와해 이론(Social Breakdown Syndrome)은 키퍼스와 벵슨(Kuypers & Bengtson)에 의해 1973년에 제시된 이론으로, 노인들이 사회적 혹은 심리적 문제를 겪을 때 이로 인해 발생하는 부정적인 사회적 상황과 그 영향을 설명하는 이론이다. 사회적 혹은 심리적 문제가 있는 일부 노인에 대한 부정적 인식이 전체 노인들에게 확산되어 노인 전반에 대한 부정적 인식이 강화되고, 이로 인해 노인들의 사회적 활동과 관계가 위축되고 어려워지는 순환적인 패턴이 형성된다고 주장한다.

키퍼스와 벵슨은 이러한 순환적인 패턴에서 나타나는 노인의 성격이나 태도를 "사회적 와해 증후군"이라고 명명했다. 이 증후군은 노인이 부정적인 환경에서 생활하면서 발생하는 의존적이고 무능한 자기인식 등을 나타낸다.

이 이론은 노인의 사회적·심리적 문제를 해결하기 위해 환경 개선과 노인 스스로가 유용하고 유능한 존재로서의 자아를 인식하게끔 돕는 개입이 필요하다고 주장한다. 이를 위해 건강증진 및 경제적 원조 프로그램, 사회적 서비스의 확대 등을 통한 사회환경의 개선이 필요하다고 제시한다. 이론은 노인의 문제점을 설명하는 데 유용하며, 개인 차원에서 개입하여 개선할 수 있는 실용적 근거를 제공한다고 평가된다.

(6) 하위문화 이론

하위문화 이론은 로즈(Rose, 1965)에 의해 제시된 것으로, 노인이 가지고 있는 공통의 특성과 사회문화적 요인 등에 의해 노인만의 집단이 형성되며, 그 집단 내부에서의 노인의 빈번한 상호작용을 통해 노인 특유의 하위문화가 형성된다고 한다. 따라서 노화에 대한 이론은 근본적으로는 연령계층화 이론에 근거하고 있다.

첫째, 노인은 연령이라는 공통의 특성을 가지고 있다.

둘째, 노인들은 사회문화적 요인에 의해 노인만의 집단을 형성한다.

셋째, 노인 집단 내부에서 노인들은 빈번한 상호작용을 한다.

이러한 상호작용을 통해 노인 특유의 하위문화가 형성된다.

이 이론은 노인의 사회적 노화를 이해하는 데 유용한 시사점을 제공한다. 예를 들어, 노인의 경우 은퇴, 자녀의 독립 등으로 인해 사회적 역할과 지위가 하락할 수 있다. 이러한 변화에 대응하기 위해 노인은 노인만의 집단을 형성하고, 노인 특유의 문화를 형성할 수 있다. 이러한 노인 특유의 문화는 노인의 정체성 형성과 사회적 적응에 중요한 역할을 할 수 있다.

또한, 특정한 노인집단, 예를 들어 노인촌, 노인복지시설 등에서의 노인의 상호작용을 이해하는 데 많은 도움을 준다고 할 수 있다. 이러한 노인집단은 일반적으로 노인들이 공통의 관심사와 가치를 가지고 있으며, 빈번한 상호작용을 통해 노인 특유의 하위문화를 형성하고 있다. 그러나 이러한 노인집단은 전체적인 사회 현상으로 나타나는 것은 아니다. 따라서 하위문화 이론을 일반화하기에는 다소 문제가 있다고 할 수 있다.

(7) 연령계층화 이론

연령계층화 이론은 라일리와 포너(Riley & Foner, 1968)에 의해 제창된 이론으로, 사회를 기본적으로 연령등급에 따라 서열화되고 구분되는 구조로 이해한다. 동일한 연령층에 속하는 사람들은 유사한 시대를 경험하며, 이로 인해 비슷한 가치, 태도, 관념 등을 공유하게 되어 다른 연령층과 구별된다고 주장한다. 또한, 각 연령층은 사회적 역할, 의지, 역할 기대 등에서 차이가 있으며, 사회가 부여하는 권리와 특권도 각기 다르다고 설명한다. 예를 들어 노인은 전통적으로 생산자, 가족 돌봄자, 공동체 구성원 등의 역할을 수행했다. 그러나 현대 사회에서는 은퇴로 인해 생산자 역할이 감소하고, 자녀의 독립으로 인해 가족 돌봄자 역할이 감소하고 있다. 또한, 건강 문제 등으로 인해 공동체 활동에 참여할 수 있는 기회가 감소하고 있다. 이러한 변화는 노인의 사회적 지위와 역할에 영향을 미치고, 노인의 사회적 적응에 어려움을 야기할 수 있다.

요점정리

1. 신체적 노화의 특성

- 신체 기능의 저하: 근육 강도와 유연성 감소, 뼈 밀도 감소 등으로 인해 신체 기능이 저하됨.
- 대사 속도 감소: 신진대사 속도가 떨어져서 체지방 비율이 증가하고 에너지 수요가 줄어듦.
- 면역 기능 감소: 면역 시스템이 약해져서 감염과 질병에 노출될 확률이 높아짐.

2. 심리적 노화의 특성

- 인지능력 감소: 기억력, 집중력, 학습능력 등의 인지 능력이 저하됨.
- 정서적 변화: 감정 조절 능력이 감소하고 우울감, 불안, 스트레스 등의 정서적 문제가 증가함.
- 사회적 관계 변화: 친구와 가족과의 관계가 변화하고 사회적 지위가 변할 수 있음.

3. 사회적 노화의 특성

- 사회적 역할 변화: 은퇴, 가족 구성원의 변화, 사회적 활동 감소 등으로 인해 사회적 역할이 변화함.
- 사회적 격차: 경제적 어려움, 사회적 고립 등으로 인한 사회적 격차가 심화될 수 있음.
- 사회적 지지체계: 가족, 친구, 지역사회 등의 지지체계가 중요하며, 이를 통해 노인들은 사회적으로 연결되고 지지받아야 함.

Quiz

1. 신체적 노화 이론에서 면역세포의 활성이 감소하고, 이로 인해 감염에 대한 저항력이 약해지는 것은 무엇인가?
2. 노년기에 심리적 노화의 두 가지 측면은 무엇인가?
3. 노년기에 사회적 역할 변화가 생기는 대표적인 사건은 무엇인가?

1: 면역능력 감소

2: 인지적 측면, 정서적 측면

3: 은퇴

PART 02

노인복지정책과 실천

CHAPTER 03

노인소득보장과 노인고용보장

학습목표

- 노인소득보장의 개념, 필요성, 유형, 내용을 이해한다.
- 노인소득보장의 방법을 알 수 있다.
- 소득보장체계에 대해 알 수 있다.
- 노인고용보장의 이해와 고용보장과 관련된 주요 정책을 알 수 있다.
- 노인고용보장정책에 대해 알 수 있다.
- 고용상 연령차별금지에 대해 알 수 있다.
- 고령자 취업지원에 대해 알 수 있다.
- 일자리 지원기관과 노인일자리 사업에 대해 알 수 있다.

1. 노인소득보장

노년기에는 생물학적 노화와 사회적 제약 등으로 인해 수입이 감소하거나 중단되어 최소한의 경제적 수입을 확보하지 못하는 노인들이 있다. 이에 대응하기 위해 국가는 사회의 연대책임 정신을 발휘하여 최저한의 수입을 보장하는 소득보장제도를 마련하여야 한다.

Part
01
고령사회와 노인의 이해

Part
02
노인복지정책과 실천

Part
03
노인복지 관련 주요 이슈

1) 노인소득보장의 이해

(1) 소득보장

소득보장이란 빈곤문제의 발생을 미리 예방하거나 이미 발생한 빈곤문제를 해결하기 위한 사회보장제도의 일부로서 직접적 소득보장과 간접적 소득보장제도가 있다. 현대사회에서 인간다운 최소한의 생활을 영위하기 위해서는 의식주의 욕구, 건강보호의 욕구 및 문화적 욕구를 기본적으로 충족시킬 수 있는 경제적 수입이 필요하다. 노년기의 적절한 경제적 수입은 최소한의 계속적 생존을 가능하게 할 뿐 아니라 여가의 문제, 사회적 · 심리적 고립과 소외의 문제 등에도 크게 기여할 수 있으며, 나아가 노인의 자존심을 유지시켜 줌으로써 성공적 노화의 삶을 가능케 한다.

노년기에는 생물학적 노화와 사회적 제약 등으로 수입이 절감되거나 단절되어 최소한의 경제적 수입을 확보하지 못하는 사람들이 많다. 노인에 대해 국가는 사회의 연대 책임정신을 발휘하여 최저한의 수입을 보장해 주는 소득보장제도를 마련하고 있다.

소득보장제도는 노인들이 최소한의 생계비를 보장하여 적절한 삶의 품질을 유지할 수 있도록 하는 데 목적이 있다. 노년기에는 건강 문제, 경제적 문제 등 다양한 어려움이 발생할 수 있기 때문에 이러한 제도는 노인들에게 안정성과 안락함을 제공하여 노년 시기를 보다 삶의 질 있는 시기로 만들어주는 역할을 한다. 노인의 소득보장이 제대로 이루어지면, 노인들은 건강 돌봄, 적절한 주거, 사회 참여 등에 더 적극적으로 참여할 수 있으며, 경제적으로도 안정적인 기반을 갖추게 된다. 이는 노인들의 삶의 질 향상뿐만 아니라 사회적으로도 안정된 노인층을 형성하는 데 도움이 된다. 따라서 노인 문제에 대한 중요한 해결책 중 하나로 간주된다.

소득보장제도는 빈곤문제의 예방과 해결을 위한 사회보장제도의 일부로서 사회보험, 공공부조 혹은 사회수당 등과 같은 국가의 직접 소득이전 프로그램을 통하여 최저한도 이상의 소득을 보장해 주려는 사회적 노력을 의미한다.

(2) 소득보장체계의 3층 구조 이론

일반적으로 소득보장체계를 논의할 때 3층 구조 이론을 주로 활용하는데, 이 3층 구조 이론은 사회보장이나 소득보장체계가 기본적으로 삼층의 구조로 이루어져 있다는 이론을 나타낸다. 이 구조는 다양한 사회경제적 상황에서 시민들에게 소득 및 사회보장 혜택을 제공하여 사회적 불평등을 완화하고 안전망을 제공하는 목적을 가지고 있다.

- 1층 법정 혜택(Legal Entitlements)인 첫 번째 층은 법적으로 보장된 혜택에 해당한다. 국가에서 법으로 정해진 기본적인 혜택을 포함하고 있으며, 이는 시민들에 대한 법적 권리로 보장된다. 일반적으로 국민연금, 실업급여, 장애인 보장 등이 법적으로 보장되는 혜택에 해당한다.
- 2층 직업적 보장(Occupational Welfare)인 두 번째 층은 개인의 직업 또는 직장과 관련된 혜택을 나타낸다. 이는 고용주가 제공하는 혜택이나 회사 내 복지 프로그램 등을 포함한다. 퇴직금, 의료보험, 직장 내 교육 및 훈련 등이 해당될 수 있다.
- 3층 자발적 또는 지역사회 기반의 혜택(Voluntary or Community-Based Welfare)인 세 번째 층은 개인이 자발적으로 선택하거나 지역사회에서 제공하는 혜택을 나타낸다. 이는 비영리 단체, 자원봉사 단체, 지역사회 프로그램 등을 통해 이루어진다. 음식봉사, 주거 지원, 사회서비스 등이 해당될 수 있다.

이러한 3층 구조 이론은 사회보장체계가 다양한 수준에서 시민들에게 혜택을 제공하고, 법적 · 직업적, 그리고 지역사회 기반의 다양한 수준에서 안전망을 형성하는 것이 중요하다는 개념을 강조한다. 이러한 다층적 접근은 각 층에서 제공되는 혜택이 서로 보완적으로 작용하여 더 효과적인 사회적 안전망을 형성하고 지속 가능한 복지를 제공할 수 있도록 하는 것을 목표로 한다.

(3) 직접 소득보장제도와 간접 소득보장제도

노후소득보장 방식을 현금급여의 지급 여부에 따라서 직접 소득보장제도와 간접 소득보장제도로 나누기도 한다.

직접 소득보장제도에는 ① 국민연금과 특수직역연금, 기초연금의 사회보험 ② 국민기초생활보장제도로 시행되는 공공부조 ③ 퇴직연금, 개인연금 등과 같은 사적 보장체계가 속한다.

간접 소득보장제도에는 ① 경로우대제 등의 비용 할인 ② 노인일자리 및 사회활동지원사업, 취업지원센터, 시니어클럽 등의 취업증진 프로그램 ③ 매점 또는 자동판매기 설치 우선지원 ④ 상속세, 소득세 공제 등의 세제감면 혜택이 포함된다.

우리나라 노인 소득보장제도에는 사회보험으로 운영되는 국민연금을 비롯한 공적 연금, 공적 부조식 연금제도인 기초연금이 있으며, 저소득층 노인이 대상이 되는 공적부조인 국민기초생활보장제도와 긴급복지지원제도, 주택연금 등을 중심으로 소개하고 기업연금에 해당되는 퇴직금 및 퇴직연금, 개인저축에 해당되는 개인연금 등이 있다.

(4) 소득보장제도의 문제점

노인들의 노후 소득보장제도는 많은 노인들에게 일정 수준의 안정성을 제공하고 있지만, 여전히 몇 가지 문제점이 있다.

첫째, 노후 생활비 부족이다. 국민연금이나 기초연금만으로는 일부 노인들이 생활비를 충당하기에 부족한 경우가 있다. 특히, 저소득층이나 고령화로 인해 노후에 의료비와 주거비 등이 부담이 될 수 있다.

둘째, 기초연금 수준의 불충분이다. 기초연금은 국민연금 수령액이 낮은 노인을 위한 지원금이지만, 수준이 여전히 불충분한 경우가 있다. 저소득층의 노인들이 기본 생활비를 충당하는 데 어려움을 겪을 수 있다.

셋째, 고령 일자리 부족이다. 노인일자리 안정지원금은 고용주에 대한 지원으로 고령 노인의 고용을 유도하는 목적이 있지만, 고령 일자리가 부족하고 고용시장에서의 노인 참여가 제한적인 경우가 있다.

넷째, 노후 소득보장제도의 신청 및 지원 절차가 복잡하고 어렵다. 일부 노인들이 제도를 활용하지 못하는 경우가 있다.

다섯째, 지역 간 소득 및 경제 수준의 차이다. 이는 노후 생활 수준이 크게 달라질 수 있으며 지역 간 불평등이 문제로 지적되고 있다.

여섯째, 노인 장기요양 보장의 한계이다. 노인장기요양보험은 노인들의 장기간 돌봄서비스를 제공하지만, 여전히 요양보험의 한계와 부족한 서비스 문제가 존재한다.

이러한 문제점들을 해결하기 위해 정부는 정책을 개선하고 더 나은 노후를 보낼 수 있도록 노력하고 있다. 특히, 저소득층 노인들에게 지원을 강화하고, 복잡한 절차를 단순화하며, 지역 간 불평등을 해소하기 위한 노력이 지속적으로 이루어지고 있다.

2) 노인소득보장의 방법

(1) 사회보험

국가 또는 사회가 구성원들에게 일정한 보호와 혜택을 제공하기 위해 시행하는 보험 체계를 의미한다. 이는 사회적 안전망을 형성하고, 다양한 위험 상황에서 개인과 가족을 보호하기 위한 목적으로 만들어진 제도이다.

첫째, 국민연금이다. 노후에 대비하여 국민의 생활 안정과 안녕을 위해 시행되는 사회보험제도이다. 국민연금을 납부한 사람들은 노후에 일정한 연금을 받게 되어 노후생활을 보호받을 수 있다.

둘째, 국민건강보험이다. 의료서비스를 이용할 때 발생하는 비용을 일정 부분 또는 전액을 보장하는 제도이다. 국가에서 건강보험을 통해 의료비 부담을 경감하고 모든 국민이 안정적인 의료서비스를 받을 수 있도록 지원한다.

셋째, 고용보험이다. 취업자가 일시적으로 일자리를 잃었을 때 생활비를 보장하는 제도이다. 고용주와 근로자가 납부하는 보험금으로 구성되며, 일자리를 잃은 경우에 경제적인 어려움을 완화해 준다.

넷째, 산재보험이다. 산업재해에 대비하여 근로자를 보호하는 제도이다. 근로자가 일하는 도중 발생한 사고나 질병에 대한 치료 및 보상을 제공하여 근로자의 안전과 건강을 보장한다.

다섯째, 장기요양보험이다. 노인이나 기능저하로 인해 장기간 돌봄이 필요한 사람들을 위한 보험으로, 해당 보험을 통해 필요한 장기요양서비스를 받을 수 있도록 하는 제도이다. 노인인구가 증가하고 기능저하로 인한 요양 수요가 늘어남에 따라 도입되었다.

사회보험의 특성은 다음과 같다.

첫째, 의무성(Compulsory)으로 사회보험은 대부분 의무적으로 가입이 요구되는 제도이다. 국민들은 특정 범주에 따라 건강보험, 국민연금, 고용보험 등에 의무적으로 가입해야 한다.

둘째, 보험자격 및 보험료 결정은 각 사회보험은 특정 기준에 따라 보험자격을 부여하고, 보험료는 개인의 소득이나 근로 조건에 따라 결정된다.

셋째, 공적 관리와 운영은 대부분의 사회보험은 국가나 지방 정부에 의해 운영되며, 정부의 지원과 관리를 받는다. 이로써 사회적 안정과 효율적 운영이 가능해진다.

넷째, 리스크 분담과 재분배로 사회보험은 참여자들 간의 리스크를 분담하고 소득이나 재산에 따라 재분배를 실시하여 사회적 불평등을 완화하는 역할을 한다.

다섯째, 다양한 혜택과 서비스 제공은 가입자들은 보험에 가입함으로써 의료서비스, 연금, 실업급여, 산재보상 등 다양한 혜택을 받을 수 있다.

여섯째, 사회적 안전망 제공으로 사회보험은 참여자들에게 사회적 안전망을 제공하여 의료 비용, 노후 생활, 산업재해 등에 대비할 수 있도록 도와준다.

일곱째, 정부의 개입과 정책적 통제로 정부는 사회보험을 통해 사회복지와 안전을 증진시키기 위해 다양한 정책을 수립하고 통제한다.

여덟째, 지속적인 발전과 수정은 사회보험은 사회와 경제의 변화에 대응하기 위해 지속적으로 발전하고 수정되며, 새로운 요구와 현실에 대응하려는 노력이 이루어진다.

이러한 특성들은 사회보험이 안정적이고 지속적으로 사회적 복지를 제공하며, 참여자들의 안전과 복지를 증진시키기 위한 중요한 수단임을 보여준다.

(2) 공공부조

공공부조는 국민의 건강하고 문화적인 최저생활보장을 목적으로 하며, 생활능력을 상실한 자와 일정한 생활 수준에 미달한 자에 대하여 국가가 그들의 최저생활과 자립 촉진을 목적으로 수립한 가장 직접적이며 최종적인 경제적 보호제도이다(최일섭 외, 1996). 우리나라의 경우 1944년 조선구호령의 제정으로 형식적인 공공부조의 형태를 갖춘 후 1961년 「생활보호법」이 제정되면서 공공부조의 기틀을 마련하였으며, 2000년 10월에는 생활보호제도를 대폭 수정하여 국민기초생활보장제도로 전환되었으며, 2015년 7월부터 맞춤형 급여체계로 개편하여 빈곤예방과 탈수급 유인 기능을 강화하였다.

국민기초생활보장제도는 생활이 어려운 자에게 필요한 급여를 행하여 이들의 최저생활을 보장하고 자활을 조성하는 것을 목적으로 하는 공공부조 제도이다. 저소득층, 실업자, 노인 등을 지원하여 빈곤문제에 대한 사회안전망의 기초를 강화하는 한편, 빈곤가구별로 생계, 의료, 주거, 교육, 자활 등의 맞춤형 급여를 통해 최저생활을 보장하고, 빈곤 예방과 자립을 지원하는 데 목적이 있다.

공공부조는 사회보험연금 혜택을 받을 수 없는 경우, 받더라도 최저생활 수준에 미달하는 개인이나 가족에게 일정한 금품이나 최저생활수입 미달분을 국고에서 보조해 주는 방법이다. 신청에 의한 자산조사를 통해 수혜자가 정해지며 보호장소에 따라 거택보호와 시설보호로 구분된다. 재정은 국고(대부분 과세)에서 충당되므로 소득이전을 통한 소득재분배의 효과가 있다.

공공부조의 특성은 다음과 같다.

첫째, 수혜자의 감정과 낙인으로 수혜자는 공공부조를 통해 지원을 받을 때 수치감과 치욕감을 느낄 수 있으며, 이는 자신을 무능력자로 인식하게 하는 부정적인 감정을 일으킬 수 있다.

둘째, 소득재분배 효과는 세대 간 및 소득계층 간의 소득재분배에 기여한다. 그러나 사회보험보다는 효과가 작을 수 있다.

셋째, 사회보험의 보완은 공공부조는 사회보험에 의한 소득보장을 보충하는 역할을 한다. 사회보험만으로는 충분하지 않은 경우에 추가적인 지원을 제공하여 보완적인 역할을 한다.

넷째, 경제적 필요에 따른 지급으로 경제적으로 필요한 사람에게만 지원되므로 비용효과성을 높일 수 있다. 이는 정부 자원을 명확한 우선순위에 따라 효율적으로 사용할 수 있도록 한다.

이러한 특성들은 공공부조가 사회적으로 민감한 영역이라는 점을 강조하면서도, 적절한 보완 및 재분배 기능을 수행하고 있다는 점을 나타낸다.

(3) 사회수당

노인들의 노후 보장을 위한 사회수당은 국가나 지방 정부에서 제공하는 다양한 형태의 금전적 지원이나 혜택을 포함한다.

첫째, 국민연금 및 노령연금이다. 국민연금은 국가에서 운영하는 사회보험으로, 근로자는 근로 시 국민연금을 납부하고 노령에 도달하면 정해진 연령에 따라 국민연금을 수령할 수 있다. 노령연금은 노인들에게 지급되는 연금 중 하나이다.

둘째, 기초연금이다. 국가에서 저소득층 노인에게 지급하는 최소한의 생활비를 보장하기 위한 형태의 연금이다. 근로력이 약하거나 소득이 낮은 노인들을 대상으로 한다.

셋째, 노인 일자리 안정지원금이다. 노인들이 노후에도 일자리에 참여하며 활동할 수 있도록 지원하는 프로그램으로, 노인 일자리를 유지하거나 창출하는 기업에 대한 정부의 지원금이다.

넷째, 장기요양보험급여이다. 만성적인 건강 문제로 인해 장기간 요양이 필요한 경우, 장기요양보험을 통해 해당 서비스에 대한 일부 또는 전액 지원을 받을 수 있다.

다섯째, 의료보험 및 의료비 지원이다. 국가에서 운영하는 의료 보험 프로그램을 통해 의료서비스를 받거나 의료비 일부를 지원받을 수 있다.

여섯째, 임대료 및 주거 보조금이다. 주거에 대한 부담을 경감하기 위해 저소득층 노인들에게 임대료 지원이나 주거 보조금을 제공하는 프로그램이 있다.

일곱째, 긴급 지원 및 생계 지원이다. 긴급한 상황에서 노인들에게 금전적 지원이나 생계 지원을 제공하는 프로그램이 있다.

노인들이 자신의 상황과 필요에 맞게 이러한 혜택을 신청하고 받을 수 있도록 국가에서는 각종 안내 및 신청 절차를 제공하고 있다. 프로그램의 세부사항은 국가 및 지역에 따라 상이할 수 있으므로 관련된 정부 기관이나 사회복지 기관에서 상세한 정보를 확인하는 것이 중요하다. 이러한 노후소득보장 방법 중에서 공적 소득보장체계의 기본개념을 정리하면 다음과 같다.

표 3-1 주요 소득보장 방식의 특성

종류	세부 내용
사회보험	• 피보험자의 기여, 즉 보험료를 기준으로 급여를 지급하는 공적 연금제도임 • 재정은 3자(본인, 고용주, 국가) 기여방식을 채택하며 관리는 국가가 담당함 • 원칙: 자조성, 사회성, 보험성, 부양성, 강제성을 가짐 • 기초연금은 공공부조식 공적 연금이지만 조세를 기본 재원으로 한다는 점에서 공공부조의 성격을 동시에 지님
공공부조	• 기준 중위소득 이하의 개인(가족)에게 최저생활 보장에 필요한 수입을 국가가 조세로 보조하는 방법임 • 원칙: 최저생활보장, 보충급여, 자립지원, 개별성 등 • 자산조사에 의한 개인 욕구의 측정과 확인을 통해 급여기준 설정함 • 전체 국민이 최저한도 이상의 인간다운 생활 보장을 받을 권리를 보장함
사회수당	• 일정 범주에 속한 모든 국민에게 조세에 의하여 일정액의 현금이나 서비스를 제공하는 방법으로 일부 지방자치단체에서 조례에 근거하여 실시함 • 경제 효과보다는 사회통합 효과를 추구함

출처: 권중돈(2022)

3) 소득보장체계

소득보장체계는 근로자나 시민들이 일정한 수준의 소득을 보장받을 수 있도록 구성된 제도체계를 가리킨다. 이러한 체계는 사회적 안전망을 형성하고, 소득의 불평등을 완화하며, 경제적으로 취약한 개인이나 가정을 보호하는 데 기여한다. 우리나라의 소득보장체계는 여러 가지 요소와 제도로 이루어져 있다. 특히, 노인들의 소득보장체계는 노년층이 노후 생활에서 안정적인 소득을 확보할 수 있도록 구성된 제도체계를 의미한다. 다양한 국가 및 지역에서는 노인들에게 다양한 형태의 소득 지원 및 혜택을 제공하여 노후의 경제적 안정을 도모하고 있다.

(1) 국민연금제도

공적 연금제도는 국가나 정부가 시행하는 연금제도로, 근로자들에게 노후에 일정한 혜택을 제공하는 시스템을 말한다. 이러한 제도는 사회보장체계의 일환으로 근로자들이 일할 때 일정 비율의 소득을 기반으로 납부한 금액을 모아 노후에 연금으로 돌려주는 형태를 갖고 있다. 국민연금제도는 1988년 7월 1일에 시행되었다. 이전에는 퇴직연금제도가 있었지만, 이는 기업의 자체적인 제도로 개인 차원에서만 운영되는 것이었다. 국민연금은 이를 대체하고 국가 차원에서 근로자들에게 보다 안정적인 노후 생활을 제공하기 위해 도입된 제도이다.

① 의무적 가입과 보험료 부담

대부분의 근로자들은 국민연금에 의무적으로 가입되어 있다. 근로자와 사업주(또는 자영업자의 경우 개인)는 근로자의 급여에서 일정 비율의 보험료를 납부한다. 이 보험료는 근로자의 생애 동안 국민연금에 기여하는 것이며, 이를 통해 국민연금 기금이 형성된다.

② 보험료의 누적과 개별계정

근로자가 납부한 보험료는 개별적으로 그 근로자의 계정에 누적된다. 개별계정은 근로자 개개인의 근로 생애 동안의 납부 내역과 출납 기록을 기록하는 곳이다.

③ 평균임금의 고려

국민연금의 연금 수령액은 근로자가 납부한 보험료와 평균임금에 따라 결정된다. 평균임금은 근로자의 생애 동안의 임금을 평균화한 금액을 의미하며, 이를 기반으로 연금 수령액이 산정된다.

④ 노령연금 및 다양한 혜택 제공

만 65세 이상의 근로자가 근로 생애 동안 납부한 보험료와 일정 조건을 충족하면 노령연금을 수령할 수 있다. 이외에도 국민연금은 근로자의 사망 시 유족연금, 근로자의 장애 시 장애연금 등 다양한 혜택을 제공한다.

⑤ 지속적인 운용과 안정성

국민연금은 근로자의 생애 동안 계속해서 보험료를 납부받고, 이를 통해 지속적으로 연금을 제공하는 시스템이다. 이를 통해 노후에 안정적인 생활을 지원하는 목적을 실현하고 있다.

이러한 보험원리를 기반으로 국민연금은 근로자들에게 일정한 혜택을 제공하여 노후에 경제적으로 안정된 생활을 할 수 있도록 돕고 있다.

국민연금급여의 종류와 수준을 제시하면 다음과 같다.

표 3-2 국민연금급여의 종류와 수준

종류	급여조건	급여 수준
노령연금	• 완전노령연금: 가입기간 20년 이상, 60세에 도달한 자	• 기본연금액(100%)+부양가족연금액
	• 재직자노령연금: 완전노령연금 수급권자 또는 감액노령연금 수급자가 65세 이전 소득이 있는 업무에 종사하는 경우	• 연령 또는 소득구간별로 노령연금액의 일정액을 감액 지급
	• 조기 노령연금: 가입기간 10년 이상, 연령 55세 이상인 자가 소득 있는 업무에 종사하지 아니하고, 60세 도달 전에 청구한 경우	• 55세는 기본연금액의 70%, 57세는 82%, 59세는 94%지급

종류	급여조건	급여 수준
	• 분할연금: 가입기간 중 혼인기간이 5년 이상인 노령연금 수급권자의 배우자가 60세 이상이 되거나 노령연금 수급자이거나, 배우자와 이혼한 경우	• 배우자였던 자의 노령연금액 중 혼인기간에 해당하는 연금액을 균등하게 나눈 금액
장애연금	• 가입자 또는 가입자였던 자가 발생한 질병 또는 부상으로 완치 후에도 장애가 있는 자	• 장애 정도에 따라 기본연금액의 60~100%+부양가족 연금액 (단, 장애 4급은 일시보상금)
유족연금	• 노령연금 수급권자, 가입기간 10년 이상인 가입자였던 자, 장애등급 2급 이상의 장애 연금 수급권자, 보험료 납부기간이 가입대상 기간의 1/3 이상인 가입자, 사망일 5년 전부터 3년 이상 보험료 납부자	• 가입기간에 따라 기본연금액의 40~60%+부양가족 연금액
반환 일시금	• 60세 도달이나 사망, 국외이주 등으로 국민연금에 더 이상 가입할 수 없게 되었으나 연금 수급 요건을 채우지 못한 경우	• 납부 보험료에 일정 이자를 가산하여 일시금으로 지급

출처: 국민연금공단(www.nps.or.kr); 권중돈(2022)

공적 연금은 국가에서 강제 실시하는 것으로 가입이 의무화되어 있으며, 고령에 이르면 매달 일정액의 급여를 받는 가장 대표적인 노인소득보장제도이다. 피보험자의 기여를 근거로 연금급여가 제공되는 사회보험방식의 공적 연금에는 대상자의 직종에 따라 공무원연금(1960), 군인연금(1963), 사립학교교직원연금(1975) 등 특수직역연금과 일반 국민을 대상으로 하는 국민연금(1988)으로 구분된다. 따라서 공무원, 군인, 사립학교교직원을 제외한 18세 이상 60세 미만의 국민 대부분이 국민연금에 가입되어 있다.

(2) 국민기초생활보장제도

국민기초생활보장제도(국민기초생활보장법)는 저소득층 시민들에게 최소한의 생활수준을 보장하기 위해 시행되는 사회복지제도이다. 이 제도는 국민들이 기초적인 생활비를 보장받아 근로 능력이 없거나 취업이 어려운 취약계층에게 생계비를 지원하고 있다.

이 제도는 2000년 10월부터 도입되었는데, 1961년 제정된 「생활보호법」

상의 생활보호제도가 그 전신이다. 수급대상자 기준을 보면, 2002년까지는 소득평가액과 재산이 기준 이하인 자이며, 2003년부터는 소득평가액과 재산의 소득환산액을 합산한 소득인정액이 일정 기준 이하인 자이다. 소득인정액제도의 도입에 따라 종전의 수급자 선정기준이 소득평가액, 재산, 부양의무자 기준에서 소득인정액과 부양의무자 기준의 2개 기준으로 통합되었다. 2018년 기준 수급자로 선정되기 위해서는 소득인정액과 부양의무자 기준을 동시에 충족시키도록 되어 있다.

이 제도는 노인만을 대상으로 하는 것이 아니라 전체 국민 가운데 저소득 가구를 대상으로 한다. 그러나 빈곤층 또는 저소득층 가운데 노인이 상당 부분을 차지하고 있다.

국민기초생활보장제도에서 받을 수 있는 급여는 생계급여, 주거급여, 의료급여, 교육급여, 해산급여, 장제급여, 자활급여 등이 있다.

표 3-3 급여별 급여내용

구분	급여내용
생계급여	최소한의 생계비로서 음식, 의류, 생활용품 등 일상적인 생활에 필요한 지출을 보장
주거급여	주거비를 지원하여 안정된 주거 환경을 유지할 수 있도록 돕고 주거비로는 월세, 전세, 주택 관리비 등이 포함될 수 있음
의료급여	의료 서비스 이용 시 발생하는 비용 중 일부 또는 전부를 지원하여 건강한 삶을 유지할 수 있도록 도움을 줌
교육급여	교육비를 지원하여 교육 기회의 평등을 유지하고 교육의 질적 향상을 도모 함
해산급여	산모가 출산으로 인해 일시적으로 소득이 줄어들었을 때 이를 보완하기 위해 제공되는 급여
장제급여	수급자가 사망하여 사체의 검안 운반 화장 또는 매장 등 장제조치가 필요한 경우에 지급되는 급여
자활급여	구급자의 자활을 돕기 위한 급여

출처: 보건복지부(2021b)

(3) 기초연금제도

65세 이상의 전체 노인 중 소득과 재산이 적은 70%의 노인에게 매달 일정액의 연금을 지급하는 제도로 평생 국가의 발전과 자녀들 양육에 헌신하느라 자신의 노후를 미처 대비하지 못해 생활이 어렵게 된 노인들의 생활안정에 도움을 주기 위해 마련된 제도이다. 이 제도는 2008년 1월부터 시행해 온 기초노령연금제도를 대폭 개정해 2014년 7월부터 시행 운용된다. 이 기초연금의 특징은 미래세대의 부담을 줄이겠다는 취지로 국민연금과 연계한 점이다. 즉, 국민연금수령액이 많으면 적게, 적으면 많게 지급하는 방식이다.

① 기초연금제도의 도입 배경

기초연금제도가 도입된 배경은 여러 가지 사회적 요인과 변화에 기인한다.

첫째, 빈곤 예방 및 사회적 안전망 강화이다. 노령층이나 저소득층에게 기초적인 경제적 지원을 제공하여 빈곤을 예방하고 사회적 안전망을 강화하는 것이 목적이다. 특히, 고령화사회에서는 노인층의 경제적 취약성이 더 두드러지기 때문에 이를 보완하기 위한 제도가 필요하다.

둘째, 고령화사회와 노인인구 증가이다. 많은 국가에서는 고령화사회로의 전환과 노인인구의 증가로 인해 노령층의 복지와 안전을 확보하기 위한 대책이 필요하게 되었다. 노년층이 안정적으로 생활할 수 있는 환경을 조성하기 위한 방안 중 하나로 기초연금이 도입되고 있다.

셋째, 사회적 불평등 감소이다. 노령층 중에서도 소득 수준이 낮은 이들에게 공평한 혜택을 제공하여 사회적 불평등을 감소시키는 데 기여한다. 기초연금은 모든 노인에게 일정한 수준의 보장을 제공함으로써 소득 격차를 완화하는 역할을 한다.

넷째, 고용구조 변화와 노후대비이다. 고용구조의 변화로 인해 일정 연령

이상의 노동자들이 고용시장에서 어려움을 겪고 있는 경우가 있다. 이들에게 노후에 안정적인 생활을 보장하기 위한 대책으로 기초연금이 도입될 수 있다.

이러한 배경을 감안하여 기초연금제도가 도입되어 국민의 노후생활과 사회적 안전을 지원하는 데 기여하고 있다.

표 3-4 공적 노후 소득보장제도 비교

제도	목적	급여대상	급여수준
국민연금제도	국민의 노후생활과 경제적 안정을 지원	10년 이상 가입자, 60세 이상	20년 가입시 평균소득의 30%
국민기초생활 보장제도	저소득층이 기초적인 생활비를 보장받고 사회적 차별을 완화하는 것	소득인정액이 가구별 중위 소득 비율 이하인 자	가구별 생계급여기준액
기초연금제도	노인의 노후생활을 지원하고 사회적 안전망을 강화하기 위한 제도	소득인정액이 하위 70%에 속하는 노인	최대 월 30만 원/1인

② 공적 연금체계의 효과

공적 노후 소득보장제도, 특히 국민연금과 같은 공적 연금체계는 여러 가지 효과를 가지고 있다.

첫째, 노후생활 안정성 제공이다. 공적 연금체계는 노후에 대한 경제적인 불안을 감소시켜 안정된 노후생활을 제공한다. 근로자들은 근로 생활 동안 국민연금에 기여하여 노후에 연금을 받게 되므로, 노후에 급격한 소득 감소로부터 보호받을 수 있다.

둘째, 사회적 안전망 기능이다. 공적 연금은 사회적 안전망 역할을 하며, 근로자가 특정 상황에서 소득을 얻을 수 없는 경우에 대비하여 급여를 지원한다. 예를 들어, 장애로 인해 근로능력을 상실한 경우나 유족의 경우 등에도 연금이 지급되어 사회적 보호망을 강화한다.

셋째, 노후 빈곤 예방이다. 공적 연금제도는 노후에 빈곤층의 증가를 예방하는 데 기여한다. 특히, 국민연금과 같은 제도는 근로자와 피부양자가 일정 비율의 소득을 연금으로 모아두기 때문에 노후에 기초적인 생활비를 보장할 수 있다.

넷째, 사회 안정성 증진이다. 노인층의 사회 안정성은 전체 사회의 안정성과도 관련이 있다. 노인들이 경제적으로 안정되어 있을 경우 사회의 안정성을 유지하고 증진시킬 수 있다.

다섯째, 고령화사회 대비이다. 연금체계는 인구고령화가 진행되는 현대사회에서 고령층의 복지를 지원하는 데 중요한 수단이다. 저출산과 평균수명 증가로 인해 노인인구가 증가하면서, 노인들의 삶의 질을 유지하고 사회적으로 통합시키는 데 도움을 준다.

여섯째, 경제 활성화이다. 노인들이 안정된 노후생활을 즐길 수 있으면서 소비력을 유지하는 것은 경제에도 긍정적인 영향을 미칠 수 있다. 노인들이 경제적으로 활동할 수 있도록 지원함으로써 경제 활성화에 기여할 수 있다.

(4) 경로우대제도

노인인구의 증가와 도시화·핵가족화가 급격히 진행되면서 노인복지가 더욱 중요시되었고, 경제개발 및 산업화의 과정을 겪으면서 우리 사회의 전통 미풍양속이었던 경로사상은 크게 약화되었다. 이에 정부는 노인 사회복지시책의 일환으로 1981년 「노인복지법」을 제정하였으며, 같은 법 제26조(경로우대), 같은 법 시행령 제19조(경로시설의 종류)에 의해 경로우대제를 1982년부터 실시하게 되었다. 경로우대는 65세 이상의 노인은 국가나 자치단체의 운송시설·기타 공공시설을 무료 또는 할인된 요금으로 이용할 수 있으며, 국가나 자치단체는 법률이 정하는 바에 따라 노인의 일상생활에 관련되는 사업을 경영하는 자에게 노인 할인우대를 하도록 권유할 수 있고, 그와 같은 할인우대를 행하는 사업자에게는 적절한 지원을 할 수 있도록 하는 제도이다.

「노인복지법」 제정과 경로우대제 실시는 노인들의 삶의 질을 향상시키고 사회적 참여를 촉진하기 위한 노력으로 볼 수 있다. 경로우대제도는 다음과 같은 주요 내용을 포함하고 있다.

첫째, 교통 및 공공시설에서의 우대이다. 65세 이상의 노인은 국가나 자치단체의 운송시설 및 기타 공공시설을 무료 또는 할인된 요금으로 이용할 수 있다. 이는 노인들이 일상생활에서의 교통이나 다양한 시설 이용에 용이하도록 하는 것을 목적으로 한다.

둘째, 할인우대 권유 및 지원이다. 국가나 자치단체는 법률이 정하는 바에 따라 노인의 일상생활에 관련된 사업을 경영하는 자에게 노인 할인우대를 권유할 수 있고, 이러한 할인우대를 실시하는 사업자에게는 적절한 지원을 제공할 수 있도록 한다.

경로우대제도는 노인들에게 경제적 혜택을 제공하면서, 동시에 사회 참여를 촉진하여 노인들이 활발한 사회 구성원으로서의 역할을 수행할 수 있도록 지원한다. 이는 노인인구 증가와 도시화, 핵가족화 등으로 인한 사회 구조의 변화에 대응하기 위한 정부의 노인복지 정책 중 하나로서 중요한 역할을 한다.

(5) 주택연금

현재 살고 있는 주택을 담보로 매월 일정액을 연금 형식으로 받는 대출이다. 고령자가 보유한 주택을 금융 기관에 담보로 제공하고 사망할 때까지 그 주택에 거주하면서 매월 일정액을 연금 형식으로 지급 받고, 대출자가 사망하면 금융 기관이 주택을 팔아 그동안의 대출금과 이자를 상환받는다.

첫째, 주택연금의 핵심은 주택을 담보로 하는 것이다. 소유자는 자신의 주택을 금융기관이나 정부에 담보로 제공하고, 그 대가로 연금을 수령할 수 있다.

둘째, 주택연금을 수령하는 방식에는 일시불로 받거나 월급 연금 형태로 받는 방식이 있다. 소유자는 자신의 선호에 따라 수령 방식을 선택할 수 있다.

셋째, 주택 가치, 소유자의 나이, 거주 지역 등을 고려하여 연금액이 결정된다. 일반적으로 주택 가치가 높을수록 더 많은 연금을 받을 수 있다.

넷째, 유지보수 및 활용은 주택연금 계약에서는 소유자가 주택을 유지보수하고 거주할 의무가 있다. 또한 소유자가 사망하거나 주택을 이탈할 경우에는 어떠한 조치가 취해지는지에 대한 규정이 있다.

다섯째, 상속과 매도는 소유자의 사망 시 주택연금 계약에 따라 상속이나 매도 등의 처리 방식이 정해져 있다.

여섯째, 보험 기능은 일부 주택연금 제도에서는 소유자의 연금 수령기간 동안 주택 가치의 하락에 대비해 주택보험을 포함한 요소를 고려하기도 한다.

주택연금은 노후생활을 준비하는 한 가지 방법으로 고려되며, 주택자산을 활용하여 현금 흐름을 얻을 수 있는 장점이 있다. 그러나 소유자가 주택을 장기긴 유지하고 있어야 하며, 계약 조건을 정확히 이해하고 검토하는 것이 중요하다.

주택연금의 장점과 단점은 다음과 같다.

① 주택연금의 장점

- 노후 생활 안정성 향상은 주택연금은 자가 주택을 자산으로 활용하여 노후 생활 안정성을 향상시킬 수 있다.
- 월소득 지원은 정해진 기간 동안 매월 정해진 금액을 수령할 수 있어 노후 생활비의 일부를 보장한다.
- 주택 소유 유지는 주택연금 수령 중에도 주택을 보유하고 사용할 수

있어 주택 소유에 따른 재산 유지가 가능하다.

- 금융적인 유연성은 주택연금 수령으로 인해 주택 소유자가 금융적인 여유를 가질 수 있다.

② 주택연금의 단점

- 한정된 자산 활용은 주택연금은 자가 주택에 의존하므로 주택을 소유하고 있어야 하며, 주택 가치에 따라 수령액이 결정된다.
- 상속 가능성 감소는 주택연금 수령 중에는 주택을 상속하기 어려울 수 있다.
- 금리와 가치의 영향은 주택연금 수령액은 금리와 주택 가치의 영향을 받기 때문에 변동성이 있을 수 있다.
- 다양성 부족은 주택연금은 주택에 대한 제도로, 다양한 자산에 투자하는 것이 어려울 수 있다.
- 제한된 자격 요건은 주택연금을 받기 위해서는 특정 자격 요건을 충족해야 하므로 일부 사람들에게만 제공된다.

각 개인의 상황과 우선순위에 따라 주택연금의 장점과 단점을 고려하여 결정하는 것이 중요하다.

2. 노인고용보장

1) 고용보장의 이해

노인복지 분야에서 고용보장의 문제는 간접 노후소득보장 방법으로 간주되면서 상대적으로 소홀하게 다루어져 왔다. 그러나 베이비붐세대(baby boomer)의 본격적 은퇴와 노인인구의 증가에 따라 노인의 경제활동 참여는 지속적으로 늘어날 것이므로 노인을 위한 고용보장체계의 강화가 요구된다.

(1) 고용보장

고용보장이란 "국가가 고용에 관한 정책을 종합적으로 수립·시행함으로써 국민 개개인이 그 능력을 최대한 개발·발휘할 수 있도록 하고, 노동시장의 효율성 제고와 인력의 수급을 도모하여 고용의 안정, 근로자의 경제적·사회적 지위의 향상을 도모하는 보장제도라고 할 수 있다(이희성, 2002). 이러한 고용보장은 국가의 적극적인 고용보장정책을 통하여 실현될 수 있기 때문에 노동시장에 대한 국가의 개입이 불가피하다. 특히 고령자, 장애인 및 기타 노동시장에서 이들의 고용을 촉진하기 위하여 정년연장, 고령자고용지원군제도의 확충, 취직에 적합한 직종의 개발, 직업능력 개발 기회의 확대, 고용정보의 제공 등 기타 필요한 조치를 하여야 한다.

노인고용보장은 고령화사회로 진입함에 따라 노인층이 일자리에 대한 필요성이 증가하면서 이를지원하고 보장하기 위한 정책과 제도를 의미한다. 노인고용보장은 사회에서 다양한 방식으로 이루어질 수 있으며, 이를 통해 노인들이 노후에도 경제적으로 안정되고 활동적인 삶을 영위할 수 있도록 돕는다.

(2) 노인고용보장과 관련된 주요 측면과 정책

① 고용 창출을 위한 지원

정부 및 기업이 노인을 대상으로 한 고용 창출을 촉진하기 위한 정책을 시행한다. 이는 노인들이 다양한 분야에서 일자리를 찾을 수 있도록 돕는 데 중요하다.

② 노인 일자리 훈련 및 교육

노인들이 현직에서 필요로 하는 기술과 역량을 갖추도록 하는 교육 및 훈련 프로그램을 제공한다. 이를 통해 노인들이 새로운 직업에 적응하고 경쟁력을 확보할 수 있다.

③ 고용 환경 개선

노인들의 건강 및 안전을 고려한 작업 환경을 조성하고, 노인들이 일자리에서 더 오래 일할 수 있도록 유연한 근무 시간과 일정을 제공하는 등의 조치를 취한다.

④ 고용 차별 금지 정책

노인들에 대한 고용 차별을 방지하기 위해 법적 정책을 도입하고 집행한다. 이는 노인들이 공정하게 일자리에 참여하고 동등한 대우를 받을 수 있도록 돕는다.

⑤ 노후 일자리 창출

노인들을 대상으로 한 노후 일자리를 창출하여, 일부 노인들이 노후에도 사회적 및 경제적으로 활동적인 역할을 수행할 수 있도록 한다.

⑥ 노인 창업 지원

노인들이 창업을 통해 자신만의 사업을 운영할 수 있도록 지원한다. 이는 노인들이 자신의 경험과 노하우를 활용하여 새로운 기회를 창출할 수 있도록 돕는 데 기여한다.

이러한 노인고용보장정책은 노인들의 경제적 안정성과 사회적 참여를 증진시키는 데 기여하며, 고령화사회에서 일자리에 대한 새로운 패러다임을 제시하는 중요한 부분이다.

2) 노인고용보장지원정책

정부는 노인의 삶의 질 향상과 더불어 사회적 부양부담을 경감하고 국가 경쟁력을 높이기 위해 노인의 능력과 적성에 맞는 일자리를 창출하고 사회 참여활동을 지원하는 데 노력을 기울이고 있다.

「고용상 연령차별금지 및 고령자고용촉진에 관한 법률」에 의한 「고용지원법」은 노인에 대한 고용차별을 방지하고 고령자의 고용을 촉진하기 위한 법률이다. 고령자의 고용 기회를 확대하고 사회적 차별을 예방하기 위해 제정되었다.

첫째, 고용차별 금지이다. 이 법은 노인에 대한 고용차별을 엄격히 금지하고 있다. 고용주는 연령을 이유로 노동자를 해고하거나 고용하지 않거나, 그에 대한 부당한 대우를 제공하는 행위를 금지한다.

둘째, 고용촉진 혜택이다. 법에 따라 노인 고용을 적극적으로 촉진하기 위해 정부는 고용주에게 다양한 혜택을 부여하고 있다. 이로써 기업들은 노인을 고용함으로써 일정한 혜택을 받을 수 있다.

셋째, 고용주 교육 및 홍보이다. 법은 노인에 대한 고용에 대한 인식과 이해를 높이기 위해 고용주 교육과 홍보 활동을 촉진하고 있다. 이는 고용주들이 노인을 채용하는 데 있어서 편견을 극복하고 긍정적인 환경을 조성하는 데 도움이 된다.

넷째, 고령자 전용 일자리 지원이다. 일부 경우에는 고령자를 위한 특별한 고용 프로그램 및 전용 일자리를 지원하는 내용이 포함되어 있다. 이를 통해 고령자들이 더 적극적으로 노동시장에 참여할 수 있도록 지원한다.

(1) 정년연장

정년연장제도는 근로자들이 정해진 정년(퇴직 연령) 이후에도 일자리에서 계속하여 근무할 수 있도록 하는 제도를 의미한다. 이는 노동시장의 인구고령화와 함께 노인 근로자들의 노동력 참여 증가에 대응하기 위한 정책 중 하나이다. 정년연장은 여러 국가에서 시행되고 있으며, 다양한 형태로 이루어질 수 있다.

주요한 정년연장 관련 정책과 사항은 다음과 같다.

① 노동법 및 정책 수정

국가는 노동법과 정책을 수정하여 근로자들이 정년 이후에도 일할 수 있도록 규정할 수 있다. 이를 통해 기업이나 고용주는 노인 근로자들을 계속 고용할 수 있게 된다.

② 유연한 근로시간 및 조건

정년 이후에는 근로시간이나 근무 조건을 노인 근로자들에게 더 유연하게 조정함으로써 노동시장에 적응할 수 있도록 한다.

③ 재취업 지원 프로그램

노인 근로자들이 다른 분야에서 새로운 일자리를 찾거나 창업을 할 수 있도록 지원하는 프로그램이나 교육 기회를 제공한다.

④ 퇴직금 및 연봉 조정

정년 이후에도 근로자들이 일할 경우, 퇴직금이나 연봉 등을 적정하게 조정하여 노인 근로자들에 대한 금전적 보상을 유도한다.

⑤ 노인 근로자의 건강 및 안전 보장

노인 근로자들의 건강과 안전을 보장하기 위한 조치를 시행하여, 노인들이 안전하게 일할 수 있도록 돕는다.

정년연장은 노인인구 증가와 더불어 노동력 부족으로 인한 사회적인 도전에 대응하기 위한 중요한 정책 수단 중 하나로 간주된다. 이는 노인들의 경험과 노하우를 유용하게 활용하고, 동시에 노인 근로자들이 경제적으로 안정된 노후 생활을 보낼 수 있도록 지원하는 데 목적이 있다.

(2) 고령자 고용촉진 지원

고령자의 노동시장 참여를 촉진하고 노동력의 고령화에 따른 여러 사회적 · 경제적 이슈에 대응하기 위한 정책 및 지원책을 의미한다. 이러한 정책은 고령자들이 노동시장에서 활발하게 참여할 수 있도록 도와주는 데 중점을 둔다.

(3) 고용상 연령차별 금지

고용상 연령차별 금지 강화는 노동시장에서 공정하고 평등한 기회를 보장하며, 다양한 연령대의 노동자들이 경제적으로 참여할 수 있도록 지원하여야 한다.

첫째, 노동법 및 규정의 도입이다. 국가는 고용상 연령차별 금지를 명시적으로 규정한 노동법과 규정을 도입할 수 있다. 이는 노동자들을 연령에 따라 공정하게 대우하도록 규정하는 것을 의미한다.

둘째, 노동감독기관의 강화이다. 노동감독기관은 고용주가 고용상 연령차별을 피하거나 예방하기 위한 정책 및 실천을 적용하는 데 관여할 수 있다. 불법 연령차별에 대한 조사 및 처벌 기능을 강화하여 이를 실질적으로 시행할 수 있도록 한다.

셋째, 교육 및 정보 제공이다. 고용주와 노동자에게 연령에 대한 차별금지에 관한 교육 및 정보를 제공함으로써 인식을 높일 수 있다. 이는 연령다양성에 대한 긍정적인 분위기를 조성하고 노동시장에서의 고용 상황을 개선할 수 있다.

넷째, 근로자의 권리 강화이다. 근로자들은 고용주로부터 연령차별을 받을 경우 신고하고 이에 대한 구제를 요구할 권리를 보유해야 한다. 법적인 보호와 함께 근로자의 권리를 강화하여 연령에 상관없이 공정한 대우를 받을 수 있도록 지원한다.

다섯째, 다양성 촉진 프로그램 도입이다. 기업은 다양한 연령대의 노동자들을 적극적으로 채용하고 유지하기 위한 프로그램을 도입할 수 있다. 이는 연령 다양성을 촉진하고 차별적인 관행을 방지하는 데 도움이 된다.

여섯째, 연령 관련 통계 및 모니터링이다. 정부 및 노동 감독기관은 연령 관련 통계를 모니터링하고 평가하여 고용시장에서의 연령차별의 정도를 파악하고 정책 개선에 활용할 수 있다.

(4) 고령자 취업지원

고령자 취업지원은 고령 노인들이 일자리를 찾고 유지하는 데 도움을 주는 다양한 정책과 프로그램을 포함한다. 고령자 전용 취업 포털 및 서비스, 고용주와의 연계 강화, 채용전문가와의 상담 및 훈련, 연령에 맞는 교육 및 기술 향상 프로그램, 재취업 지원 및 특별 혜택 제공, 노동시장의 인식 개선, 고령친화적인 근로환경 조성, 정부 지원금 및 세제 혜택을 제공하여 기업들이 고령자 채용에 대한 부담을 줄일 수 있도록 돕는다.

① 고령자의 취업알선기능 강화

고령자의 취업알선기능을 강화하기 위해서는 다양한 차원에서 노력이 필요하다. 다양한 방안들을 종합적으로 활용하면 고령자의 취업알선기능을 효과적으로 강화할 수 있으며, 고령 노동자들이 더 나은 취업 기회에 접근할 수 있도록 지원할 수 있다.

첫째, 고령자 전용 취업알선서비스 개선으로 고령자 전용 취업알선 포털

이나 서비스를 개선하여 더 많은 기업과의 연결을 촉진하고, 고령자에게 맞춤형 정보를 제공한다.

둘째, 기업과의 협력 강화로 기업과의 협력을 강화하여 고령자 채용에 대한 우대 조건을 협의하고, 채용 프로세스에서 원활한 소통을 증진시킨다.

셋째, 고용주 교육 및 인식 제고는 기업에게 고령자를 고용하는 장점과 가치를 강조하고, 노동시장에서의 다양성을 촉진하기 위해 고령자 채용에 대한 교육 프로그램을 개최한다.

넷째, 정보와 기술의 활용은 최신 정보기술 및 소셜 미디어를 적극적으로 활용하여 고령자에게 적합한 채용정보를 빠르게 전달하고, 기업들에게도 고령자의 경험과 능력을 소개하는 효과적인 플랫폼을 구축한다.

다섯째, 채용전문가와의 협력은 취업 전문가와의 협력을 통해 고령자들에게 면접, 이력서 작성, 직업 탐색 등에서 전문적인 조언과 지도를 제공한다.

여섯째, 기업에 대한 인센티브 도입은 고령자를 채용하는 기업에게 인센티브를 제공하여, 기업들이 적극적으로 고령자를 고용하고 유지할 수 있도록 유도한다.

일곱째, 고령자 취업 박람회 및 행사 개최는 고령자를 위한 취업 박람회 및 행사를 주최하여 기업들과 고령자가 직접 소통하고 연결될 수 있는 기회를 제공한다.

여덟째, 노동시장 트렌드 파악 및 대응은 노동시장의 트렌드를 지속적으로 파악하고, 고령자의 업계별 수요를 고려하여 해당 분야의 기업과의 연결을 강화한다.

아홉째, 제도 및 정책 개선은 정부에게 제도와 정책 개선을 요청하여 고령자 취업을 촉진하고, 기업들이 채용을 더욱 활발하게 이뤄지도록 돕는다.

② 고령자 인재은행 지정

고령자 인재은행은 고용노동부가 지정한 무료 취업알선 사업을 통해서 취업을 원하는 만 50세 이상의 분들에게 취업을 지원하는 제도이다. 고령자인재은행은 고령장의 고용촉진 및 취업기회 확대를 위해 민간의 무료직업소개사업을 수행하는 비영리법인 또는 공익 단체를 고령자은행으로 지정하여 고령자 고용안정 및 인력 수급 활성화를 위한 취업지원서비스이다.

표 3-5 중 · 장년취업지원기관의 비교

구분	고용센터	중장년일자리희망센터	고령자인재은행
목적	구직자 대상 취업알선, 직업정보제공, 직업훈련 실시, 기업의 고용촉진 등 고용정책 전반의 집행업무 수행	중장년 재직자(퇴직 예정자 포함) 및 구직자에게 생애경력설계, 재취업 · 창업 등 전직지원 서비스 제공	중장년 구직자 대상 취업알선 및 취업능력향상프로그램 실시
주이용대상	모든 취업희망자	40세 이상 중장년	고용센터에 접근하기 어려운 50세 이상 중장년 구직자
주알선직종	주로 상용직	주로 상용직	가사도우미, 간병인 등 단기 · 시간제 일자리 위주

출처: 2022년 고령자인재은행 사업계획 및 운영지침

③ 고령자 고용촉진을 위한 사업

고용노동부장관은 고령자 고용촉진을 위한 전략을 펼치고, 노동시장에서의 연령에 따른 차별을 줄이며, 고령자들이 더욱 능동적으로 일자리를 찾고 유지할 수 있도록 도움을 줄 수 있다.

첫째, 고령자 고용 촉진 정책 수립이다. 고령자들을 대상으로 한 취업 훈련 및 교육 프로그램을 개최하여 산업의 변화에 대응하고 실질적인 역량을 향상시킬 수 있도록 돕는다.

둘째, 고령자 취업 알선 서비스 개선이다. 고령자들을 위한 전용 취업 알선 서비스를 운영하고, 이를 통해 고령자와 기업 간의 연결을 원활하게 지원할 수 있다.

셋째, 고령친화적인 기업 홍보이다. 고용노동부장관은 고령자를 적극적으로 채용하는 기업들을 홍보하고, 그들의 성과를 공개함으로써 다른 기업들에 영감을 주어 고령자 고용에 대한 환경을 개선할 수 있다.

넷째, 고령자 참여형 일자리 창출 프로젝트이다. 지자체와 협력하여 커뮤니티에서의 고령자들의 참여를 유도하는 프로젝트를 기획하고 지원할 수 있다.

다섯째, 고령자 인력 유입을 위한 외부 협력 강화이다. 대학, 연구소 등과 협력하여 고령자 인력의 유입을 촉진하고, 그들이 최신 기술 및 지식을 습득할 수 있도록 지원한다.

여섯째, 정부 예산 지원 및 정책 제안이다. 고용노동부장관은 고령자 고용촉진을 위한 예산을 확보하고, 정부 정책에 관한 제언을 통해 고령자 고용에 대한 정책적인 지원을 확대할 수 있다.

3) 일자리 지원기관

노인의 생애 경험 및 지식을 활용할 수 있는 다양한 노인 적합형 사회활동을 개발하고 환경을 조성하여 지역사회에서 건강하고 생산적인 노인 사회활동을 만들어 가는 노인일자리지원기관이다. 고령사회를 대비, 노인들의 경제활동 및 사회참여 활동을 통하여 일하는 노인들의 밝고 건강한 노후를 정착시키고자 2001년 보건복지부장관의 지정에 의해 탄생하였다. 2001년 최초로 지역사회시니어클럽이라는 명칭으로 전국 5개소를 대상으로 시범사업을 실시하였다. 그 후 2004년에 '노인인력기관', 2005년 '시니어클럽', 2020년 일자리지원기관으로 명칭이 변경되었다. 2022년 현재 시니어클럽은 총 194개소에서 시니어클럽의 주요 업무 및 역할 지역노인일자리 지원기관으로서 기능 및 역할 수행, 지역특성에 적합한 공익활동, 사회서비스형, 시장형사업단 사업 수행, 지역사회 내의 노인인력 활용을 위한 교육 훈련 및 사후 관리, 일하는 노인을 위한 지역 연대 및 기타 관련사업 등을 수행하고 있다.

4) 노인일자리 사업

「노인복지법」 제23조, 「저출산고령사회기본법」 제11조에 의하여 노인일자리 사업은 저소득·고령 어르신들의 지속적인 사회활동을 지원함으로써 사회적 관계 증진과 소득보충을 통해 건강하고 활기찬 노후생활에 기여하는 것이다.

2024년 정부가 마련한 노인일자리 사업으로 103개의 일자리가 생겼다. 20년 전에 비해 무려 40배로 확대되었다. 노인일자리 사업에서 제공되는 일자리는 공익활동형, 사회서비스형, 시장형사업단으로 나누어진다.

(1) 공익활동형

만 65세 이상이면서 기초연금 수급자를 대상으로 한다. 학교급식 봉사, 초등학교 주변 신호등 봉사, 공공 의료복지시설 봉사 등도 있다. 평균 11개월 활동을 하고 월 30시간 근무(하루 3시간 아내 월 10일)하여 월 29만 원의 급여를 받는다.

(2) 사회서비스형

만 65세 이상 또는 60세 이상 나이 기준을 충족하는 대상자가 신청 가능하다(기초연금 대상자 아니라도 신청가능). 교육시설 학습 보조 지원, 장애인서비스 지원, 노인 맞춤돌봄서비스 지원, 청소년 시설 지원, 지역 취약계층 돌봄서비스 지원 등이 있다. 근무기간은 평균 10개월 활동을 하며 월 60시간 근무하여 주휴수당 포함 월 76만 1천원을 지급받는다.

(3) 시간형사업단

만 60세 이상 나이 기준을 충족하면 신청 가능하다. 2024년 노인일자리 사업 중 신청대상자 기준이 완화되어 있다. 하는 업무로는 시험감독관, 아파트 경비원 버스운전기사, 주유소 주유원, 식품 제조업 및 카페 같은 소규모 매장 근무, 지하철 안전요원 등이 있다. 민간형은 근무기간, 근무시간, 월 급여는 근로계약서에 따라 변동된다.

5) 노인고용보장의 문제점과 과제

노인고용보장 문제점에 대응하기 위해서는 정부, 기업, 사회 전반의 노력이 필요하다. 특히 고령자에 대한 긍정적인 인식을 확산시키고, 관련 정책과 프로그램을 강화하여 노인고용보장을 지원하는 것이 중요하다.

(1) 고용노동시장의 낮은 수용성

고령자를 고용하는 데 있어 일부 기업들은 낮은 생산성이나 노동시장의 변화에 대응하는 능력 등을 우려하여 고령자를 채용하기 어려워 한다. 이에 대한 대응책으로는 고령자의 역량을 강화하고, 고용주들에게 고령자 고용의 혜택과 긍정적인 측면을 강조하는 교육과 세제 혜택 제도를 강화하는 것이 중요하다.

(2) 고령자의 기술적인 도전

일부 고령자는 최신 기술에 대한 이해도가 낮을 수 있다. 이에 대응하여 노인들에게 디지털 기술 교육 및 훈련을 제공하여 새로운 기술에 대한 적응을 도모해야 한다.

(3) 사회적 편견과 연령차별

고령자에 대한 사회적 편견과 연령차별은 여전히 존재하고 있다. 이를 해소하기 위해서는 고령자에 대한 인식 개선을 위한 교육과 캠페인이 필요하며, 법적 차원에서 연령차별을 방지하기 위한 조치가 필요하다.

(4) 고령자의 건강 문제와 일자리 적응

고령자는 건강 문제로 인해 일자리에 적응하기 어려울 수 있다. 이에 대비하여 건강관리 및 웰빙 프로그램을 도입하여 고령자의 건강을 유지하고 일자리에 잘 적응할 수 있도록 지원해야 한다.

(5) 연령에 따른 역량 저하

일부 직종에서는 연령에 따른 역량 저하가 있을 수 있다. 이에 대응하여 고령자에게 적합한 직무와 교육을 제공하여 그들의 강점을 최대한 활용할 수 있도록 지원해야 한다.

(6) 고령자 전용 일자리 부족

특히 고령자를 위한 전용 일자리 부족이 문제로 나타난다. 고령자를 위한 적절한 일자리 창출을 도모하기 위해서는 정부와 기업이 협력하여 전용 일자리를 만들고, 그에 필요한 지원 및 혜택을 제공해야 한다.

요점정리

1. 노인소득보장의 개념과 필요성

- 개념: 노인소득보장은 고령화사회에서 노인이 적절한 경제적 지원을 받아 안정적인 삶을 유지할 수 있도록 하는 제도를 말한다.
- 필요성: 고령화가 진행되면서 경제활동을 제한하는 노인들이 늘어나고, 노인 빈곤 문제가 심각해지기 때문에 노인들의 기초 생활 수준을 보장하고 사회적 참여를 촉진하기 위해 필요하다.

2. 노인소득보장의 유형과 내용

- 국민연금: 노인이 근로 시절에 납부한 국민연금을 통해 노후 생활을 보장받는다.
- 기초연금: 소득이 없거나 낮은 노인에게 정부가 지급하는 기본 생활비를 보장한다.
- 노인일자리 지원: 노인들에게 일자리 제공과 관련된 프로그램을 통해 재취업 기회를 제공한다.
- 사회복지서비스: 노인들에게 주거, 의료, 교통, 식량 등의 다양한 사회복지서비스를 제공하여 삶의 질을 향상시킨다.

Part 01 고령사회와 노인의 이해

Part 02 노인복지정책과 실천

Part 03 노인복지 관련 주요 이슈

Quiz

1. 최소한의 생계비로서 음식, 의류, 생활용품 등 일상적인 생활에 필요한 지출을 보장하는 것은 무엇인가?
2. 주거비를 지원하여 안정된 주거 환경을 유지할 수 있도록 돕고 주거비로는 월세, 전세, 주택 관리비 등이 포함되는 것은 무엇인가?
3. 의료 서비스 이용 시 발생하는 비용 중 일부 또는 전부를 지원하여 건강한 삶을 유지할 수 있도록 도움을 주는 것은 무엇인가?

1: 생계급여

2: 주거급여

3: 의료급여

CHAPTER 04

노인건강보장

학습목표

- 노인건강보장제도, 노인건강보장체계에 대해 알 수 있다.
- 노인건강지원사업에 대해 알 수 있다.
- 노인장기요양보험제도에 대해 알 수 있다.
- 노인건강보장제도의 과제에 대해 알 수 있다.

1. 노인건강보장

1) 노인건강보장제도의 이해

(1) 노인건강보장

인류는 오래전부터 건강한 장수를 꿈꾸며 다양한 분야에서 연구를 이어오고 있다. 세계보건기구(WHO)는 건강을 단순히 질병이나 질환이 없는 상태가 아닌 신체적 · 정신적 · 사회적으로 완전히 안녕한 상태로 정의하고, 전 세계 어느 지역에 속한 누구든지 가능한 한 최고 수준의 건강 상태에 도달할 것을 목적으로 한다. 과거에는 건강을 사적인 문제로 여겼지만, 복지국가가 출현한 후 건강유지의 책임이 개인뿐 아니라 사회에도 있다는 새로운 인식의 전환이 일어났다(김종일 외, 2006). 즉, 질병은 개인적·생물적 요인뿐 아니라 사회적 요인에 의해서도 발생할 수 있고, 질병이 개인과 가족 차원의 문제에서 그치는 것이 아니라 의료비 지출 등 사회적 차원에도 영향을 준다는 것이다.

무엇보다 평균 기대여명(출생아의 사망률을 고려하여, 출생아 한 사람이 평균적으로 살아갈 수 있는 기간)의 증가로 늘어나는 노년기를 더욱 활기차게 보내기 위해서는 건강이 우선되어야 한다. 그러나 노년기는 노화에 따른 건강관리뿐 아니라 복합적이고 만성적인 노인성 질환에 노출될 가능성이 커서 일생 중 가장 많은 건강 문제가 발생하는 시기이고, 대다수 노인이 별도의 소득활동에 종사하지 않고 연금과 같은 최소한의 수입에 의존해서 살아가기 때문에 의료비 부담은 곧 빈곤으로 이어질 수 있다. 더구나 치매, 중풍 등으로 인한 장기요양이 요청되는 상황에서는 경제적 부담과 함께 가족 구성원 간 부양부담과 갈등이 증폭된다. 따라서 국민의 건강권 보호를 위해 요구되는 보건의료서비스를 국가나 사회가 제도적으로 보장해 주는 공적 서비스로서 노인건강보장이 필요하다.

일반적으로 건강보장은 의료보장보다 적극적이고 넓은 개념이다. 의료보장은 의료서비스에 대한 접근권을 중심으로 설명하는 데 반해 건강보장은 결과로서의 일정한 건강 상태와 건강 수준의 획득 또는 유지를 위한 사회의 집합적 노력을 의미한다. 즉, 국민이 경험할 수 있는 질병, 부상, 출산, 사망 등 생활상의 위험을 미리 예방 및 분산하고, 발생한 질병을 치료하여 국민이 신체적·심리적 및 사회적으로 보다 건강한 생활을 할 수 있도록 국가가 개입하여 보장해 주는 제도가 건강보장제도이다(권중돈, 2016).

(2) 건강보장제도 방식

각국의 건강보장제도는 일반적으로 사회보험, 국민건강보험, 국민보건서비스의 세 가지로 제시된다(국민건강보험공단 홈페이지).

① 사회보험

국가가 기본적으로 의료보장에 대한 책임을 지지만, 의료비에 대한 국민의 자기 책임을 일정 부분 인정하는 체계이다. 정부기관이 아닌 보험자가 보험료를 통해 재원을 마련하여 의료를 보장하는 방식으로, 정부에 대해 상대적으로 자율성을 지닌 기구를 통한 자치적 운영을 근간으로 하며 의료공급자가 국민과 보험자 사이에서 보험급여를 대행하는 방식이다. 독일의 비스마르크가 창시하여 비스마르크 방식이라고 하며, 독일과 프랑스 등이 사회보험방식으로 의료보장을 제공하는 대표적인 국가이다.

② 국민건강보험

사회보험과 마찬가지로 사회연대성을 기반으로 보험의 원리를 도입한 의료보장체계이지만 다수의 보험자를 통해 운영되는 전통적인 사회보험방식과 달리 단일한 보험자가 국가 전체의 건강보험을 관리 · 운영한다. 이러한 국민건강보험 방식의 의료보장체계를 채택한 대표적인 국가는 우리나라와 대만이다.

③ 국민보건서비스

국민의 의료문제는 국가가 모두 책임져야 한다는 관점에서 정부가 일반조세로 재원을 마련하고 모든 국민에게 무상으로 의료를 제공하여 국가가 직접적으로 의료를 관장하는 방식이다. 이 경우 의료기관의 상당부분이 사회화 내지 국유화되어 있으며, 영국의 베버리지가 제안한 이래 영국, 스웨덴, 이탈리아 등의 유럽에 확산되었다.

우리나라는 국민건강보험방식을 채택하고 있으며, 경제적인 어려움으로 건강보험에 가입하기 어려운 사람들에게는 공적부조방식의 의료급여를 제공하고 있다.

2) 노인건강보장체계

(1) 국민건강보험제도

국민건강보험은 질병, 부상으로 인해 발생하는 고액의 진료비가 가계에 과도한 부담이 되는 것을 방지하기 위하여 국민들이 평소에 보험료를 내고 보험자인 국민건강보험공단이 이를 관리·운영하다가 필요시 보험급여를 제공함으로써 국민 상호 간 위험을 분담하고 필요한 의료서비스를 받을 수 있도록 하는 사회보장제도이다(국민건강보험공단 홈페이지).

국민건강보험은 피보험 대상자 모두에게 필요한 기본적 의료를 적정 수준까지 보장함으로써 그들의 의료문제를 해결하고 누구에게나 균등하게 적정 수준의 급여를 제공한다는 '의료보장기능'과 사회보험으로서 건강에 대한 사회 공동의 책임을 강조하여 비용(보험료)은 소득과 능력에 따라 부담하고 가입자 모두에게 균등한 급여를 제공함으로써 사회적 연대를 강화하고 사회통합을 이루는 사회연대기능 그리고 각 개인의 경제적 능력에 따른 일정한 부담으로 재원을 조성하고 개별 부담과 관계없이 필요에 따라 균등한 급여를 제공하여 질병의 치료 부담을 경감시키는 소득재분배기능을 수행한다.

1977년 500인 이상 사업장 근로자에 대한 의료보험이 최초로 시행되었고, 1979년 공무원 및 사립학교 교직원 의료보험, 1988년 농어촌지역으로 의료보험이 확대되었으며, 1989년에 이르러 전 국민 의료보험이 실현되었다. 이후 2000년 국민의료보험관리공단과 직장의료보험조합이 통합되어 현재의 국민건강보험제도에 이르렀다. 건강보험제도의 주요 내용은 다음과 같다.

① 적용대상

건강보험은 직장가입자와 지역가입자로 적용대상을 구분하는데, 직장가입자는 사업장의 근로자 및 사용자와 공무원 및 교직원 그리고 그 피부양자로 구성되고, 지역가입자는 직장가입자를 제외한 자를 대상으로 한다. 건강보험 대상자 중 피부양자는 직장가입자에 의하여 주로 생계를 유지하는 자로서 보수 또는 소득이 없는 자를 의미하며, 직장가입자의 배우자, 직계존속(배우자의 직계존속 포함), 직계비속(배우자의 직계비속 포함) 및 그 배우자, 형제·자매를 포함한다. 2018년 2월 기준으로 전체 인구의 97.1%가 건강보험의 대상이고, 나머지 2.9%는 의료급여의 대상이다.

② 급여형태

건강보험은 가입자 및 피부양자의 질병과 부상에 대한 예방, 진단, 치료, 재활, 출산, 사망 및 건강증진에 대하여 법령이 정하는 바에 따라 현물 또는 현금의 형태로 서비스를 제공한다. 현물급여로는 요양급여와 건강검진이 있는데, 요양급여는 가입자 및 피부양자의 질병 또는 부상에 대한 예방과 치료의 제반 서비스를 의미한다. 우리가 평소 병원을 이용해 받는 일반적인 의료서비스가 여기에 해당된다. 다음으로 건강검진은 질병의 조기 발견을 위해 생애주기별 건강검진체계를 구축하여 평생 건강관리체계의 기반이 되고 있다.

현금급여에는 요양비, 장애인보장구, 본인부담액 상한제, 임신·출산 진료비 지원 등이 있다. 요양비는 요양기관 이외의 장소에서 출산한 가입자 및 피부양자를 대상으로 지원하는 출산비 외에 산소치료기기 대여료, 당뇨병 환자 소모성 재료 구입비 등에 대한 현금급여를 말한다.

③ 재원

건강보험의 재원은 피보험자의 보험료, 국민건강증진기금의 지원금, 국가 보조금, 기타 수입금으로 이루어진다. 이 중 피보험자의 보험료는 직장가입자의 경우 직장과 가입자 본인이 각각 50%씩 분담한다. 공직자의 경우 일반 공무원과 국·공립학교 교직원은 고용주인 정부와 본인이 각각 반씩 부담하고, 사립학교 교직원은 가입자 본인 50%, 학교 법인 30%, 정부 20%로 분담한다. 지역가입자는 소득, 재산(자동차 포함), 성별 및 연령 등을 고려하여 보험료를 부과하는데, 이 중 35%는 국고에서 지원하고 15%는 건강증진기금에서 지원한다.

우리나라는 세계에서 가장 빠른 고령화 속도로 다양한 사회변화를 예견하고 있는데, 그중 하나가 노인의료비 증가이다. 2017 지역별 의료이용통계연보(국민건강보험공단, 2018)에 따르면, 전남 고흥군은 2017년 연평균 진료비가 281만 원으로 전국 평균 159만 원 대비 122만 원이 높았다. 뒤이어 경남 의령군(278만 원), 전북 부안군(277만 원) 순이었다. 연평균 진료비 상위 지역을 살펴보면 공통적으로 65세 이상 인구 비율이 30%를 넘거나 근접(최고 38%, 전국 평균 13.9%)하는 등 노인 비율이 높은 것을 확인할 수 있다.

④ 전달체계

국민건강보험은 사회보험제도의 하나로 감독 및 책임은 보건복지부장관에게 있고, 운영주체로서 보험자는 법인형태인 국민건강보험공단과 국민건강보험심사평가원이다. 국민건강보험공단은 가입자 및 피부양자의 관리, 보험료 부과·징수, 가입자의 건강유지·증진을 위한 예방사업, 보험급여비용의 지급, 자산의 관리·운영, 건강보험의 홍보, 조사연구 등의 업무를 수행하고, 국민건강보험심사평가원은 요양급여비용의 심사, 요양급여의 적정성에 대한 평가, 심사 및 평가기준의 개발, 조사도구의 개발 등을 수행한다.

⑤ 관리 · 운영

보건복지부는 건강보험 관련 제도와 정책을 결정하고, 이 정책을 국민건강보험공단이 집행한다. 즉, 공단은 대상자 자격관리, 보험료 징수, 진료비 지원 및 환수 등의 업무를 담당한다. 또한 병 · 의원이 청구한 진료비의 적정 여부를 심사하는 건강보험심사평가원이 있으며 보험료와 수가를 결정하는 건강보험정책심의위원회가 있다.

(2) 의료급여제도

국민기초생활보장 대상자는 자동적으로 의료급여의 대상자가 된다. 의료급여는 2001년 의료보호를 대체한 것으로 국민기초생활보장수급권자뿐 아니라 국가유공자, 인간문화재, 이재민, 의상자 및 의사자 유족, 귀순북한동포 등 국가가 부상으로 주민, 입양아동 및 희소질환자 등이며, 2종은「국민기초생활 보장법」에 의한 수급권자 중 1종에 해당하지 않는 자(근로능력이 있는 세대)이다.

국민건강보험공단(2019)의「2018 의료급여 통계연보」에 따르면, 의료급여 수급권자 수는 1,485천명으로 전년 대비 0.1%가 증가하였고, 이 가운데 1종 수급권자가 1,082천명(72.9%), 2종 수급권자가 403천명으로 전체 건강보장인구의 약 2.8%에 해당한다. 이 가운데 65세 이상 의료급여 수급권자는 전체의 32.9%로 건강보험에서의 노인인구 비율 12.7%보다 더 높다. 65세 이상 수급권자 급여비는 3조 7,101억 원으로 1인당 평균 708만 원으로 나왔다. 이는 전년도보다 8.7%가 증가한 수치이다.

① 급여형태

수급권자의 질병, 부상, 출산 등에 대한 의료급여 내용은 진찰 · 검사, 약제 · 치료 재료의 지급, 처치 · 수술과 그 밖의 치료, 예방 · 재활, 입원, 간호, 이송과 그 밖의 의료 목적 달성을 위한 조치들이 이에 해당한다.

② 재원

의료급여제도는 공공부조의 일환이므로 일반조세로 재정을 충당해야 하나, 각 시 · 도별 의료급여기금에서 필요 경비를 부담하고 있다. 이 기금은 국가 보조금, 지방자치단체 출연금, 기타 수익금 등으로 충당하고 국가와 지방자치단체는 기금운영에 필요한 충분한 예산을 확보하여야 한다.

③ 전달체계

수급권자가 의료급여를 받고자 할 때는 응급, 분만, 결핵 등의 경우를 제외하고는 1차 의료급여기관에 의료급여를 신청해야 한다. 1차 의료급여기관이 진찰한 후 또는 진찰 중 2차 의료급여기관의 진료가 필요하다고 판단한 경우와 2차 의료급여기관이 3차 의료급여기관의 진료가 필요하다고 판단한 경우, 수급권자는 의료급여의뢰서를 발급받아 상급 의료급여기관에서 진료를 받을 수 있다.

(3) 노인건강지원사업

「국민건강보험법」과 의료급여 외에도 「저출산 · 고령사회기본법」, 「노인복지법」 및 「의료법」에 근거하여 다양한 노인건강지원사업이 이루어지고 있다.

① 치매국가책임제

'치매국가책임제'는 문재인 정부의 핵심 국정과제 중 하나로 '치매국가책임제'의 일환으로 전국 256개 보건소에 '치매안심센터'가 개소되어 치매 초기상담 및 조기검진, 1:1 사례관리, 치매단기쉼터 및 치매카페 운영, 관련 서비스 안내 및 제공기관 연계를 통해 인지기능 저하 대상자를 선별하여 진단검사를 실시하고, 상담 후 대상자 등록, 욕구 파악, 치매노인 및 가족 맞춤형 서비스 제공계획을 수립하고 있다. 또한 치매노인 및 가족들이 안심하고 지낼 수 있도록 전담 코디네이터를 1:1로 매칭하여 필요한 서비스를 연계하고 있다. 향후 운동, 식사법 등의 보급을 통해 치매 위험 요인을 방지하는 치매 예방사업도 강화할 예정이다.

치매는 조기에 발견하여 지속적으로 치료·관리하면 증상을 호전시킬 수 있고, 증상 악화를 예방하여 노년기 삶의 질을 높일 수 있다. 또한 국가적 차원에서는 사회·경제적 비용을 절감할 수 있는 효과가 있다. 실제 중증 치매환자는 경도 치매환자에 비하여 약 7배의 경제적 부담이 발생하고, 치매 초기에 약물치료를 진행하면 8년 후 요양시설 입소율이 70%나 감소한다는 통계결과(보건복지부, 2018)를 볼 때 치매의 조기 발견 및 개입이 매우 중요하다는 점을 확인할 수 있다. 이를 위해 정부에서는 '치매치료관리비 지원사업'을 실시하고 있는데, 이 사업은 치매치료제를 복용 중인 치매환자를 대상으로 치매치료관리비 보험급여분 중 본인부담금을 월 3만 원(연 36만 원) 상한 내에서 실비 지원하는 방식이다.

「치매관리법」 시행(2012. 2. 5.) 및 국가치매관리종합계획 수립·시행(2012. 7. 이후)에 따라 국가치매관리정책을 지역 실정에 맞게 확대하고 보급할 필요가 늘고 있다. 지역 내 치매 치료 및 돌봄기관에 대한 서비스 기술 지원 및 종사자 인력에 대한 교육·훈련을 수행할 인프라가 절실한 상황에서 정부는 광역시·도별로 역량 있는 병원 등에 '광역치매센터 구축'을 통해 지역사회 치매관리사업의 내실 있는 추진을 위한 기반을 확보하고, 지역 내 치매관리 서비스 기획 및 자원조사, 전문 인력 육성, 인식 개선을 위한 홍보, 연구기능 강화 등을 수행하고자 한다. 현재 서울대학교병원을 포함하여 전국에 17개의 치매광역센터가 개설되어 있다.

② 개안 수술비 지원

만 60세 이상이 되며 일정 소득 조건이 되면 안과와 관련된 진료 지원을 받을 수 있다. 주로 백내장, 망막질환, 녹내장 등 수술비용이 지원된다. 해당 혜택은 지자체 예산에서 시행되어서 지역마다 차이는 있으며 1인당 본인부담금 25만 원 이내에 지원되기도 한다.

③ 노인 무릎인공관절수술 지원사업

'노인 무릎인공관절수술 지원사업'은 무릎관절증으로 지속적인 통증에 시달리지만 경제적 이유로 수술을 받지 못하는 노인들의 고통을 경감하고 삶의 질을 개선하기 위해 '노인 무릎인공관절수술 지원사업'과 질병의 조기발견 및 치료로 건강 유지 및 증진을 도모하기 위한 사업이다.

그 외 '노인 건강진단사업', '노인 구강증진서비스', '노인 무료급식 지원사업' 등이 있다.

④ 틀니, 임플란트 비용지급

의료급여수급자이면서 65세 이상이 되면 임플란트나 틀니 치료시 비용을 지원받는다. 65세 이상이며 7년 이내에 중복 수혜가 없을 경우 지원 대상이 된다. 완전틀니(금속, 레진), 부분틀니 등은 본인 부담금이 1종 구급권자는 5%, 2급수급권자는 15%만 내면 된다.

⑤ 독감 무료예방 접종

65세 이상이 되면 매년 10~11월쯤에 실시하는 독감 무료예방접종 대상이 된다. 보건복지부에서는 생후 6~12세와 만 65세를 인플루엔자 고위험군으로 분류해 무료로 접종을 하고 있다.

⑥ 대상포진 예방 접종비 지원

기초생활수급자이거나 65세 이상이 되면 대상포진 예방접종을 무료로 받을 수 있다. 각 지자체에서 진행하는 예산으로 차이는 있지만 대부분 전액, 일부 지원을 하고 있다. 대상포진뿐만 아니라 폐렴 예방접종도 지원된다.

2. 노인장기요양보험제도

1) 노인장기요양보험제도

고령이나 노인성 질병 등의 사유로 일상생활을 혼자서 수행하기 어려운 노인 등에게 신체활동 또는 가사활동지원 등의 장기요양급여를 제공하여 노후의 건강증진 및 생활안정을 도모하고 그 가족의 부담을 덜어줌으로써 국민의 삶의 질을 향상하는 것이 제도의 목적이다. 우리 사회가 겪고 있는 인구고령화 현상은 막대한 노인의료비 지출을 가져와 건강보험 재정 건전성을 위협하는 요인이 되었고, 노인에 대한 가족의 부양 부담은 노인돌봄서비스에 대한 사회적 차원의 개입이 필요하다는 인식을 가져왔다. 이러한 사회적 상황과 요구들은 지난 2008년 7월 1일 제5대 사회보험이라 불리는 노인장기요양보험제도의 도입을 가져왔다.

노인장기요양보험제도는 '고령이나 노인성 질병 등의 사유로 일상생활을 혼자서 수행하기 어려운 노인 등에게 신체활동 또는 가사활동 지원 등의 장기요양급여를 제공하여 노후의 건강증진 및 생활안정을 도모하고 그 가족의 부담을 덜어 줌으로써 국민의 삶의 질을 향상하도록 함을 목적으로 한다"(노인장기요양보험법 제1조).

(1) 장기요양보험급여 대상자

노인장기요양보험급여 대상자는 '65세 이상인 자' 또는 '65세 미만이지만 노인성 질병을 가진 자'로 거동이 불편하거나 치매 등으로 인지가 저하되어 6개월 이상의 기간 동안 혼자서 일상생활을 수행하기 어려운 사람이다.

장기요양보험의 급여대상자가 되기 위한 사업의 보험자 및 가입자는 다음과 같다.

① 노인장기요양보험의 보험자는 국민건강보험공단이다.

② 노인장기요양보험의 가입자는 국내에 거주하는 국민, 국내에 체류하는 재외국민 또는 외국인으로서 대통령령으로 정하는 사람이다.

노인장기요양보험제도의 개념을 명확히 이해하기 위해서는 반드시 건강보험과의 차이점을 잘 이해해야 한다. 건강보험은 치매 · 중풍 등 질환의 진단, 입원 및 외래치료, 재활치료 등을 목적으로 주로 병 · 의원 및 약국에서 제공하는 의료서비스를 급여대상으로 한다. 그 법적 근거는 「의료법」에 있다. 하지만 노인장기요양보험은 노인성 질환으로 인해 혼자 힘으로 일상생활을 영위하기 어려운 대상자에게 요양시설이나 재가장기요양기관을 통해 신체활동 또는 가사활동 지원을 제공하는 제도로 「노인복지법」에 근거를 두고 있다. 한마디로 건강보험이 노인의 질병을 치료하는 데 목적이 있다면, 장기요양보험은 장기간의 보호가 필요한 노인을 케어하는 데 목적이 있

국민건강보험법 제5조(적용대상 등)

국내에 거주하는 국민은 건강보험의 가입자 또는 피부양자가 된다. 다만, 다음 각 호의 어느 하나에 해당하는 사람은 제외한다.

① 「의료급여법」에 따라 의료급여를 받는 사람

② 독립유공자예우에 관한 법률」 및 「국가유공자 등 예우 및 지원에 관한 법률」에 따라 의료보호를 받는 사람

는 것이다(원석조, 2014).

> **노인장기요양보험법 제7조(장기요양보험)**
> ① 장기요양보험사업은 보건복지부장관이 관장한다.
> ② 장기요양보험사업의 보험자는 공단으로 한다.
> ③ 장기요양보험의 가입자는 「국민건강보험법」 제5조 및 제109조에 따른 가입자로 한다.

(2) 노인성 질병의 종류

표 4-1 한국표준질병사인 분류에 따른 노인성 질병의 종류

구분	질병명
한국표준 질병사인 분류	가. 알츠하이머병에서의 치매
	나. 혈관성 치매
	다. 달리 분류된 기타 질환에서의 치매
	라. 상세불명의 치매
	마. 알츠하이머병
	바. 지주막하출
	사. 뇌내출혈
	아. 기타 비외상성 두개 내 출혈
	자. 뇌경색증
	차. 출혈 또는 경색증으로 명시되지 않은 뇌졸중
	카. 뇌경색증을 유발하지 않은 뇌전동맥의 폐쇄 및 협착
	타. 뇌경색증을 유발하지 않은 대뇌동맥의 폐쇄 및 협착
	파. 기타 뇌혈관 질환
	하. 달리 분류된 질환에서의 뇌혈관장애
	거. 뇌혈관질환의 후유증
	너. 파킨슨병
	더. 이차성 파킨슨증
	러. 달리 분류된 질환에서의 파킨슨
	머. 기저핵의 기타 퇴행성 질환

구분	질병명
	버. 중풍후유증
	서. 진전
	어. 척수성 근위축 및 관련 증후군
	저. 달리 분류된 질환에서의 일차적으로 중추신경계통에 영향을 주는 계통성 위축
	처. 다발경화증

1. 질병명 및 질병코드는 「통계법」 제22조에 따라 고시된 한국표준질병사인 분류에 따른다.
2. 진전은 보건복지부장관이 정하여 고시하는 범위로 한다.

(3) 장기요양인정 신청 및 인정 절차

노인장기요양보험을 이용하고자 하는 자는 다음과 같은 절차를 따른다.

① 인정 신청

- 65세 이상 노인 또는 65세 미만 노인성 질환 대상자가 공단에 의사 또는 한의사가 발급하는 소견서를 첨부하여 장기요양인정 신청서를 제출한다.
- 장기요양급여를 받고자 하는 자가 신체적 · 정신적인 사유로 직접 수행할 수 없을 때 본인의 가족이나 친족 또는 이해관계인, 관할지역 사회복지전담공무원, 치매안심센터의 장(치매 환자인 경우 한정), 시장 · 군수 · 구청장이 지정하는 자 등이 대리 신청할 수 있으며, 사회복지전담공무원 또는 치매안심센터의 장이 대리 신청하는 경우, 본인 또는 가족의 동의를 받아야 한다.

② 방문조사

소정의 교육을 이수한 공단 직원(사회복지사, 간호사 등)이 신청인의 거주지를 방문하여 신청인의 심신상태, 신청인에게 필요한 장기요양급여의 종류 및 내용 등을 조사한다.

③ 등급판정

- 공단은 방문조사가 완료된 때, 조사결과서, 신청서, 의사소견서, 그밖에 심의에 필요한 자료를 등급판정위원회에 제출한다.
- 등급판정위원회는 심의에 필요한 자료를 검토하여 신청인이 자격요건을 충족하고, 6개월 이상 동안 혼자서 일상생활을 수행하기 어렵다고 인정하는 경우, 대통령령으로 정하는 등급판정기준에 따라 수급자로 판정한다.
- 등급판정은 신청인이 신청서를 제출한 날부터 30일 이내에 완료한다. 다만 정밀조사가 필요한 경우 등 부득이한 사유가 있는 경우에는 30일 이내의 범위에서 연장할 수 있다.

④ 판정 결과

장기요양등급 판정 결과와 등급별 상태에 대한 예시는 아래와 같다.

표 4-2 장기요양인정 점수에 따른 등급

등급	상태	장기요양인정 점수
장기요양 1등급	심신의 기능 상태 장애로 일상생활에서 전적으로 다른 사람의 도움이 필요한 자	95점 이상
장기요양 2등급	심신의 기능 상태 장애로 일상생활에서 상당 부분 다른 사람의 도움이 필요한 자	75점 이상 95점 미만
장기요양 3등급	심신의 기능적 상태 장애로 일상생활에서 부분적으로 다른 사람의 도움이 필요한 자	60점 이상 75점 미만
장기요양 4등급	심신의 기능 상태 장애로 일상생활에서 일정 부분 다른 사람의 도움이 필요한 자	51점 이상 60점 미만
장기요양 5등급	치매환자(노인장기요양보험법 시행령 제2조에 따른 노인성 질병에 해당하는 치매로 한정함)로 도움이 필요한 자	45점 이상 51점 미만
장기요양 인지지원 등급	치매환자(노인장기요양보험법 시행령 제2조에 따른 노인성 질병에 해당하는 치매로 한정함)로 도움이 필요한 자	45점 미만

출처: 노인장기요양보험법 시행령 제7조(등급판정기준 등)에 따라 정리함.

⑤ 판정 결과 통보

- 공단은 장기요양등급, 장기요양인정유효기간, 장기요양급여의 종류 및 내용 등이 담긴 장기 요양인정서와 장기요양급여를 원활히 이용할 수 있도록 등급별 월한도액 범위 안에서 작성된 개인별 장기요양이용계획서를 수급자에게 송부한다.
- 장기요양인정의 유효기간은 갱신결과, 심신상태 등에 따라 최소 1년 이상~최대 4년 6개월까지 산정된다.

표 4-3 장기요양 유효기간 원칙 및 예시

장기요양 유효기간 원칙
• 유효기간을 갱신할 때 갱신 직전 등급과 같은 등급으로 판정을 받는 경우 1등급의 경우: 4년 2등급~4등급의 경우: 3년 5등급, 인지지원등급의 경우: 2년 • 등급판정위원회는 장기요양 신청인의 심신상태 등을 고려하여 장기요양인정유효기간을 6개월의 범위에서 늘리거나 줄일 수 있음

근거 : 「노인장기요양보험법 시행령」 제8조(장기요양인정 유효기간)〈개정 2020.7.14.〉

2) 장기요양급여의 내용

(1) 재가급여

가정에서 생활하며 장기요양기관이 운영하는 방문요양, 방문목욕, 방문간호, 주·야간보호, 단기보호, 기타재가급여(복지용구)를 통해 신체활동 및 심신기능의 유지·향상을 위한 서비스를 제공받는다.

※ 요양보호사는 방문요양, 방문목욕, 주·야간보호, 단기보호를 제공하는 장기요양기관에서 장기요양요원으로 활동할 수 있다.

표 4-4 재가급여의 종류

급여의 종류	내 용
방문요양	장기요양요원이 수급자의 가정 등을 방문하여 신체활동 및 가사활동 등을 지원
방문목욕	장기요양요원이 목욕설비를 갖춘 장비를 이용하여 수급자의 가정 등을 방문하여 목욕을 제공
방문간호	장기요양요원인 간호사 등이 의사, 한의사 또는 치과의사의 지시서(이하 "방문간호지시서")에 따라 수급자의 가정 등을 방문하여 간호, 진료의 보조, 요양에 관한 상담 또는 구강위생 등을 제공
주 · 야간보호	수급자를 하루 중 일정한 시간 동안 장기요양기관에 보호하여 신체활동 지원 및 심신기능의 유지 · 향상을 위한 교육 · 훈련 등을 제공
단기보호	수급자를 보건복지부령으로 정하는 범위 안에서 일정 기간 동안 장기요양기관에 보호하여 신체활동 지원 및 심신기능의 유지 · 향상을 위한 교육 · 훈련 등을 제공
기타 재가급여	수급자의 일상생활 · 신체활동 지원 및 인지기능의 유지 · 향상에 필요한 용구를 제공하거나 가정을 방문하여 재활에 관한 지원 등을 제공하는 장기요양급여로서 대통령령으로 정하는 것

표 4-5 재가급여의 장단점

장점	단점
• 평소에 생활하는 친숙한 환경에서 지낼 수 있다. • 사생활이 존중되고 개인 중심 생활을 할 수 있다.	• 의료, 간호, 요양서비스가 단편적으로 진행되기 쉽다. • 긴급한 상황에 신속하게 대응하기 어렵다.

(2) 시설급여

시설급여는 장기요양기관에 장기간 입소한 수급자에게 신체활동 지원 및 심신기능의 유지 · 향상을 위한 교육 · 훈련 등을 제공하는 장기요양급여로 노인요양시설, 노인요양공동생활가정에서 제공된다.

표 4-6 시설급여의 종류

급여 종류	내용
노인요양시설	치매 · 중풍 등 노인성 질환 등으로 심신에 상당한 장애가 발생하여 도움이 필요한 노인을 입소시켜 급식, 요양과 그 밖에 일상생활에 필요한 편의를 제공하는 시설이다. (10인 이상)
노인요양공동생활가정 (그룹홈)	치매 · 중풍 등 노인성 질환 등으로 심신에 상당한 장애가 발생하여 도움이 필요한 노인에게 가정과 같은 주거 여건과 급식, 요양, 그 밖에 일상생활에 필요한 편의를 제공하는 시설이다. (9인 이하)

근거: 노인장기요양보험법 제23조(장기요양급여의 종류). 노인복지법, 제34조 제1항 1,2호

표 4-7 시설급여의 장단점

장점	단점
• 의료, 간호, 요양서비스를 종합적으로 제공 받을 수 있다.	• 지역사회(가족, 형제, 이웃)와 떨어져 지내며 소외되기 쉽다. • 개인 중심의 생활이 어렵다.

(3) 특별현금급여

장기요양보험제도에서 특별현금급여는 가족요양비, 특례요양비, 요양병원간병비가 있다.

① 가족요양비

도서 · 벽지 등 장기요양기관이 현저히 부족한 지역, 천재지변, 수급자의 신체 · 정신 또는 성격상의 사유 등으로 인해 가족 등으로부터 방문요양에 상당한 장기요양급여를 받은 경우 지급되는 현금급여를 말한다.

② 특례요양비

수급자가 장기요양기관이 아닌 노인요양시설 등의 기관 또는 시설에서 재가급여 또는 시설급여에 상당한 장기요양급여를 받은 경우 수급자에게 지급되는 현금급여를 말한다.

③ 요양병원간병비

수급자가 요양병원에 입원했을 때 장기요양에 사용되는 비용의 일부가 지급되는 현금급여를 말한다.

장기요양요원
(노인장기요양보험법 시행령 제11조 장기요양급여 종류별 장기요양요원의 범위)

- 방문요양에 관한 업무를 수행하는 장기요양요원은 요양보호사 또는 사회복지사이다.
- 방문목욕에 관한 업무를 수행하는 장기요양요원은 요양보호사이다.
- 방문간호에 관한 업무를 수행하는 장기요양요원은 다음과 같다.
  - 간호사로서 2년 이상의 간호 업무 경력이 있는 자
  - 간호조무사 중 3년 이상의 간호보조 업무 경력이 있는 자로서 보건복지부장관이 지정한 교육기관에서 소정의 교육을 이수한 자, 이 경우, 교육기관 지정 기준 및 절차 등 교육에 필요한 사항은 보건복지부장관이 정한다.
  - 치과 위생사

3) 장기요양기관의 비용 청구 및 지급

(1) 장기요양기관의 비용 청구

- 장기요양기관은 수급자에게 재가급여 또는 시설급여를 제공한 경우, 공단에 장기요양급여비용을 청구한다.
- 공단은 장기요양기관으로부터 재가급여비용 또는 시설급여비용을 청구받은 경우, 이를 심사하여 장기요양에 사용된 비용 중 공단부담금(재가 및 시설 급여비용 중 본인부담금을 공제한 금액을 말한다)을 해당 장기요양기관에 지급한다.

(2) 재원조달

노인장기요양보험제도가 운영되기 위한 재원은 보험료, 국가지원, 본인부담으로 구성된다.

① 보험료

건강보험료를 내는 사람(직장가입자, 지역가입자)은 장기요양보험료를 내어야 하며, 장기요양보험료는 건강보험료액에 장기요양보험료율을 곱하여 산정한다. 공단은 장기요양보험료와 건강보험료를 통합하여 징수하고, 징수 후 장기요양보험료와 건강보험료는 각각 독립회계로 관리한다.

② 국가지원

국가는 보험료 예상 수입액의 20%를 국고에서 부담한다. 국가와 지방자치단체는 의료급여수급권자의 장기요양급여비용, 의사소견서 발급비용, 방문간호지시서 발급비용 중 공단이 부담하여야 할 비용 및 관리운영비의 전액을 부담한다.

③ 본인 부담

급여대상자가 시설급여를 이용하면 20%, 재가급여를 이용하면 15%를 본인이 부담한다. 저소득층, 의료급여수급권자 등은 법정 본인부담금의 40~60%를 경감하여 준다. 국민기초생활수급권자는 본인부담금이 없다. 단, 비급여 항목은 전액을 본인이 부담한다.

표 4-8 급여종류별 본인 일부부담금 부담비율

<table>
<tr><th>급여종류</th><th>일반</th><th>40%
감경자</th><th>60%
감경자</th><th>「국민기초생활보장법」의
의료급여자</th></tr>
<tr><td>재가급여</td><td rowspan="2">15%</td><td rowspan="2">9%</td><td rowspan="2">6%</td><td rowspan="6">면제</td></tr>
<tr><td>복지용구(기타재가급여)</td></tr>
<tr><td>시설급여</td><td rowspan="2">20%</td><td rowspan="2">12%</td><td rowspan="2">8%</td></tr>
<tr><td>촉탁의 진찰비용</td></tr>
<tr><td>의사소견서 발급비용</td><td rowspan="2">20%</td><td rowspan="2" colspan="2">10%</td></tr>
<tr><td>방문간호지시서 발급비용</td></tr>
</table>

* 보험료감경대상자(보험료순위 25% 초과 50% 이하인 자)
* 의료급여자, 차상위감경대상자, 천재지변 등 생계곤란자, 보험료감경대상자(보험료순위 25% 이하인 자)

4) 장기요양서비스 이용 지원

장기요양서비스를 이용하고자 하는 노인이나 그 가족은 먼저 국민건강보험공단의 해당 양식에 따라 장기요양인정 신청을 해야 한다. 그러면 국민건강보험공단은 인정조사 등을 통해 등급을 판정하고, 등급판정을 받은 대상자는 아래 그림과 같이 장기요양서비스를 이용할 수 있다.

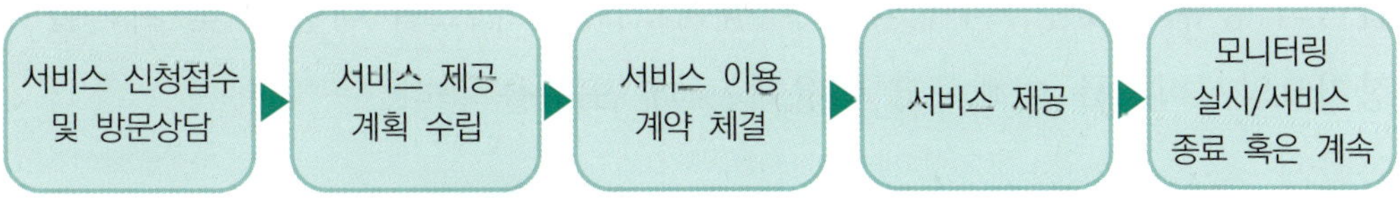

그림 4-1 장기요양서비스 이용 절차

(1) 서비스 신청 및 상담

대상자가 장기요양서비스를 이용하기 위해서는 먼저 장기요양기관을 방문하거나 전화로 상담을 받는다. 장기요양기관은 대상자 또는 가족이 장기요양서비스를 신청하면 상담을 통해 해당 기관서비스를 제공할 수 있는지를 판단한다. 장기요양서비스를 이용하고자 할 때는 장기요양인정서와 표준장기요양이용계획서가 필요하다.

① 장기요양인정서

국민건강보험공단은 등급판정을 받은 대상자에게 장기요양인정서를 발급한다. 장기요양인정서에는 대상자의 기본인적사항과 장기요양등급, 유효기간, 이용할 수 있는 급여의 종류와 내용, 대상자가 장기요양서비스를 제공받을 때 필요한 안내 사항 등이 포함되어 있다. 장기요양서비스를 받으려면 대상자와 그 가족이 기관에 제출해야 한다.

② 개인별 장기요양이용계획서

개인장기요양이용계획서의 역할은 두 가지이다. 하나는 대상자 및 가족들이 적절한 장기요양서비스를 이용할 수 있도록 안내하는 역할이고, 또 하나는 장기요양기관이 대상자를 이해하는 데 도움이 되는 자료로서의 역할이다. 개인별 장기요양이용계획서에는 대상자의 등급에 따라 이용할 수 있는 한도액과 본인부담률이 포함되어 있으며, 국민건강보험공단에서 제시하는 급여의 종류와 횟수, 이에 따른 비용이 기재되어 있어 대상자 및 가족들이 장기요양서비스를 이해하고 이용하는 데 도움을 준다.

(2) 서비스 제공계획 수립

대상자 및 가족이 서비스를 신청하면 장기요양기관은 먼저 가정을 방문하여 대상자의 기능 상태 평가와 욕구 평가를 하고, 평가 내용을 바탕으로 서비스의 목표를 설정하고 구체적인 서비스의 내용과 횟수, 비용을 결정한다. 서비스 제공계획을 수립할 때는 국민건강보험공단이 작성한 표준장기요양이용계획서를 바탕으로 한다.

(3) 서비스 이용 계약 체결

서비스 제공계획이 수립되면 대상자와 그 가족에게 서비스 제공계획 내용을 충분히 설명한다. 대상자와 가족이 서비스 제공계획에 동의를 하면 서비스 이용 계약을 체결한다. 서비스 이용 계약을 체결할 때는 반드시 계약서 내용을 꼼꼼히 확인하고 서명해야 한다.

(4) 서비스 제공

서비스 이용 계약이 체결되면 장기요양기관은 대상자에게 서비스 제공계획서를 바탕으로 서비스를 제공한다. 요양보호사는 서비스 제공 계획서에 기입되어 있는 대상자의 주요 기능 상태와 욕구 등을 명확히 인식하고 서비스 내용과 시간, 방법 등을 파악하여 서비스를 제공한다.

(5) 모니터링

대상자 및 가족에게 만족스러운 서비스가 제공되고 있는지, 새로운 변화가 발생했는지 등에 대해 모니터링한다. 장기요양기관은 이러한 모니터링 결과에 따라서 서비스 제공계획을 수정할 수도 있다.

(6) 서비스 종료

대상자가 사망하거나 대상자 스스로 종료를 원할 때, 혹은 타 기관으로 이관되었을 때는 서비스가 종료된다.

5) 노인보건복지사업의 연계

노인장기요양보험 인정신청을 하였으나 등급판정을 받지 못한 대상자를 노인장기요양 등급외자라 한다. 등급외자 역시 장기요양인정조사표의 등급 판정점수에 따라 등급외 A, B, C로 분류된다.

노인장기요양 등급외자는 지역사회에서 노인보건복지사업의 대상자로 다양한 서비스를 지원받을 수 있다. 서비스가 필요한 등급외자에게 노인돌봄기본서비스, 노인돌봄종합서비스, 노인복지관 및 사회복지관서비스를 지자체에서 제공한다.

6) 국민건강보험공단의 사업연계

국민건강보험공단은 건강증진서비스를 보완하기 위해 장기요양등급외자는 물론 해당 서비스가 필요한 노인에게 만성질환자 사례관리사업, 노인건강관리사업을 운영한다.

① 만성질환자 사례관리사업

고혈압, 당뇨, 관절염 등 만성질환이 있는 등급외자와 서비스가 필요한 노인을 대상으로 건강관리, 의료이용에 관한 정보 제공, 생활습관 개선 등의 상담서비스를 제공한다.

② 노인건강관리사업

등급외자와 필요 노인에게 노인체조, 게이트볼, 스트레칭, 생활 댄스, 탁구 등을 경로당, 마을회관, 운동경기장, 공원 등에서 운영한다.

3. 노인건강보장제도의 과제

노인건강보장제도는 고령화사회에서 노인들의 의료와 건강에 대한 지원을 제공하는 데 중요한 역할을 한다. 그러나 이러한 제도 역시 여러 과제에 직면하고 있다.

첫째, 노인의료비 상승과 재원 부족이다. 노인인구의 증가로 인해 노인의료비가 상승하고 있다. 이로 인해 제도의 재원 부족이 발생할 수 있으며, 이를 해결하기 위해서는 효과적이고 지속적인 재원 조달 방안이 필요하다. 정부와 사회의 협력이 필요한 부분이다.

둘째, 지역 간 건강보장서비스의 불균형이다. 도시와 농촌 지역 간에 건강보장서비스의 접근성에 차이가 있을 수 있다. 도시 지역이 더 발전된 의료 인프라를 가지고 있지만, 농촌 지역에서는 이에 대한 부족함이 뚜렷할 수 있다. 지역 간 균형을 맞추기 위한 정책과 지원이 필요하다.

셋째, 건강 증진 및 예방의 중요성 부각이다. 노인건강보장은 단순히 질병 치료에 그치지 않고 건강 증진과 예방에도 중점을 두어야 한다. 예방적인 건강 프로그램 및 교육이 강화되어야 하며, 노인들에게 건강한 생활 습관을 촉진하는 방안이 필요하다.

넷째, 요양보호사의 부족과 교육 문제이다. 노인건강보장제도에는 요양보호사의 역할이 크다. 그러나 이들의 부족과 교육 수준 문제가 있을 수 있다. 이를 해결하기 위해서는 요양 보호사의 교육 및 훈련 프로그램을 강화하고, 이들의 처우 및 근무환경을 개선하는 노력이 필요하다.

다섯째, 사회적 고립과 정신건강 문제이다. 노인들 중 일부는 사회적으로 고립되어 있거나 정신건강 문제를 겪을 수 있다. 노인건강보장제도는 이러한 사회적 측면도 고려하여 노인들의 삶의 질을 향상시키는 방향으로 발전해야 한다. 사회 참여를 촉진하고 정신건강 지원을 강화하는 정책이 필요하다.

여섯째, 노인성 질환 및 만성질환 대응 강화가 필요하다. 고령화로 노인성 질환과 만성질환의 발생이 증가하고 있다. 이에 대한 진료 및 관리체계를 강화하고, 노인들에게 적합한 의료서비스를 제공하는 방안을 모색해야 한다.

이러한 과제들을 해결하기 위해서는 정부, 의료기관, 지자체, 시민사회 등 다양한 주체 간의 협력이 필요하며, 종합적이고 지속적인 정책이 수립되고 실행되어야 한다.

요점정리

1. 노인건강보장제도

노인건강보장제도는 고령화사회에서 노인들의 의료비 부담을 완화하고 건강을 유지하기 위한 제도이다. 의료비 부담 경감, 의료서비스 제공 등을 목적으로 한다.

2. 노인건강보장체계

노인건강보장체계는 의료급여, 노인의료복지시설 운영, 건강 캠페인 등으로 이루어져 있다. 이를 통해 노인들에게 필요한 의료와 건강서비스를 제공한다.

3. 노인건강지원사업

노인건강지원사업은 노인들의 건강 증진을 위해 다양한 프로그램을 제공한다. 건강검진, 예방접종, 건강교육, 운동 프로그램 등이 이에 해당한다.

4. 노인장기요양보험제도

노인장기요양보험제도는 노인들의 장기간 요양에 대한 금전적 부담을 완화하기 위한 제도이다. 가정요양서비스, 요양시설 이용 등을 지원한다.

Quiz

1. 장기요양요원이 수급자의 가정 등을 방문하여 신체활동 및 가사활동 등을 지원하는 곳은 무엇인가?
2. 장기요양요원이 목욕설비를 갖춘 장비를 이용하여 수급자의 가정 등을 방문하여 목욕을 제공하는 곳은 무엇인가?
3. 장기요양요원인 간호사 등이 의사, 한의사 또는 치과의사의 지시서(이하 "방문간호지시서")에 따라 수급자의 가정 등을 방문하여 간호, 진료의 보조, 요양에 관한 상담 또는 구강위생 등을 제공하는 곳은 무엇인가?

1: 방문요양

2: 방문목욕

3: 방문간호

CHAPTER 05

노인주거보장

학습목표

- 노인주거보장의 개념과 필요성을 알 수 있다.
- 노인주거보장의 중요성을 알 수 있다.
- 노인주거보장의 원리를 알 수 있다.
- 노인주거시설의 유형을 알 수 있다.
- 노인주거보장정책의 방향을 알 수 있다.

1. 노인주거보장

1) 노인주거보장의 이해

주거는 노인들의 기본 욕구 중 하나이며, 그들의 삶의 질과 안녕함에 직접적인 영향을 미친다. 단순히 물리적인 장소가 아니라 안전성, 편의성, 사회적 참여, 정서적 편안함 등 다양한 측면을 고려해야 한다. 안정된 주거 환경에서 필요한 지원을 받으면 노인들의 삶의 질이 향상되며, 노년 시기를 보다 풍요롭게 보낼 수 있다.

(1) 노인주거보장의 개념

주거보장은 노인들이 독립적으로 안전하고 안락한 환경에서 살아갈 수 있도록 건설, 공급, 서비스를 통해 지원하는 사회적인 노력을 나타낸다. 이는 노인들이 주택과 주거지역에서의 생활을 통해 독립성, 안정성, 프라이버시, 사회적 관계 및 활동 참여, 노인복지서비스 접근 등에 영향을 미치는 다양한 측면을 고려하는 것이다. 고령화사회에서 중요한 과제로 인식되어 정부, 지자체, 지역사회, 가족 등이 협력하여 안정된 주거 환경을 제공하는 것에 주력하고 있다. 특히 노인들이 사회적 관계를 가족 중심으로 형성하는 경향이 있어, 거주와 관련된 문제인 주택문제가 노년기의 행복한 삶을 위한 중요한 요소로 간주된다. 이러한 노력들을 통해 노인들은 안전하고 편안한 주거에서 행복한 노년을 보낼 수 있다.

노년기의 주택은 인간이 생존을 위해 기본적으로 구비해야 할 물질적 조건이기 때문에 어느 누구에게나 생활주기상의 어느 시기에 있어서나 중요하고 가치 있는 것이다.

(2) 노인에게 있어 주택의 의미와 가치

노년기의 노인에게 있어 주택의 의미와 가치는 다음과 같다.

① 안전과 보안

주택은 노인에게 안전한 보금자리를 제공한다. 안정된 주거 환경은 낙상, 사고, 범죄 등으로부터 보호되어 노인의 신체적 안전을 지킬 수 있다.

② 자립과 독립

자신만의 주택은 노인들에게 자립과 독립을 유지할 수 있는 기회를 제공한다. 자유롭게 생활하고 원하는 방식으로 일상생활을 꾸릴 수 있는 공간으로, 신체적인 제약이 있더라도 자립적인 삶을 유지할 수 있다.

③ 정서적 안정감

익숙하고 친숙한 주택은 노인에게 정서적인 안정감을 제공한다. 오랜 시간 동안 살아온 공간이라는 점은 추억과 경험을 담고 있어, 주택은 노인에게 안락하고 안정된 정서적 공간으로 기능하다.

④ 가족과의 연결

많은 경우에 노인들의 주택은 가족과의 연결 고리를 형성한다. 가족들과 함께 지내는 것이 가능하면 노인은 가족 구성원들과의 소통 및 상호작용을 유지할 수 있다.

⑤ 사회 참여와 교류

주택이 위치한 지역과 주변 환경은 노인들이 지역사회에 참여하고 교류하는 데 기회를 제공한다. 근거리의 편의시설, 문화 활동, 친구들과의 교제 등은 주택이 노인의 사회적 활동에 도움을 주는 부분이다.

⑥ 건강 유지와 노후 계획

건강한 주거 환경은 노인들이 건강을 유지하고 노후 계획을 세우는 데 도움을 준다. 특히 노인친화적인 설계와 편의시설은 노인들이 더 오랫동안 건강하게 주택에서 생활할 수 있도록 돕는다.

노인에게 있어 주택은 단순히 거주의 장소를 넘어 안전과 안정, 자립과 독립, 정서적인 편안함, 가족 및 사회적 연결 등 다양한 측면에서 가치를 지니고 있다. 이러한 이유로 노인들의 주거 환경을 고려하고 지원하는 것은 노인의 품질 높은 삶을 지원하는 중요한 요소이다.

2) 노인주거보장의 필요성

주거는 모든 인간에게 중요한 기본 생활 요소이며, 안정된 주거 환경은 삶의 질을 크게 영향을 미친다. 특히 노인에게는 안정된 주거가 중요한데, 그 이유로는 다양한 측면에서의 안전과 편의성, 정서적 안정, 사회적 참여 등이 있다.

노인주거보장은 노인들에게 매우 중요하며 또한 필요한 정책 및 제도이다.

첫째, 자립적인 삶을 위한 환경을 제공한다. 노인들이 자립적으로 삶을 유지하고 원하는 방식으로 일상생활을 꾸릴 수 있는 환경을 제공한다. 적절한 주거 환경은 노인들이 독립적으로 생활할 수 있도록 도와준다.

둘째, 안전과 보안을 확보해 준다. 안전하고 보안이 강화된 주거 환경을 제공하여 노인들을 여러 위험으로부터 보호한다. 낙상이나 사고와 같은 위험을 최소화하고 안전한 주거 공간을 조성함으로써 노인의 안전을 유지한다.

셋째, 건강과의 연관성을 강조한다. 적절한 주거는 노인들의 건강에 직접적인 영향을 미친다. 안전하고 편안한 주거 환경이 노인들의 건강을 유지하고 진화하는 데 도움이 된다.

넷째, 사회 참여 및 교류를 촉진한다. 지역사회와의 연결을 촉진하고 사회적인 활동에 참여할 수 있는 기회를 제공한다. 이는 노인들의 사회적인 참여와 교류를 증진시킨다.

다섯째, 노인복지를 촉진한다. 적절한 주거 환경은 노인복지를 촉진하고 노인의 일상생활을 보다 원활하게 지원할 수 있다. 특히 노인주거시설이나 특화된 주거 프로그램은 노인들에게 필요한 서비스를 제공한다.

여섯째, 경제적 부담을 완화한다. 주거비 부담을 경제적으로 완화해주는 데 중요하다. 특히 저소득 노인들은 경제적인 지원을 받아 더 안정된 주거 환경을 유지할 수 있게 된다.

일곱째, 가족 및 사회적 관계를 강화한다. 적절한 주거는 가족과의 연결을 유지하고, 노인들이 주변 사회와 소통하며 관계를 강화하는데 도움이 된다.

여덟째, 노인의 생활 질을 향상시킨다. 노인들의 생활 질을 향상시키는데 기여한다. 적절한 주거 환경은 노인들이 행복하고 만족스러운 노후생활을 살 수 있도록 지원한다.

주거는 안전과 안락함을 보장하는 중요한 기반 요소로 인정되어 있으며, 특히 노인들에게는 그 중요성이 더욱 커진다. 선진 국가들은 노인의 주거보장을 위해 다양한 제도를 도입하고 있다. 여기에는 노인 주택 지원 프로그램, 저소득층 노인을 위한 보장 주택, 노인 주거 시설, 주거환경 개선 등이 포함되어 있다.

다양한 법적 규정과 제도를 마련하여 노인들이 안전하고 삶의 질이 높은 주거 환경에서 노후를 보낼 수 있도록 지원하고 있다. 그러나 주거문제에 대한 효과적인 정책이나 제도를 마련하는 것은 어려운 과제 중 하나이다. 특히 주택문제는 정부나 지방자치단체가 제공하는 주택이 일부 계층에 집중되어 있는 경향이 있어, 이를 받지 못하는 노인들이나 상대적으로 빈곤한 계층에 대한 지원이 부족한 경우가 있다. 이러한 문제에 대응하기 위해서는 정부의 주거 정책이나 제도를 철저히 검토하고, 보완하는 노력이 필요하다. 노인들이 안정적이고 편안한 주거환경에서 건강하고 행복한 노후를 보낼 수 있도록 지속적인 노력과 협력이 필요하다.

3) 노인주거보장의 중요성

우리나라의 경우, 경제성장으로 인해 의식주와 관련된 문제들은 많이 개선되었지만 주택문제는 여전히 해결이 필요한 과제 중 하나로 남아 있다.

지속적인 노령화와 고령화사회의 도래에 맞춰 적절하고 효과적인 노인주거 정책을 마련하고 이를 실질적으로 실행하는 것이 필요하다.

노인주거보장은 매우 중요한 사회적 정책 및 제도이다.

첫째, 자립적인 삶을 유지하도록 한다. 적절한 주거 환경은 노인들이 자립적으로 삶을 유지하고 일상생활을 스스로 관리할 수 있도록 돕는다. 독립적인 삶은 노인의 존엄성을 유지하고 긍정적인 자아 이미지를 형성하는 데 기여한다.

둘째, 안전과 보안을 제공한다. 안전하고 안정된 주거는 노인들을 다양한 위험으로부터 보호한다. 낙상이나 다른 사고를 예방하고, 보안 시설이 갖춰진 주거 환경은 노인들에게 신체적 안전을 보장한다.

셋째, 건강한 노년기를 유도한다. 적절한 주거는 노인들의 건강을 유지하고 노년기를 건강하게 보낼 수 있도록 도와준다. 편안하고 쾌적한 주거 환경은 정신적인 안정감을 제공하며, 이는 건강한 노년을 유도하는 데 기여한다.

넷째, 사회 참여와 교류를 촉진한다. 지역사회에 안착하고 사회 참여를 유도하는 노인주거보장은 노인들이 활발하게 지역사회에 참여하고 교류할 수 있도록 돕는다. 이는 사회적 고립을 방지하고 삶의 질을 향상시킨다.

다섯째, 가족과의 연결을 강화한다. 적절한 주거는 노인과 가족 간의 연결을 강화한다. 가족들이 노인들을 지원하고 방문하기 쉬운 주거 환경은 가족 간의 유대감을 유지하고 가족들과의 소통을 촉진한다.

여섯째, 경제적 부담을 완화한다. 노인주거보장은 주거비 부담을 경제적으로 완화해주는 역할을 한다. 저소득 노인들에게는 특히 주거비 부담이 크기 때문에 이를 지원함으로써 노인들이 안정된 주거를 유지할 수 있도록 도움을 준다.

일곱째, 사회적 통합을 촉진한다. 적절한 주거는 노인들의 사회적 통합을 촉진한다. 노인들이 자연스럽게 지역사회와 소통하고 참여할 수 있는 환경은 사회적 활동성을 증진시키고 사회적 통합을 강화한다.

여덟째, 노인복지를 증진시킨다. 노인주거보장은 노인들의 복지를 증진하는 데 기여한다. 특화된 노인주거시설이나 프로그램은 노인들에게 필요한 서비스를 제공하며, 노인복지를 강화한다.

노인주거보장은 노인들의 삶의 질을 향상시키고 건강하고 안정된 노년기를 보낼 수 있도록 지원하는 중요한 사회적 정책이다.

4) 노인주거보장의 원리

노인을 위한 주거보장의 원리는 정주권의 보장, 최소 거주면적의 확보, 거주 기회의 평등보장, 정상화의 실현을 목적으로 한다. 그 내용은 다음과 같다.

(1) 정주권의 보장

정주권은 노인들이 자신이 선택한 주거환경에서 안정적으로 생활할 권리를 의미한다. 특히 노인들이 장기간 거주하여 익숙한 지역사회에서 계속해서 생활할 수 있는 권리를 포함하고 있다. 이를 위해 정부와 지방사회는 다음과 같은 방안을 고려할 수 있다.

① 주거 환경 적응 지원

노인들이 익숙한 주거환경에서 계속해서 생활할 수 있도록 해당 지역사회에서 필요한 지원을 제공해야 한다. 이는 건강서비스, 교통, 문화 활동 등을 포함할 수 있다.

② 경제적 지원

주거비용 부담이 있는 노인들에게는 경제적 지원이 필요하다. 주거보조금, 할인서비스, 세제 혜택 등을 통해 경제적 부담을 덜어주는 제도를 마련할 필요가 있다.

③ 사회적 교류 기회 제공

노인들이 자녀, 이웃, 지인과 계속해서 교류할 수 있도록 사회적인 모임, 활동, 지역사회 이벤트 등을 지원하여 편안한 생활을 유지할 수 있도록 해야 한다.

④ 주거 선택의 다양성

다양한 주거 형태와 선택지를 제공하여 노인들이 자신의 선호에 따라 주거환경을 선택할 수 있도록 해야 한다. 이는 독립 주택, 노인 주거 시설, 공동체 주거 등을 포함할 수 있다.

(2) 최저기준의 주거공간 확보

노인들을 위한 최저 기준의 주거공간은 자립과 존엄성을 보장하는 중요한 인권보장 사항 중 하나이다. 이는 노인들이 안전하고 편안한 주거 환경에서 독립적으로 살아갈 수 있도록 하는 데에 중점을 두고 있다. 최저 기준의 주거공간은 다양한 측면에서 고려되어야 한다.

① 크기 및 시설

주거공간은 노인의 삶의 편의를 고려하여 충분한 크기와 필요한 시설을 갖춰야 한다. 노인들이 일상생활을 수행하는 데 어려움이 없도록 배려되어야 한다.

② 접근성

주거공간은 노인들에게 적절한 접근성을 제공해야 한다. 계단이나 기타 높낮이 차이 등이 노인들의 이동을 제약하지 않도록 고려되어야 한다.

③ 안전성

노인들을 위한 주거공간은 안전성이 최우선 고려사항이어야 한다. 미끄럼 방지 시설, 화재 안전시설 등이 필요하다.

④ 사회적 환경

노인들은 사회적 상호작용이 중요하다. 따라서 주거 지역은 안전하면서도 노인들 간의 교류가 이루어질 수 있는 환경을 제공해야 한다.

이러한 최저 기준의 주거공간을 보장함으로써 노인들은 자립적으로 생활하고 존엄성 있는 노후생활을 영위할 수 있게 된다.

(3) 거주 기회의 평등 보장

거주 기회의 평등은 노인들이 어느 지역에서든 안전하고 편안한 주거 환경을 선택할 수 있도록 하는 것을 의미한다. 노인들이 원하는 지역에서 원하는 주거를 선택할 수 있음으로써 노년기에 안정된 생활을 영위할 수 있게 된다. 이를 통해 노인들은 자유롭게 지역을 선택하고 지속적으로 사회참여 및 교류를 할 수 있다.

거주 기회의 평등을 보장하기 위해서는 몇 가지 측면에서 주의가 필요하다.

① 주거시설 다양성

다양한 종류와 크기의 주거 시설이 제공되어야 한다. 고령화된 사회에서는 고령화에 적합한 다양한 형태의 주거 시설이 필요하다.

② 접근성

거주할 수 있는 지역이나 시설에 대한 접근이 용이해야 한다. 교통, 의료, 상업시설 등의 인프라가 노인들에게 적절하게 제공되어야 한다.

③ 경제적 지원

경제적으로 어려움을 겪는 노인들을 위한 주거 지원 프로그램이 필요하다. 주거 비용 부담을 덜어주는 제도나 정책이 필요하다.

④ 사회적 환경

노인들은 사회적 교류가 중요하므로, 다양한 연령대와의 교류가 가능한 지역이나 시설이 필요하다.

(4) 정상화의 실현

정상화(normalization)는 장애인이나 노인 등 소외된 계층이 비장애인과 동등한 권리와 기회를 누리며 사회의 일원으로서 당당하게 살아갈 수 있도록 하는 것을 의미한다. 정상화의 관점에서 노인주거보장을 위해서는 다음과 같은 노력이 필요하다.

① 노인에게 적합한 주거공간 제공

노인은 노화로 인해 신체적·인지적 기능이 저하되어 안전사고의 위험이 높아지고, 일상생활을 수행하기가 어려울 수 있다. 따라서 노인의 신체적·인지적 특성을 고려한 주거공간을 제공하는 것이 중요하다. 예를 들어, 노인 임대주택이나 노인복지주택은 계단을 없애고, 욕실에는 미끄럼 방지 시설을 설치하는 등 노인의 안전을 고려한 설계를 적용해야 한다.

② 노인 친화적 지역사회 조성

노인이 지역사회에서 편안하게 생활할 수 있도록 지역사회 환경을 조성하는 것도 중요하다. 예를 들어, 노인들이 쉽게 이동할 수 있도록 보도를 정비하고, 노인들이 이용할 수 있는 편의시설을 설치하는 등의 노력이 필요하다.

이러한 노력을 통해 노인은 생활상의 장애를 극복하고 자립하여 살아갈 수 있으며, 익숙해진 지역사회에서 계속적으로 살아갈 수 있게 된다. 이는 노인의 삶의 질 향상과 행복한 노후 생활에 기여할 수 있다.

2. 노인주거시설의 유형

1) 공간 및 입지유형별 유형

노인주거시설의 공간 및 입지유형별 유형은 노인주거시설의 위치와 주변 환경을 기준으로 분류하는 방식으로 일반적으로 다음과 같이 분류된다.

(1) 도시형

도시에 위치한 노인주거시설을 말한다. 노인복지관이나 노인회관 등과 연계하여 다양한 복지서비스를 제공하는 경우가 많다. 도시형 노인주거시설은 노인들이 다양한 편의시설과 서비스를 이용하기에 편리하다는 장점이 있다. 또한, 노인들이 일상생활에서 접하는 사람들과 다양한 교류를 할 수 있다는 장점도 있다.

(2) 도시근교형

도시 근교에 위치한 노인주거시설을 말한다. 도시의 편리성과 전원의 여유로움을 함께 누릴 수 있는 것이 특징이다. 도시근교형 노인주거시설은 도시형 노인주거시설에 비해 자연환경이 우수하다는 장점이 있다. 또한, 도시와의 접근성이 좋기 때문에 노인들이 도시생활을 유지하면서도 여유로운 노후 생활을 즐길 수 있다는 장점도 있다.

(3) 휴양 및 전원형

전원지대에 위치한 노인주거시설을 말한다. 자연과 함께 여유로운 노후 생활을 원하는 노인들에게 적합하다. 휴양 및 전원형 노인주거시설은 자연 환경이 뛰어나다는 장점이 있다. 또한, 도심의 소음과 번잡함에서 벗어나 조용하고 여유로운 생활을 즐길 수 있다는 장점도 있다.

노인주거시설의 공간 및 입지유형은 노인들의 다양한 주거 수요를 충족시키기 위한 것이다. 도시형 노인주거시설은 도시에 거주하는 노인들에게 적합하고, 도시근교형 노인주거시설은 도시와 전원의 장점을 모두 누리고 싶은 노인들에게 적합하다. 휴양 및 전원형 노인주거시설은 자연과 함께 여유로운 노후 생활을 원하는 노인들에게 적합하다.

2) 주거형태별 유형

노인주거시설의 주거형태별 유형은 노인이 주거시설에서 누릴 수 있는 독립성의 정도에 따라 분류된다.

(1) 독립형

노인이 독립적으로 생활할 수 있는 주거공간을 제공하는 시설이다. 노인이 자신의 생활 패턴에 따라 자유롭게 생활할 수 있다는 장점이 있다. 노인들이 자신의 생활 패턴에 따라 자유롭게 생활할 수 있다는 장점이 있다. 따라서 노인이 건강 상태가 양호하고, 스스로 일상생활을 수행할 수 있는 경우에 적합하다. 독립형 노인주거시설의 대표적인 예로는 노인임대주택, 노인복지주택 등이 있다.

(2) 공동생활형

노인들이 공동으로 생활하며, 식사, 청소, 간호 등 일부 서비스를 제공받는 시설이다. 노인이 혼자 생활하기 어려운 경우에 적합하다. 노인들이 공동으로 생활하며, 식사, 청소, 간호 등 일부 서비스를 제공받는 시설이다. 따라서 노인이 혼자 생활하기 어려운 경우에 적합하다. 공동생활형 노인주거시설의 대표적인 예로는 노인공동생활가정, 노인복지관 등이 있다.

(3) 전문요양형

노인의 건강 상태에 따라 전문적인 의료 및 간호서비스를 제공하는 시설이다. 노인의 건강 상태가 매우 좋지 않은 경우에 적합하다. 노인의 건강 상태에 따라 전문적인 의료 및 간호서비스를 제공하는 시설이다. 따라서 노인의 건강 상태가 매우 좋지 않은 경우에 적합하다. 전문요양형 노인주거시설의 대표적인 예로는 노인요양원, 노인전문요양원 등이 있다.

노인주거시설의 선택은 노인의 삶의 질에 큰 영향을 미칠 수 있는 중요한 결정이므로 노인의 건강 상태, 경제 상황, 생활 패턴 등을 고려하여 신중하게 선택하는 것이 중요하다.

3) 사업방식별 유형

노인주거시설의 사업방식별 유형은 노인주거시설을 운영하는 주체에 따라 분류되는데, 일반적으로 공공형과 민간형으로 구분된다.

(1) 공공형 노인주거시설

공공형 노인주거시설은 국가나 지방자치단체가 직접 운영하는 시설로, 노인들의 주거 안정을 위한 목적으로 설립된 경우가 많다. 이러한 시설은 공공성과 사회적 책임을 강조하며, 노인들에게 안전하고 안락한 주거 환경을 제공하려는 목표를 가지고 있다.

공공형 노인주거시설의 장단점은 다음과 같다.

① 장점

- 상대적으로 저렴한 비용은 공공형 노인주거시설은 국가 또는 지자체의 지원을 받아 운영되기 때문에 상대적으로 저렴한 비용으로 이용할 수 있다. 공공형 노인주거시설의 대표적인 예로는 노인복지관, 노인요양원, 노인전문요양원 등이 있다.
- 노인들의 주거 안정을 위한 목적은 주로 노인들의 안정된 주거를 위해 설립되었기 때문에 노인들의 요구와 특별한 필요에 맞춘 서비스를 제공할 수 있다.
- 정부의 지원을 받을 수 있다. 국가 또는 지자체의 정부 지원을 받아 시설의 운영 및 서비스를 보다 효과적으로 제공할 수 있다.

② 단점

- 입주 조건이 까다로울 수 있다. 정부의 지원을 받기 위해서는 특정 기준과 조건을 충족해야 하므로 입주가 까다로울 수 있다.
- 서비스의 다양성이 부족할 수 있다. 정부의 예산 제한 등으로 인해 서비스의 다양성이 부족할 수 있다.

공공형 노인주거시설은 사회적 책임의 한 형태로 노인들에게 안전하고 안락한 주거를 제공하며, 정부의 지원을 받아 운영되기 때문에 일정한 품질과 안정성이 유지될 수 있다.

(2) 민간형 노인주거시설

민간형 노인주거시설은 민간 기업이나 단체가 운영하는 시설로, 국가나 지방자치단체의 직접적인 운영이 아닌 민간 자본과 경영 체계에 의해 운영된다. 이러한 시설은 다양한 형태와 서비스를 제공하며, 노인들에게 특화된 편의시설과 프로그램을 제공할 수 있다. 민간형 노인주거시설의 대표적인 예로는 노인복지주택, 노인임대주택, 노인 공동생활가정, 실버타운 등이 있다.

민간형 노인주거시설의 특징과 장단점은 다음과 같다.

① 장점

- 다양한 서비스와 시설 제공은 민간 기업이나 단체가 운영하기 때문에 다양한 서비스와 시설을 제공할 수 있다. 노인들의 다양한 요구와 선호에 부합하는 프로그램 및 특화된 서비스를 제공할 수 있다.
- 입주 조건이 비교적 유연하다. 민간형 노인주거시설은 공공형에 비해 비교적 유연한 입주 조건을 가질 수 있다. 다양한 노인들이 입주하기에 적합한 조건을 설정할 수 있다.

② 단점

- 비용이 비싸다. 공공형에 비해 서비스의 다양성과 편의성을 제공하기 위해 높은 비용이 소요될 수 있다.
- 정부의 지원을 받지 못한다. 일반적으로 공공형에 비해 정부의 지원을 받지 못하기 때문에 비용 부담이 큰 경우가 있다.

민간형 노인주거시설은 민간 자본과 경영 노하우를 기반으로 노인들에게 풍부한 서비스와 다양한 프로그램을 제공할 수 있다. 또한, 노인들의 다양한 요구와 선호에 부합하는 형태의 주거시설을 제공하여 선택의 폭을 높일 수 있다.

3. 노인주거보장정책의 방향

우리나라에서 실시하고 있는 노인주거보장정책은 크게 다음과 같이 두 가지로 구분된다.

1) 노인주거시설 공급 확대

정부는 노인주거시설의 공급을 확대하기 위해 다양한 정책을 추진하고 있다. 그중 대표적인 정책으로는 다음과 같은 것들이 있다.

첫째, 노인복지주택 및 노인임대주택 확대이다. 노인복지주택은 노인들의 주거 안정을 위해 정부가 공급하는 공공임대주택으로, 저렴한 임대료와 다양한 주거지원서비스를 제공한다. 노인임대주택은 노인복지주택과 마찬가지로 저렴한 임대료와 다양한 주거지원서비스를 제공하지만, 노인복지주택보다 주거 지원 서비스의 수준이 낮다.

둘째, 노인 공동생활가정 및 실버타운 확대이다. 노인 공동생활가정은 노인들이 공동으로 생활하며, 식사, 청소, 간호 등 일부 서비스를 제공받는 시설이다. 실버타운은 노인들이 생활편의 시설과 의료, 복지서비스를 함께 제공받는 시설이다.

셋째, 노인요양원 및 노인전문요양원 확대이다. 노인요양원은 노인들의 일상생활을 돌봐주는 시설이다. 노인전문요양원은 노인들의 중증 질환을 치료하고 돌보는 시설이다.

정부의 노력으로 노인주거시설의 공급은 지속적으로 확대되고 있다. 2023년 기준으로 노인복지주택은 약 17만호, 노인임대주택은 약 13만호, 노인 공동생활가정은 약 1만호, 실버타운은 약 4만호가 운영되고 있다. 노인요양원은 약 1만 5천개소, 노인전문요양원은 약 2천개소가 운영되고 있다.

2) 노인주거비 지원

정부는 노인들의 주거비 부담을 경감하기 위해 다양한 지원 정책을 추진하고 있다. 그중 대표적인 정책으로는 다음과 같은 것들이 있다.

첫째, 노인복지주택 및 노인임대주택의 임대료 지원이다. 노인복지주택과 노인임대주택의 임대료는 주변 시세의 30~80% 수준으로 책정된다. 또한, 정부는 노인복지주택과 노인임대주택에 거주하는 노인들에게 임대료 지원금을 지급한다.

둘째, 기초생활수급자 및 차상위계층의 주거급여 지원이다. 기초생활수급자와 차상위계층은 주거급여를 받을 수 있다. 주거급여는 노후주택 개보수 비용, 임대료, 공공임대주택 입주자격 보증금 등을 지원한다.

정부의 노력으로 노인주거비 부담은 지속적으로 감소하고 있다. 2023년 기준으로 노인복지주택과 노인임대주택의 평균 임대료는 월 20만 원 수준이다. 또한, 기초생활수급자와 차상위계층의 주거급여는 월 최대 100만 원까지 지원된다.

그럼에도 불구하고 우리나라의 노인주거보장정책은 다음과 같은 문제점을 안고 있다.

첫째, 노인주거시설의 지역별 불균형이다. 노인주거시설은 수도권과 대도시에 집중적으로 분포되어 있다. 이에 따라, 지방에 거주하는 노인들은 노인주거시설 이용에 어려움을 겪고 있다.

둘째, 노인주거시설의 서비스 질의 개선이 필요하다, 노인주거시설의 서비스 질은 아직도 개선의 여지가 있다. 특히 노인요양원과 노인전문요양원의 경우, 간호인력의 부족으로 인해 적절한 의료 및 간호서비스를 제공하지 못하는 경우가 있다.

이러한 문제점을 해결하기 위해 다음과 같은 노력을 기울이고 있다.

첫째, 노인주거시설의 지역별 분산을 추진한다. 정부는 노인주거시설의 지역별 분산을 위해 지방자치단체와 협력하고 있다.

둘째, 노인주거시설의 서비스 질 향상을 추진한다. 정부는 노인요양원과 노인전문요양원의 간호인력 확충을 위해 노력하고 있다.

우리나라의 노인주거보장정책은 지속적으로 발전하고 있다. 앞으로도 노인들의 주거 안정과 복지 증진을 위해 다양한 정책을 추진해 나갈 것이다.

3) 노인주거복지시설 유형

(1) 양로시설

양로시설은 노인들이 편안하고 안전하게 생활할 수 있도록 지원하는 시설로, 노인들의 복지와 삶의 질을 향상시키기 위해 마련된 곳이다. 노인들이 더 이상 자립적으로 생활하기 어려운 상황에서 필요하게 된다. 다양한 형태의 양로시설이 존재하며, 그 종류와 서비스는 국가나 지역에 따라 다를 수 있다.

일반적으로 양로시설은 다음과 같은 특징을 갖고 있다.

① 생활지원서비스

양로시설에서는 노인들이 일상생활에서 필요한 다양한 서비스를 받을 수 있다. 식사 제공, 청소, 세탁, 의료 도움 등이 여기에 포함될 수 있다.

② 의료지원

양로시설은 노인들의 건강을 지원하기 위해 의료서비스를 제공한다. 간호사나 의료 전문가가 상주하거나 정기적으로 방문하여 건강 상태를 모니터링하고 응급 상황에 대비한다.

③ 활동 및 사회 참여

노인들에게 사회적 상호작용과 활동을 제공하여 삶의 질을 높이는 것이 목표이다. 그림 그리기, 음악 감상, 정원 가꾸기 등 다양한 활동이 포함될 수 있다.

④ 안전한 주거 환경

양로시설은 노인들에게 안전하고 편안한 주거 환경을 제공한다. 미끄럼 방지 시설, 비상시 대피 계획 등이 고려된다.

⑤ 가족 및 친구와의 교류

양로시설에서는 가족이나 친구들과의 교류가 지원되며, 방문이나 행사를 통해 소통의 기회를 마련한다. 양로시설은 노인들이 가족이나 친구와 함께 안정된 환경에서 생활하고 행복한 노후를 보낼 수 있도록 돕는 중요한 시설 중 하나이다. 이러한 시설은 고령화사회에서의 필요성과 중요성을 강조하며, 많은 국가에서 노인복지와 관련된 정책 및 시설을 확대하고 있다.

(2) 노인공동생활가정

노인공동생활가정은 노인들이 함께 생활하면서 서로 돌봄과 지원을 나누는 형태의 주거 모델을 말한다. 이는 노인들이 개별 주택이나 아파트에서 독립적으로 살아가는 대신, 공동체를 형성하여 함께 생활하는 방식을 지칭한다. 노인공동생활가정은 노인들 간의 상호 도움과 사회적 연대를 강화하며, 혼자 살 때 발생할 수 있는 고독과 사회적 고립 문제를 완화하는 목적으로 만들어졌다.

주요 특징과 서비스는 다음과 같다.

① 공동생활

노인공동생활가정에서는 일반적으로 3~10명의 노인들이 함께 생활한다. 개별적인 주거 공간을 가지면서도 공동 시설을 함께 사용하며, 생활의 일부를 공동으로 나눈다.

② 상호 도움과 지원

공동생활 가정에서는 노인들이 서로 돌봄과 지원을 제공한다. 건강이 좋은 노인들은 노인들 간의 서로 도움을 통해 더 나은 생활환경을 형성하고, 건강이 좋지 않은 노인들은 필요한 지원을 받을 수 있다.

③ 사회적 활동

노인들은 함께 다양한 활동을 나누며, 지역사회와의 교류를 촉진한다. 이는 노인들에게 사회적인 연결성을 제공하고, 활동을 통해 건강한 삶의 양식을 지원한다.

④ 시설 및 서비스

노인공동생활가정은 공동 주거 시설과 필요한 서비스를 제공한다. 이에는 공용 주방, 욕실, 거실 등이 포함될 수 있으며, 간호사나 전문가의 지원을 받을 수도 있다.

노인공동생활가정은 노인들이 서로 돕고 지원받으며 안정된 환경에서 노후를 보낼 수 있도록 하는 사회적인 주거 형태로, 일부 지역에서는 이러한 모델을 지원하고 확대하려는 움직임이 있다.

(3) 노인복지주택

노인복지주택은 노인의 주거 안정과 복지 증진을 위해 국가나 지방자치단체가 공급하는 공공임대주택이다. 노인복지주택은 저렴한 임대료와 다양한 주거 지원 서비스를 제공하여, 노인들이 안정적이고 편안하게 생활할 수 있도록 지원한다. 노인복지주택의 역할은 다음과 같다.

① 노인의 주거 안정 증진

노인복지주택은 노인들이 안정적이고 편안하게 거주할 수 있는 주거 환경을 제공한다.

② 노인의 복지 증진

노인복지주택은 노인들에게 다양한 주거 지원 서비스를 제공하여, 노인들의 삶의 질을 향상시키는 데 기여한다.

③ 노인들의 사회참여 확대

노인복지주택은 노인들이 다양한 사회 활동을 통해 건강하고 활기찬 생활을 할 수 있도록 지원한다.

노인복지주택의 예로는 다음과 같은 것들이 있다.

첫째, 국민임대주택이다. 노인을 포함한 모든 국민이 저렴한 임대료로 거주할 수 있는 공공임대주택이다. 노인복지주택은 국민임대주택의 일부 유형으로, 노인들을 위한 특화된 서비스를 제공한다.

둘째, 장기전세주택이다. 노인을 포함한 모든 국민이 장기적으로 안정적으로 거주할 수 있는 공공임대주택이다. 노인복지주택은 장기전세주택의 일부 유형으로, 노인들을 위한 특화된 서비스를 제공한다.

셋째, 공공임대주택이다. 노인을 포함한 모든 국민이 저렴한 임대료로 거주할 수 있는 공공임대주택이다. 노인복지주택은 공공임대주택의 일부 유형으로, 노인들을 위한 특화된 서비스를 제공한다.

노인복지주택은 노인들이 안정적이고 편안하게 생활할 수 있도록 지원하는 중요한 역할을 한다. 노인복지주택을 통해 노인들이 건강하고 활기찬 노후를 보낼 수 있기를 기대한다.

4) 주거급여제도

주거급여제도는 노인 또는 장애인 등이 안정된 주거환경에서 생활할 수 있도록 정부에서 지원하는 제도 중 하나이다. 주거급여는 주로 노인이나 장애인 등의 취약계층이 생활하고 있는 주거환경을 개선하거나 안정적인 주거를 유지할 수 있도록 재정적 지원을 제공하는 것을 목적으로 한다. 대부분 국가에서는 주거급여제도를 통해 수급자의 소득 수준과 거주 환경 등을 고려하여 일정한 급여를 제공한다.

주거급여는 주로 아래와 같은 형태로 이루어진다.

① 주거환경개선지원금

노후의 주거환경을 개선하기 위해 필요한 비용을 지원하는 제도로, 주거환경 개선, 수리, 보수, 안전시설 설치 등에 사용된다.

② 주거안정자금

노인이나 장애인 등의 취약계층이 안정적으로 주거할 수 있도록 지원하는 제도로, 월세나 주택 관리비 등에 사용된다.

③ 주거급여

정부가 취약계층에게 지원하는 현금 혹은 비현금 급여로, 주로 생활수준 유지나 안전한 주거유지를 지원하는 데 사용된다.

주거급여제도는 국가마다 제도의 이름, 내용, 지원 대상 등이 다를 수 있다. 각 국가 또는 지역의 사회복지 정책에 따라 다양한 형태로 운영되고 있다. 노인이나 취약계층의 주거 안정성을 확보하고 삶의 질을 향상시키기 위한 중요한 사회복지제도 중 하나로 간주된다.

5) 주택공급정책

노인들을 위한 주택공급정책은 고령화사회에서 노인들이 안정적이고 쾌적한 주거환경에서 생활할 수 있도록 지원하는 데 중점을 두고 있다.

첫째, 노인전용주택 건설이다. 노인들을 위한 전용 주택단지를 건설하고 지원하는 정책이 시행된다. 이는 노인들이 서로 교류하며 지낼 수 있는 커뮤니티를 형성하고, 주거환경을 노인의 특별한 필요에 맞게 조성하는 데에 목적이 있다.

둘째, 노인임대주택이다. 노인들을 위한 저렴한 임대주택을 마련하여, 경제적으로 어려움을 겪는 노인들이 안정적인 주거환경에서 생활할 수 있도록 지원한다.

셋째, 주거급여제도이다. 노인들에게 월세나 주택 관리비 등의 지원을 통해 안정된 주거환경을 제공한다. 이를 통해 노인들이 안정적으로 주거할 수 있는 기반이 마련된다.

넷째, 주거환경 개선 지원이다. 노인들의 주거환경을 개선하기 위해 필요한 시설물의 설치, 보수, 안전 시설 구축 등에 대한 지원을 제공한다.

다섯째, 주거지원 서비스이다. 노인들을 위한 주거지원 서비스를 제공하여, 일상생활에서의 어려움을 최소화하고 독립적인 생활을 유지할 수 있도록 한다.

여섯째, 생활 인프라 개선이다. 노인들이 편리하게 주변 시설을 이용할 수 있도록 교통, 의료, 문화 등의 인프라를 노인 친화적으로 개선하는 정책을 시행한다.

요점정리

1. 노인주거보장의 개념과 필요성

노인주거보장은 고령화사회에서 노인들이 안정적이고 편안한 주거환경에서 생활할 수 있도록 지원하는 제도를 의미한다. 이는 노인들의 삶의 질 향상과 안녕을 위해 필수적이다. 고령층의 증가로 인해 노인들의 주거 문제가 중요해지고 있으며, 적절한 주거환경이 노인의 건강, 안녕, 사회적 연결에 긍정적인 영향을 미친다.

2. 노인주거보장의 원리

노인주거보장은 다양한 원리에 기반한다. 이는 노인들의 주거에 대한 욕구를 충족시키고, 경제적 · 사회적 가능성을 제공하는 것을 포함한다. 공공정책 및 제도적 지원, 사회적 협력과 투자, 노인들의 자기 결정권 강화 등이 주요 원리로 작용한다.

3. 노인주거시설의 유형

노인주거시설은 다양한 형태와 유형이 있다. 이는 노인의 욕구와 선호도에 따라 다양한 선택지를 제공한다. 주택형 공동주택, 노인복지시설, 요양원, 경로당, 공동체 주거 등이 일반적인 노인주거시설의 유형으로 포함된다.

Quiz

1. 노인들이 자신이 선택한 주거환경에서 안정적으로 생활할 권리를 의미하는 것은 무엇인가?
2. 노인들이 어느 지역에서든 안전하고 편안한 주거환경을 선택할 수 있도록 하는 것을 의미하는 것은 무엇인가?
3. 장애인이나 노인 등 소외된 계층이 비장애인과 동등한 권리와 기회를 누리며 사회의 일원으로서 당당하게 살아갈 수 있도록 하는 것을 의미하는 것은 무엇인가?

1: 정주권의 보장

2: 거주 기회의 평등보장

3: 정상화

CHAPTER 06

노인복지서비스

학습목표

- 노인복지서비스의 개념, 필요성, 원칙, 유형, 내용에 대해 알 수 있다.
- 노인복지시설의 개념과 종류에 대해 알 수 있다.
- 노인복지서비스정책 과제에 대해 알 수 있다.

1. 노인복지서비스

1) 노인복지서비스의 이해

(1) 노인복지서비스의 개념

노인복지서비스는 고령화사회에서 노인들의 삶의 질을 향상시키고 그들이 건강하고 안정된 환경에서 살 수 있도록 다양한 형태의 지원과 서비스를 제공한다. 이는 노인들이 사회 참여를 유지하고 자립적으로 생활할 수 있도록 돕는 것이다.

첫째, 의료서비스이다. 노인들은 물리적 건강 문제에 노출될 가능성이 높기 때문에 의료 서비스가 중요하다. 정기적인 건강검진, 의료 상담, 치료 및 약물 관리하는 것이다.

둘째, 주거 지원이다. 안전하고 편안한 주거 환경은 노인의 삶의 질을 크게 영향을 미친다. 노인 주택, 경로당, 가정 방문 서비스 등을 통해 적합한 주거 환경을 제공하고 유지하는 것이다.

셋째, 사회활동 및 정신적 지원이다. 사회적 고립을 방지하고 정신적 활동을 촉진하기 위해 다양한 프로그램이 제공된다. 커뮤니티 센터, 노인클럽, 문화 및 예술 활동은 노인들이 사회적 관계를 유지하고 정신적으로 활발한 삶을 살 수 있도록 돕는다.

넷째, 교통 및 이동 지원이다. 노인들은 이동에 어려움을 겪을 수 있기 때문에 교통 서비스가 중요하다. 실버 택시, 운전 보조 서비스, 대중교통 할인 등이 여기에 포함된다.

다섯째, 재활 서비스이다. 노인들이 건강을 유지하거나 회복하기 위해 물리치료, 작업치료, 언어치료 등의 서비스가 제공된다.

여섯째, 금융 지원이다. 노인들이 경제적으로 안정되고 자립적으로 생활할 수 있도록 금융 지원 및 상담 서비스가 제공된다.

일곱째, 재가 치매 서비스이다. 치매 또는 기억력 저하를 겪는 노인들에게 가족과 함께 생활하며 안정된 환경에서 치매 관리 및 간병 서비스를 제공한다.

노인복지서비스는 지역사회와 정부 간의 협력을 통해 제공되며, 이는 노인들이 자신의 가치와 존엄성을 유지하며 건강하고 의미 있는 삶을 살 수 있도록 돕는 중요한 사회적 시스템이다.

(2) 노인복지서비스의 필요성

노년기에는 소득 수준과 건강 상태에 따라 욕구 충족의 우선순위는 다르겠지만, 소득 · 의료 · 주거보장 외에 노인의 심리적 · 사회적 욕구가 다양하게 나타나고 있는데, 이를 충족시켜 주는 것이 노인복지서비스이다. 인간의 삶의 질 향상은 물질적 욕구와 더불어 심리적 · 사회적 욕구가 같이 충족되어야만 가능하기 때문에 노인복지서비스는 노인복지에서 매우 중요하다.

노인인구의 지속적인 증가, 자녀와의 별거를 원하는 노인인구의 증가, 의식의 변화, 여성의 사회진출 확대, 노인들만의 단독가구 증가 등으로 인하여 부양의무자의 노인부양 기피 현상이 나타나면서 사회 전체적으로 가족의 노인부양기능 약화 현상이 두드러지게 되었고, 이에 따라 노인복지서비스의 필요성이 증대되고 있다.

고령인구의 급격한 증가는 현대사회에서 큰 사회적 도전으로 부각되고 있다. 이러한 고령화 현상은 여러 가지 이유로 인해 발생하며, 이에 따라 노인복지서비스의 필요성이 더욱 중요해지고 있다.

① 고령인구의 급속한 증가

고령인구의 급속한 증가는 현대사회에서 수요한 사회적 동향 중 하나로 인식되고 있다. 이에 따라 65세 이상의 고령노인인구가 늘어나면서 다양한 도전과 과제가 발생하고 있다.

첫째, 의약기술 발달과 생활환경 개선이다. 인해 인간의 평균수명이 증가하면서 고령인구가 급증하고 있다. 특히 65세 이상의 고령노인의 수가 두드러지게 증가하고 있다.

둘째, 요보호 노인의 수요가 급증하였다. 65세 이상의 노인 중에서는 신체적 노화와 기능 저하로 인해 요양이나 보호가 필요한 노인들이 더 많아지고 있다. 이로 인해 요양시설이나 보호서비스에 대한 수요가 많이 늘어나고 있다.

셋째, 의약기술 발달과 연장된 평균수명이다. 의약기술의 발달로 인해 질병의 예방 및 치료 기술이 향상되었다. 이는 노인들이 더 오랫동안 건강하게 생활할 수 있게 되었지만, 동시에 만성질환 발생률이 증가하고 있다.

넷째, 신체적 노화와 건강 악화이다. 노화로 인해 노인들은 신체적 기능이 감소하고 만성질환 발생률이 증가하는 경향이 있다. 이로 인해 노인들은 보다 많은 건강 서비스와 돌봄이 필요하게 된다.

다섯째, 사회적 변화와 심리사회적 문제이다. 급격한 사회적 변화와 기술의 발전에 노인들이 적응하기 어려운 경우가 있다. 이로 인해 사회적 고립, 우울, 고독 등의 심리사회적 문제가 발생할 수 있다.

여섯째, 부양 문제의 증가이다. 노인들의 건강 악화로 인해 가족들이 부양 문제에 직면하게 된다. 가족들은 노인들을 돌봄하고 지원하는 데 더 많은 시간과 에너지를 투입해야 한다.

② 노년부양비와 노령화지수의 증가

노년부양비(Aging Dependency Ratio)는 65세 이상의 노인인구를 15~64세의 생산가능인구로 나눈 비율로 계산된다. 출생률의 하락은 출생률이 낮아지면 생산가능 연령대의 인구가 줄어들고, 노인인구 대비 생산가능인구의 비율이 높아진다. 평균수명의 증가는 높아진 평균수명은 노인인구의 상대적인 증가를 의미하며, 이는 노년부양비의 상승으로 이어진다.

노령화지수(Elderly Dependency Ratio)는 65세 이상의 노인인구를 15세 미만 어린이와 15~64세 생산가능인구로 나눈 비율을 나타내는 지수이다. 노인인구의 증가는 65세 이상의 노인인구가 증가하면서 노령화지수가 상승한다. 출산율의 변화는 출산율의 감소로 어린이 인구가 감소하면서 노령화지수가 높아지는 경향이 있다.

사회구조의 변화는 가족 구조가 변화하면서 가족 내에서의 부양 체계가 영향을 받는다. 핵가족화 및 독거노인의 증가 등이 여기에 해당한다. 의료기술의 발전은 의료 기술의 발전으로 인해 질병 예방, 치료 수준이 향상되어 노인들이 더 오래 살 수 있게 되었다. 또한, 경제적 변화는 경제적 요인도 중요한 영향을 미친다. 고용구조의 변화와 노동시장의 상황이 노인들의 노동 참여 및 경제활동에 영향을 미칠 수 있다.

따라서 노인인구의 증가에 따라 노령인구를 고려한 사회적·경제적 대책이 필요하다. 노인복지서비스 강화는 노인들을 위한 복지서비스의 획기적인 강화가 필요하며, 건강, 의료, 주거 등 다양한 분야에서의 지원이 요구된다. 또한 고용 및 교육 정책은 노령인구의 증가에 대비하여 고령인력의 고용 기회를 확대하고, 평생교육체계를 강화하여 노인들의 능력 개발을 지원하는 정책이 필요하다.

③ 노인의료비의 증가

현대 사회에서의 의료 기술 발전과 삶의 질 향상으로 평균수명이 증가하면서 고령인구가 늘어나고 있다. 노인인구의 증가는 만성 질병, 요양, 치료, 관리 등에 따른 의료 서비스 수요를 증가시킨다.

노화로 인한 생리적인 변화 및 환경적인 요인으로 만성 질병이 증가하고 있다. 대표적으로 당뇨병, 고혈압, 심장병 등이 있다. 만성 질병은 지속적인 치료와 관리를 필요로 하며, 이는 의료비의 상승으로 이어진다.

의료 기술의 발전으로 치료법과 의료 서비스의 품질이 향상되었다. 그러나 이러한 진보는 동시에 높은 비용을 요구한다. 고급 의료 기술의 도입은 비용이 증가하고, 고령 인구가 이를 이용하면서 의료비의 상승을 촉진한다.

이에 따라 노인들에게 맞춘 맞춤형 의료 서비스의 수요가 증가하고 있다. 이는 전문성이 높은 서비스와 복합적인 치료 방법을 필요로 한다. 향상된 의료 서비스의 제공은 노인들의 건강을 유지하고 치료할 수 있지만, 이로 인해 의료비 부담이 늘어나게 된다.

또한, 노인의료서비스에 대한 수요를 충족시키기 위해 의료 인프라가 확대되고 있다. 이에는 노인 전용 병원, 요양원, 의료기기 등이 포함된다. 인프라 확대는 노인들에게 더 나은 의료 서비스를 제공할 수 있지만, 그에 따른 운영 및 유지 비용이 증가한다.

많은 국가에서는 노인을 위한 별도의 의료보험을 도입하고 있다. 이로 인해 의료비 부담이 감소하려고 하는 추세가 있다. 의료보험의 증가는 노인들에게는 긍정적이지만, 국가나 보험사 등에서는 금융적인 부담이 발생할 수 있다.

노인의료비의 증가는 여러 요인의 상호작용에 기인하며, 이에 대한 효과적인 대응이 필요하다. 예방적 건강케어, 효율적인 의료 시스템 운영, 정책적 개선 등이 노인의료비의 증가 관리에 기여할 수 있다.

2) 노인복지서비스의 원칙

노인복지서비스의 원칙은 노인들의 권리와 존엄성을 존중하며, 효과적이고 지속가능한 서비스 제공을 위한 기준을 제공하는 개념이다. 이러한 원칙들은 노인들이 건강하고 안전하며 사회적으로 참여하며 살 수 있도록 돕는 목적을 가지고 있다.

이러한 원칙들은 노인들의 삶의 질을 향상시키기 위해 필수적이며, 효과적인 노인복지서비스의 제공을 가능하게 한다.

(1) 전문성의 원칙

노인복지서비스에서 전문성의 원칙은 노인복지서비스가 효과적이고 질 높은 서비스로 제공되기 위해서는 전문적인 지식과 기술을 갖춘 인력에 의해 제공되어야 한다는 것이다. 노인의 신체적 · 정신적 · 사회적 · 경제적 욕구를 종합적으로 고려하여 제공되어야 한다. 이러한 복잡한 욕구를 충족시키기 위해서는 전문적인 지식과 기술이 필요하다. 노인복지서비스 제공자는 노인의 욕구를 정확히 파악하고, 그에 맞는 적절한 서비스를 제공할 수 있어야 한다. 또한, 노인복지서비스는 노인의 삶의 질을 향상시키기 위한 목적으로 제공된다. 따라서 노인복지서비스 제공자는 노인의 삶의 질 향상을 위한 전문적인 지식과 기술을 갖추어야 한다.

노인복지서비스의 전문성의 원칙을 실현하기 위한 구체적인 방안은 다음과 같다.

첫째, 노인복지서비스 제공자가 전문적인 지식과 기술을 갖추기 위해서는 노인복지 분야의 전문적인 교육과 훈련이 필요하다. 노인복지 분야의 전문적인 교육과 훈련을 강화하기 위한 노력을 기울여야 한다.

둘째, 노인복지서비스 제공자의 자격 기준을 강화함으로써, 노인복지서비스 제공자의 전문성을 확보할 수 있다. 노인복지서비스 제공자의 자격 기준을 강화하기 위한 법적 근거를 마련하고, 이를 시행해야 한다.

셋째, 노인복지서비스 제공자의 전문성을 향상시키기 위해서는 연수와 교육이 필요하다. 노인복지서비스 제공자의 전문성 향상을 위한 연수와 교육을 확대하기 위한 노력을 기울여야 한다.

(2) 접근성의 원칙

노인복지서비스에서 접근성의 원칙은 노인들이 높은 만족도로 서비스를 이용할 수 있도록 다양한 측면에서의 접근성을 고려하고 보장하는 데에 중점을 둔다. 노인복지서비스의 접근성의 원칙을 실현하기 위한 구체적인 방안은 다음과 같다.

첫째, 물리적 거리적 접근성이다. 서비스 시설이나 활동 장소는 노인들이 거주하는 지역에 가깝게 위치해야 한다. 거리적으로 쉽게 접근 가능한 곳에 서비스 시설이 위치함으로써 노인들이 이동에 어려움을 겪지 않도록 해야 한다.

둘째, 교통 편의성이다. 노인들이 이동에 필요한 교통수단이 편리하게 이용 가능해야 한다. 교통수단의 접근성이 높으면 노인들은 서비스를 이용하거나 사회활동에 참여하기 쉬워진다.

셋째, 건물 및 시설의 노인 친화성이다. 서비스 시설이나 건물은 노인들의 신체적 특성을 고려하여 설계되어야 한다. 예를 들어, 경사로, 낮은 계단, 안전한 바닥재 등이 사용되어 노인들이 쉽게 이동하고 안전하게 활동할 수 있도록 해야 한다.

넷째, 심리적 접근성이다. 노인들이 새로운 환경이나 서비스를 처음 이용할 때 불안이나 두려움을 느낄 수 있다. 이에 따라 서비스 제공자는 친절하고 이해심 있게 노인들을 안내하여 심리적 장애를 최소화하고 긍정적인 경험을 제공해야 한다.

다섯째, 정보적 접근성이다. 노인들이 서비스에 대한 정보를 쉽게 이해하고 얻을 수 있어야 한다. 서비스 정보는 명확하게 제공되어야 하며, 필요에 따라 추가적인 도움을 받을 수 있도록 지원이 제공되어야 한다.

여섯째, 제도적 · 법적 · 경제적 접근성이다. 서비스 제도, 법적인 측면, 경제적인 부담 등에 대한 정보와 지원이 노인들에게 적절하게 제공되어야 한다. 노인들이 제도적인 요건을 이해하고 필요한 혜택을 쉽게 받을 수 있도록 돕는 것이 중요하다.

(3) 통합성의 원칙

노인복지서비스의 통합성의 원칙은 공공 및 민간에서 노인복지서비스를 담당하는 부서 또는 서비스 전달체계를 하나로 단일화하여 노인이 필요한 서비스를 위해 여러 기관을 방문할 필요가 없도록 하는 것이다.

노인의 욕구나 문제는 대부분 복합적이고 상호 연관되어 있기 때문에 제공되는 노인복지서비스도 서로 유기적으로 연결되어 제공되어야 한다. 예를 들어, 거동이 불편한 노인은 요양서비스와 가사서비스가 함께 제공되어야 한다. 또한, 우울증을 겪고 있는 노인은 상담서비스와 재활서비스가 함께 제공되어야 한다.

노인복지서비스 기관들이 다양한 서비스나 프로그램을 동시에 제공하게 되면 서비스 효과성이 떨어지고, 중복적인 서비스가 이루어져 예산낭비가 발생하기 때문에 효율성 또한 떨어지게 된다. 따라서 노인복지서비스 제공기관, 사회복지사, 노인복지계획, 예산 분배 등의 통합 조정이 잘 진행될 수 있도록 새로운 노인복지서비스 전달체계가 구축되어야 한다.

새로운 노인복지서비스 전달체계가 구축되기 위해서는 다음과 같은 노력이 필요하다.

첫째, 노인복지서비스 제공기관 간의 협력이 강화되어야 한다. 노인복지서비스 제공기관은 서로 협력하여 노인의 복합적인 욕구를 충족시킬 수 있는 다양한 노인복지서비스를 연계하여 제공할 수 있어야 한다.

둘째, 노인복지서비스의 정보 공유가 확대되어야 한다. 노인복지서비스 제공기관은 서로의 서비스 정보를 공유하여 노인이 필요한 노인복지서비스를 쉽게 이용할 수 있도록 해야 한다.

셋째, 노인복지서비스의 이용 편의성이 향상되어야 한다. 노인복지서비스 제공기관은 노인이 다양한 노인복지서비스를 쉽게 이용할 수 있도록 이용 편의성을 향상시키기 위한 노력을 기울여야 한다.

(4) 책임성의 원칙

책임성의 원칙은 노인들의 복지와 안녕을 보호하고, 서비스 제공자가 노인들에게 책임을 지고 투명하게 서비스를 제공하는 데 중점을 둔다. 특히, 노인복지서비스의 법적 근거나 규정에 따라 적절한 전달체계에 의해 효과적이고 효율적으로 서비스가 제공되었는지에 대한 책임성은 매우 중요한 원칙이다. 노인복지서비스에서 책임성의 원칙을 구체적으로 설명하면 다음과 같다.

첫째, 법적 책임성이다. 노인복지서비스 제공에 관한 법률과 규정을 준수해야 한다. 이를 통해 노인들의 기본적인 권리와 복지가 보호될 수 있다.

둘째, 윤리적 책임성이다. 노인의 인권과 존엄성을 존중하고, 노인의 복지 증진을 위해 노력해야 한다. 이를 통해 노인들이 안전하고 존중받는 환경에서 서비스를 받을 수 있다.

셋째, 전문적 책임성이다. 노인복지서비스에 대한 전문성을 갖추고, 노인의 욕구에 맞는 적절한 서비스를 제공해야 한다. 이를 통해 노인들이 필요한 서비스를 적시에 받을 수 있다.

넷째, 경제적 책임성이다. 노인복지서비스의 재원을 효율적으로 관리하고, 노인복지서비스의 지속가능성을 확보해야 한다. 이를 통해 노인복지서비스가 안정적으로 제공될 수 있다.

(5) 포괄성의 원칙

포괄성의 원칙은 노인의 다양한 욕구를 충족시키기 위해 다양한 종류의 서비스를 제공해야 한다는 원칙이다. 노인의 욕구는 경제적 욕구, 사회적 욕구, 건강 욕구, 정신적 욕구 등 매우 다양하다. 따라서 노인복지서비스는 이러한 다양한 욕구를 충족시키기 위해 노인일자리, 노인주거, 노인건강, 노인정서지원 등 다양한 종류의 서비스를 제공해야 한다.

노인복지서비스에서 포괄성의 원칙의 중요성을 구체적으로 설명하면 다음과 같다.

첫째, 노인의 다양한 욕구를 충족시키기 위한 필수 요소이다. 노인의 욕구는 매우 다양하고 복잡하다. 다양한 욕구를 충족시키기 위해 다양한 종류의 서비스를 제공해야 한다.

둘째, 노인의 삶의 질을 향상시키기 위한 필수 요소이다. 노인복지서비스의 포괄성은 노인의 삶의 질을 향상시키는 데 기여한다. 다양한 종류의 서비스를 제공함으로써 노인은 자신의 욕구를 충족시키고, 더 나은 삶을 누릴 수 있다.

셋째, 사회적 통합을 증진하기 위한 필수 요소이다. 노인복지서비스의 포괄성은 사회적 통합을 증진하는 데 기여한다. 다양한 종류의 서비스를 제공함으로써 노인은 사회와의 연결을 유지하고, 사회구성원으로서의 역할을 할 수 있다.

(6) 지속성의 원칙

지속성의 원칙은 노인의 욕구나 문제가 해결되는 동안 필요한 서비스를 일정 기간 동안 계속적으로 제공해야 한다는 원칙이다.

노인의 욕구나 문제는 시간이 지나면서 변화할 수 있다. 노인의 욕구나 문제가 해결되는 동안 필요한 서비스를 일정 기간 동안 계속적으로 제공해야 한다. 이를 통해 노인이 자신의 욕구나 문제를 해결하고, 안정된 삶을 영위할 수 있도록 도울 수 있다. 만약 서비스를 제공하는 중간에 서비스 제공자가 바뀌는 경우에도 서비스를 중단하지 말고 지속적으로 서비스가 전달될 수 있도록 하여야 한다. 즉, 노인복지서비스의 궁극적인 목표가 이루어질 때까지 모든 노인복지서비스는 노인의 독립적인 생활이라는 목표를 중심으로 지속적인 서비스를 제공하여야 한다.

노인복지서비스의 지속성은 다음과 같은 이유로 중요하다.

첫째, 노인의 욕구나 문제를 해결하기 위한 필수 요소이다. 노인의 욕구나 문제는 시간이 지나면서 변화할 수 있다. 따라서 노인복지서비스는 노인의 욕구나 문제가 해결되는 동안 필요한 서비스를 일정기간 동안 계속적으로 제공해야 한다.

둘째, 노인의 삶의 질을 향상시키기 위한 필수 요소이다. 노인의 삶의 질을 향상시키는 데 기여한다. 노인이 자신의 욕구나 문제를 해결하고, 안정된 삶을 영위할 수 있도록 도와줌으로써, 노인의 삶의 질을 향상시킬 수 있다.

셋째, 사회적 통합을 증진하기 위한 필수 요소이다. 사회적 통합을 증진하는 데 기여한다. 노인이 자신의 욕구나 문제를 해결하고, 사회 구성원으로서의 역할을 할 수 있도록 도와줌으로써, 사회적 통합을 증진시킬 수 있다.

(7) 공평성의 원칙

공평성의 원칙은 노인복지서비스에서 모든 노인이 노인복지서비스에 대한 동등한 기회를 가져야 한다는 원칙이다.

첫째, 노인복지서비스를 이용하는 모든 노인이 어떠한 차별도 없이 동일한 형태의 서비스를 평등하게 받을 수 있도록 하는 원칙이다. 노인들 간의 경제적 · 사회적 · 문화적 차이 등에 상관없이 모든 노인이 동등한 서비스를 받을 수 있어야 한다는 노인복지의 기본 가치를 반영한다.

둘째, 다양한 차이를 고려하여 서비스를 제공하는 것을 강조한다. 특히, 경제적 불평등으로 인해 서비스 이용에 제약을 받는 경우, 그 차별을 해소하기 위해 특별한 지원이나 서비스가 필요할 수 있다. 이는 국민기초생활수급자와 같은 경제적으로 취약한 노인들에게 특별한 서비스나 혜택을 제공하여 그들의 삶의 질을 향상시키는 것을 의미한다.

셋째, 노인들이 서비스를 신청하고 이용하는 데 있어서 성별, 신분, 지위, 종교, 연령, 경제력 등에 관계없이 동일한 기회를 부여하고, 어떠한 형태의 차별도 용인하지 않는다는 것을 강조한다. 이는 사회적 고립이나 경제적 어려움에 시달리는 노인들에게도 동일한 기회와 서비스를 제공하여 사회적 평등을 실현하고자 하는 노인복지서비스의 핵심 원칙 중 하나이다.

(8) 적절성의 원칙

적절성의 원칙은 매우 중요한 원칙으로 노인의 욕구와 상황에 맞는 적절한 노인복지서비스를 제공하는 것은 노인의 권리와 평등을 보장하고, 노인의 삶의 질을 향상시키는 데 필수적이다.

적절성의 원칙을 실현하기 위해서는 노인의 욕구와 상황에 대한 이해가 무엇보다 중요하다. 노인복지서비스 제공기관은 노인의 욕구와 상황에 대한 지속적인 조사와 연구를 통해 노인복지서비스의 대상과 내용을 결정하고, 노인복지서비스의 제공 방식을 개선하여 노인의 접근성과 이용 편의를 높여야 한다. 또한, 노인복지서비스 제공기관의 평가를 통해 노인복지서비스의 질을 향상시켜야 한다. 특히, 노인복지서비스는 예산과 밀접한 관계가 있다. 예산이 부족한 상태에서는 노인의 욕구를 충분히 고려하기 어렵기 때문에 적절성의 원칙을 시키기가 어렵다. 따라서 노인복지서비스의 예산을 확대하고, 노인의 욕구를 반영한 노인복지서비스 계획을 수립하는 것이 중요하다. 또한, 공공전달체계는 공급자 위주로 진행되는 경우가 많다. 노인의 입장에서 노인의 다양한 욕구를 충족시킬 수 있는 적절성의 원칙이 잘 지켜지기 어렵다. 서비스 전달체계를 구축하는 데 있어서 노인의 입장에서 노인의 다양한 욕구를 충족시킬 수 있는 적절성의 원칙이 반영될 수 있도록 해야 한다.

(9) 지역성의 원칙

지역성의 원칙은 노인의 생활권역을 중심으로 전개되어야 한다는 원칙을 강조한다. 이는 노인들이 사는 지역에서 서비스를 받음으로써 노인의 삶의 질을 향상시키고 지역사회와의 연결을 강화하려는 목적을 가지고 있다.

첫째, 노인의 생활권역을 중심으로 자연스럽게 주변 환경과의 교류를 많이 하게 되는데, 이는 노인들이 사는 지역이 노인의 생활권역이라는 개념을 의미한다. 따라서 노인복지서비스는 노인들이 실제로 거주하는 지역을 중심으로 제공되어야 한다.

둘째, 물리적 · 정서적 · 심리적 측면을 고려하여 지역성은 물리적인 측면뿐만 아니라 정서적이고 심리적인 측면도 고려한다. 노인들은 자신의 지역에서 자연스럽게 형성된 사회적 네트워크와의 연결이 중요하게 느낄 수 있다.

셋째, 지역적 권역 설정의 적절성은 노인복지서비스의 효과성과 효율성을 고려하면서도 노인들이 서비스를 필요로 하는 지역과 공급이 균형을 이룰 수 있도록 적절한 지역 체계를 설정하는 것이 중요하다.

넷째, 생활권역에서의 노인 참여 촉진하여 노인들이 사는 지역에서 서비스를 받게 되면 지역사회와의 상호작용이 촉진되어 노인들의 사회적 참여가 활성화된다. 이는 노인들의 사회적 고립을 방지하고 지역사회와의 유대감을 증진시키는 데에 기여한다.

다섯째, 지역사회의 자원을 활용하여 노인복지서비스를 더욱 풍부하게 만들고, 노인들이 지역자원을 활용하며 더 나은 삶을 살 수 있도록 지원하는 것을 의미한다.

여섯째, 지역 커뮤니티와의 협력하여 지역 커뮤니티의 다양한 자원을 파악하고, 이를 활용할 수 있는 방안을 마련한다. 협력체계를 구축, 지속적으로 협력관계를 유지, 홍보와 교육을 실시한다.

지역 커뮤니티의 경로당과 연계하여 노인복지 프로그램을 공동 운영하는 경우, 노인들의 지역사회 참여를 증진하고, 지역사회의 자원을 활용하여 노인복지서비스를 제공할 수 있다. 또한, 지역의 자원봉사자들을 활용하여 노인 돌봄 서비스를 제공하는 경우, 노인 돌봄서비스의 접근성과 질을 향상시킬 수 있다.

2. 노인복지사업 유형

노인복지사업의 주요 유형들을 노인요양, 치매 및 건강보장, 노인 사회활동 및 여가활동지원, 노인돌봄 및 지원서비스, 경로효친사상 및 노인부양의식 제고, 장사시설 설치 · 운영으로 나누어 살펴볼 수 있다(보건복지부, 2023).

1) 치매 사업 및 건강보장 사업

광역치매센터 운영, 치매안심센터 운영, 치매안심병원 및 공립요양병원 사업, 실종노인의 발생예방 및 찾기 사업, 치매공공후견사업, 노인실명예방 사업, 노인 무릎인공관절 수술 지원, 노인 건강진단, 치매극복의 날 행사가 관련하여 이루어지고 있으며 주요 사업의 내용은 다음과 같다.

(1) 치매안심센터

시 · 군 · 구 보건소가 사업의 주체가 되며, 지역주민의 인지건강 상태에 따라 요구되는 다양한 서비스를 맞춤형으로 제공한다. 또한, 외부 서비스 연계, 치매환자 및 가족들이 안심하고 살아가도록 전담 코디네이터를 1:1로 매칭하여 필요한 서비스를 연계하고, 전체 돌봄 경로 관리 등을 수행한다.

사업대상은 일반 노인, 치매노인 및 가족이며 사업내용은 치매 관련 상담 및 조기검진, 치매환자의 등록 · 관리, 치매등록통계사업의 지원, 치매의 예방 · 교육 및 홍보, 치매환자쉼터 운영, 치매환자 가족지원사업, 성년후견제 이용지원사업, 치매 예방 · 인식개선 교육 및 홍보 등이 있다.

(2) 치매공공후견사업

사업주체는 치매안심센터이며, 의사결정능력 부족으로 어려움을 겪고 있는 치매노인에게 성년후견제도를 이용할 수 있도록 지원함으로써 인간으로서의 존엄성을 보장하는 사업이다. 사업대상은 치매환자이면서 기초생활수급자, 차상위자 등 저소득자 및 기초연금수급자, 권리를 대변해 줄 가족이 없는 경우, 후견인의 도움을 원하거나 의사결정 지원이 필요한 자(단, 위 조건을 충족하지 못하여도 후견이 필요하다고 지자체장이 인정한 경우 지원가능)이다. 지원내용은 후견심판청구 절차 및 비용 지원, 공공후견인 활동비로 월 20만 원(월 최대 40만 원까지)을 지원한다.

(3) 노인실명 예방사업

사업주체는 한국실명예방재단이며 저소득층 노인 등에 대한 정밀 눈 검진을 하여 눈 질환을 조기에 발견하고 적기에 치료함으로써 노인들의 실명을 예방하고 일상생활이 가능한 시력을 유지하도록 지원하는 사업이다. 사업대상은 만 60세 이상 노인 중 선정기준에 해당하는 자이며 사업내용은 노인 개안수술비지원, 노인 저시력 예방교육 · 상담 · 재활 사업 등이 있다.

(4) 노인 무릎인공관절 수술 지원

사업주체는 노인의료나눔재단이며 무릎관절증으로 지속적인 통증에 시달리나 경제적 이유로 수술을 받지 못하는 노인들의 고통을 경감하여 삶의 질을 개선하기 위한 사업이다. 사업대상은 만 65세 이상 노인 중 선정기준에 해당하는 자이며, 국민건강보험급여 '인공관절치 환술(슬관절)' 인정 기준에 준하는 질환의 검사비, 진료비, 수술비에 대한 본인 부담금 지원(법정본인부담금의 최대 120만 원 한도에서 실비를 지원함) 등을 수행한다.

(5) 노인 건강진단

사업주체는 시 · 군 · 구 보건소이며 질병의 조기발견 및 치료로 건강의 유지, 증진을 위한 사업이다. 사업은 만 65세 이상 의료급여 수급권자 중 노인건강진단 희망자와 보건소장이 필요하다고 인정한 자이다. 시 · 군 · 구가 지정한 의료기관에서 국민건강보험의 일반 건강검진, 국가암조기검진을 하고, 검진후 유질환자의 경우 보건소의 등록관리 및 공공의료기관과의 연계를 통해 방문 건강관리 또는 의료서비스를 체계적으로 제공한다.

2) 노인 사회활동 및 여가활동 지원

노인일자리 및 사회활동 지원사업, 노인자원봉사 활성화, 경로당 운영, 노인복지관 설치 · 운영, 노인교실사업이 있다.

(1) 노인일자리 및 사회활동 지원사업

사업주체는 시 · 군 · 구와 한국노인인력개발원이며, 노인이 활기차고 건강한 노후생활을 영위할 수 있도록 다양한 일자리 · 사회활동을 지원하는 사업이다. 사업대상은 만 60세 이상 자(일부 유형은 만 60세 이상) 중 사업 내용에 맞는 대상자이며, 사업내용은 공공형, 사회서비스형, 사회서비스형 선도모델(시범사업), 시장형(시장형 · 취업알선형 · 시니어인턴십 · 고령자친화기업)에 노인들이 참여하여 임금을 받도록 하는 것이다.

(2) 노인자원봉사

사업주체는 중앙정부와 지방자치단체로 노인의 경륜을 사회에 재투자할 수 있도록 노인자원봉사를 활성화하여 노인의 적극적 사회참여 및 노인의 인적자원 활용을 극대화하기 위한 사업이다. 사업대상은 희망 노인, 경로당 및 노인복지관이며 사업 내용은 노인자원봉사클럽(봉사단) 조직 및 운영 지원(경로당, 노인복지관 등) 등이다.

(3) 경로당

사업주체는 시 · 군 · 구이며 지역별 경로당을 친목도모 · 취미활동 · 공동작업장 운영 및 각종 정보교환과 기타 여가 활동 등 노인 사회활동 및 여가활동 지원의 공간 및 도구로 활용하는 사업이다. 모든 노인을 대상으로 하며, 지역의 노인복지센터 · 정보센터 · 학대노인 지킴이센터의 기능, 건강관리 · 운동 · 교육 · 여가 · 자원봉사 등 다양한 프로그램 제공, 독거노인 생활교육 장소, 지역사회 독거노인 보호 기능 등을 수행한다.

(4) 노인복지관

사업주체는 시 · 군 · 구이며, 시 · 군 · 구별로 지역 실정에 따라 1개소 이상의 노인복지관을 설치 · 운영하여 노인의 교양 · 취미생활 및 사회 참여활동 등 지역사회 노인들의 여가복지를 증진하는 사업을 한다. 모든 노인을 대상으로 하며 복지서비스가 필요한 노인을 대상으로 건강한 노후를 위한 예방, 취약노인 케어 기반구축 및 확충, 활동적인 노후를 위한 사회참여 여건 조성 및 활성화, 안정적노후를 위한 소득보장의 다양화와 내실화를 통해 성공적인 노후가 실현될 수 있도록 지원하는 것을 사업내용으로 한다.

(5) 노인교실

사업주체는 시 · 군 · 구이며 노인들에 대하여 사회활동 참여욕구를 충족시키기 위하여 건전한 취미생활 · 노인 건강유지 · 소득보장 기타 일상생활과 관련한 학습 프로그램을 제공한다. 사업대상은 60세 이상의 자이며 사업내용은 취미 · 여가, 건강, 교양, 사회참여 프로그램 등 운영이다.

3) 노인돌봄 및 지원서비스

노인맞춤돌봄서비스 사업, 독거노인·장애인 응급안전안심서비스, 양로시설 사물인터넷(IoT) 활용 비대면 돌봄시범사업, 독거노인 공동생활홈 서비스, 노인보호전문기관 설치 운영, 학대피해노인전용쉼터, 노인학대 예방 교육 및 인권교육, 결식 우려 노인 무료급식 지원, 폐지수집노인 발굴·보호사업 등이 있다.

(1) 노인맞춤돌봄서비스

사업주체는 시·군·구와 수행기관이며 일상생활 영위가 어려운 취약노인에게 적절한 돌봄서비스를 제공하여 안정적인 노후생활보장, 노인의 기능·건강 유지 및 악화를 예방하기 위한 사업이다. 사업대상은 만 65세 이상 ① 국민기초생활수급자, ② 차상위계층 또는 ③ 기초연금수급자로서 유사 중복사업 자격에 해당되지 않는 자(다만, 시장·군수·구청장이 서비스가 필요하다고 인정하는 경우 예외적으로 제공 가능)로 독거·조손·고령부부 가구 노인 등 돌봄이 필요한 노인, 신체적 기능 저하, 정신적 어려움(인지 저하, 우울감 등) 등으로 돌봄이 필요한 노인, 고독사 및 자살 위험이 높은 노인(특화서비스)이다. 사업 내용은 대상자 선정도구를 통해 사회-신체-정신 영역의 돌봄필요도에 따라 대상자군을 결정하고 군에 따라 서비스 제공시간의 범위 등이 달라진다. 중점돌봄군은 월 16시간 이상~40시간 미만 직접서비스+연계서비스(필요시)+특화서비스(필요시)를 제공하고, 일반돌봄군은 월 16시간 미만 직접서비스+연계서비스(필요시)+특화서비스(필요시)를 제공한다. 직접서비스는 안전지원, 사회참여, 생활교육, 일상생활지원, 연계서비스는 민간후원 자원 연계, 특화서비스는 맞춤형 사례관리 및 집단활동제공이다.

(2) 독거노인, 장애인 응급안전안심서비스

사업주체는 시 · 군 · 구, 사회보장정보원, 소방서이고, 독거노인과 장애인의 가정에 화재감지기, 응급호출기 등 댁 내 장비를 설치하여 화재사고 등의 응급상황 발생 시 독거노인과 장애인이 신속하게 대처할 수 있도록 응급상황을 알리고 119에 신고하는 체계를 구축하는 사업이다. 사업대상은 독거노인, 장애인이며 사업내용은 응급상황 자동신고, 대상자 활동 및 상태 정보전송, 응급안전안심서비스 모니터링, 대상자 관리 등이다.

(3) 독거노인 공동생활홈 서비스

사업주체는 시 · 군 · 구이고 공동생활공간 운영을 통한 독거노인 고독사 · 자살 예방 및 공동체 형성을 목적으로 하는 사업이다. 사업대상은 소득, 건강, 주거, 사회적 접촉 등에 취약한 65세 이상의 독거노인중 자체 운영기준에 따라 선정된 사람이며 사업은 개별 공동생활홈의 유형 및 여건에 따라 탄력적으로 운영 가능하며 안부확인 및 각종 보건 · 복지서비스 연계, 밑반찬 배달 및 자원봉사 · 민간후원 연계, 건강 · 여가 프로그램 및 일자리 제공 등을 수행한다.

(4) 노인보호전문기관

사업주체는 보건복지부 및 시 · 도이며 노인학대에 전문적이고 체계적으로 대처하여 노인권익을 보호하는 한편, 노인학대 예방 및 노인인식 개선 등을 통해 노인의 삶의 질 향상을 도모하기 위한 사업이다. 사업대상은 모든 노인이며 사업내용은 노인인권 보호사업과 노인학대 예방사업, 노인인식 개선교육(경로효친교육 등 포함), 노인자살 예방 교육, 시설 내 노인권리 보호 및 기타 노인의 권익 보호를 위한 사업 등이다.

(5) 학대피해노인 전용쉼터

사업주체는 보건복지부 및 시 · 도이고, 쉼터운영기관을 지정하여 운영하고 있으며, 학대피해노인에 대한 일정기간 보호조치 및 심신 치유 프로그램을 제공하는 사업이다. 사업대상은 학대피해노인이며 사업내용은 학대피해노인 보호와 숙식 제공 등의 쉼터 생활 지원, 학대피해노인의 심리적 안정을 위한 전문심리상담 등 치유 프로그램 제공, 학대피해노인에게 학대로 인한 신체적, 정신적 피해 치료를 위한 기본적인 의료비 지원, 학대 재발 방지와 원가정 회복을 위한 노인학대행위자 등에게 전문상담서비스 제공, 그 밖에 쉼터에 입소하거나 쉼터를 이용하는 학대피해노인을 위하여 보건복지부령으로 정하는 사항이다.

(6) 결식 우려 노인 무료급식 지원

사업주체는 시 · 군 · 구이고 가정 형편이 어렵거나 부득이한 사정으로 식사를 거를 우려가 있는 노인들에게 무료로 식사를 제공하고, 그 이상의 일정한 경제적 능력을 갖춘 노인들에게는 실비로 식사를 제공할 수 있도록 지원하는 사업이다. 사업대상은 결식 우려 노인이고 사업내용은 경로식당 무료급식, 거동불편 저소득 재가노인 식사배달, 무료급식사업자에게 예산 지원 등이다.

4) 노인복지서비스의 내용

우리나라는 다양한 법령이 노인복지서비스에 대한 내용을 규정하고 있다. 여러 법률을 통해 노인들에게 다양한 형태의 지원 및 서비스가 제공되고 있다.

첫째, 「사회복지사업법」이다. 사회복지사업에 관한 기본적 사항을 규정하여 사회복지를 필요로 하는 사람에 대하여 인간의 존엄성과 인간다운 생활을 할 권리를 보장하고 사회복지의 전문성을 높이며, 사회복지사업의 공정·투명·적정을 도모하고, 지역사회복지의 체계를 구축하고 사회복지서비스의 질을 높여 사회복지의 증진에 이바지함을 목적으로 한다.

둘째, 「노인복지법」이다. 노인의 질환을 사전예방 또는 조기발견하고 질환상태에 따른 적절한 치료·요양으로 심신의 건강을 유지하고, 노후의 생활안정을 위하여 필요한 조치를 강구함으로써 노인의 보건복지증진에 기여함을 목적으로 한다.

셋째, 「국민기초생활보장법」이다. 생활이 어려운 사람에게 필요한 급여를 실시하여 이들의 최저생활을 보장하고 자활을 돕는 것을 목적으로 한다.

넷째, 「의료급여법」이다. 생활이 어려운 사람에게 의료급여를 함으로써 국민보건의 향상과 사회복지의 증진에 이바지함을 목적으로 한다.

다섯째, 「치매관리법」이다. 치매의 예방, 치매환자에 대한 보호와 지원 및 치매퇴치를 위한 연구 등에 관한 정책을 종합적으로 수립·시행함으로써 치매로 인한 개인적 고통과 피해 및 사회적 부담을 줄이고 국민건강증진에 이바지함을 목적으로 한다.

여섯째, 「기초연금법」이다. 노인에게 기초연금을 지급하여 안정적인 소득기반을 제공함으로써 노인의 생활안정을 지원하고 복지를 증진함을 목적으로 한다.

표 6-1 현행 법체계상의 노인복지서비스

구분	노인복지서비스 관련 내용
사회복지 사업법	• 노인복지 관련 서비스 내용과 범위 • 서비스전달 제공의 조건과 자격 • 사회복지시설의 기준과 운영방식 기준 • 노인복지서비스 관련 사회복지사들의 자격과 법적 보호 규정 • 재가복지서비스의 범위

구분	노인복지서비스 관련 내용
노인 복지법	• 노인실태조사 • 노인복지상담원 • 노인전용주거시설 • 노인일자리전담기관의 설치 · 운영 • 독거노인종합지원센터 • 노인재활요양사업 • 노인복지시설의 설치 · 운영
국민기초 생활보장법	• 최저생활보장 급여지급서비스로서 노인복지서비스 관련(생계, 의료, 주거, 자활급여 등)
의료급여법	• 노인전문요양원의 의료기관 설치 관련 규정 • 진료서비스 관련 전담인력 규정에 근거
치매관리법	• 치매관리종합계획의 수립 · 시행 등 • 치매연구사업 등(치매검진, 치매환자의 의료비 가족 지원, 중앙 광역치매센터 설치, 치매안심병관리병원지정, 치매상담센터 설치 등)
기초연금법	• 기초연금 수급권자의 범위 • 기초연금액의 산정 • 기초연금의 신청 및 지급 결정 등 • 기초연금 수급자의 사후관리 및 권리보호

3. 노인복지시설의 이해

1) 노인복지시설의 개념과 종류

노인복지시설은 65세 이상 노인이 심신적 · 사회적 · 경제적 등의 이유로 생활하기 어려울 때 이용하거나 거주하는 시설로 노인복지를 증진하기 위한 시설을 의미한다. 「노인복지법」 제31조에서 규정한 노인복지시설은 노인주거복지시설, 노인의료복지시설, 노인여가복지시설, 재가노인복지시설, 노인보호전문기관, 노인일자리지원기관, 학대 피해노인 전용쉼터이다.

(1) 노인주거복지시설

노인주거복지시설에는 양로시설, 노인공동생활가정, 노인복지주택이 포함된다.

표 6-2 노인주거복지시설

시설종류	시설명	설치목적
노인주거 복지시설	양로시설	• 노인을 입소시켜 급식과 그 밖에 일상생활에 필요한 편의를 제공하는 시설
	노인공동생활가정 (그룹홈)	• 노인들에게 가정과 같은 주거여건과 급식, 그 밖에 일상생활에 필요한 편의를 제공하는 시설
	노인복지주택	• 노인에게 주거시설을 분양하거나 임대하여 주거의 편의 · 생활지도 · 상담 · 안전 관리 등 일상생활에 필요한 편의를 제공하는 시설

출처: 노인복지법 제32조

(2) 노인의료복지시설

노인의료복지시설에는 노인요양시설, 노인요양공동생활가정이 포함된다.

표 6-3 노인의료복지시설

시설종류	시설명	설치 목적
노인의료 복지시설	노인요양시설	• 치매 · 중풍 등 노인성 질환 등으로 심신에 상당한 장애가 발생하여 도움이 필요한 노인을 입소시켜 급식 · 요양과 그 밖에 일상생활에 필요한 편의를 제공하는 시설(입소자 10인 이상 시설)
	노인요양공동 생활가정(그룹홈)	• 치매 · 중풍 등 노인성 질환 등으로 심신에 상당한 장애가 발생하여 도움이 필요한 하는 노인에게 가정과 같은 주거 여건과 급식 · 요양, 그 밖에 일상생활에 필요한 편의를 제공하는 시설(입소자 9인 이내 시설)

출처: 노인복지법 제32조

(3) 노인여가복지시설

노인여가복지시설에는 노인복지관, 경로당, 노인교실이 포함된다.

표 6-4 노인여가복지시설

시설종류	시설명	설치목적
노인여가 복지시설	노인복지관	• 노인의 교양 · 취미생활 및 사회 참여활동 등에 대한 각종 정보와 서비스를 제공하고, 건강증진 및 질병예방과 소득보장 · 재가복지, 그 밖에 노인의 복지증진에 필요한 서비스를 제공하는 기관
	경로당	• 노인들이 자율적으로 친목도모 · 취미활동 · 공동작업장 운영 및 각종 정보교환과 기타 여가 활동을 할 수 있도록 하는 장소
	노인교실	• 노인들에 대하여 사회활동 참여욕구를 충족하기 위하여 건전한 취미생활 · 노인건강유지 · 소득보장, 기타 일상생활과 관련한 학습프로그램을 제공하는 곳

출처: 노인복지법 제32조

(4) 재가노인복지시설

재가노인복지시설은 방문요양서비스, 방문목욕서비스, 주 · 야간보호서비스, 단기보호서비스 등으로 구분된다.

표 6-5 재가노인복지시설

시설종류	시설명	설치목적
재가노인 복지시설	방문요양 서비스	• 가정에서 일상생활을 영위하면서(이하 '재가노인') 신체적 · 정신적 장애로 어려움을 겪고 있는 노인에게 각종 편의를 제공하여 지역사회 안에서 건전하고 안정된 노후를 영위하도록 하는 서비스
	방문목욕서비스	• 목욕장비를 갖추고 재가노인을 방문하여 목욕을 제공하는 서비스
	주 · 야간보호 서비스	• 부득이한 사유로 가족의 보호를 받을 수 없는 심신이 허약한 노인과 장애노인을 주간 또는 야간 동안 보호시설에 입소시켜 각종 편의를 제공하여 이들의 생활안정과 심신기능의 유지 · 향상을 도모하고, 그 가족의 신체적 · 정신적 부담을 덜어주기 위한 서비스
	단기보호서비스	• 부득이한 사유로 가족의 보호를 받을 수 없어 일시적으로 보호가 필요한 심신이 허약한 노인과 장애노인을 보호시설에 단기간 입소시켜 보호함으로써 노인 및 노인가정의 복지를 증진하기 위한 서비스
	그 밖의 서비스	• 그 밖에 재가노인에게 제공하는 서비스로서 보건복지부령에서 정하는 서비스

출처: 노인복지법 제32조
* '보건복지부령이 정하는 서비스'는 아래 서비스들을 포함한다.

Part 01 고령사회와 노인의 이해

Part 02 노인복지정책과 실천

Part 03 노인복지 관련 주요 이슈

① 재가노인지원서비스

재가노인에게 노인생활 및 신상에 관한 상담을 제공하고, 재가노인 및 가족 등 보호자를 교육하며 각종 편의를 제공하여 지역사회 안에서 건전하고 안정된 노후생활을 영위하도록 하는 서비스이다.

② 방문간호서비스

간호사 등이 의사, 한의사 또는 치과의사의 지시서에 따라 재가노인의 가정 등을 방문하여 간호, 진료의 보조, 요양에 관한 상담 또는 구강위생 등을 제공하는 서비스이다.

③ 복지용구지원서비스

「노인장기요양보험법 시행규칙」 제19조 제1항에 따른 복지용구를 제공하거나 대여하는 서비스

(5) 노인보호전문기관

노인보호전문기관은 「노인복지법」 제39조의 5항에 기초하여 보건복지부와 각 지방자치단체가 지정한 노인복지시설로 현재(2023) 노인보호전문기관은 18개 시 · 도에 38개 기관이 운영되고 있으며, 연중 24시간 노인학대 신고 · 상담전화를 운영하고 있다.

표 6-6 노인보호전문기관

시설종류	시설명	설치 목적
노인보호 전문기관	중앙노인보호전문기관	• 국가는 지역 간의 연계체계를 구축하고 노인학대를 예방하기 위하여 다음의 업무를 담당하는 중앙노인보호전문기관을 설치 · 운영 - 노인인권보호 관련 정책 제안 - 노인인권보호를 위한 연구 및 프로그램의 개발 - 노인학대 예방의 홍보, 교육자료의 제작 및 보급

시설종류	시설명	설치 목적
		- 노인보호전문사업 관련 실적 취합, 관리 및 대외자료 제공 - 지역노인보호전문기관의 관리 및 업무지원 - 지역노인보호전문기관 상담원의 심화교육 - 관련 기관 협력체계의 구축 및 교류 - 노인학대 분쟁사례 조정을 위한 중앙노인학대사례판정위원회 운영 - 그 밖에 노인의 보호를 위하여 대통령령으로 정하는 사항
	지역노인보호전문기관	• 학대받는 노인의 발견 · 보호 · 치료 등을 신속히 처리하고 노인학대를 예방하기 위하여 다음의 업무를 담당하는 지역노인보호전문기관을 특별시 · 광역시 · 도 · 특별자치에 설치 - 노인학대 신고전화의 운영 및 사례접수 - 노인학대 의심사례에 대한 현장조사 - 피해노인 및 노인학대자에 대한 상담 - 피해노인에 대한 법률 지원의 요청 - 피해노인가족 관련자와 관련 기관에 대한 상담 - 상담 및 서비스제공에 따른 기록과 보관 - 일반인을 대상으로 한 노인학대 예방교육 - 노인학대행위자를 대상으로 한 재발방지 교육 - 노인학대사례 판정을 위한 지역노인학대사례판정위원회 운영 및 자체사례회의 운영 - 그 밖에 노인의 보호를 위하여 보건복지부령으로 정하는 사항

출처: 노인복지법 제39조의5

(6) 노인일자리지원기관

노인일자리지원기관은 노인의 능력과 적성에 맞는 일자리지원사업을 전문적 · 체계적으로 수행하기 위한 전담기관이다.

표 6-7 노인일자리지원기관

시설종류	시설명	설치 목적
노인일자리 지원기관	노인인력개발기관	• 노인일자리 개발 · 보급사업, 조사사업, 교육 · 홍보 및 협력사업, 프로그램인증 · 평가사업 등을 지원하는 기관
	노인일자리지원기관	• 지역사회 등에서 노인일자리의 개발 · 지원, 창업 · 육성 및 노인에 의한 재화의 생산 · 판매 등을 직접 담당하는 기관
	노인취업알선기관	• 노인에게 취업 상담 및 정보를 제공하거나 노인일자리를 알선하는 기관

출처: 노인복지법제23조의2

(7) 학대피해노인 전용쉼터

노인학대로 인하여 피해를 입은 노인을 일정기간 보호하고 심신 치유 프로그램을 제공하기 위한 전담기관이다.

표 6-8 학대피해노인 전용쉼터

시설종류	주요 업무
학대피해노인 전용쉼터	• 학대피해노인의 보호와 숙식제공 등의 쉼터생활 지원 • 학대피해노인의 심리적 안정을 위한 전문심리상담 등 치유프로그램 제공 • 노인학대행위자에 대한 고소 · 고발 등 법률적 사항의 자문을 위한 대한변호사협회, 지방변호사회 또는 「법률구조법」에 따른 법률구조법인 등에 대한 협조 및 지원 요청 • 학대피해노인에게 학대로 인한 신체적, 정신적 치료를 위한 기본적인 의료비 지원 • 학대 재발 방지와 원가정 회복을 위하여 노인학대행위자 등에게 전문상담서비스 제공 • 그 밖에 쉼터에 입소하거나 쉼터를 이용하는 학대피해노인을 위하여 보건복지부령으로 정하는 사항

출처: 노인복지법 제23조의19

2) 노인복지서비스정책 과제

(1) 노인복지서비스의 적용대상 확대

노인복지서비스 정책에서 적용대상을 확대하는 것은 사회적 포용과 노인들의 삶의 질 향상을 위해 중요한 과제 중 하나이다. 고령화사회로 진입하면서 노인인구가 증가하고, 노인들의 복지욕구도 다양해지고 있다. 이러한 변화에 따라 노인복지서비스의 적용대상을 확대하여, 보다 많은 노인들이 복지 혜택을 누릴 수 있도록 하는 것이 중요하다.

노인복지서비스의 적용대상을 확대하기 위해서는 다음과 같은 방법이 있다.

첫째, 연령 기준 완화이다. 노인복지서비스의 적용대상은 만 65세 이상이다. 이를 만 60세 이상으로 완화하거나, 소득이나 건강 상태 등에 따라 적용 연령을 차등화하는 방안을 검토할 수 있다. 만 60세 이상으로 적용 연령을 완화하여, 노후 준비가 필요한 중장년층도 노인복지서비스를 이용할 수 있도록 한다.

둘째, 소득 기준 완화이다. 노인복지서비스는 소득 기준에 따라 이용 대상이 제한된다. 소득 기준을 완화하거나, 소득 기준에 따른 서비스 제공 비율을 조정하는 방안을 검토할 수 있다. 소득 기준을 완화하여, 소득이 낮은 노인들이 보다 쉽게 노인복지서비스를 이용할 수 있도록 한다.

셋째, 지역 기준 완화이다. 노인복지서비스는 지역 기준에 따라 이용 대상이 제한된다. 지역 기준을 완화하거나, 지역 기준에 따른 서비스 제공비율을 조정하는 방안을 검토할 수 있다. 지역 기준을 완화하여, 농어촌 등 소외 지역의 노인들이 보다 쉽게 노인복지서비스를 이용할 수 있도록 한다.
노인복지서비스의 적용대상 확대는 노인복지 정책의 중요한 과제인 만큼, 다양한 방안을 검토하고 실현 가능한 방안을 마련하는 것이 중요하다.

(2) 노인들의 욕구에 기초한 서비스 제공

노인복지서비스정책 과제에서 노인들의 욕구에 기초한 서비스 제공은 매우 중요한 과제이다. 노인들은 연령, 건강, 경제적 상황, 가족관계, 사회적 관계, 생활방식, 가치관 등 다양한 요인에 따라 다양한 욕구를 가지고 있다.

노인들의 욕구에 기초한 서비스 제공을 위해서는 다음과 같은 노력이 필요하다.

첫째, 개인 맞춤형 서비스이다. 노인들의 욕구는 다양하고 복잡하므로, 이를 고려한 맞춤형 서비스가 중요하다. 건강 상태, 사회적 관계, 경제적 상황, 생활 방식, 가치관 등 다양한 요인을 고려하여 노인들에게 적합한 서비스를 제공해야 한다.

둘째, 사회적 연결성 강화이다. 노인들은 사회적 연결성이 부족하면 고독감, 우울증, 무력감 등의 문제를 겪을 수 있다. 따라서 노인들이 서로 교류하고 소통할 수 있는 기회를 제공하는 것은 매우 중요하다. 소규모 모임, 클럽, 자원봉사 프로그램 등이 이러한 목적에 부합한다.

셋째, ICT 기술 활용이다. ICT 기술은 노인들의 삶의 질을 향상시키는 데 큰 잠재력을 가지고 있다. 예를 들어, 온라인 건강 상담, 애플리케이션을 통한 엔터테인먼트, 학습 등은 노인들이 보다 편리하고 효율적으로 서비스를 이용할 수 있도록 도와준다.

넷째, 개인의 참여와 자립 지원이다. 노인들이 자신의 삶을 주도적으로 관리하고 자립적으로 살아갈 수 있도록 돕는 것은 매우 중요하다. 노인들의 의견 수렴, 자기관리 능력 향상 프로그램 등은 이러한 목적에 부합한다.

이러한 방안을 실행하기 위해서는 몇 가지 과제가 있다. 먼저, 노인들의 욕구를 파악하기 위한 조사연구가 지속적으로 이루어져야 한다. 또한, 노인복지 서비스 제공기관의 전문성을 강화하고, 서비스 제공의 지역 간, 계층 간 격차를 해소하기 위한 노력이 필요하다.

(3) 전문인력의 확보

전문인력의 확보는 노인복지서비스의 질을 향상시키기 위한 필수적인 요소이다. 전문인력은 노인들의 욕구를 정확하게 파악하고, 그에 맞는 적절한 서비스를 제공할 수 있는 능력을 갖추고 있다. 또한, 노인들의 건강과 복지 증진을 위해 최선을 다할 수 있는 헌신과 열정을 가지고 있다.

전문인력의 확보를 위해서는 다음과 같은 노력이 필요하다.

첫째, 전문인력 양성 교육 강화이다. 노인복지 전문인력을 양성하기 위한 교육을 강화해야 한다. 노인복지 분야에 대한 전문적인 지식과 기술을 갖춘 인력을 양성하기 위해서는 대학, 전문대학, 사회복지관 등에서 다양한 교육 프로그램을 제공해야 한다. 또한, 재직 중인 노인복지 인력에 대한 교육 및 훈련을 통해 전문성을 향상시키는 것도 중요하다.

둘째, 전문인력의 처우 개선이다. 노인복지 전문인력의 처우를 개선해야 한다. 노인복지 전문인력은 노인들의 삶의 질을 향상시키기 위해 중요한 역할을 수행하지만, 상대적으로 낮은 임금과 열악한 근무환경에 시달리는 경우가 많다. 따라서 노인복지 전문인력의 처우를 개선하기 위한 노력이 필요하다.

셋째, 전문인력의 활용 활성화이다. 노인복지 전문인력의 활용을 활성화해야 한다. 노인복지 전문인력은 노인복지 서비스 제공기관뿐만 아니라, 지역사회 내에서도 다양한 분야에서 활동할 수 있다. 따라서 노인복지 전문인력의 활용을 활성화하기 위한 노력이 필요하다.

(4) 노인복지서비스에 대한 정책과 예산 확대

노인복지서비스가 제대로 이루어지기 위해서는 중앙정부 및 지방자치단체의 노인복지서비스에 대한 정책과 예산이 뒷받침되어야 하며, 민간노인복지기관에서의 노력도 함께 이루어져야 한다.

첫째, 중앙정부 및 지방자치단체이다. 노인복지서비스의 질과 양을 향상시키기 위한 정책을 수립하고, 이를 실행하기 위한 예산을 확대해야 한다. 이를 위해서는 노인복지서비스의 기본적인 방향을 설정하고, 노인들의 다양한 욕구와 상황을 고려한 정책을 수립해야 한다. 또한, 지역의 특성과 수요에 맞는 정책을 수립하기 위해 지방자치단체와 협력체계를 구축해야 한다.

둘째, 민간노인복지기관이다. 지역사회를 기반으로 노인복지서비스를 제공하는 중요한 역할을 담당하고 있다. 그러나 예산, 프로그램, 전문성 등의 측면에서 해결해야 할 문제를 많이 가지고 있다. 따라서 민간기관의 노인복지서비스에 대한 효과성과 효율성을 높이기 위해서는 중앙정부 및 지방자치단체의 노인복지서비스에 대한 정책과 예산 지원이 확대되어야 한다.

셋째, 지방자치제도이다. 지역사회의 인구고령화에 따른 노인문제 또한 지역에서 찾아서 지역에서 해결해야 한다는 것이다. 그러나 지방자치단체는 재정자립도가 낮아 노인복지서비스에 대한 노인들의 다양한 욕구와 급증하는 복지수요에 적절하게 대처하지 못하고 있다. 따라서 이러한 노인문제를 해결하기 위해서는 지방자치단체와 지역의 민간노인복지서비스 기관의 연계와 협력적인 서비스가 중요하다.

구체적인 정책 방안을 살펴보면 다음과 같은 것들이 고려될 수 있다.

첫째, 중앙정부 및 지방자치단체는 노인복지서비스의 종합적인 정책을 수립하고, 이를 실행하기 위한 예산을 확대해야 한다.

둘째, 노인복지 전문인력 양성 및 처우 개선을 통해 노인복지서비스의 질을 높이도록 해야 한다.

셋째, 지역의 특성과 수요에 맞는 노인복지서비스를 제공하기 위해 지역화된 정책을 수립해야 한다.

노인복지 서비스 접근성을 높이기 위해 노인복지 정보 제공 및 홍보를 강화하고, 이용 절차를 간소화해야 한다. 이러한 정책 방안들을 통해 중앙정부 및 지방자치단체, 민간노인복지기관이 협력하여 노인복지서비스의 질과 양을 향상시킬 수 있을 것이다. 또한, 노인들이 건강하고 행복한 노후를 보낼 수 있도록 지원할 수 있을 것이다.

요점정리

1. 노인복지서비스의 개념과 필요성

노인복지서비스는 고령화사회에서 노인들의 삶의 질을 향상시키고 사회적 포용을 증진하기 위해 제공되는 서비스를 의미한다. 노인들은 노화로 인한 건강 문제나 사회적 제약 등으로 어려움을 겪을 수 있으며, 이를 해소하고 지원하기 위해 다양한 서비스가 필요하다.

2. 노인복지사업의 유형

노인복지사업은 다양한 형태와 유형으로 제공된다. 주요 유형으로는 주거지원서비스, 의료 · 건강서비스, 사회 · 문화서비스, 생활지원서비스 등이 있다.

3. 노인복지서비스의 내용

노인복지서비스는 노인들의 욕구에 맞춰 다양한 내용을 포함한다. 주거지원, 의료 및 건강 관리, 사회활동 및 문화행사 참여, 식사 제공, 운송 및 이동 지원, 정서적 지원, 인지 훈련 등이 일반적으로 포함된다.

4. 노인복지시설의 개념과 종류

노인복지시설은 노인들의 주거환경을 지원하고 필요한 서비스를 제공하는 시설을 의미한다. 주요 종류로는 노인요양원, 경로당, 주거복지시설, 노인종합복지관 등이 있다.

Quiz

1. 노인의 교양 · 취미생활 및 사회 참여활동 등에 대한 각종 정보와 서비스를 제공하고, 건강증진 및 질병예방과 소득보장 · 재가복지, 그 밖에 노인의 복지증진에 필요한 서비스를 제공하는 기관은 무엇인가?
2. 노인들이 자율적으로 친목도모 · 취미활동 · 공동작업장 운영 및 각종 정보교환과 기타 여가 활동을 할 수 있도록 하는 장소는 무엇인가?
3. 노인들에 대하여 사회활동 참여욕구를 충족하기 위하여 건전한 취미생활 · 노인건강 유지 · 소득보장, 기타 일상생활과 관련한 학습프로그램을 제공하는 곳은 무엇인가?

1: 노인복지관

2: 경로당

3: 노인교실

CHAPTER 07

노인상담과 의사소통

학습목표

- 노인상담과 의사소통의 개념, 목적, 필요성에 대해 알 수 있다.
- 노인상담과 의사소통의 유형과 원칙에 대해 알 수 있다.
- 효과적인 상담과 의사소통 방법에 대해 알 수 있다.
- 상황별 효과적인 의사소통 기술에 대해 알 수 있다.

1. 노인상담과 의사소통

노년기에는 다양한 문제에 직면하기 쉽기 때문에 노인상담과 의사소통이 필요하다. 신체적 · 정신적 · 사회적 · 경제적 측면에서 다양한 변화와 어려움을 겪게 되고 변화와 어려움은 노인들에게 심리적 · 정서적 스트레스를 유발하여 다양한 문제를 일으킬 수 있다. 또한 신체적 · 정신적 능력이 감퇴하면서 자신을 표현하는 데 어려움을 겪을 수 있다. 이러한 어려움은 노인들이 자신의 문제를 해결하거나 타인과 소통하는 데 어려움을 겪게 할 수 있다. 그러므로 노인들의 의사소통 능력을 향상시키고 자신을 표현할 수 있는 기회를 제공해야 한다. 노인들은 사회로부터 소외되기 쉽기 때문이다. 노년기에는 자녀들이 독립하고 가족 구성원이 줄어들면서 사회로부터 소외되기 쉽다. 이러한 소외는 노인들에게 우울, 외로움, 고립감 등의 부정적인 영향을 미칠 수 있다. 노인상담은 노인들의 문제를 해결하고, 의사소통 능력을 향상시키고, 자신을 표현할 수 있는 기회를 제공하며 사회와 소통하고 관계를 형성할 수 있는 기회를 제공함으로써 노인들의 삶의 질을 향상시키는 데 도움을 줄 수 있다.

1) 상담 및 의사소통의 이해

(1) 노인상담의 개념

노년기의 신체적 · 정신적 · 사회적 문제에 직면한 노인을 대상으로 상담적 도움을 제공하는 과정을 말한다. 노인의 문제를 해결하고 삶의 질을 향상시키는 데 목적이 있다. 대상은 노년기의 신체적 · 정신적 · 사회적 문제에 직면한 모든 노인이다. 여기에는 우울, 불안, 치매, 조현병 등의 정신적 문제, 퇴행성 질환, 만성 질환, 사고 등의 신체적 문제, 배우자 사별, 자녀 독립, 빈곤 등의 사회적 문제가 포함된다.

맥도날드와 하니(McDonald & Haney, 2003)는 노인이 상담을 받는 이유를 다음과 같이 나타내고 있다.

첫째, 개인적인 문제를 해결하기 위해서이다.

둘째, 중요한 결정을 하는 데 도움을 받기 위해서이다.

셋째, 그들이 행복하지 못하고 어디로 가야 할지 모르기 때문이다.

넷째, 어려운 상황을 다루는 법을 배우기 위해서이다.

다섯째, 위기를 겪는 동안에 도움과 위로, 지지를 받기 위해서이다.

여섯째, 공감적이고 지지적인 누군가와 대화를 하기 위해서이다.

일곱째, 그들 스스로에 대해서 더 잘 알기 위해서이다.

(2) 의사소통의 개념

의사소통은 두 사람 또는 그 이상의 개인이 정보를 교환하고 이해하는 과정을 말한다. 즉, 사람들 간에 생각이나 감정 등을 교환하는 총체적인 행위이다. 구어(oral language)나 문어(written language)를 통한 언어적 요소는 물론 제스처나 자세, 얼굴표정, 눈맞춤, 목소리, 억양 등과 같은 비언어적 요소를 통해서도 이루어질 수 있다.

최근 의사소통에 문제가 있는 사람을 위하여 대체 의사소통과 보완 의사소통에 대한 연구와 기기의 보급이 확대되고 있는 추세이다.

(3) 노인상담과 의사소통의 관계

노인상담은 의사소통을 통해 이루어진다. 상담자는 노인의 말을 경청하고 비언어적 의사소통을 통해 노인의 감정을 이해한다. 또한, 상담자는 노인에게 자신의 생각과 감정을 표현할 수 있도록 도움을 준다. 따라서 노인상담을 효과적으로 수행하기 위해서는 의사소통 기술을 익히는 것이 중요하다. 상담자는 노인의 말을 경청하는 자세, 공감하는 태도, 적절한 질문 기술 등을 익혀야 한다.

노인상담과 의사소통의 관계를 구체적으로 살펴보면 다음과 같다.

첫째, 의사소통은 노인의 문제를 파악하는 데 도움이 된다. 상담자는 노인의 말을 통해 노인의 문제를 이해하고 해결하기 위한 방법을 모색할 수 있다. 또한, 상담자는 노인의 비언어적 의사소통을 통해 노인의 감정을 이해하고 이에 적절한 반응을 할 수 있다.

둘째, 의사소통은 노인의 문제 해결에 도움이 된다. 상담자는 노인에게 자신의 생각과 감정을 표현할 수 있도록 도움을 주어 노인이 자신의 문제를 스스로 해결할 수 있도록 한다. 또한, 상담자는 노인에게 적절한 정보를 제공하고 대처 기술을 지도하여 노인이 자신의 문제를 해결할 수 있도록 한다.

셋째, 의사소통은 노인의 삶의 질을 향상시키는 데 도움이 된다. 효과적인 의사소통은 노인에게 자신감과 자존감을 부여하고, 사회와의 관계를 형성하고 유지하는 데 도움이 된다. 또한, 효과적인 의사소통은 노인에게 행복과 만족감을 느끼게 한다.

이처럼 노인상담과 의사소통은 서로 밀접한 관계를 가지고 있다. 이를 효과적으로 수행하기 위해서는 의사소통 기술을 익히는 것이 중요하다.

2) 노인상담과 의사소통의 필요성

(1) 노인상담의 필요성

노년기의 신체적 · 정신적 · 사회적 문제에 직면한 노인을 대상으로 상담적 도움을 제공하는 과정을 말한다. 노인상담은 노인의 문제를 해결하고 삶의 질을 향상시키는 데 목적이 있다.

첫째, 노년기에는 다양한 문제에 직면하기 쉽기 때문이다. 노년기에는 신체적 · 정신적 · 사회적 · 경제적 측면에서 다양한 변화와 어려움을 겪게 된다. 이러한 변화와 어려움은 노인들에게 심리적 · 정서적 스트레스를 유발하여 다양한 문제를 일으킬 수 있다.

둘째, 노인들은 자신을 표현하는 데 어려움을 겪을 수 있기 때문이다. 노년기에는 신체적 · 정신적 능력이 감퇴하면서 자신을 표현하는 데 어려움을 겪을 수 있다. 이러한 어려움은 노인들이 자신의 문제를 해결하거나 타인과 소통하는 데 어려움을 겪게 할 수 있다. 노인들의 의사소통 능력을 향상시키고 자신을 표현할 수 있는 기회를 제공할 수 있다.

셋째, 노인들은 사회로부터 소외되기 쉽기 때문이다. 노년기에는 자녀들이 독립하고 가족 구성원이 줄어들면서 사회로부터 소외되기 쉽다. 이러한 소외는 노인들에게 우울, 외로움, 고립감 등의 부정적인 영향을 미칠 수 있다. 노인들이 사회와 소통하고 관계를 형성할 수 있는 기회를 제공할 수 있다.

(2) 노년기 의사소통의 필요성

노년기에는 다양한 변화와 어려움을 경험하기 때문이다. 신체적 · 정신적 · 사회적 · 경제적 측면에서 다양한 변화와 어려움을 경험하게 된다. 이러한 변화와 어려움은 노인들에게 심리적 · 정서적 스트레스를 유발하여 다양한 문제를 일으킬 수 있다. 의사소통은 노인들이 이러한 변화와 어려움을 이해하고 적절하게 대처하는 데 중요한 역할을 한다. 노년기에는 다양한 변화와 어려움을 경험하기 때문이며, 자신을 표현하고 타인과 관계를 형성하는 데 어려움을 겪을 수 있으며 사회 참여를 통해 자아실현과 삶의 의미를 찾을 수 있다.

노인업무를 수행하는 과정에서 요구되는 의사소통의 필요성을 정리한 것이다.

① 대상자 및 가족과의 신뢰관계 형성에 도움을 준다.

대상자, 가족과의 신뢰를 바탕으로 제공하는 서비스이므로 신뢰를 쌓아가기 위하여 대상자, 가족과의 원활한 의사소통이 필요하다.

② 요양보호서비스에 필요한 정보를 원활하게 수집할 수 있다.

대상자와 가족의 욕구나 과제, 문제를 정확하게 파악해야 하므로 원활한 의사소통은 정보수집에 많은 도움이 된다.

③ 대상자를 깊이 이해하고, 서비스의 질을 향상할 수 있다.

대상자는 노인은 인지, 청각, 시각 등 감각기능 저하로 의사표현에 많은 어려움을 겪는 경우가 많다. 대상자의 상태에 맞는 의사소통 기술을 습득하여 원활히 소통하면 대상자를 더 깊이 이해할 수 있고 이를 바탕으로 질 높은 서비스를 제공할 수 있다.

④ 자신의 생각과 감정을 효과적으로 표현하여 좋은 관계를 형성할 수 있다.

자신의 생각과 감정을 효과적으로 표현하여 좋은 관계를 형성할 수 있다. 노인업무는 업무의 특성상 대상자뿐만 아니라 가족, 동료, 시설장 등과 긴밀한 관계를 유지하기 위해 자신의 생각과 감정을 잘 표현하여 서로에 대한 공감을 높이고 좋은 관계를 형성할 수 있다.

⑤ 타 전문직과의 원활한 업무 협조에 도움이 된다.

사회복지사, 요양보호사, 간호사, 물리치료사 등 다양한 분야의 전문가와 팀을 이루어 업무를 하는 경우가 많다. 이러한 다양한 직종들과의 원활한 소통은 요양보호서비스 향상으로 이어진다.

3) 노인상담과 의사소통의 목적

(1) 노인상담의 목적

성공적인 노화와 즐거움이 있는 노년기의 삶을 위한 것이다. 노년기에는 신체적 · 정신적 · 사회적 · 경제적 측면에서 다양한 변화와 어려움을 겪을 수 있다. 이러한 변화와 어려움은 노인들에게 심리적 · 정서적 스트레스를 유발하여 다양한 문제를 일으킬 수 있다. 노인상담은 노인의 문제를 해결하고 삶의 질을 향상시키며, 노인의 자아존중감과 자기효능감을 증진시키고, 노인의 사회 참여를 촉진함으로써 노인들이 건강하고 행복한 노후생활을 영위할 수 있도록 돕는 데 목적이 있다.

표 7-1 노인상담의 주요 영역

상담 영역	주요 내용
정서 영역 (고독)	• 배우자 상실, 자녀와의 애정적 교류 단절 • 노인의 가족 내 지위 하락, 가치관 및 생활양식 변화에 따른 세대 간 갈등 (예: 고부갈등, 장서갈등) • 성격 특성의 변화문제: 우울성향, 완고성, 내향성 및 수동성, 조심성, 친근한 사물이나 사람에 대한 애착 증가, 의존성 증가, 유산을 남기려는 성향 등 • 이성교제 또는 노년기 성생활에 관한 문제 • 정서서비스(예: 말벗 파견)의 문제
경제 영역 (빈곤과 일)	• 은퇴 전후의 재정관리에 관한 문제 • 소득 감소 또는 상실로 인한 생계유지와 경제지원 문제 • 사회보장제도의 정보 제공 • 유산배분의 문제 • 경제활동 지원(취업알선, 직업훈련 등)
건강 영역 (실병과 부양)	• 노년기 건강 유지 및 질병 예방에 관한 상담 • 질병치료 및 의료비 지원 상담 • 노인복지시설, 노인전문 의료시설에 관한 상담 • 가족부양체계 조성 상담 • 부양가족의 부담 경감을 위한 지원 상담
사회참여 영역 (소외와 무위)	• 종교활동, 사회단체 및 비공식모임 참여문제 • 노년기 친구 및 이웃관계 문제 • 가족 내 역할부적응에 관한 문제 • 은퇴 이후의 사회관계 유지 문제 • 법률 및 복지제도에 대한 정보 상담

(2) 의사소통의 목적

의사소통은 정보, 생각, 감정을 전달하고 이해하는 과정이다. 효과적인 의사소통은 상호 간의 원활한 대화와 관계를 구축하는 데 중요하다.

첫째, 정보 전달이다. 노인들에게 필요한 정보를 정확하고 이해하기 쉽게 전달하는 것이 의사소통의 가장 기본적인 목적이다. 노인들은 신체적, 정신적 능력이 감퇴하면서 정보 처리 능력이 떨어질 수 있다. 따라서 의사소통 시에는 노인의 능력을 고려하여 정보의 양과 내용을 조절하는 것이 중요하다.

둘째, 관계 형성이다. 의사소통은 타인과의 관계를 형성하고 유지하는 데 중요한 역할을 한다. 노인들은 배우자 사별, 자녀 독립 등과 같은 다양한 변화로 인해 사회적 관계가 단절될 수 있다. 따라서 노인들을 위한 의사소통은 노인들이 타인과 관계를 형성하고 유지할 수 있도록 지원하는 데 초점을 맞춰야 한다.

셋째, 정서적 지원이다. 의사소통은 정서적 지원을 제공하는 데에도 중요한 역할을 한다. 노인들은 노년기의 다양한 스트레스 요인으로 인해 정서적 어려움을 겪을 수 있다. 따라서 의사소통 시에는 노인의 정서를 공감하고, 위로와 격려를 제공하는 것이 중요하다.

넷째, 문제 해결이다. 의사소통은 문제를 해결하고 합의를 도출하는 데에도 중요한 역할을 한다. 노인들은 다양한 문제에 직면할 수 있다. 따라서 의사소통 시에는 노인들이 자신의 문제를 해결하고, 타인과 합의를 도출할 수 있도록 지원하는 것이 중요하다.

노인들을 위한 의사소통은 단순히 정보를 전달하는 차원을 넘어서, 노인들의 삶의 질을 높이고, 사회 참여를 증진시키는 데 기여하는 중요한 역할을 한다. 따라서 노인들을 위한 의사소통은 노인의 특성을 고려하여 효과적으로 이루어져야 한다.

2. 노인상담과 의사소통의 유형

노인상담과 의사소통은 노인들의 심리적·정서적·사회적 문제에 대한 중요한 지원 서비스이다. 우울, 불안, 스트레스와 같은 심리적 문제를 다루며, 가족이나 친구의 소실로 인한 정서적 취약성을 다룬다. 사회적으로는 가족 간 갈등, 사회적 고립 등을 해결하고 사회적 관계를 개선한다. 또한,

치매 환자의 케어 전략을 배우고 삶의 목적과 의미에 대한 탐색을 지원하며 노인들이 건강하고 만족스러운 삶을 유지할 수 있도록 돕는다. 또한 다양한 유형으로 제공되며, 상황과 필요에 맞게 조합되어 적용된다.

1) 노인상담의 유형

(1) 개별상담

개별상담은 내담자와 상담자가 1:1로 만나 대화하는 형태의 상담이다. 내담자의 내적 세계, 즉 정서, 인지, 행동 등을 이해하고, 이를 바탕으로 내담자가 문제를 해결하고 성장할 수 있도록 돕는 것이 목적이다. 또한 다양한 분야에서 활용되며 개인의 심리적 어려움을 해결하기 위한 심리상담을 비롯하여, 진로 상남, 가족 상담, 부부 상담, 아동 상담 등 다양한 분야에서 활용된다. 개별상담의 과정은 다음과 같이 나눌 수 있다.

① 상담 신청과 접수

내담자가 상담을 신청하고, 상담기관에 접수되면 상담이 시작된다.

② 자료수집과 사정

상담자는 내담자에 대한 자료수집과 사정을 통해 내담자의 문제를 파악하고, 상담의 목표를 설정한다.

③ 상담 목표 설정과 계약

상담자는 내담자와 함께 상담 목표를 설정하고, 상담을 진행하기 위한 계약을 맺는다.

④ 개입

상담자는 내담자의 문제 해결을 위해 다양한 개입 방법을 사용한다. 개입

방법에는 상담자의 지지와 공감, 문제 해결 기술 훈련, 행동 변화 훈련 등이 있다.

⑤ 평가와 종결

상담 목표가 달성되었는지 평가하고, 상담을 종결한다.

표 7-2 개별상담의 장점과 단점

개별상담 장점	• 내담자의 내면을 깊이 있게 이해할 수 있다. • 내담자가 스스로 문제를 해결할 수 있도록 돕는다. • 내담자가 자신을 이해하고 성장할 수 있도록 돕는다.
개별상담 단점	• 시간과 비용이 많이 소요된다. • 내담자의 적극적인 참여가 필요하다.

(2) 집단상담

집단상담은 15명 내외의 노인을 대상으로 진행되는 상담으로, 각 노인의 관심사나 대인관계 혹은 행동 양식의 변화를 초래하기 위한 활동이다. 집단상담의 목적은 자기의 문제, 감정 및 태도에 관한 통찰력을 개발하고, 보다 바람직한 자기관리와 대인관계적 태도를 터득하는 데 있다.

노인복지 현장에서는 주로 우울감 예방 및 감소, 죽음불안 감소, 자아통합감 증진 등을 목적으로 실시되고 있다.

표 7-3 집단상담의 장점과 단점

집단상담 장점	• 비용과 시간이 절약된다. • 동일한 경험을 가진 사람들과 함께 문제를 공유하고 해결할 수 있다. • 다른 사람의 경험을 통해 자신의 문제를 새로운 시각으로 바라볼 수 있다.
집단상담 단점	• 개인의 내면을 깊이 있게 이해하기 어렵다. • 다른 사람의 의견에 영향을 받을 수 있다.

(3) 전화상담

전화상담은 노인들의 다양한 문제 해결을 위한 중요한 역할을 하고 있다. 노인들은 다양한 신체적 · 심리적 · 사회적 문제를 겪을 수 있는데, 전화상담은 이러한 문제를 해결하고, 건강하고 행복한 노후를 보낼 수 있도록 지원하는 데 도움이 될 수 있다.

표 7-4 전화상담의 장점과 단점

전화상담 장점	• 집근성이 높다. 전화는 누구나 쉽게 이용할 수 있는 매체이기 때문에, 전화상담은 시간과 장소에 구애받지 않고 이용할 수 있다. • 익명성이 보장된다. 전화상담은 내담자의 신분을 밝히지 않고 상담을 받을 수 있기 때문에, 내담자가 자신의 문제를 털어놓기 쉬울 수 있다. • 효율적이다. 전화상담은 면접상담에 비해 시간과 비용이 절약된다.
전화상담 단점	• 진실성이 확보되지 않을 수 있다. 전화상담은 면접상담에 비해 상담자의 감정이나 행동을 직접적으로 관찰하기 어렵기 때문에, 진실성이 확보되지 않을 수 있다. • 상담의 범위가 제한될 수 있다.

노인들을 위한 전화상담의 주요 내용은 다음과 같다.

- 정신적 · 정서적 문제는 우울증, 불안, 스트레스, 외로움, 고독, 소외감, 자살 충동
- 신체적 문제는 만성질환 관리, 노인성 질환 예방, 건강관리
- 사회적 문제는 경제적 어려움, 가족관계 문제, 사회적 고립

(4) 인터넷 상담

최근 노인의 인터넷 사용률이 증가하면서 노인을 대상으로 한 인터넷 상담도 증가하고 있다.

표 7-5 인터넷 상담의 장점

- 접근성이 높다. 인터넷은 누구나 쉽게 이용할 수 있는 매체이기 때문에, 노인들이 시간과 장소에 구애받지 않고 상담을 받을 수 있다.
- 익명성이 보장된다. 인터넷상담은 내담자의 신분을 밝히지 않고 상담을 받을 수 있기 때문에, 노인들이 자신의 문제를 털어놓기 쉬울 수 있다.
- 비용 절약 효과가 있다. 인터넷상담은 면접상담에 비해 비용이 절약된다.
- 상담의 지속성이 높다. 인터넷상담은 내담자가 언제든지 상담을 신청할 수 있기 때문에, 상담의 지속성이 높다.

① 게시판 상담

게시판 상담은 내담자가 자신의 문제를 게시판에 올리고, 상담자가 답변하는 형태의 상담이다. 또한 접근성이 높고 비용 절약 효과가 있다는 장점이 있다.

② 이메일 상담

이메일 상담은 내담자가 자신의 문제를 상담자에게 이메일로 보내고, 상담자가 이메일로 답변하는 형태의 상담이다. 또한 게시판 상담보다 개인적인 상담이 가능하다는 장점이 있다.

③ 채팅 상담

채팅 상담은 내담자가 상담자와 실시간으로 채팅을 통해 상담을 받는 형태의 상담이다. 또한 상담자의 즉각적인 피드백을 받을 수 있다는 장점이 있다.

④ 영상 상담

영상 상담은 내담자와 상담자가 화상 통화를 통해 상담을 받는 형태의 상담이다. 또한 상담자의 표정이나 몸짓 등을 직접적으로 관찰할 수 있다는 장점이 있다.

(5) 방문 상담

상담자가 내담자의 집이나 시설을 방문하여 상담을 진행하는 방식이다.

① 내담자의 상황에 맞는 상담을 제공할 수 있다. 내담자의 거주지 또는 시설에서 이루어지기 때문에, 내담자가 이동할 필요가 없다. 이는 거동이 불편한 노인이나 장애인, 또는 육아나 업무 등으로 인해 외출이 어려운 내담자에게 유리하다.

② 상담자의 비언어적 의사소통을 통해 내담자의 감정이나 태도를 보다 정확하게 파악할 수 있다. 상남자와 내담지가 직접 만나 대면으로 상담을 진행하기 때문에, 상담자는 내담자의 표정, 몸짓, 목소리 등을 통해 내담자의 감정이나 태도를 보다 정확하게 파악할 수 있다.

③ 상담자의 신뢰감을 형성하는 데 도움이 된다. 상담자와 내담자가 직접 만나 대면으로 상담을 신행하기 때문에, 상담자는 내담자에게 보다 친근하고 신뢰감을 줄 수 있다.

노인들은 신체적 · 정신적 · 사회적으로 다양한 문제를 겪을 수 있다. 이러한 문제를 해결하기 위해서는 내담자의 상황에 맞는 맞춤형 상담이 필요하다. 이러한 요구를 충족시킬 수 있는 효과적인 상담 방법이 방문 상담이다. 특히, 거동이 불편하거나 외출이 어려운 노인, 정서적 · 심리적 문제를 겪고 있는 노인, 가족관계, 사회관계 등 사회적 문제를 겪고 있는 노인들이 상담을 받을 수 있는 기회를 제공함으로써, 노인들의 삶의 질을 향상시키는 데 기여할 수 있다.

방문상담을 효과적으로 진행하기 위해서는 다음과 같은 사항에 유의해야 한다.

첫째, 상담자의 사전 방문이 필요하다. 상담자는 내담자의 거주지 또는 시설을 사전에 방문하여 상담 환경을 확인하고, 내담자의 상황을 파악해야 한다.

둘째, 상담자의 적절한 태도가 필요하다. 상담자는 내담자에게 편안하고 안전한 분위기를 조성할 수 있도록, 친절하고 공감하는 태도를 가져야 한다.

셋째, 상담의 지속성이 필요하다. 방문 상담은 한 번의 상담으로 끝나는 것이 아니라, 지속적으로 이루어져야 효과를 볼 수 있다.

노인 상담에서의 방문 상담은 노인들의 다양한 문제를 해결하고, 건강하고 행복한 노후를 보낼 수 있도록 지원하는 중요한 서비스이다.

2) 의사소통의 유형

의사소통의 유형에는 언어적 의사소통과 비언어적 의사소통이 있다. 언어적 의사소통은 자신의 생각이나 감정을 말이나 글로 표현하는 것이며, 비언어적 의사소통은 몸짓, 표정, 행동, 자세, 옷차림 등으로 표현하는 것이다.

메라비언의 법칙(The Law of Mehrabian)에 의하면 상대방과의 의사소통에 영향을 미치는 요소 중 가장 중요한 것은 비언어적 요소(시각적 요소), 음성(청각적 요소), 언어적 요소(말의 내용)이다.

메라비언의 법칙

메라비언의 법칙은 1970년대 미국 캘리포니아 대학교의 심리학자인 앨버트 메라비언이 발표한 의사소통의 법칙이다. 메라비언의 법칙에 따르면, 대화를 통해 상대방에 대한 호감 또는 비호감을 느끼는 데에서 상대방이 하는 말의 내용이 차지하는 비중은 7%에 불과하다. 반면에 말을 할 때의 태도나 목소리 등 말의 내용과 직접적으로 관련이 없는 요소가 93%를 차지하여 상대방으로부터 받는 이미지를 좌우한다.

시각적 요소

시각적 요소는 자세, 용모와 복장, 제스처 등 외적으로 보이는 부분을 말한다. 시각적 요소는 상대방의 신뢰도, 지능, 성격, 매력 등과 같은 이미지를 형성하는 데 중요한 역할을 한다.

청각적 요소

청각적 요소는 목소리의 톤이나 음색처럼 언어의 품질을 말한다. 청각적 요소는 상대방의 자신감, 신뢰성, 친근감 등과 같은 이미지를 형성하는 데 중요한 역할을 한다.

언어

언어는 말의 내용을 말한다. 언어는 상대방의 지식, 지혜, 유머 감각 등과 같은 이미지를 형성하는 데 중요한 역할을 한다.

메라비언의 법칙은 의사소통에서 비언어적 요소가 매우 중요하다는 것을 시사한다. 따라서 효과적인 의사소통을 위해서는 말의 내용뿐만 아니라, 말을 할 때의 태도나 목소리, 외모 등에도 신경을 써야 한다.

(1) 언어적 의사소통

언어는 사람의 생각이나 감정을 효과적으로 전달할 수 있는 의사소통의 방법이다. 개인의 내면적 상태와 의도를 전달하는 방법이기도 하다. 하지만 개인 차이로 인한 편차가 크다는 단점이 있어 똑같은 단어를 서로 다른 의미로 사용하기도 하고, 감정을 표현하는 방법도 다르며, 어휘의 사용 정도에도 차이가 있다.

언어적 의사소통을 할 때 주의점

언어적 의사소통은 말의 강도, 억양, 속어, 방언 등에 따라 오해가 있을 수 있기 때문에 의사소통을 할 때 명확하고 이해하기 위운 용어를 사용해야 한다. 또한 비언어적 표현을 적절히 병행하여 사용해야 한다.

(2) 비언어적 의사소통

비언어적 의사소통에는 용모, 자세, 침묵, 말투, 얼굴표정, 손짓, 눈짓, 몸짓, 목소리 크기, 씰룩거림, 으쓱거림, 웃음소리 크기, 눈물 등이 있으며 때로는 언어적 의사소통보다 더 효과적으로 활용될 때가 있다. 모든 의사소통에는 비언어적 의사소통이 존재하며 감정적 · 정서적 부분이 크게 작용한다.

비언어적 의사소통이 중요한 이유

비언어적 표현을 주의 깊게 관찰하여 대상자의 기분이나 감정 등을 잘 파악하기 위해 노력해야 한다. 시력, 청력 등 감각이 떨어져 있거나 만성질환 등으로 자신의 의사를 적절하게 표현하는 데 어려움이 있기 때문이다. 얼굴 표정이나 손짓, 몸짓 등으로 말하려고 하는 메시지가 무엇인지 빨리 파악할 수 있다.

① 눈맞춤이다. 눈맞춤은 중요한 의사소통 수단이다. 내담자를 직시하면 내담자에게 관심을 갖고 경청하고 있으며, 대화에 적극적으로 임한다는 메시지를 전달할 수 있다.

② 얼굴표정이다. 얼굴표정은 대화에 영향을 미치는 요소 중 가장 중요한 시각적 요소이며, 눈을 치켜뜨거나 미소를 짓는 등의 표정은 말로써 전달하고자 하는 의미를 더욱 분명하게 하는 효과적인 의사소통 수단이다.

③ 자세이다. 손과 팔의 움직임도 중요한 의사소통 수단이다. 손과 팔을 자연스럽게 놓고 있다가 상황에 따라 적절하게 움직이는 것이 좋다.

④ 어조이다. 어조는 말하는 사람의 감정을 드러낸다. 낮고 온화한 목소리, 분명한 발음, 적절한 말 속도가 좋다.

⑤ 옷차림과 외양이다. 상담자가 입는 옷과 머리스타일 등도 중요한 비언어적 의사소통 수단 중의 하나이다. 옷차림이나 외양이 인상을 결정짓고, 이 인상이 내담자 및 가족과의 관계에 영향을 미치기 때문이다.

3) 의사소통의 원칙

비에스텍(Francis J. Biestek)의 7원칙은 사회복지 실천에서 관계형성을 위한 기본 원칙으로, 미국의 사회복지사인 프란시스 비에스텍이 1957년 발표한 "사회복지실천의 기본 원칙"에서 제시한 것이다. 상담자는 내담자와 그 가족과의 의사소통을 할 때 매우 유용하게 활용할 수 있다.

(1) 대상자를 개인으로 파악한다(개별화: Individualization)

내담자의 생활 욕구나 생활 과제 등이 다른 이용자와 같다 하더라도 그 욕구가 나타나게 된 배경이나 생활환경 등은 각각 다르기 때문에 그와 관련된 배경과 생활환경 등을 분석하고 이해해야 한다.

- 대상자의 신체적 · 심리적 · 생활환경의 특성을 이해한다.
- 대상자의 개인적 특성, 질병, 과거 생활사, 경제력 등을 이해한다.
- 대상자의 가족관계 이웃과의 관계 등을 이해한다.
- 그 외 대상자의 종교, 성향 등에 대해서도 이해한다.

(2) 대상자의 감정표현을 존중한다 (의도적 감정표현: Purposeful Expression of Feelings)

내담자가 상담을 받을 때 다양한 감정이 생긴다는 것을 잘 이해해야 한다. 그리고 감정을 쉽게 표현할 수 있는 분위기를 만들어서 내담자의 감정을 정확하게 파악해야 한다. 사례관리자 앞에서 다양한 감정을 표현할 수 있다는 것은 두 사람 사이에 서서히 신뢰 관계가 구축되고 있음을 의미한다.

(3) 자신의 감정을 자각하고 조절한다 (통제된 정서적 관여: Controlled Emotional Involvement)

내담자의 이야기를 들으면서 여러 가지 감정이 생기게 된다. 이때 상담자는 자신의 감정이 어떻게 변화되는지 올바로 파악하고 적절히 조절하면서 내담자의 이야기에 귀를 기울여야 한다. 상담자가 자신을 뒤돌아보거나 기관 내에서 수퍼비전(supervision)을 받는 것은 매우 중요하다.

(4) 받아들인다(수용: Acceptance)

상담자는 내담자 자신 또는 타인에게 해를 주지 않는다면 대상자의 생각이나 행동에 대한 편견을 버리고 먼저 받아들여야 한다. 또한 왜 그런 생각이나 행동을 했는지에 대해 깊이 이해하도록 한다.

(5) 대상자를 일방적으로 비난하지 않는다 (비심판적 태도: The Nonjudgmental Attitude)

내담자는 어떤 일에 실패하거나 간혹 부적절한 말과 행동을 하는 경우가 있다. 이때 상담자는 그로 인해 대상자의 인격이나 가능성 등을 부정적으로 판단하거나 일방적으로 질책해서는 안 된다.

(6) 내담자의 자기결정을 돕고 존중한다(이용자의 자기결정: Client Self-Determination)

내담자가 결정한 내용이 자신 또는 타인에게 해를 주지 않고 공공 복지에 위반되지 않는다면 상담사는 대상자의 능력이나 내용의 타당성을 판단하여 결정하는 데 필요한 정보를 제공한다. 그 결과 어떤 일이 생길 수 있는지 예상하여 내담자의 결정을 돕고 그 결과를 존중하며 지켜본다.

(7) 비밀을 유지하여 신뢰를 쌓는다(비밀 유지: Confidentiality)

의사소통을 통해 알게 된 내용을 내담자의 허락 없이 제3자에게 공개하지 않겠다는 약속이다. 그리고 이를 지킴으로써 상담사와 대상자 사이에 기본적인 신뢰 관계가 형성될 수 있다. 여기서 '비밀'이란 대상자의 개인정보

(생년월일, 주소, 출신지, 연락처, 가족 구성, 병명 등), 내담자가 말한 내용, 사례관리자가 기록한 내용 등이다.

4) 효과적인 상담과 의사소통 방법

내담자는 청각, 시각 등 감각기능의 저하로 제한된 의사소통을 할 수밖에 없다. 이러한 점을 감안하여 내담자의 상태를 파악하고 그에 적합한 의사소통을 하는 것이 중요하다. 효과적인 의사소통을 하기 위해서는 라포형성, 경청, 말하기, 공감, 침묵, 수용 등의 기본적인 기술이 필요하다.

(1) 라포형성(Rapport building)

라포(Rapport)란 '마음의 유대'라는 뜻으로 서로의 마음이 연결된 상태, 즉 두 사람 사이의 상호신뢰 관계를 나타내며, 의사소통의 기본이다. 라포가 형성되면 인간관계에서 호감과 상호신뢰가 생기고 비로소 유대감이 깊은 인간관계를 형성하게 된다. 반면 라포가 없으면 대화는 단지 소음에 지나지 않는다. 라포가 형성된 사람들의 관계에서는 '무슨 일이라도 털어놓고 말할 수 있다', '충분히 이해할 수 있다', '공감한다', '함께 있다'라는 느낌을 갖게 된다.

라포형성(Rapport building)

라포를 형성하기 위해서는 신체언어를 맞추고, 눈을 맞추며, 호흡의 리듬을 맞추고, 언어를 맞추는 것이 필요하다. 사람들의 신체언어를 잘 살펴보면 개입상태에서는 몸을 앞쪽으로 기울이며 눈은 안쪽을 향하는 반면, 관조 상태에서는 몸을 뒤로 젖히며 눈은 먼 곳을 응시한다.

(2) 경청

경청은 다른 사람의 말을 주의 깊게 들으며 공감하는 능력이다. 지금껏 말하기, 읽기, 쓰기에만 집중해 왔다. 그러나, 감성을 지배하는 것은 '귀'다. 의사소통을 잘하기 위해서는 다른 사람의 말을 주의 깊게 들으며 공감할 수 있는 능력을 갖추는 것이 중요하다. 경청은 대화 과정에서 신뢰를 쌓을 수 있는 좋은 방법이며, 상대방이 말하려고 하는 의미를 잘 파악하고 상대방의 입장에서 이해하려는 노력이다.

좋은 경청

경청을 잘한다는 것은 단순히 잘 듣는 것이 아니라 상대방이 말하려고 하는 의미를 잘 파악하고 이해하는 것이다. 경청하는 사람은 상대방의 말에 항상 동의하지 않더라도 충분히 이해하기 위해 항상 마음을 열어둔다. 좋은 경청은 상대방과 상호작용하고 말한 내용에 대해 생각하고, 무엇을 말할지 기대하는 것을 의미한다. 좋은 경청자가 되기 위해서는 상대방에게 집중할 수 있는 훈련이 필요하다.

① 경청의 방법

- 혼자서 대화를 독점하지 않고, 말하는 순서를 지킨다.
- 상대방의 말을 가로채거나 이야기를 가로막지 않는다.
- 의견이 다르더라도 일단 수용한다.
- 논쟁에서는 먼저 상대방의 주장을 들어준다.
- 시선을 맞추며, 귀로만 듣지 말고 오감을 동원해 적극적으로 듣는다.
- 흥분하지 않고, 비판적 태도를 버린다.
- 상대방이 말하는 의미를 이해한다.
- 단어 이외의 보이는 표현에도 신경을 쓴다.
- 상대방이 말하는 동안 경청하고 있다는 것을 표현한다.

② 경청을 방해하는 것

- 대충 미루어 짐작하고, 충분히 듣지 않은 상태에서 조언한다.
- 미리 대답을 준비한다.
- 듣고 싶지 않은 말을 걸러낸다.
- 상대방의 말을 반박하고 논쟁하기 위해서 듣는다.
- 상대방의 말을 나 자신의 경험에 맞춘다.
- 마음에 들지 않을 경우 슬쩍 넘어가며 대화의 본질을 회피한다.

(3) 공감

공감이란 상대방이 하는 말을 상대방의 관점에서 이해하고, 감정을 함께 느끼며, 자신이 느낀 바를 전달하는 것을 의미한다. 즉 공감능력은 '나는 당신의 상황을 알고, 당신의 기분을 이해한다'처럼 다른 사람의 상황이나 기분을 같이 느낄 수 있는 능력을 말한다. 어떤 문제에 대해 상대방이 받아들일 마음의 준비가 없는 상황에서 너무 빨리 충고를 하거나, 비판을 하게 되면 이에 대해 반감을 가진 상대방은 의사소통을 차단해 버린다. 바람직한 공감은 상대방의 말에 충분히 귀를 기울이고 그 말을 자신의 말로 요약해서 다시 반복해 주는 것이다. 이것은 상대의 말을 요약해서 다시 옮기는 것뿐이지만 문제의 상황에서 대화를 지속시키고 문제를 지닌 당사자가 스스로 해결책을 찾아나가도록 하는 데 아주 효과적이다.

(4) 말하기

말하기란 자신의 느낌과 생각을 효과적으로 표현함으로써 상대방과 원활히 대화하는 것이다. 효과적인 말하기는 서로 존중하면서 자신의 진심이 상대방에게 전해지고, 상대방의 진심도 나에게 전달되어 서로 합의점을 찾아가는 것이며, 상대방을 조정하고 통제하는 것과는 다르다.

① 효과적인 말하기

- 자신의 감정에 솔직해진다.
- 상대방의 말을 수용하고 자신의 생각을 정리한다.
- 의사전달을 분명하게 한다.
- 비판적인 단어를 사용하지 않는다.
- 특정 상대를 지칭하거나 비판하지 않는다.
- 부정적인 비교를 하지 않는다.
- 나쁜 내용을 회고하거나 상기시키지 않는다.
- 상대방을 위협하는 말을 하지 않는다.
- 상대방을 감정적으로 공격하지 않는다.
- 편안하고 이완된 자세를 취한다.

② 효과적인 말하기를 방해하는 경우

- 자신이 모든 일에 전문가임을 주장한다.
- 자신에게는 잘못이 없고 항상 옳다고 주장한다.
- 부족하고 자신감 없는 태도를 보인다.
- 자신은 보호받아야 한다고 생각한다.
- 자신은 완벽한 사람이므로 비난을 받지 않아야 한다고 생각한다.

(5) 나-전달법(토마스 고든의 의사소통 기술)

- 나-전달법은 상대방을 비난하지 않고 상대방의 행동이 나에게 미친 영향에 초점을 맞추어 이야기하는 표현법이다. 반면, 너-전달법은 상대방의 행동에 초점을 두고 행동에 대한 비난, 비평, 평가의 의미를 전하며, 상대방에게 잘못이 있다고 공격하는 표현이다. 즉 너-전달법은 문제의 원인을 상대방에게 둔다.

나 - 전달법의 사례 1. 노인과 자녀의 갈등

A씨는 어느 날, 자녀들에게 다음과 같이 말한다.

"너희들이 나를 자주 방문하지 않으니, 내가 외롭고 소외감을 느낀다. 너희들이 나를 사랑하지 않는 것 같아 슬프다."

A씨의 말은 자녀들에게 공격적으로 들릴 수 있다. 자녀들은 자신들이 A씨를 사랑하지 않는다는 말로 오해할 수 있으며, A씨와의 관계가 더욱 악화될 수 있다.

A씨는 다음과 같이 말한다면 나 전달법을 사용하여 자신의 감정을 효과적으로 표현할 수 있다.

"나는 너희들이 나를 자주 방문해주지 않으니 외롭고 소외감을 느낀다. 너희들이 나를 사랑하는지 확신할 수 없으니 슬프다."

A씨는 자신의 감정을 "외롭다", "소외감을 느낀다", "슬프다"와 같이 구체적으로 표현한다. 또한, A씨는 자신의 감정이 생긴 원인인 "너희들이 나를 자주 방문하지 않는다"는 사실을 명확하게 설명한다.

이러한 표현을 통해 A씨는 자녀들에게 자신의 감정을 이해시키고, 자녀들과의 관계를 개선할 수 있다.

나-전달법 사례 2.

60대 노인인 A씨는 친구 B씨와 함께 영화를 보러 가기로 약속했다. 약속시간은 오후 2시였다. 하지만 B씨는 약속시간에 늦게 도착했다. A씨는 B씨가 늦게 도착한 것에 대해 불만을 가지고 있었다.

나 전달법으로 표현

A씨는 B씨에게 다음과 같이 말한다.

"나는 네가 약속시간에 늦게 온 것이 불편하다. 내가 혼자서 기다리느라 마음이 불안했고, 영화를 볼 시간이 줄어들어서 아쉬웠다."

A씨는 자신의 감정을 "불편하다", "마음이 불안했다", "아쉬웠다"와 같이 구체적으로 표현한다. 또한, 자신의 감정이 생긴 원인인 "네가 약속시간에 늦게 온 것"을 명확하게 설명한다.

나 전달법의 장점

A씨의 나 전달법 표현을 사용하면 다음과 같은 장점이 있다.
A씨의 감정을 B씨가 이해하고 공감할 수 있다.
A씨와 B씨의 갈등을 해결하는 데 도움이 될 수 있다.
B씨는 A씨의 나 전달법 표현을 통해 A씨가 느낀 감정을 이해하고 공감할 수 있다. 또한, B씨는 A씨의 감정을 고려하여 앞으로는 약속시간에 지각하지 않도록 노력할 수 있다.

결론

약속시간에 늦게 온 친구에게 나 전달법을 사용하여 자신의 감정을 표현하면 다음과 같은 장점이 있다.
친구가 자신의 감정을 이해하고 공감할 수 있다.
친구와의 갈등을 해결하는 데 도움이 될 수 있다.
따라서 약속시간에 늦게 온 친구에게 자신의 감정을 표현할 때는 나 전달법을 사용하는 것이 좋다.

(6) 침묵

침묵은 어떤 말보다 중요한 역할을 할 때가 있다. 긍정적이고 수용적인 침묵은 가치 있는 치료적 도구로 작용하여 내담자로 하여금 말할 수 있는 용기를 주고, 상담사와 대상자 모두에게 생각을 정리할 시간을 준다. 그러나 대상자가 침묵을 어떻게 받아들이느냐에 따라 효과가 달라지므로 조심스럽게 사용해야 한다.

(7) 말벗하기

소외와 외로움을 느끼는 노인에게 좋은 말벗은 내담자에게 심리적 · 정서적 안정감을 제공한다. '말벗하기'는 상담사와 내담자 간의 의사소통의 출발점이며, 내담자가 상담사를 '말벗'으로 받아들일 때 원활한 의사소통이 이루어진다. 다음은 대상자와 말벗하는 방법이다.

① 대상자의 신체적 · 심리적 · 사회적 특성을 이해한다.

② 대상자의 개인적 특성, 질병, 생활력 등을 이해하고 존중한다.

③ 대상자의 삶을 '옳고 그름'이나 '좋고 싫음'으로 판단하지 않고, '차이와 다양성'으로 수용하는 마음이 필요하다.

④ 대상자와 과도한 의존관계를 형성하지 않도록 한다.

⑤ 대상자를 아이처럼 대하거나 친밀하다는 이유로 반말이나 명령조의 언어를 사용해서는 안 된다.

⑥ 대상자의 기분이나 감정에 주의를 기울이고 공감한다.

3. 상황별 효과적인 의사소통 기술

상황별로 효과적인 의사소통 기술은 중요하다. 예를 들어, 비판석인 상황에서는 비난보다 상황을 설명하고 원인을 파악하여 함께 해결책을 모색하는 것이 좋다. 또한, 갈등 상황에서는 상대방의 의견을 경청하고 갈등의 원인을 파악하여 서로 협력하는 것이 중요하다. 이러한 의사소통 기술은 상황과 상대방의 특성을 고려하여 유연하게 적용되어야 한다.

1) 의사소통 장애가 없는 경우

의사소통 장애가 없는 경우에도 상대방과의 원활한 대화를 위해 명확하고 간결한 표현, 청취와 이해, 비언어적 의사소통, 존중과 이해, 적절한 피드백을 제공하는 원칙을 따르는 것이 중요하다.

(1) 대상자와의 의사소통

① 대상자를 존중하는 태도와 관심을 가진다.

② 대상자의 말하는 속도에 맞춘다.

③ 명확하고 이해하기 쉬운 언어를 사용한다.

④ 너무 작거나 크게 말하지 않는다.

⑤ 본인을 소개할 때는 이름, 소속, 역할 등을 전달한다.

⑥ 대상자는 이름으로 호칭하는 것이 원칙이나 대상자의 동의하에 어르신 등으로 부른다.

(2) 가족과의 의사소통

① 가족을 존중하는 태도를 가진다.

② 대상자에 대한 정보는 수시로 주고받는다.

③ 가족과 의견이 상충될 때는 시설장에게 보고한다.

④ 대상자의 치매로 인한 행동심리증상에 대한 정보를 제공할 때 부정적이고 직설적으로 전달하지 않는다.

(3) 관련 전문직 및 시설장과의 의사소통

① 타 전문직 및 시설장의 업무를 이해하고 존중하는 태도를 갖는다.

② 대상자의 상황에 따라 관련 전문직, 시설장과 의사소통을 원활히 한다.

③ 대상자의 이상 상태는 시설장 혹은 관리책임자에게 즉시 정확하게 보고한다.

2) 의사소통 장애가 있는 경우

내담자가 의사소통 장애가 있는 경우는 먼저 각 장애별 특성을 숙지할 필요가 있다. 정확한 요구사항을 이해하고 대응하기 위해 비언어적 의사소통을 활용하는 것은 매우 중요하다. 또한 이미지나 그림을 통해 의사소통하는 것은 말로 설명하기 어려운 개념을 전달하는 데 큰 도움이 될 수 있다. 보조 의사소통 도구를 사용하여 효율적으로 의사소통할 수 있고, 이해관계자들의 지원과 수용적인 환경 조성이 상호작용을 원활하게 할 수 있도록 도와준다. 의사소통 장애가 있는 상황에서도 노력과 지원을 통해 의사소통의 장벽을 극복할 수 있다.

(1) 노인성 난청

노인성 난청은 퇴행성 변화로 인하여 생기는 청각 기능의 저하이다. 잘 듣지 못하여 의사소통에 소극적이며 목소리 크기나 높이 조절이 잘 안되어 큰 소리로 말을 하게 된다. 노인성 난청 대상자와 이야기하는 방법은 다음과 같다.

① 대상자의 눈을 보며 정면에서 이야기한다.
② 어깨를 다독이거나 눈짓으로 신호를 주면서 이야기를 시작한다.
③ 입 모양으로 이야기를 알 수 있도록 입을 크게 벌리며 정확하게 말 한다.
④ 몸짓, 얼굴표정 등으로 의미 전달을 돕는다.
⑤ 말의 의미를 이해할 때까지 되풀이하고 이해했는지 확인한다.
⑥ 말을 알아듣기 쉽도록 천천히 차분하게 이야기한다.
⑦ 보청기를 착용할 때, 조절기능이 있는 경우 입력은 크게, 출력은 낮게 조절한다.
⑧ 보청기를 사용할 때는 건전지와 전원 스위치가 작동하는지 확인한다.
⑨ 밝은 방에서 입 모양을 볼 수 있도록 시선을 맞추며 말한다.
⑩ 원활한 의사소통이 되도록 정보를 충분히 제공한다.
⑪ 청각상실에 대한 체험을 통하여 대상자를 더 많이 이해하고자 노력한다.

(2) 시각장애

시각장애 내담자는 형태나 색상을 파악하기 어려워 청각이나 촉각, 후각 등에 의지하여 대상물을 인지한다. 상대의 존재나 위치, 표정, 문자 등을 알아보기 어려워 오해를 받기도 하고 자신의 의사를 충분히 전달하지 못한다. 시각장애 대상자와 이야기하는 방법은 다음과 같다.

① 내담자의 정면에서 이야기한다.
② 여기, 이쪽 등 지시대명사를 사용하지 않고 사물의 위치를 정확히 시계방향으로 설명한다.
③ 내담자를 중심으로 오른쪽, 왼쪽을 설명하여 원칙을 정하여 두는 것이 좋다.
④ 내담자를 만나면 신체 접촉을 하기 전에 먼저 말을 건네어 알게 한다.
⑤ 내담자를 이해하기 쉬운 언어를 사용하고 천천히 정확하게 말한다.
⑥ 이미지가 전달하기 어려운 형태나 사물 등은 촉각으로 이해시킨다.
⑦ 내담자와 보행할 때에는 상담사가 반보 앞으로 나와 내담자의 팔을 끄는 듯한 자세가 좋다.
⑧ 내담자가 읽고 싶어 하는 것을 읽어주고 고유명사 등은 자세히 설명한다.
⑨ 대필하게 되는 경우에는 정확하게 받아쓰고 내용을 다시 확인한다.

(3) 언어장애

언어장애는 외상이나 뇌병변 등으로 말하는 능력이나 듣고 이해하는 능력에 이상이 있는 상태로 알아듣기는 하나 말을 할 수 없는 경우와 말을 잊어버린 경우가 있다. 언어장애 대상자와 이야기하는 방법은 다음과 같다.

① 대상자와 이야기할 때는 얼굴과 눈을 응시하며 천천히 말한다.
② 대화에 주의를 기울이고, 소음이 있는 곳을 피한다.
③ 면담할 때는 앉아서 하고, 질문에 대한 답변이 끝나기 전에 다음 질문

을 하지 않는다.

④ 대상자의 말이 끝날 때까지 기다리면서 고개를 끄덕여 듣고 있음을 알린다.

⑤ 알아듣고 이해가 된 경우에는 예, 아니요. 등으로 짧게 대답한다.

⑥ 눈을 깜빡이거나 손짓, 손에 힘을 주거나 고개를 끄덕이는 등으로 의사 표현을 하게 한다.

⑦ 실물, 그림판, 문자판 등을 이용한다.

⑧ 잘 표현하였을 때는 칭찬과 더불어 긍정적 공감을 비언어적으로 표현해 준다.

(4) 치매로 인한 장애

치매로 인한 판난력, 이해력 장애는 발생한 일의 성격을 제대로 이해하지 못하는 것으로 상대방이 말하는 의미를 이해하지 못하여 오해하는 경우가 있다. 치매 노인의 경우 "아무것도 모른다.", "어차피 잊어버린다."라고 생각되기 쉽다. 그러나 장기기억이 남아있는 경우가 많아 감정도 풍부하게 살며 지낼 수 있다. 본인도 혼란이나 불안, 초조감 등의 스트레스를 안고 있음을 이해하고 자존감을 해치지 않도록 주의하여야 한다.

① 노인의 페이스에 맞추기

치매는 노인의 일상생활의 페이스를 방해하면 공황에 빠질 수 있다. 말이나 태도로 서두르거나 당황하게 하지 말고, 천천히 노인의 페이스에 맞춰야 한다. 또 말을 걸 때는 정면에서 다가가 노인의 시야에 들어간 다음 말을 걸어 놀라지 않도록 한다.

② 이해하기 쉬운 단어로 간결하게 전달하기

치매노인에게 한 번에 많은 이야기를 하면 이해할 수 없어 혼란스러워진다. "○○하고, ○○하면, ○○해요"라고 말하기보다는 "같이 ○○ 하지요", "○○ 해요" 등으로 표현하고 "다음은 ○○입니다" 등의 말로 먼저 지시하는 것보다 행동을 기다리고 지시하는 것이 중요하다.

③ 말보다 감정표현 자주 하기

배회나 망상 등의 증상이 있는 경우 언어적 표현 자체가 아닌 노인의 심적 안정에 맞춰본다. 의미를 모르는 언동이라도 그 환경적 이유가 있는 것이 많다. 상식을 강요하고 설득하는 것보다 그 대화 및 표현의 이유를 찾아내도록 노력하여야 한다.

④ '그 사람다움'을 소중히 하기

'모르는 것', '할 수 없는 것'만 보지 말고, '알 수 있는 것', '할 수 있는 것'의 치매 노인의 강점을 찾는 것이 중요하다. 때로는 좋아하는 것, 자랑스러운 것을 치매 노인의 자신감에 부각시켜야 한다. 또, 부정적 명령어, 모멸감, 질책 등은 하지 않는다.

⑤ 스킨십 자주 하기

불안과 소외감을 느끼기 쉬운 치매 노인은 타인의 차가운 태도에 민감하다. 손과 어깨 등을 부드럽게 스킨십하면서 위압감을 주지 않기 위해 시선은 같은 높이가 되도록 맞춘다. 또한 치매로 인한 지남력장애는 시간, 장소, 환경 등을 정확하게 파악하는 능력에 이상이 생긴 상태로 치매, 의식장애, 낮은 지능 등이 원인이다.

- 어려운 표현을 사용하지 않고 짧은 문장으로 천천히 이야기한다.
- 몸짓, 손짓을 이용해 상대의 말하는 속도에 맞추어 천천히 이야기한다.
- 실물, 그림판, 문자판 등을 이용하여 이해를 돕는다.
- 불쾌감을 주는 언어를 쓰거나 아이처럼 취급하여 반말을 하지 않는다.

- 대상자와 눈을 맞춘다.
- 명확하고 간단하게 단계적으로 제시한다.
- 구체적이고 익숙한 사물을 가지고 대화한다.
- 목표를 인식하고 단순한 활동을 먼저 제시한다.
- 주의력에 영향을 주는 환경적 자극을 최대한 줄인다.
- 주변 사람들에게 치매에 대한 이해를 구한다.
- 메시지를 천천히, 조용히 반복한다.
- 대상자의 이름과 존칭을 함께 사용한다.
- 내담자를 일관성 있게 대하도록 노력한다.
- 시간, 장소, 사람, 날짜, 달력, 시계 등을 인식시킨다.

요점정리

1. 노인상담과 의사소통의 개념

노인들의 심리적 · 정서적 욕구를 이해하고 지원하기 위해 전문가가 노인과 상호 작용하는 프로세스를 의미한다. 이는 노인들의 삶의 문제, 고민, 우려를 듣고 이해하며, 그들의 욕구에 맞게 지원과 조언을 제공하는 것을 포함한다.

2. 노인상담과 의사소통의 필요성

① 심리적 지지는 노인들은 고령화로 인해 가족이나 친구들과의 관계가 변하거나 손실을 겪을 수 있다.

② 문제 해결은 노인들은 노화로 인해 건강 문제, 가족 문제, 금전적 문제 등 다양한 어려움을 경험할 수 있다.

③ 정서적 안정은 노인들은 스트레스, 불안, 우울 등의 감정을 경험할 수 있다.

3. 노인상담과 의사소통의 유형과 원칙

노인상담과 의사소통은 심리적 상담, 사회적 지원, 정서적 지원 등 다양한 유형으로 이루어진다. 상담의 원칙은 공감과 이해, 비판적 사고 촉진, 개인화된 서비스 제공, 신뢰와 존중 등이 있다.

4. 효과적인 상담과 의사소통 방법

효과적인 상담과 의사소통을 위해서는 노인의 욕구와 상황을 고려한 개인화된 접근이 필요하다. 방법을 활용한다.

Quiz

1. 상대방을 비난하지 않고 상대방의 행동이 나에게 미친 영향에 초점을 맞추어 이야기하는 표현은 무엇인가?
2. 상대방의 행동에 초점을 두고 행동에 대한 비난, 비평, 평가의 의미를 전하는 것은 무엇인가?
3. 자신의 느낌과 생각을 효과적으로 표현함으로써 상대방과 원활히 대화하는 것은 무엇인가?

1: 나-전달법

2: 너-전달법

3: 말하기

CHAPTER 08

노인평생교육

학습목표

- 노인교육과 노인평생교육의 의의, 개념과 특징에 대해 알 수 있다.
- 노인교육의 필요성, 범위에 대해 알 수 있다.
- 노인평생교육의 목적에 대해 알 수 있다.
- 노인평생교육 프로그램의 종류에 대해 알 수 있다.
- 노인들을 위한 다양한 프로그램 개발에 대해 알 수 있다.
- 노인교육의 실태와 문제점과 과제에 대해 알 수 있다.

1. 노인교육

1) 노인교육의 의의

노인교육은 노인들에게 지속적인 학습 기회를 제공하여 그들의 삶의 질을 향상시키고 사회참여를 촉진하는 것을 목적으로 한다. 노인교육의 의의는 크게 개인적 측면과 사회적 측면으로 나누어 살펴볼 수 있다.

(1) 개인적 측면

개인적 측면에서 노인교육의 의의는 다음과 같다.

첫째, 자기개발 및 삶의 질 향상이다. 노인이 자신의 지식과 능력을 개발하고, 새로운 것을 배우고 경험함으로써 삶의 질을 향상시킬 수 있도록 도와준다. 노인교육을 통해 노인은 새로운 지식과 정보를 습득하고, 창의적인 사고력을 키우며, 자신의 잠재력을 발휘할 수 있다. 또한, 노인교육은 노인의 정서적 안정과 행복을 증진시키는 데에도 도움이 된다.

둘째, 사회적 참여 및 건강 증진이다. 노인의 사회적 참여를 촉진하고, 사회에 대한 적응력을 향상시켜 준다. 노인교육을 통해 노인은 다양한 사람들과 교류하고, 사회 문제에 대해 배우고 참여함으로써 사회의 일원으로서 소속감을 느낄 수 있다. 또한, 노인교육은 노인의 신체적·정신적 건강을 증진시키는 데에도 도움이 된다.

(2) 사회적 측면

사회적 측면에서 노인교육의 의의는 다음과 같다.

첫째, 노인인구 증가에 따른 사회문제 예방이다. 고령화사회로 진입함에 따라 노인인구가 급속히 증가하고 있다. 노인인구의 증가는 노인 문제의 증가로 이어질 수 있다. 노인교육은 노인 문제를 예방하고, 노인 사회의 안정과 발전을 도모하는 데 중요한 역할을 한다.

둘째, 지식 기반 사회에 대비한 인적자원 개발이다. 지식 기반 사회로 진입함에 따라 노인의 지식과 경험이 더욱 중요해지고 있다. 노인교육은 노인의 지식과 경험을 사회에 환원하고, 새로운 사회 발전에 기여할 수 있는 인적자원을 개발하는 데 도움이 된다.

이처럼 노인교육은 노인의 삶의 질 향상과 사회 발전에 기여하는 중요한 역할을 한다. 노인교육을 활성화하기 위해서는 노인교육에 대한 사회적 인식 개선과 정부의 지원 확대가 필요하다.

2) 노인교육의 개념과 특징

노인교육은 노인들을 대상으로 하는 교육활동으로, 평생학습의 일환으로서 노인들이 계속해서 지적 · 사회적 · 문화적으로 발전하고 새로운 기술이나 지식을 습득할 수 있도록 지원하는 것을 목적으로 한다. 이는 노인들이 노년기에도 학습을 통해 더 풍요로운 삶을 살 수 있도록 돕기 위한 노력을 의미한다.

노인교육의 주요 개념과 특징은 다음과 같다.

첫째, 평생학습은 평생학습의 개념을 기반으로 한다. 노인들은 노년기에도 계속해서 새로운 지식과 기술을 습득하고 자기 계발을 이루어 나갈 수 있어야 한다.

둘째, 자기주도학습은 노인들이 자기주도적으로 학습하고 자신의 관심사나 필요에 따라 학습 경로를 선택할 수 있어야 한다. 자기주도학습은 노인들의 독립성과 학습 의욕을 촉진한다.

셋째, 다양한 주제와 형태는 다양한 주제와 형태를 포함한다. 이는 문학, 미술, 음악, 언어학습, 기술, 건강 등 다양한 분야에 걸쳐 다양한 교육 프로그램을 제공하는 것을 의미한다.

넷째, 사회참여와 상호작용은 노인들이 교육을 통해 지식을 얻을 뿐만 아니라 사회적 참여를 통해 다른 노인들이나 다양한 연령대의 사람들과 상호작용할 수 있다. 이는 사회적 네트워크를 강화하고 소통을 촉진한다.

다섯째, 건강 촉진은 건강한 라이프스타일을 촉진하는 것도 중요한 측면 중 하나이다. 신체적 활동, 올바른 식습관 등을 강조하여 노인들의 건강을 지원한다.

여섯째, 경제적 기여를 강조한다. 노인들이 자신의 기술과 지식을 활용하여 일자리를 창출하거나 사회 경제에 기여하는 방법을 학습한다.

노인교육은 노인들의 삶의 질을 향상시키고, 사회적으로 활발한 참여와 상호 작용을 도모하여 노년기를 보다 의미 있게 살 수 있도록 돕는 중요한 교육 분야이다.

3) 노인교육의 필요성

고령화사회에서 노인에게 교육이 필요한 이유는 여러 가지가 있다. 노인에게 교육은 지적 활동성 유지, 사회적 참여 촉진, 건강 증진, 삶의 질 향상 등 다양한 측면에서 중요하다.

첫째, 노인의 학습 능력과 잠재력 개발을 위해 필요하다. 노인은 아동이나 성인과는 다른 학습 특성을 가지고 있다. 노인은 경험이 풍부하고, 문제해결 능력이 뛰어나지만, 신체적 · 정신적 능력이 감소하는 경향이 있다. 따라서, 노인의 학습 능력과 잠재력을 개발하기 위해서는 노인의 특성을 고려한 교육이 필요하다.

둘째, 노인의 삶의 질 향상을 위해 필요하다. 노인교육은 노인의 삶의 질을 향상시키는 데 기여할 수 있다. 노인교육을 통해 노인은 건강, 문화, 사회참여, 인권 등 다양한 분야에서 지식과 기술을 습득할 수 있다. 이는 노인의 삶에 대한 만족도를 높이고, 노후를 보다 행복하게 보내는 데 도움이 된다.

셋째, 노인의 사회참여 확대를 위해 필요하다. 노인교육은 노인의 사회참여를 확대하는 데 기여할 수 있다. 노인교육을 통해 노인은 사회에 대한 이해를 높이고, 사회문제 해결에 참여할 수 있는 역량을 키울 수 있다. 이는 노인의 사회적 지위를 높이고, 노인과 함께하는 사회를 만드는 데 도움이 된다.

넷째, 노인에 대한 인식 개선을 위해 필요하다. 노인교육은 노인에 대한 인식 개선을 위해 필요하다. 노인교육을 통해 노인의 학습 능력과 잠재력을 알리고, 노인의 사회 참여를 장려함으로써, 노인에 대한 긍정적인 인식을 확산시킬 수 있다.

고령화사회의 도래와 함께 노인교육의 중요성은 더욱 커지고 있다. 노인교육을 통해 노인의 학습 능력과 잠재력을 개발하고, 삶의 질을 향상시킴으로써, 노인과 함께하는 사회를 만들 수 있을 것이다.

구체적으로, 고령화사회에서 노인교육이 필요한 분야는 다음과 같다.

- 건강교육은 노인의 건강 증진과 질병 예방을 위한 교육
- 문화교육은 노인의 문화적 소양 함양을 위한 교육
- 사회참여 교육은 노인의 사회 참여 확대를 위한 교육
- 인권교육은 노인의 인권 보호를 위한 교육

이러한 분야에서 노인교육이 이루어짐으로써, 노인은 다음과 같은 혜택을 받을 수 있다.

- 건강증진은 노인교육을 통해 건강에 대한 지식을 습득하고, 건강한 생활 습관을 형성함으로써, 노인의 건강을 증진시킬 수 있다.
- 문화적 소양 함양은 노인교육을 통해 다양한 문화에 대한 지식을 습득하고, 문화 활동에 참여함으로써, 노인의 문화적 소양을 함양할 수 있다.
- 사회참여 확대는 노인교육을 통해 사회에 대한 이해를 높이고, 사회문제 해결에 참여함으로써, 노인의 사회 참여를 확대할 수 있다.
- 인권보호는 노인교육을 통해 인권에 대한 지식을 습득하고, 인권을 보호하기 위한 활동에 참여함으로써, 노인의 인권을 보호할 수 있다.

고령화사회에서 노인교육의 발전을 위해서는 다음과 같은 노력이 필요하다.

첫째, 노인의 특성에 대한 이해 증진이다. 노인의 학습 특성을 고려한 교육을 개발하기 위해서는 노인의 특성에 대한 이해가 필요하다. 이를 위해서는 노인 관련 연구를 활성화하고, 노인 교육에 대한 전문 인력을 양성해야 하다.

둘째, 노인교육에 대한 사회적 관심 증대이다. 노인교육이 활성화되기 위해서는 사회적 관심과 지원이 필요하다. 이를 위해서는 노인교육에 대한 인식 개선을 위한 홍보 활동을 강화하고, 노인교육을 위한 재정 지원을 확대해야 한다.

셋째, 노인교육의 체계적 지원이다. 노인교육이 효과적으로 이루어지기 위해서는 체계적인 지원이 필요하다. 이를 위해서는 노인교육에 대한 법적 근거를 마련하고, 노인교육의 질을 관리하는 시스템을 구축해야 한다.

노인교육의 중요성은 다양한 측면에서의 변화에 기인한다.

첫째, 평생학습사회의 도래다. 현대사회에서의 물질적 풍부와 여가 증대는 모든 연령층이 다양한 교육의 장에 참여할 수 있는 평생학습사회를 가능케 한다. 또한 과거의 전통적 가치보다는 지식정보화와 관련된 가치가 중시되는 지식기반사회의 도래로 평생교육에 대한 요구가 증대할 것이다. 따라서 이러한 평생학습사회에 있어 노인 또한 교육의 주체로서 삶의 질 향상을 위하여 교육에 지속적으로 참여할 것으로 예상된다.

둘째, 인구고령화사회의 도래이다. 사회에 대한 노인의 영향력을 증대시키고, 사회적으로 통합해야 한다. 고령화 진행이 세계 어느 나라보다 빠른 한국은 노인이 소외계층에서 벗어날 수 있도록 사회적 통합 측면에서의 노인교육이 필요하다.

셋째, 사회변화의 가속화로 이에 따른 지식과 노하우가 필요하다. "구관이 명관"이라는 말이 무색할 정도로 사회가 빠른 속도로 변화하고 있어, 노인이 가지고 있는 기술과 경험 등이 무색할 정도다. 따라서 사회구성원으로 기대되는 역할을 수행하기 위해서는 노인교육이 필수적이다.

넷째, 세대 간 이해의 필요성이다. 늘어나는 노인과 다른 세대가 어떻게 화합하고 이해하며 사회적으로 어떻게 수용하느냐에 대한 문제도 중요하다고 볼 수 있다. 즉, 젊은 세대의 가치관 변화에 따라 전통사상이 희박해지는 오늘날 노인의 경제적 · 사회적 · 문화적 · 심리적 자립과 세대 간의 이해를 위해 노인교육이 필요하다.

다섯째, 노인교육에 대한 수요의 증가이다. 생활 수준의 향상으로 노인의 욕구가 장래의 안전과 건강 등과 같은 안락함을 추구하는 기본적 욕구를 넘어 자기계발과 자아실현을 위한 욕구로 이어지고 있다. 따라서 이에 맞는 노인교육서비스가 이루어져야 하며, 이를 통해 활기차고 성공적인 노후를 영위할 수 있는 노인교육이 필요하다.

4) 노인교육의 범위

피터슨(Peterson)은 영국의 교육학자로, 노인교육의 개념과 목적을 포괄적으로 설명한 학자다. 그는 노인교육을 "노인의 학습욕구와 요구를 충족시키고, 노인의 삶의 질을 향상시키기 위한 교육 활동"이라고 정의했다. 피터슨은 노인교육의 범위를 크게 세 가지로 구분했다.

(1) 노인에 의한 교육

"노인에 의한 교육"은 노인들이 자신의 지식, 경험, 그리고 기술을 활용하여 다른 사람들에게 전달하고 가르치는 교육 활동을 의미한다. 이는 노인들이 사회에 더 나은 방식으로 기여하고, 자신의 지식을 공유하며, 사회적으로 유용한 역할을 수행할 수 있도록 하는 것을 목표로 한다.

첫째, 자원봉사 활동이다. 노인들이 자신의 전문 분야나 산업에서 얻은 지식과 경험을 활용하여 자원봉사 활동을 진행할 수 있다. 이는 학교, 도서관, 병원 등에서 강의나 멘토링을 통해 지식을 전달하는 것일 수 있다.

둘째, 재능기부 및 워크숍이다. 노인들이 예술, 공예, 음악, 체육 등 다양한 분야에서 자신의 재능을 기반으로 워크숍이나 교육 프로그램을 개최할 수 있다. 이를 통해 다른 사람들에게 기술과 예술적인 표현 방법을 가르칠 수 있다.

셋째, 교육 강사로의 참여이다. 노인들이 학교, 지역 센터, 어학 학원 등에서 교육 강사로 참여할 수 있다. 특히 노인들이 갖고 있는 삶의 경험을 토대로 다양한 주제에 대한 강의를 진행할 수 있다.

넷째, 커뮤니티 프로젝트 참여이다. 노인들이 지역 커뮤니티 프로젝트에 참여하면서 자신의 기술과 경험을 활용하여 동료들과 협력할 수 있다. 이는 지역사회에 긍정적인 영향을 미친다.

노인에 의한 교육은 상호 교류와 상호 학습을 촉진하며, 노인들이 자신의 역량을 계속해서 활용하고 새로운 세대에게 지식과 지혜를 전달할 수 있도록 하는 중요한 사회적 활동이다. 이는 노인들이 계속해서 활기차게 참여하고, 사회에 기여할 수 있도록 하는 것을 장려하며, 동시에 상호 존중과 이해를 촉진하는 역할을 한다.

(2) 노인에 관한 교육

"노인에 관한 교육"은 노인들을 대상으로 한 교육 활동으로, 노인과 노화에 대한 지식과 정보를 증진시키고, 노인의 생활 질을 향상시키기 위해 설계된 교육 프로그램을 포함한다. 이러한 교육은 노인학, 노인복지, 노인상담 등과 관련된 다양한 분야를 다루고 있다.

첫째, 노인학(Gerontology)이다. 노인에 관한 연구를 수행하고, 노인들의 생활과 건강에 영향을 미치는 다양한 인자들을 이해하는 학문 분야이다. 노인에 관한 교육은 이러한 노인학적 지식을 기반으로 노인들과의 상호 작용과 지원에 도움을 주는 내용을 포함할 수 있다.

둘째, 노인복지(Elderly Welfare)다. 노인들이 건강하고 안정된 생활을 영위할 수 있도록 돕는 프로그램을 다룬다. 이는 노인복지 시스템, 지역 자원 활용, 급여 및 혜택 등에 관한 정보를 포함할 수 있다.

셋째, 노인상담(Geriatric Counseling)이다. 노인에 관한 상담 교육은 노인들의 정서적, 사회적, 심리적인 요구를 이해하고, 이에 대한 효과적인 상담 기술을 제공한다. 노인들의 삶의 변화와 적응에 대한 도움을 주는 내용이 포함된다.

넷째, 건강 및 라이프스타일 교육이다. 노인에 관한 교육은 건강한 라이프스타일 유지를 위한 정보를 제공한다. 이는 올바른 식습관, 운동, 스트레스 관리, 만성질환 예방 등에 관한 내용을 다룰 수 있다.

다섯째, 사회 참여 및 삶의 질 향상이다. 노인에 관한 교육은 사회 참여와 노인들의 삶의 질 향상을 위한 프로그램을 제공한다. 이는 다양한 활동 참여, 지역사회 참여, 문화적 활동 등을 다룰 수 있다.

여섯째, 노인의 권리와 보호로 노인에 관한 교육이다. 노인들의 권리와 안전을 보호하는 방법에 대한 정보를 제공한다. 이는 노인학대 예방, 법적 권리, 금융 보호 등을 다룰 수 있다.

노인에 관한 교육은 노인들이 건강하고 활동적인 노년기를 살 수 있도록 도움을 주며, 사회 전반에 걸쳐 노인에 대한 이해와 존중을 촉진하는 중요한 역할을 한다.

Part
01
고령사회와 노인의 이해

Part
02
노인복지정책과 실천

Part
03
노인복지 관련 주요 이슈

(3) 노인을 위한 교육

“노인을 위한 교육”은 노인들이 노년기에 계속해서 학습하고 발전할 수 있도록 지원하는 교육 프로그램을 의미한다. 노인을 위한 교육은 다양한 목적과 형태로 제공되며, 노인들이 건강하고 활동적인 노후를 즐기기 위해 필요한 기술, 지식, 자기계발 등을 강화하는 데 중점을 둔다.

첫째, 건강 및 웰빙 교육은 노인들을 위한 교육이다. 건강한 라이프스타일과 웰빙에 관한 정보를 제공한다. 이는 올바른 식습관, 정기적인 운동, 스트레스 관리, 수면 등에 대한 교육을 포함할 수 있다.

둘째, 기술 교육은 현대 사회에서의 노인을 위한 교육이다. 디지털 기술 및 인터넷 사용과 관련된 교육을 제공하는 경우가 많다. 스마트폰, 컴퓨터, 인터넷 등의 활용법을 학습하여 노인들이 디지털 환경에 더 잘 적응하도록 지원한다.

셋째, 문화 및 예술 교육은 노인을 위한 교육이다. 문학, 음악, 미술, 연극 등 다양한 문화 활동을 포함한다. 이를 통해 창의성을 향상시키고 예술적인 활동에 참여할 수 있는 기회를 제공한다.

넷째, 언어 교육이다. 외국어 학습이나 자국어의 활용을 통해 언어적 기술을 강화하는 교육이 포함될 수 있다.

다섯째, 자기계발 및 취미 활동이다. 새로운 기술을 습득하거나 자기 계발을 위한 강좌, 취미 활동을 통한 교육이 노인들의 삶에 활력을 불어넣을 수 있다.

여섯째, 사회참여와 봉사 활동이다. 지역사회에서의 참여와 봉사 활동을 통해 노인들은 소셜 네트워크를 확장하고 사회적으로 활동적인 삶을 유지할 수 있다.

일곱째, 금융 교육이다. 퇴직 후 재무 계획, 투자, 경제적 자립에 관한 교육이 노인들에게 도움을 줄 수 있다.

이러한 교육은 노인들이 자아계발을 지속하며, 더 나은 삶의 질을 유지하고, 사회에 적극적으로 참여할 수 있도록 지원하는데 기여한다. 개개인의 요구와 관심에 맞게 다양한 형태로 제공되어야 한다.

2. 노인평생교육

1) 노인평생교육의 목적

노인평생교육은 노인의 가치관과 태도를 변화시켜 노인의 삶의 질을 향상시키고, 사회 발전에 기여한다. 즉, 노인인권, 노후 준비, 사회참여 등 다양한 분야의 교육을 제공함으로써 노인의 가치관과 태도를 변화시킬 수 있도록 지원한다.

첫째, 노화에의 적응이다. 노인들로 하여금 자신의 위치를 확인하고 노인 및 노화의 특성을 정확히 이해하게 함으로써 노화에 보다 효율적으로 적응하고, 노년기 발달과업을 효과적으로 성취하며, 자신의 문제를 스스로 해결해 나갈 수 있도록 돕는 데 있다.

둘째, 사회적응이다. 노인들로 하여금 사회변화를 이해하고 그에 적응할 수 있도록 하며, 더 나아가 노인들도 변화하는 사회에 능동적으로 참여할 수 있도록 돕는 데 있다.

셋째, 자기계발이다. 노인의 학습과 자기계발에 대한 욕구를 충족시킬 수 있도록 인간으로서 당연한 계속적 자기계발과 학습기회를 제공하는 데 있다.

넷째, 대인관계 확대이다. 교육의장을 통하여 노인들로 하여금 더 폭넓은 인간관계를 구축하고, 상호 조력과 정보교환을 위한 대인관계망을 확대시키도록 돕는 데 있다.

다섯째, 능동적 삶의 고취이다. 교육참여를 통하여 노인들로 하여금 보다 적극적이고 능동적인 삶의 태도를 고취시키는 데 있다.

여섯째, 자립과 사회참여이다. 노인의 사회참여와 취업에 필요한 지식과 기술을 제공함으로써 노인의 경제적 자립과 지속적 사회참여를 돕는 데 있다.

2) 노인평생교육 프로그램의 종류

노인교육 프로그램은 크게 세 가지 영역으로 구분된다.

첫째, 생활교육이다. 교양교육 및 여가 · 취미생활 등 교육을 중심으로 형성되어 있다.

둘째, 직업교육이다. 동아리활동, 퇴직준비, 재산관리 등의 실질적 기술을 연마하는 것이다.

셋째, 지도자교육이다. 재취업과 관련되어 일을 할 수 있는 능력을 전문적으로 양성하는 교육이다. 평생교육의 핵심적 기능이라고 할 수 있다.

박현식 외(2015)의 영역별 노인교육 프로그램을 현대에 맞게 수정 · 보완하였다.

표 8-1 노인교육 프로그램

영역	구분	프로그램
생활교육	교양	영어, 한글, 논어, 역사, 윤리, 종교, 서예, 컴퓨터, 시사, 전통문화, 시민생활 등
	여가, 취미	파크골프, 퓨전가요장구, 라인댄스, 요가, 체조, 댄스, 단전호흡, 게이트볼, 배드민턴, 탁구, 가요민요, 고전무용, 탈춤, 에어로빅, 장구, 가야금, 사군자, 시조, 등산, 관광, 여행, 스포츠 마사지, 요리, 화초재배, 꽃꽂이, 영화관람. 비디오 시청, 연극, 소풍 등
	건강, 안전	자기관리, 위생, 질병예방과 치료, 영양섭취, 식이요법, 수지침, 교통안전, 범죄대책, 죽음과 대비 등
	인간관계	의사소통, 고부관계, 부모교육, 손자녀관계, 대인관계, 자기표현훈련 등
	생활정보	노인문제, 노인복지, 생활법률 외국 노인의 생활 등
	사회활동	고아원 및 양로원 방문, 폐품 재활용, 교통정리, 자연보호 등

영역	구분	프로그램
직업 교육	자격증 취득	사회복지사, 노인복지사, 원예복지사, 생활지원사, 장애인활동지원사, 보육교사 등
	동아리활동	동아리활동 국악, 율동, 음악, 합창, 서예, 등산, 종교, 봉사
	퇴직대비	건강관리, 퇴직생활설계, 퇴직생활사례 등
	재산관리	주택연금, 용돈관리, 연금, 재산관리 등
지도자 교육	재취업	직업의식, 재취업사례 등
	일반, 전문과정	정리수납전문가, 요리사, 조리사, 동화구연 등, 노인심리, 정신건강, 노인과 사회, 생활의학, 노인과 법률, 노인여가와 레크리에이션, 재가복지론, 노인상담, 노인복지시설운영론, 자원봉사자 등

출처: 박현식 외(2015)

3) 노인교육의 실태와 과제

(1) 노인의 학습욕구와 능력

노인의 교육활동 참여를 결정하는 가장 중요한 요인은 노인 자신의 교육에 대한 욕구와 능력이라고 할 수 있다.

놀스(Knowles, 1977)는 노인은 자신이 필요로 하는 것을 배우려는 욕구와 함께 자신이 가지고 있는 정보와 지식을 즉각 활용하고자 하는 욕구를 동시에 지니고 있다고 하였다.

맥클루스키(McClusky, 1974)는 노인이 교육에 참가하는 이유와 교육에 대한 욕구를 ① 노년기 문제에 대처하고자 하는 욕구 ② 고독과 소외에서 벗어나 자신을 표현하고자 하는 욕구 ③ 타인과 지역사회에 봉사하고 헌신하고자 하는 욕구 ④ 사회 전체의 변화에 영향을 미치고자 하는 욕구 ⑤ 자기실현 등을 하고자 하는 초월적 욕구로 나누었다.

카프(Carp, 2000)는 노인이 교육에 참가하는 이유와 교육에 대한 욕구를 ① 새로운 지식에 대한 욕구 ② 새로운 직업 혹은 학위에 대한 개인적 욕구 ③ 지역사회문제에 참여하려는 사회적 욕구 ④ 새로운 친구를 사귀고 사회활동에 참여하려는 욕구 ⑤ 내세를 향한 종교적 동기 ⑥ 배워야 한다는 의무감이라는 여섯 가지 욕구와 동기에 의해 노인이 교육에 참여하게 된다고 하였다.

노인의 학습에 대한 욕구는 한 가지 또는 여러 가지가 복합적으로 작용할 수 있다. 보건복지부와 한국보건사회연구원(2017)에 따르면 노인 중에서 24% 정도가 평생교육을 받고자 하는 욕구를 지니고 있다. 노인이 참여하기를 희망하는 교육 분야는 건강관리, 여가·취미, 일반교양, 자원봉사, 취업, 직업, 노후준비 등으로 매우 다양한 것으로 나타났다(보건복지부, 한국보건사회연구원, 2012).

노인이 아무리 학습에 대한 욕구가 있다고 하더라도 학습능력이 어느 정도인가에 따라 노인교육 참여도는 달라질 수 있다. 노인의 학습능력 평가에서 가장 중요한 요인은 인지기능 수준이라 할 수 있다. 지금까지의 노인의 인지기능에 대한 연구에 따르면, 노년기의 인지기능 저하로 인하여 학습능력을 상실한다는 확실한 근거는 발견되지 않고 있다(권중돈, 2021).

이와 같이 노인의 학습능력을 긍정적으로 평가한다고 할지라도 노인의 학습을 방해하는 장애요인 또한 분명히 존재한다.

크로스(Cross, 1979)는 노인의 교육 참여를 방해하는 요인을 살펴보면 다음과 같다.

① 학습경비, 교통편, 건강 약화 등과 같은 노인 각자의 개인적 생활사정에 의해 야기되는 상황적 장애요인

② 노인 스스로 학습활동 자체에 흥미를 느끼지 못하거나 혹은 배우기에는 너무 늘었다고 느끼는 것과 같은 노인 개개인의 성향적 장애요인

③ 교육기관이 노인교육의 필요성과 노인의 노인교육에 대한 욕구를 무시하고 이에 대한 지원을 소홀히 함으로써 나타나는 제도적 장애

요인으로 분류하고 있다.

따라서 노인의 교육 참여를 촉진하기 위해서는 이와 같은 장애요인을 정확히 인식하고 노인 당사자, 노인교육 담당자, 가족과 사회가 협력하여 이를 개선하기 위한 노력을 함께 기울여야 한다.

(2) 노인교육의 실태와 문제점

우리나라의 노인교육은 1972년 10월 개강한 태화관 부설의 서울평생교육원을 시작으로 하여, 1970년대 후반과 1980년대에 노인학교 설립 붐이 일어나 오늘에 이르고 있다. 「노인복지법」상 노인여가복지시설로 분류되어 있는 노인교실은 노인학교, 노인대학, 경로대학 등의 다양한 명칭으로 설립·운영되고 있다. 보건복지부(2021)에 등록된 노인교실은 2020년 말 기준 1,291개소에 이르며, 노인복지관, 사회복지관, 대학부설 평생교육원, 종교시설의 노인교실 등에서도 노인교육을 실시하고 있으나 정확한 현황이 파악되지 않고 있다.

노인교실에서 실시하고 있는 노인교육의 내용은 크게 교양강의와 여가활동으로 나뉘는데, 대부분의 경우 교양강의보다는 취미, 오락 위주의 프로그램에 치중하고 있는 실정이다. 노인교실 운영자의 비전문성, 전문강사진 부족, 운영재원의 부족, 교육시설과 교재 등이 미흡한 교육환경, 교육 프로그램과 방법의 전문성 결여, 지역사회 내 다른 노인교육기관과의 연계성 부족 등의 문제점을 지니고 있다(권중돈, 2002).

노인복지관이나 사회복지관에서 평생교육사업의 일환으로 노인교육을 실시하고 있는 곳이 다수에 이르고 있다. 사회복지관에서 운영하는 노인교육 프로그램은 지역이나 기관에 따라 편차가 매우 크지만 교육대상이 저소득층 노인에 집중되어 있다. 그리고 노인복지관 역시 지역이나 기관에 따라 편차가 크고 특히 대도시에 집중되어 있고 노인의 접근도가 낮다는 문제점이 있지만, 다른 노인교육 담당기관에 비하여 노인교육 인력이나 시설, 교육 프로그램 모두에서 훨씬 나은 조건을 갖추고 있으므로 노인의 교육욕구 충족에 많은 기여를 하고 있다.

고등교육기관인 대학에서도 평생교육원이나 부속기관 등에서 노인을 대상으로 한 평생교육 프로그램을 운영하고 있으며, 노인정보화교육을 실시하거나 명예학생제도, 학점은행제, 시간제 등록제, 원격대학 등을 통하여 노인에게 평생교육의 기회를 부여하고 있다.

우리나라의 대학들은 평생교육원의 일부 프로그램으로 노인교육과정을 운영하는 것이 일반적이며, 대학 차원에서는 노인교육을 위한 전면적인 개방 노력이 미흡하고, 체계적인 노인교육을 실시할 수 있는 교육체제를 갖추지 못하고 있다. 그러나 앞으로 대학이 노인교육에 적극적으로 참여할 경우 세대 간 학습과 이해의 증진, 대학생과 노인학습자 간 공동학습자로서의 역할 교류, 노년기의 역할모델 제시, 지역사회와의 유대관계 형성 등과 같은 긍정적 효과를 거둘 수 있을 것이며, 노인의 경우에도 질 높은 노인교육을 받을 수 있는 기회를 마련할 수 있게 될 것이다.

(3) 노인교육 활성화를 위한 과제

정보지식사회로의 전환과 함께 노인인구가 급증하고 노인의 교육 수준, 경제 수준, 건강 상태가 개선되어 감에 따라 앞으로 노인교육에 대한 수요는 꾸준히 증가할 것으로 보인다. 따라서 노인교육의 문제점을 해결하고 이를 활성화하기 위하여 다음과 같은 정책과제를 적극적으로 추진해야 한다.

첫째, 노인교육기관의 성격에 대한 재규정과 이에 따른 재정 및 행정적 지원을 강화해야 한다.

- 노인교육기관의 성격 재규정은 현재의 노인교육기관의 성격을 평생교육의 일환으로 명확하게 정의하고, 노인들의 학습 욕구와 요구를 충족

시키며 노인의 삶의 질을 향상시키기 위한 교육 기관으로서의 목표를 명시적으로 제시해야 한다.

- 법률 및 규정의 업데이트는 관련 법률 및 규정을 현대적이고 노인 교육의 특성을 반영하는 방향으로 업데이트하고 수정해야 한다. 이는 노인 교육의 범위, 교육기관의 역할, 교육 내용, 교육자격 등을 명확하게 규정함으로써 효과적인 운영을 가능케 한다.
- 재정 및 행정적 지원의 강화는 노인교육기관에 대한 재정 및 행정적 지원을 강화하여 교육 프로그램의 질을 향상시키고 지속 가능한 운영을 보장해야 한다. 이를 통해 교육자에게 적절한 보상을 제공하고 교육 활동의 다양성을 확대할 수 있다.
- 노인교육의 중요성 강조는 정부 및 지자체에서 노인교육의 중요성을 강조하고 인식 확산을 촉진해야 한다. 이를 통해 노인 교육에 대한 사회적 지원이 높아지고, 노인들 스스로 교육을 받고자 하는 의욕이 높아질 것이다.
- 전문 강사 양성과 지원 프로그램은 노인 교육을 위해 전문 강사를 양성하고 지원하는 프로그램을 강화해야 한다. 이는 노인들에게 고품질의 교육을 제공하고 교육자의 전문성을 향상시킬 수 있다.
- 노인교육기관 데이터베이스 구축이다. 노인교육에 관한 효과적인 데이터 수집 및 관리를 위한 데이터베이스를 구축해야 한다. 이는 교육의 성과를 평가하고 개선하는 데 도움이 되며, 향후 교육 프로그램의 계획과 운영에 유용한 정보를 제공한다.
- 지도 · 감독 기능의 강화는 노인교육기관에 대한 지도 · 감독 기능을 강화하여 교육의 질과 효과를 지속적으로 모니터링하고 개선할 수 있도록 해야 한다.
- 노인교육의 사회적 가치 강조는 노인교육이 사회적으로 중요하고 가치

있는 활동임을 강조하여, 이를 통해 노인들이 사회에 더욱 기여하고 활동적인 시민으로서의 역할을 수행할 수 있도록 지원해야 한다.

둘째, 노인교육의 목표를 정립하고 이에 따른 체계적인 교육과정, 프로그램, 교재 등의 개발이 이루어져야 한다.

- 목표의 명확한 정립은 노인교육의 목표를 명확하게 정립하는 것은 교육과정을 개발하는 첫 번째 단계이다. 목표는 노인들이 특정 기술, 지식, 능력을 습득하고, 건강을 유지하며 사회적으로 참여할 수 있도록 하는 것과 관련하여 구체적이고 현실적이어야 한다.
- 노인의 특성 고려는 노인교육은 참가자들의 특성을 고려해야 한다. 노인들은 다양한 학습 스타일과 필요를 가지고 있으며, 노인의 노화 과정에 따른 생리적 · 심리적인 특성을 고려하여 교육과정을 설계해야 한다.
- 체계적인 교육과정 개발은 목표를 기반으로 한 체계적인 교육과정을 개발해야 한다. 교육과정은 주제의 구조화, 학습 단계의 세분화, 평가 방법의 결정 등을 포함해 노인들의 학습을 지원할 수 있는 체계를 가져야 한다.
- 다양한 학습자를 위한 프로그램은 노인교육 프로그램은 다양한 관심사, 학습 수준, 능력을 고려하여 다양성을 지원해야 한다. 다양한 주제와 접근 방식을 제공하여 노인들이 자신에게 맞는 프로그램을 선택하고 참여할 수 있도록 해야 한다.
- 교재 및 자료 개발은 효과적인 노인교육을 위해 적절한 교재 및 학습 자료가 필요하다. 교재는 목표에 부합하며 이해하기 쉽고 흥미로운 내용을 담고 있어야 한다. 노인들의 필요에 맞게 제작된 자료는 학습 효과를 높일 수 있다.
- 활동 중심의 학습 프로세스 촉진은 노인교육에서는 활동 중심의 학습을 강조하는 것이 중요하다. 체험을 통한 학습, 토론, 그룹 활동 등을

포함하여 노인들이 적극적으로 참여하고 새로운 경험을 쌓을 수 있도록 해야 한다.

- 기술 및 디지털 리터러시 강화는 현대 회에서의 노인교육은 디지털 환경에서 일어나는 경우가 많다. 따라서 노인들의 디지털 리터러시를 강화하는 교육 프로그램이 필요하며, 이를 통해 노인들이 현대사회에서 더 적극적으로 참여할 수 있도록 돕는다.
- 지속적인 평가 및 개선은 교육과정 및 프로그램은 지속적인 평가를 통해 효과를 확인하고 개선해야 한다. 노인들의 피드백을 수렴하고 교육의 질적 향상을 위한 조치를 취하는 것이 중요하다.

셋째, 노인교육 전문인력을 양성하고 노인교육기관에 전문인력의 채용을 의무화하여야 한다.

- 전문성 깅화 및 교육 품질 향상은 노인교육 전문인력의 양성은 교육 프로그램의 전문성을 강화하고 교육 품질을 향상시킬 수 있다. 전문적인 교육자는 노인들의 특성을 이해하고 학습 환경을 최적화하는 데 필요한 기술과 지식을 가지고 있다.
- 노인의 다양성에 대한 이해와 적응은 전문인력은 노인들의 다양한 특성에 대한 이해와 적응 능력을 보유하고 있다. 이는 다양한 연령, 건강상태, 문화적 배경을 가진 노인들에게 적합한 교육을 제공하는 데 중요하다.
- 신속하고 효과적인 교육 대응은 전문인력은 변화하는 사회적 환경과 교육 기술에 신속하게 대응할 수 있는 능력을 가지고 있다. 이는 현대적이고 효과적인 교육을 설계하고 제공하는 데 필수적이다.
- 노인과의 소통과 상호작용 강화이다. 전문인력은 노인들과의 소통과 상호작용을 강화할 수 있다. 노인들과의 효과적인 소통은 교육과정의 이해도를 높이고 학습 경험을 풍부하게 만들어준다.

- 평가 및 개선 능력 강화는 전문인력은 교육과정과 프로그램을 지속적으로 평가하고 필요한 경우 개선하는 능력을 갖추고 있다. 이는 교육의 효과를 측정하고 지속적인 향상을 위한 조치를 취할 수 있게 한다.
- 노인교육의 사회적 인정과 발전은 전문적인 노인교육 전력은 노인교육의 사회적 인정을 높일 수 있다. 전문적인 교육자의 존재는 노인교육이 중요하게 여겨지고 있음을 보여주며, 노인교육 분야의 발전을 촉진할 수 있다.
- 노인교육의 다양한 분야에서 활용은 전문인력은 노인교육의 다양한 분야에서 활용될 수 있다. 건강, 문화, 미술, 기술 등 다양한 주제 및 분야에 대한 전문성을 가진 교육자들이 노인들에게 다양한 학습 기회를 제공할 수 있다.

넷째, 지역사회 내의 노인교육기능을 수행하는 대학, 종교단체, 복지기관이나 단체, 노인교육 전문가 간의 유기적 협력체계를 구축해야 한다.

- 다양한 전문성과 경험 결합은 대학, 종교단체, 복지기관, 노인교육 전문가 등은 각자 다양한 전문성과 경험을 가지고 있다. 이들 간의 협력은 서로의 강점을 결합하여 노인들에게 더 다양하고 풍부한 교육 경험을 제공할 수 있도록 도와준다.
- 자원 효율성 제고는 각 기관이 자체적으로 노인교육을 담당하는 것보다는 자원을 효율적으로 활용할 수 있는 협력체계가 필요하다. 공동의 목표 달성을 위해 자원, 인력, 시설 등을 공유하고 협력하는 것은 비용과 시간을 절감할 수 있는 효과를 가져온다.
- 종합적인 프로그램 제공은 다양한 기관과 전문가 간의 협력을 통해 종합적이고 다양한 노인교육 프로그램을 제공할 수 있다. 건강, 문화, 미술, 기술 등 다양한 주제와 분야에서 프로그램을 개발하고 제공함으로써 노인들에게 풍부한 학습 기회를 제공할 수 있다.

- 지속적인 평가 및 개선은 협력체계를 통해 다양한 기관과 전문가 간의 의견을 수렴하고 프로그램을 지속적으로 평가하며 개선할 수 있다. 이는 노인들의 요구에 더욱 부합하는 교육을 제공하고 품질을 지속적으로 향상시킬 수 있도록 도움을 준다.
- 지역사회와의 연결 강화는 협력체계를 구축함으로써 지역사회와의 연결성을 강화할 수 있다. 지역사회의 요구와 특성을 고려하여 교육 프로그램을 개발하고 제공함으로써 노인들이 지역사회에 더욱 적극적으로 참여할 수 있도록 도움을 준다.
- 사회적 연대와 공동체 응답 강화는 노인교육을 위한 협력체계는 사회적 연대와 공동체 응답을 강화한다. 지역사회 내의 다양한 이해관계자들이 함께 노인교육에 참여하고 지지함으로써 사회적인 지속 가능성을 증진시킬 수 있다.
- 문화 감수성과 유연성 증대는 다양한 기관과 전문가 간의 협력은 문화 감수성과 유연성을 증대시킨다. 각 기관이나 전문가는 다른 문화적 배경과 요구에 대한 이해력을 고취시키며 이는 노인들에게 더 맞춤형이고 수용적인 교육을 제공할 수 있도록 도움을 준다.
- 정보 및 경험 공유는 협력체계를 통해 다양한 기관과 전문가는 자신의 정보와 경험을 공유할 수 있다. 이는 노인교육에 대한 지식과 노하우를 확장하고 향상시키는 데 도움이 된다.

4) 노인 평생교육의 활성화 방안

다양한 교육 프로그램 제공, 커뮤니티 센터나 노인복지시설에서의 교육 프로그램 운영, 유료 또는 무료 온라인 교육 콘텐츠 제공, 노인교육 장학금 제공, 노인 강사 교육 프로그램 운영 등을 통해 노인 평생교육의 활성화를 촉진하여 노인들이 삶의 질을 향상시키고 더 나은 노후를 보낼 수 있도록 지원한다.

첫째, 다양한 주제와 과정 제공이다. 다양한 주제와 관련된 교육 프로그램을 개발하고 제공함으로써 노인들이 자신의 관심사에 맞춰 학습할 수 있도록 한다. 건강, 문화, 미술, 기술 등 다양한 분야에 대한 교육과정을 다루어 노인들의 다양한 학습 요구를 충족시킬 수 있다.

둘째, 지속적인 평가 및 피드백 제공이다. 교육프로그램을 지속적으로 평가하고 노인들의 피드백을 수용하여 프로그램을 개선하는 체계를 도입한다. 노인들의 요구와 만족도를 파악하여 맞춤형 교육을 제공함으로써 꾸준한 참여를 유도할 수 있다.

셋째, 디지털 리터러시 강화이다. 노인들에게 디지털 리터러시를 강화하는 교육 프로그램을 제공한다. 인터넷, 스마트폰, 컴퓨터 등 디지털 기기의 활용법을 익히고 온라인 학습 환경에 적응할 수 있도록 지원한다.

넷째, 지역사회와의 협력 강화이다. 지역사회 내의 대학, 복지기관, 지역사회센터와 협력하여 노인평생교육을 지원하는 기반을 구축한다. 협력을 통해 지역사회의 다양한 자원을 활용하여 교육 프로그램을 다양화하고 지속 가능한 시스템을 만들어 나간다.

다섯째, 공공기관과의 제휴이다. 공공기관과 협력하여 국가 수준의 노인평생교육정책을 개발하고 이행하는 데 참여한다. 정부의 지원을 받아 교육자원을 확대하고 프로그램의 품질을 높일 수 있다.

여섯째, 재정 지원 확대이다. 노인평생교육을 위한 재정 지원을 확대하고 교육 참가비용을 낮추는 등의 방안을 도입하여 노인들이 경제적으로 부담없이 교육에 참여할 수 있도록 한다.

일곱째, 노인교육 전문 강사 양성이다. 노인에게 맞춤형 교육을 제공할 수 있는 전문 강사를 양성한다. 노인의 특성에 맞는 교수법을 배우고 적용할 수 있는 교육 전문가를 육성하여 품질 높은 교육을 제공한다.

여덟째, 커뮤니케이션 및 마케팅 활동이다. 노인들에게 교육 프로그램에 대한 정보를 전달하고 참여 독려를 위해 효과적인 커뮤니케이션 및 마케팅 활동을 실시한다. 지역 사회망, 방송매체, SNS 등을 활용하여 광범위한 홍보를 진행한다.

아홉째, 사회참여 프로그램과 연계이다. 사회참여를 촉진하는 다양한 프로그램과 노인평생교육을 연계한다. 예를 들어, 봉사활동, 지역사회 프로젝트 등을 통해 노인들이 학습한 내용을 현실에서 적용할 수 있는 기회를 제공한다.

열째, 체험중심 학습 활성화이다. 교육 프로그램에서는 이론뿐만 아니라 체험 중심의 학습을 강조한다. 노인들이 실제로 참여하며 체험할 수 있는 활동을 통해 더욱 효과적인 학습을 유도한다.

열한째, 학습환경의 친화성 확보이다. 노인들이 편안하게 학습할 수 있는 환경을 조성한다. 알맞은 교실 시설, 편리한 교통, 건강을 고려한 교육환경 등을 고려하여 학습 환경의 친화성을 확보한다.

5) 노인들을 위한 다양한 프로그램 개발

다양한 프로그램을 통해 노인들의 건강, 사회적 참여, 정서적 안녕을 증진시키며, 이는 노인들이 더 나은 삶을 살고 더욱 풍요로운 노후를 보낼 수 있도록 돕는다.

첫째, 건강 프로그램이다. 건강한 라이프스타일 프로그램으로 건강한 식습관, 정기적인 운동, 스트레스 관리 등을 강조하는 프로그램이다. 체조, 요가, 걷기 동호회 등을 통해 노인들이 활동적인 삶을 즐길 수 있다. 건강 검진과 상담 프로그램으로 건강 전문가와의 협력을 통해 정기적인 건강 검진과 건강에 관한 상담을 제공하는 프로그램이다.

둘째, 사회적 참여 프로그램이다. 지역사회 봉사활동으로 노인들이 지역사회에서 봉사하고 기여할 수 있는 기회를 제공하는 프로그램이다. 지역사회 프로젝트, 봉사 단체와의 협력 등을 포함한다. 사회적 모임과 클럽 활동으로 노인들이 함께 모여 관심사를 공유하고 친목을 도모할 수 있는 모임 및 클럽을 운영하는 프로그램이다. 책 클럽, 미술 모임, 음악 그룹 등이 포함될 수 있다.

셋째, 문화 예술 프로그램이다. 미술 및 공예 워크숍으로 창의적인 표현을 도와주는 미술과 공예 워크숍을 통해 노인들의 예술적인 경험을 즐길 수 있는 프로그램이다. 음악 콘서트 및 합창단 활동으로 노인들이 음악을 통해 즐거움을 나누고 음악적인 활동에 참여할 수 있는 프로그램이다.

넷째, 교육 프로그램이다. 노인들의 학습 욕구를 고려한 프로그램으로 역사, 문학, 과학 등의 다양한 주제를 다룬다. 또한 디지털 리터러시 강좌는 노인들에게 스마트폰, 태블릿, 컴퓨터 등의 디지털 기기 사용에 대한 교육을 제공하는 프로그램이다.

다섯째, 경제적 참여 프로그램이다. 재능기부와 자원봉사는 노인들의 경험과 기술을 활용하여 지역사회에 기여하고 봉사하는 프로그램이다. 또한 취업 및 창업 지원은 노인들이 새로운 경제적 기회를 찾고 취업, 창업을 위한 지원을 받을 수 있는 프로그램이다.

노인을 대상으로 하는 다양한 교육 프로그램이 노인의 삶의 여러 측면에 긍정적인 영향을 미친다는 것을 보여주고 있다.

첫째, 자아존중감과 생활만족도 향상이다. 김정엽과 이재모(2010)의 연구에 따르면, 노인교육 참여는 노인의 자아존중감과 생활만족도를 향상시킬 수 있다. 교육 참여를 통해 새로운 지식을 습득하고 능력을 향상시키는 것이 자아존중감과 삶에 대한 만족도에 긍정적인 영향을 미칠 수 있다.

둘째, 우울감과 스트레스 감소이다. 김동배 외(2012)의 연구 결과에 따르면, 노인교육 참여는 우울감과 스트레스를 감소시킬 수 있다. 교육 활동을 통해 노인들은 긍정적인 경험을 쌓고 사회적 활동에 참여함으로써 정서적인 안정을 유지할 수 있다.

셋째, 사회적 고립감과 소외감 감소이다. 김수진 외(2013)의 연구 결과에 따르면, 노인교육 참여는 사회적 고립감과 소외감을 감소시킬 수 있다. 교육 프로그램은 노인들에게 사회적으로 연결되고 소통할 수 있는 기회를 제공하여 사회 참여를 촉진하고, 이로써 고립감과 소외감을 완화시킬 수 있다.

이러한 연구 결과들은 노인교육의 다양한 형태가 노인들의 삶의 질을 향상시키고 심리적 · 사회적인 측면에서 긍정적인 영향을 미칠 수 있음을 강조하고 있다. 이는 노인교육 프로그램이 노인들의 전반적인 웰빙에 기여할 수 있다는 중요한 메시지로 해석될 수 있다. 또한 노인들을 위한 다양한 프로그램 개발이 노인에게 다양한 긍정적인 효과를 가져올 수 있음을 시사한다. 따라서 정부와 지방자치단체, 민간단체 등이 협력하여 노인들을 위한 다양한 프로그램 개발을 적극적으로 추진해 나갈 필요가 있다.

요점정리

1. 노인교육의 개념과 특징

- 노인교육: 노인들에게 지식, 기술, 문화 등을 제공하고 노인의 사회 참여와 삶의 질을 향상시키는 교육 활동을 의미한다.
- 특징: 개별적 욕구와 성격에 맞춘 맞춤형 교육 프로그램, 비형식적인 학습 방법과 활동 중심의 교육 방식이 특징이다.

2. 노인교육의 필요성

- 노인들이 새로운 기술과 지식을 습득하여 삶의 질을 높일 수 있도록 도와준다.
- 사회참여를 촉진하고 노인들의 사회적 고립을 방지한다.
- 건강한 노후생활을 유지하기 위해 필요한 신체적 · 정신적 활동을 지원한다.

3. 노인교육의 범위

- 컴퓨터 및 인터넷 활용, 미술, 음악, 체육, 휴대폰 사용법, 금융 관리 등 다양한 분야에 걸친 교육 프로그램을 포함한다.

4. 노인평생교육의 목적

- 노인들이 평생 학습을 통해 자기 계발과 만족을 도모하고 사회적으로 활동적인 삶을 살도록 지원한다.

5. 노인평생 교육 프로그램 종류

- 컴퓨터 및 인터넷 교육, 미술 및 공예 활동, 체육활동 및 운동 프로그램, 금융 관리 및 소비자 교육, 문화 및 예술 프로그램 등이 있다.

Quiz

1. 노인교육 프로그램에서 교양, 여가, 취미, 건강, 안전, 인간관계, 사회활동은 어느 영역에 포함하는가?
2. 노인교육 프로그램에서 자격증 취득, 퇴직대비, 동아리활동, 재산관리 등은 어느 영역에 포함되는가?
3. 노인교육 프로그램에서 재취업, 일반전문과정은 어느 영역에 포함되는가?

1: 생할교육

2: 직업교육

3: 지도자교육

CHAPTER 09

노인여가활동

학습목표

- 노인여가활동의 의미, 다양성, 유형에 대해 알 수 있다.
- 노인여가활동 현황과 전망에 대해 알 수 있다.
- 노인여가복지시설에 대해 알 수 있다.
- 노년기 여가의 활성화 방안에 대해 알 수 있다.

1. 노인의 여가활동

노인에게 여가는 고령화사회에서 삶의 질을 향상시키고 행복을 찾을 수 있는 중요한 부분이다. 여가활동은 노인들에게 다양한 이점을 제공할 수 있다. 여가는 시간을 의미하며, 이 시간을 어떻게 활용하느냐에 따라 생활의 질이 크게 영향을 받을 수 있다. 단순히 시간을 채우는 것 이상으로, 정서적 · 신체적 · 사회적인 면에서 풍요로운 경험을 제공한다.

1) 노인여가활동의 의미

'여가'란 일하고 남은 시간에서 생리적 필수시간을 제외한 자유 시간을 의미하며, 직업상의 일 · 필수적인 가사일 · 수업 등과 같은 의무적인 활동 이외에 스포츠 · 취미 · 휴양 등의 활동에 할애되는 필수적인 가사일 · 수업 등과 같은 의무적인 활동 이외에 스포츠 · 취미 · 휴양 등의 활동에 할애되는 개인이 자기 뜻대로 자유롭게 이용할 수 있는 시간을 의미함(국민여가활동조사, 문화체육관광부).

'노인여가'란 노인이 일차적으로 자신을 위하여 흥미를 갖고 자유시간에 행한 활동이다. 노년기의 시간적 공백을 메우기 위한 순수한 취미 · 오락활동 또는 건강과 능력의 범위 내에서 직접 지역사회나 국가를 위하여 하는 활동 등이라고 할 수 있다. 노인의 여가는 일반적으로 노령기에 접어들어 가정과 사회로부터의 다양한 역할에서 벗어나 여유로운 시간을 가질 수 있기 때문에 일정한 역할과 막연한 긴 시간을 보내는 의미로 볼 수도 있다. 노인인구의 생의 주기에 맞게 남은 생을 재생산하려는 시간적 의미와 여가활동이라는 막연한 즐거움이 아닌 정서적 · 정신적 고통을 주는 것일 수도 있다.

여가활동은 삶에 활력이 되어 심리적 · 정서적 안정감을 갖게 하고 이로 인해 발생되는 만족감은 삶의 긍정적인 영향을 준다. 자아존중감과 심리적 안정감을 높여 주며 사회적 통합을 제고시켜 주고 전반적인 생활의 질을 향상시켜 주는 적극적이고 투자적인 노력이라고도 볼 수 있다.

2) 노인여가활동의 다양성

현대사회에서는 산업화와 함께 노인들이 노동과 사회참여에서 이탈하는 경향이 나타나고 있다. 가족 구조의 변화로 가정에서의 역할이 상실되면서 노인들의 역할도 축소되고 경제적 · 정신적 · 심리적 문제가 강조되고 있다. 노인의 여가활동은 여가시간은 늘어나지만 활동 범위가 좁아지며 가정 내적 활동이 늘어나는 추세이다.

노년기의 여가생활은 적극적이고 긍정적인 삶으로의 발전을 위해 중요하다. 모든 노인은 여가를 즐길 권리가 있으며, 국가와 사회는 노인들의 여가생활을 안정되고 풍요롭게 할 수 있도록 관심과 지원을 기울여야 한다. 노인여가활동을 통해 인생의 보람을 느끼고 사회적으로도 보탬이 될 수 있는 프로그램을 개발하고 이를 효과적으로 지원하는 것이 필요하다. 노인여가에 대한 연구와 개발은 현재의 중요한 과제이며, 노인의 욕구를 충족시키기 위해 적극적인 노력이 요구되고 있다.

(1) 노인여가활동의 기능성

노인의 여가활동은 다양한 중요한 기능을 수행한다. 여가활동을 통해 노인은 스트레스를 해소하고 무료감을 느낄 수 있으며, 공동 작업을 통해 경제적 소득을 얻을 수 있다. 또한, 사회적인 지원과 친구, 동호인들과의 교류를 통해 소통과 격려를 받고 서로의 생활위험에 대처하는 데 필요한 자원을 확보할 수 있다. 건강을 유지하고 관리할 수 있으며, 소외감과 무력감을 겪는 노인에게는 사회심리적인 지원을 제공한다.

또한 자원봉사활동을 통해 노인은 역할의 상실감에 대한 대안으로 소속감, 성취감, 사회적 존재감, 공헌의식을 얻을 수 있다. 그리고 여가프로그램을 통해 정신적인 효과를 얻을 수 있어서 일상생활에서의 압박감과 긴장감을 해소하고 정신적 자극을 받아 정신건강에 도움을 받을 수 있다. 여가활동은 노인에게 자아실현의 마지막 기회를 제공하며, 삶의 지혜를 전수하고 전통문화를 계승 · 발전시켜 지역사회 내에서 건실한 공동체 형성에 기여할 수 있다. 이러한 여가활동은 노인들에게 삶의 다양한 측면에서 긍정적인 영향을 미치며, 삶을 더욱 풍요롭고 의미 있게 만든다.

노인의 여가활동은 다양한 중요한 기능을 가지고 있다.

첫째, 스트레스 해소와 무료감이다. 노인의 여가활동을 통해 취미생활이나 오락을 즐김으로써 일상의 스트레스를 해소하고 무료감을 느낄 수 있다.

둘째, 경제적 소득 제공이다. 공동 작업을 통해 노인은 경제적인 소득을 얻을 수 있다. 이는 자신의 기술과 경험을 활용하여 사회에 기여하는 것을 의미한다.

셋째, 사회적 지원과 친구 동호인과의 교류이다. 여가활동은 노인에게 친구나 동호인들과의 소통과 격려를 제공하며, 서로의 생활위험에 대처하는데 필요한 자원을 확보할 수 있다.

넷째, 건강 유지와 관리이다. 건강체조, 스포츠댄스, 요가 등을 통해 노인은 건강을 유지하고 관리할 수 있다.

다섯째, 사회심리적 지원이다. 여가활동은 소외감과 무력감을 겪는 노인에게 소풍, 야유회, 회식, 상담 등을 통해 삶에 대한 애착과 자신감을 부여한다.

여섯째, 자원봉사활동을 통한 소속감 강화이다. 노인이 자원봉사활동을 통해 역할의 상실감과 박탈감에 대한 대안으로 소속감, 성취감, 사회적 존재감, 공헌의식을 얻을 수 있다.

일곱째, 정신적 효과이다. 다양한 여가프로그램을 통해 노인은 일상생활 속에서의 압박감과 긴장감을 해소하고 정신적 자극을 받아 정신건강에 도움을 받을 수 있다.

여덟째, 자아실현의 마지막 기회이다. 노인이 여가활동을 통해 자아실현의 마지막 기회를 얻을 수 있다.

아홉째, 삶의 지혜 전수와 문화 계승이다. 노인은 여가활동을 통해 축적된 삶의 지혜를 전수하고 전통문화를 계승·발전케 하며, 지역사회 내에서 건실한 공동체 형성에 기여할 수 있다.

(2) 노인여가활동의 중요성

현재의 노년기는 과거와는 다르게 긴 여유 시간을 누릴 수 있는 시기로 바뀌었다. 의료과학기술의 발전과 함께 산업화와 경제성장이 이루어진 노후생활에서, 노인들은 평균 80세 이상의 수명을 누릴 수 있게 되었다. 이에 따라 노인들의 여가활동은 그 중요성이 더욱 강조되고 있다.

첫째, 노인의 여가활동은 건강을 증진시키는 데 기여한다. 다양한 활동을 통해 신체적·정신적 활동을 유지하고 발전시키면서, 건강한 삶을 유지할 수 있다.

둘째, 여가활동은 사회관계망을 강화하고 소외를 방지한다. 다양한 그룹이나 커뮤니티에 참여하면서 새로운 사회적 관계를 형성하고 기존의 관계를 유지함으로써 고독과 소외감을 줄일 수 있다.

셋째, 의미 있는 여가활동은 노인의 자아실현과 성취감을 도모한다. 자신의 취미나 재능을 찾아내고 이를 표현하며, 의미 있는 활동을 통해 긍정적인 자아 개념을 형성하게 된다.

넷째, 노인은 지금까지 발휘하지 못한 잠재적 재능을 확인하고 표현할 수 있는 기회를 얻는다. 은퇴 이후에도 자신의 능력을 발휘하며 새로운 도전을 통해 자아실현의 기회를 누릴 수 있다.

다섯째, 여가활동은 신체와 정신건강을 유지하거나 향상시키는 데 도움이 된다. 다양한 활동을 통해 노인은 건강한 생활 습관을 유지하고 신체적, 정신적으로 활기찬 삶을 살아갈 수 있다.

여섯째, 노인은 후세대에 삶의 지혜와 문화를 전수하고, 지역사회에서 사회적으로 기여할 수 있는 기회를 얻게 된다. 이를 통해 사회적 가치와 문화를 계승하며 사회 발전에 기여할 수 있다.

일곱째, 여가활동을 통해 노인은 삶의 활력을 되찾고, 사기와 삶의 만족도를 높일 수 있다. 긍정적인 활동과 경험을 통해 노인은 에너지를 얻어 삶을 더욱 활기차게 살아갈 수 있다.

여덟째, 여가활동에 참여하는 과정에서 자신의 삶을 자율적으로 결정할 수 있는 기술과 능력이 증진되어 삶에 대한 통제력이 높아진다. 자신의 관심과 욕구에 따라 적극적으로 활동을 선택하고 조절함으로써 자신만의 삶을 즐길 수 있다.

활동이 적은 노인은 일상생활의 요구에 적응하는 데 어려움을 겪을 수 있다. 노년기에는 이전에 하던 활동 중에서 더 이상할 수 없게 된 부분을 새로운 역할, 인간관계, 취미와 흥미 등으로 대치함으로써 노인은 변화에 유연하게 대처할 수 있다. 또한 적극적인 사회활동 참여를 통해 노인은 노화에 적절히 적응하도록 도와주며, 심리적 만족감을 충족시켜 줄 수 있다. 일반인과는 달리 노인에게 있어서 사회활동참여적 자원봉사활동, 종교활동을 비롯한 집회활동 또한 여가의 의미를 갖는다. 또한, 다양한 여가 프로그램과 이를 활용할 수 있도록 지역사회서비스 관계망의 확충이 필요하다. 이를 통해 노인들은 여가활동을 통한 삶의 만족도를 높일 뿐만 아니라 사회에 긍정적으로 기여할 수 있다.

(3) 노인여가활동의 효과성

노인에게 여가활동은 단순히 일상의 필수적인 동작과 활동을 넘어 개인적인 흥미와 즐거움을 중심으로 하는 소중한 시간이다. 이는 노인의 행복감과 생활 만족도에 큰 영향을 미치며, 심신 기능이 감소하더라도 예전의 취미를 유지하거나 새로운 흥미를 찾는 여가활동을 통해 긍정적인 영향을 끌어올릴 수 있다.

여가활동을 통하여 얻을 수 있는 효과를 크게 나누어보면 다음과 같다.

첫째, 시간을 의미 있고 효율적으로 활용하여 자기 효능감을 높인다. 여가활동을 통해 노인은 시간을 의미 있게 활용하면서 자기 효능감을 높일 수 있다. 자신이 즐기며 소비하는 시간은 긍정적인 영향을 미치며, 자신에 대한 자신감을 증진시킬 수 있다.

둘째, 일상생활에서 적응을 잘하도록 하고, 생활만족도를 높인다. 여가활동은 노인이 일상생활에 적응하는 데 도움을 주고, 개인의 성공체험을 통해 생활 만족도를 높이는 데 기여한다. 흥미로운 활동을 통해 긍정적인 마음가짐을 유지할 수 있다.

셋째, 신체와 인지기능의 감소를 예방하고 건강 증진에 도움이 한다. 여가활동은 신체와 인지기능의 감소를 예방하고 건강을 증진하는 데 도움이 된다. 운동이나 정신적 활동을 통해 노인은 건강을 유지하고 향상시킬 수 있다.

넷째, 지역사회에 참여하고 주민들과 함께 활동하며 지속적인 인간관계를 유지할 수 있도록 한다. 여가활동을 통해 노인은 지역사회에 참여하고 다른 주민들과 활동을 공유함으로써 지속적인 인간관계를 유지할 수 있으며 그로 인해 사회적 고립을 방지하고 지역사회에 긍정적인 기여할 수 있다.

(4) 노인여가활동의 긍정적 효과

노년기에 여가활동에 적극적으로 참여하면 다양한 긍정적 효과를 기대할 수 있다. 여가활동은 노인의 사회적 관계를 강화하여 고독과 소외감을 경감하고, 의미 있는 활동을 통해 자기유용감과 자아개념을 긍정적으로 변화시킬 수 있다. 또한, 여가활동은 노인이 잠재적 재능을 발견하고 표현할 수 있는 기회를 제공하며, 신체와 정신건강을 유지하거나 향상시키는 도구로 활용된다. 여가활동은 노인이 후세대에 삶의 지혜와 문화를 전수하고 사회 발전에 기여할 수 있는 기회를 제공하며, 삶의 활력과 자신감을 회복시켜 삶의 만족도를 높이게 된다. 또한, 여가활동에 참여하는 과정에서 노인은 자신의 삶을 자율적으로 결정할 수 있는 기술과 능력이 증진되어 삶에 대한 통제력이 높아지게 된다. 이러한 다양한 긍정적 효과를 통해 노년기를 보다 활기차게, 건강하게, 의미 있게 보낼 수 있다.

노년기에 여가활동에 적극적으로 참여하면 다양한 긍정적 효과를 기대할 수 있다.

첫째, 사회관계망 강화이다. 여가활동은 노인들에게 새로운 사회적 관계를 형성하는 기회를 제공한다. 이를 통해 직장 동료나 가족과의 소외된 관계를 보완하고, 유지, 확장함으로써 고독과 소외감을 경감할 수 있다. 산책 모임, 독서 클럽 등의 활동은 사람들 간의 교류를 촉진할 수 있다.

둘째, 의미 있는 활동을 통한 긍정적 변화이다. 여가활동은 노인들에게 의미 있는 활동을 제공하여 일상의 루틴(routine) 즉, 단조롭고 반복적이고 다양하지 않은 일상생활에서 벗어나게 한다. 자원봉사, 예술 창작, 취미 활동 등을 통해 노인들은 자기유용감과 자아개념을 긍정적으로 변화시킬 수 있다.

셋째, 잠재적 재능 발견과 표현이다. 여가활동은 노인들에게 새로운 도전과 경험을 제공함으로써 잠재적인 재능을 발견하고 표현하는 기회를 제공한다. 음악, 미술, 공예 등의 분야에서 재능을 개발하고 공유할 수 있다.

넷째, 건강 유지 및 향상이다. 여가활동을 통해 신체적·정신적 활동이 증가함으로써 건강을 유지하고 향상시킬 수 있다. 운동, 춤, 요가 등을 통해 노인들은 체력을 유지하면서 건강한 노후생활을 영위할 수 있다.

다섯째, 삶의 지혜와 문화 전수이다. 여가활동을 통해 노인들은 자신의 경험과 지식을 후세대에게 전수하고 문화적 가치를 보전할 수 있는 기회를 얻을 수 있다. 문화행사 참여, 독서, 강연 등을 통해 삶의 지혜를 공유할 수 있다.

여섯째, 활력과 자신감 회복이다. 다양한 여가활동을 통해 노인들은 에너지를 얻고 생활에 활력을 불어넣을 수 있다. 새로운 도전과 성취를 통해 자신감을 회복하며 긍정적인 에너지를 얻을 수 있다.

일곱째, 자율적 삶 결정 및 통제력 향상이다. 여가활동에 참여하는 과정에서 노인들은 자신의 삶을 자율적으로 결정하고 통제할 수 있는 능력이 향상된다. 자기 주도적으로 활동에 참여하면서 일상에 대한 통제력을 높일 수 있다.

3) 노인여가활동의 유형

'여가'란 일하고 남은 시간에서 생리적 필수시간을 제외한 자유 시간을 의미하며, 직업상의 일 · 필수적인 가사일 · 수업 등과 같은 의무적인 활동 이외에 스포츠 · 취미 · 휴양 등의 활동에 할애되는 개인이 자기 뜻대로 자유롭게 이용할 수 있는 시간을 의미한다(국민여가활동조사, 문화체육관광부). 우리나라 여가 관련 대표적인 국가 통계인 「국민여가활동조사」에서는 여가활동의 유형을 다음과 같이 분류하고 있다.

표 9-1 여가활동의 유형 분류

유형	정의	활동 예시
문화예술 관람활동	교양함양을 위해 문화예술 공연 등을 관람하는 행동	전시회 관람, 박물관 관람, 음악연주회 관람, 전통예술 공연 관람, 연극공연 관람, 무용공연 관람, 영화보기, 연예공연 관람
문화예술 참여활동	문화예술 공연, 창작활동, 미술, 연주 등에 직접 참여하는 활동	문학행사참여, 글짓기/독서토론, 미술활동, 악기연주/노래교실, 전통예술 배우기 등
스포츠 관람활동	농구, 야구, 축구, 복싱, 격투기 등 각종 경기를 관람(구경만)하는 활동	스포츠경기 직접관람, 스포츠경기 간접관람, 격투기경기 관람, 온라인게임경기 현장관람

유형	정의	활동 예시
스포츠 참여활동	심신의 단련이나 교제를 목적으로 스포츠 활동에 실제 참여하는 경우	구기/라켓/실내 운동 참여활동, 골프, 수영, 수상운동, 빙상운동, 헬스/에어로빅/필라테스, 기타 레저스포츠, 파크골프 등
관광활동	즐거움을 목적으로 일상 생활권을 일시적으로 떠나는 활동으로 낯선 지역의 풍경·풍습·문물 등을 보거나 체험해보는 일을 일컬음	문화유적방문, 자연명승 및 풍경관람, 산림욕, 국내 캠핑, 해외여행, 소풍/야유회, 온천/해수욕, 유람선 타기, 테마 파크/놀이공원/동물원/식물원 가기, 지역축제 참가, 자동차 드라이브
취미오락활동	전문성보다는 자신의 흥미에 중점을 두고 자유 시간에 즐기는 다양한 활동	수집활동, 생활공예, 요리하기/다도, 반려동물 돌보기, 노래방 가기, 인테리어, 등산, 낚시, 미니홈피/블로그 관리, 인터넷 검색/채팅/UCC 제작/SNS, 게임, 보드 게임/퍼즐맞추기, 바둑/장기, 체스, 겜블/복권구입, 쇼핑/ 외식, 음주, 독서, 만화, 미용, 공부, 테마카페 체험, 원예
휴식	일상생활에 피로해진 심신을 정상적인 상태로 회복하기 위하여 하는 기분전환 활동	산책 및 걷기, 목욕/사우나/찜질방, 낮잠, TV시청, 모바일 콘텐츠, 동영상, VOD 시청, 라디오 청취/팟캐스트 청취, 음악 감상 등
사회 및 기타 활동	봉사활동, 친구만남 등 사회공헌이나 사교를 목적으로 하는 활동	사회봉사활동, 종교활동, 클럽/나이트/디스코/ 캬바레 가기, 가족 및 친지방문, 잡담/통화하기/문자보내기, 계모임/동창회/사교모임/이성교제/미팅/소개팅, 동호회 모임, 기타 여가활동

4) 노인여가활동 현황과 전망

고령친화 여가 서비스업은 노인들이 문화적인 요소를 체험하거나 심신을 함양하는 등 삶의 질을 향상시키는 자유로운 시간 동안 즐기는 여가활동을 지원하는 산업이다. 고령친화산업은 노인들이 강제되지 않은 상태에서 원하는 여가활동을 할 수 있도록 필요한 재화와 서비스를 제공한다.

(1) 노인여가활동 현황

노인들의 여가활동 중 가장 흔한 것은 TV 시청으로, 60대에서 82.5%, 70대 이상에서 89.3%가 해당 활동을 주로 즐긴다. 또한, 주로 하는 여가활동 중에는 휴식(52.7%)과 사회 및 기타 활동(44.4%)과 같은 소극적인 활동이 다수를 차지하고 있다. 더불어 취미 · 오락(49.8%)도 다른 활동에 비해 높은 비율로 나타나고 있다.

노인들 중 일부는 경로당(약 67,000개, 2020년), 노인복지관(357개), 생활체육관(661개, 2020년), 게이트볼장(1,829개, 2020년) 등을 활용하여 다양한 여가활동에 참여하고 있다.

그러나 최근에는 코로나-19로 인해 노인들이 함께 어울리기가 어려워지면서 외로움과 우울증이 더해지는 어려운 상황이 발생했다. 이에 대한 대응으로는 온라인을 활용한 여가활동 프로그램이나 디지털 기술을 활용한 소통 방안 등이 고려될 수 있다. 또한, 지역사회에서의 노인들 간 상호작용을 촉진하고, 안전하게 소통하며 여가를 즐길 수 있는 환경을 조성하는 것이 중요하다(한국보건사회연구원, 2021).

반면, 60대 고령층이 희망하는 여가활동은 주로 운동 · 스포츠 활동(51%)과 사회적 교류, 관광 여행(63%)으로 나타났다. 이는 이 연령층에서 가장 큰 관심사가 건강을 관리하기 위한 운동이라는 점과 젊은 시절에 이루지 못했던 여행과 관광에 대한 욕구가 반영된 것이다. 특히 여행은 시니어들이 주요하게 원하는 여가활동 중 하나로, 현실과 희망 사이의 괴리가 큰 영역 중 하나이다.

그러나 여행은 시니어들이 실제로 즐기기 어려운 활동 중 하나이다. 이는 여행에는 상대적으로 큰 비용이 발생하고, 건강 문제가 이를 제약하는 요인으로 작용하기 때문이다. 따라서 이러한 현실적인 제약으로 인해 실제 여가생활에서의 여행 비중은 비교적 작을 수 있다. 이러한 상황에서는 저비용이면서 건강에도 이로운 운동이나 지역사회에서의 소소한 모임, 간편하게 즐길 수 있는 문화 활동 등을 중심으로 한 다양한 여가 프로그램이 노인들에게 제공될 필요가 있다.

늘어난 기대수명과 건강수명에 따라 노인의 자기계발 욕구가 증가하고 있다. 현재 주변에서는 '80대 시니어 모델', '90대 요가 강사', '100세 스타 철학 강사' 등의 모습을 쉽게 찾아볼 수 있다. 활동적인 노년층은 자신의 시간을 보다 행복하게 채우기 위해 자기 계발을 적극적으로 추구하며, 인생의 다양한 단계에서 의미 있는 경험을 쌓으려는 욕구가 크게 나타나고 있다.

이러한 활동적인 노년을 위해 다양한 교육 서비스가 활성화되고 있다. 특히, 디지털 시대의 도래로 인해 이들은 콘텐츠 생산 및 자신의 재능을 공유하는 플랫폼을 통해 더욱 적극적으로 참여하고 있다. 노인들 간의 지식 전수와 다양한 경험 공유가 가능한 디지털 플랫폼을 통해, 활발한 시니어의 자기계발이 더욱 확산될 것으로 전망된다. 이는 노년층이 삶의 여러 측면에서 활동적으로 참여하며, 지속적인 학습과 성장을 추구하는 긍정적인 트렌드로 나타난다.

(2) 노인여가활동 전망

① 능동적 여가와 버킷리스트

이전 세대보다 상대적으로 더 건강하고 경제력을 갖춘 베이비부머 세대가 노인 세대로 진입하면서, 늘어난 여가를 TV 시청으로 채우는 소극적 여가에서 벗어나려는 시도가 늘고 있다. 특히, OTT매체와 교육기관을 통해 접하는 액티브시니어의 활동을 통해, 나이가 들어서도 여전히 새로운 인생을 펼칠 수 있겠다는 자신감과 가능성이 커지고 있다.

은퇴 전 바쁜 경제활동으로 시간적 여유를 찾지 못했던 아쉬움은 여행에 대한 욕구로 이어지고 있다. 한국관광공사에 따르면, 65세 인구가 향후 가장 하고 싶은 활동은 관광(65.8%)이었다. 여행 동기는 '다양한 인연 맺기', '행복한 노후생활', '건강과 젊은 유지', '삶의 질 높이기' 등으로 나타났다. 소셜 미디어와 커뮤니티 키워드 언급 추이에서도 '여행' 언급량이 크게 증가하였다. 2019년 11,257건에서 2021년 27,371건으로 늘어났으며, 주요 키워드는 '섬', '한 달 살기', '제주', '포토 존', '드라이브' 등으로 나타나 시니어층의 여행 관련 소재가 다양화되고 있는 모습을 보여준다.

② 액티브 시니어

액티브 시니어(Active Senior)는 은퇴 후 안정된 경제력을 바탕으로 활발한 소비 및 활동을 즐기는 사람을 지칭한다. 이는 주로 50대 이상의 중산층을 대상으로 하며, 이들은 건강, 외모, 여가, 문화, 자기 계발 등 다양한 측면에서 적극적으로 소비하고 참여하는 경향이 있다. 우리나라는 이 개념이 주로 베이비붐세대, 특히 50~60대를 지칭하는 데 사용된다. 이들은 탄탄한 경제력과 모바일 기기를 활용하는 등 기존 노년층과는 차별화된 특징을 가지고 있다. 엔터테인먼트 시장에서는 실버팬덤(Silver fandom)이라 불리는 현상이 나타나고 있다. 실버 팬덤은 K pop 산업에 큰 영향을 미치고 있다. K pop 음반과 공연의 수요를 증가시키고 있으며, K-pop 아티스트의 활동을 지원하고 있다. 또한, 실버 팬덤은 K-pop을 한국의 문화를 알리는 매개체로 활용하고 있다.이처럼 건강과 소비 여력을 갖춘 베이비붐세대가 본격 은퇴하면서 다양한 활동에 참여하는 모습이 관찰된다.

최근에는 노인들의 건강증진을 위한 생활체육으로 파크골프, 게이트볼이 활성화되고 있다. 이 외에도 탁구, 배드민턴, 수영 등 적극적인 활동에 대한 관심이 늘어나고 있다. 이러한 트렌드는 노인들이 더욱 건강하고 활기찬 노후를 즐기고자 하는 의지를 반영하고 있다.

③ 디지털 크리에이터

"실버서퍼(Silver Surfer)"는 은퇴 후에도 경제적으로 탄탄한 지위를 유지한 노인층을 지칭하는 용어로, 이들이 인터넷과 스마트폰과 같은 디지털 기기를 능숙하게 활용하여 다양한 활동에 참여하는 모습을 나타낸다. "실버"는 은퇴 후의 노인을 의미하며, "서퍼"는 디지털 파도를 타듯이 인터넷 공간에서 활발하게 움직이는 모습을 비유적으로 나타내는 것이다. 이 용어는 고령층이 디지털 기술을 통해 여가생활을 즐기고 소셜 미디어, 온라인 커뮤니티, 온라인 쇼핑 등 다양한 디지털 활동에 참여하는 모습을 강조한다.

첫째, 디지털 소비와 활용 능력이다. 실버서퍼는 은퇴 후에도 탄탄한 경제력을 바탕으로 인터넷과 스마트폰과 같은 IT 기기를 능숙하게 다루며, 롯데멤버스에 따르면 베이비붐 세대 중 약 30.6%가 온라인 쇼핑을 선호하고, TV 대신 스마트폰을 활용하여 다양한 영상 콘텐츠를 즐기는 경향을 보인다.

둘째, 온라인 동영상 서비스와 콘텐츠 소비이다. 시니어들이 주중 하루 평균으로 스마트폰에서의 영상 시청 시간이 TV 시청 시간보다 길며, 다양한 온라인 동영상 서비스(OTT)를 적극적으로 활용하는 경향이 있다. 시니어층의 온라인 동영상 서비스 소비는 계속해서 증가하고 있어, 이는 온라인 콘텐츠 소비 트렌드가 빠르게 오프라인에서 온라인으로 전환되고 있다는 증거로 볼 수 있다.

셋째, 가상세계와 메타버스 참여이다. 실버서퍼들이 거동 제약이나 코로나-19로 인한 이동 제약에도 불구하고 메타버스 세계에서의 참여를 선호한다. 메타버스에서의 활동은 가상 경험을 통해 오프라인에서 즐길 수 있었던 다양한 활동을 더욱 역동적으로 펼칠 수 있는 기회를 제공한다.

넷째, 디지털 네이티브 변신과 교육 참여이다. 디지털 네이티브로 변신하려는 시니어들이 디지털 소외를 방지하기 위한 교육에 적극적으로 참여하고 있다. 이들은 주로 유튜브와 같은 온라인 플랫폼을 통해 스스로 학습하는 경향이 높다. 이러한 교육 및 스스로의 노력은 디지털 환경에서 능숙하게 기술을 사용하고 다양한 디지털 서비스를 활용할 수 있도록 도움을 준다. 이는 노인들이 정보를 찾아보고 소통하며 더 나은 디지털 환경에서 활동할 수 있도록 도움이 되고 있다.

다섯째, 콘텐츠 생산자로의 참여이다. 콘텐츠 생산자로의 참여는 시니어 유튜버와 같이 실버서퍼들이 자신의 경험과 지식을 공유하며 디지털 플랫폼에서 활동하는 것을 의미한다. 이는 고령층이 자신의 다양한 의견과 경험을 나누고, 다른 세대와 소통하며 상호 이해를 촉진하는 데 중요한 역할을 한다.

2. 노인여가복지시설

노인여가복지시설은 주로 건강한 노인을 대상으로 설치되어, 노후생활을 보람 있게 보낼 수 있도록 다양한 여가와 취미활동 서비스를 제공하는 시설이다. 노인들의 사회활동 참여욕구를 충족시키기 위해 건전한 취미생활, 노인건강유지, 소득보장, 그리고 일상생활과 관련한 학습 프로그램을 제공하여 노인들의 복지를 증진하는 것을 목적으로 한다. 노인여가복지시설 중 노인교실은 이러한 목적을 가진 시설 중 하나로 설치 및 운영되며, 노인들에게 건전하고 유익한 활동을 제공한다.

노인복지시설의 기능과 역할이 재정립된 2007년 8월 이후, 2011년 6월에는 노인복지시설의 기능과 역할이 미약한 노인휴양소를 폐지하고, 노인여가복지시설은 노인복지관과 경로당, 노인교실로 정리되었다. 이러한 시설들은 지역사회에서 노인들이 자율적으로 친목을 도모하고 여가활동을 즐길 수 있도록 지원한다.

1) 노인여가복지시설에서 여가활동

(1) 노인복지관

노인복지관은 지역사회에서 운영되는 시설로, 노인들의 복지 증진과 행복한 노후생활을 지원하는 기관이다. 여러 서비스 및 프로그램을 제공하여 노인들의 건강, 사회적 활동, 문화생활, 경제적 지원 등을 총괄적으로 지원한다. 65세 이상의 노인을 중심으로 하되, 상황에 따라 나이 요건이 다를 수 있다. 건강적·경제적 어려움을 겪는 노인들을 중점적으로 대상으로 한다. 노인복지관은 일반적으로는 지자체가 운영하는 노인복지관뿐만 아니라 민간의 노인복지시설이나 노인문화센터 등도 있다. 노인들의 노후생활의 질을 향상시키기 위해 다양한 지원 서비스를 제공하고 건강 증진, 사회적 관계 강화, 문화 활동 지원, 경제적 지원 등을 목적으로 한다.

첫째, 사회적 활동 지원이다. 노인들이 지역사회에서 활발하게 참여하고 소통할 수 있는 기회를 제공한다.

둘째, 건강 증진이다. 건강검진, 운동프로그램, 영양 교육 등을 통해 노인들의 건강을 증진시키는데 기여한다.

셋째, 문화 활동 및 교양 프로그램이다. 다양한 문화, 예술, 교양 활동을 통해 노인들에게 삶의 즐거움을 제공한다.

넷째, 경제적 지원이다. 소득보장 프로그램, 금융 교육 등을 통해 경제적으로 안정된 노후생활을 돕는다.

다섯째, 심리적 지원과 상담이다. 상담 서비스를 제공하여 노인들의 정서적인 측면도 케어한다.

(2) 경로당

경로당은 지역사회에서 운영되는 노인복지시설로, 노인들이 지역 내에서 소규모로 모여 생활하며 다양한 활동을 할 수 있는 공간을 제공하는 시설이다. 노인들이 서로 만나 소통하고 지역사회와의 유대감을 형성하는 공간이다.

65세 이상의 노인을 중심으로 하되, 지자체 정책에 따라 나이 요건이 다를 수 있다. 경제적 · 건강적 어려움 등으로 지역사회와 소통의 어려움을 겪는 노인들을 중심으로 한다. 경로당은 지역마다 이름이나 성격이 조금씩 다를 수 있으며, 지자체의 정책에 따라 다양한 형태로 운영된다.

노인들에게 지역사회에서 소외되지 않고 활발하게 참여할 수 있는 기회를 제공하고 지역사회와 노인들 간의 상호작용을 촉진하여 지역사회의 공동체 의식을 강화하는 것을 목적으로 한다.

첫째, 지역사회 참여 촉진한다. 지역 내 노인들이 서로 만나고 교류하며 지역사회에 참여할 수 있는 기회를 제공한다.

둘째, 문화 활동 및 교양 프로그램이다. 예술, 공예, 문화 활동 등 다양한 프로그램을 통해 노인들에게 삶의 즐거움을 제공한다.

셋째, 건강 증진이다. 경로당에서는 건강검진, 운동 프로그램, 영양 교육 등을 통해 노인들의 건강을 증진시킨다.

넷째, 정서적 지원과 상담이다. 노인들의 정서적인 측면을 고려하여 상담 서비스를 제공하고, 필요한 경우 정서적 지원을 제공한다.

다섯째, 소소한 경제활동이다. 공동으로 간단한 작업이나 농촌 활동을 통해 소소한 경제적 활동을 제공하여 사회경제적으로 기여한다.

(3) 노인교실

노인들을 대상으로 다양한 교육 및 학습 프로그램을 제공하는 시설로, 노년기에도 계속해서 학습과 활동을 통해 건강하고 활기찬 노후생활을 즐길 수 있도록 지원하는 장소이다. 주로 지역사회 노인들을 대상으로 운영되며,

다양한 주제와 활동을 통해 노인들의 지적 호기심을 증진시키고 사회 참여를 활성화한다. 60세 이상의 노인을 중심으로 하며 학업적 배경이나 경험이 다양한 노인들이 참여할 수 있다.

또한 지역사회마다 다양한 이름과 형태로 운영될 수 있고 지자체의 정책과 운영 기관에 따라 다양한 형태로 운영된다. 노인들에게 평생 학습의 기회를 제공하여 노년기에도 지적 활동을 유지하고 즐길 수 있는 기회를 제공하고 노인들의 소통과 사회 참여를 촉진하여 사회적 고립을 방지하는 것을 목적으로 한다.

첫째, 교육 및 학습 프로그램 제공이다. 다양한 주제의 교육과 학습 프로그램을 통해 노인들이 지적 호기심을 충족시키고 새로운 지식을 습득할 수 있는 기회를 제공한다.

둘째, 문화 활동 및 예술 프로그램이다. 미술, 음악, 문학 등 다양한 예술 및 문화 활동을 통해 창의성을 발휘하고 예술적인 즐거움을 제공한다.

셋째, 커뮤니티 구축이다. 노인들 간의 소통과 교류를 촉진하여 지역사회 내에서의 사회적 네트워크를 형성한다.

넷째, 건강 증진이다. 운동, 건강 강좌, 영양 교육 등을 통해 노인들의 건강한 라이프스타일을 유지할 수 있도록 지원한다.

다섯째, 자발적인 참여 독려이다. 노인들이 자발적으로 참여하고 자신의 관심사에 따라 프로그램을 선택할 수 있도록 독려한다.

2) 노년기 여가의 활성화 방안

(1) 신노년층 유입에 따른 양질의 프로그램 개발

베이비붐세대의 노년층 유입으로 노인인구가 급격히 증가하고 있는 상황에서는, 이 세대의 특성을 고려하여 양질의 프로그램을 개발하는 것이 중요하다. 베이비붐세대는 고학력, 고소득, IT 문화에 친숙하며 여가문화와 사회참여에 적극적인 특성을 가지고 있다. 이에 대응하여 노인여가서비스의 질적 향상을 위한 차별화된 프로그램을 개발하고 운영하기 위해서는 몇 가지 핵심적인 고려사항이 있다.

첫째, 베이비붐세대의 성향과 욕구를 정확히 파악하는 것이 필요하다.

이들의 라이프스타일, 취미, 관심 분야 등을 조사하여 그에 맞는 프로그램을 개발할 수 있도록 해야 한다.

둘째, 프로그램의 다양성과 혁신성을 강조해야 한다. IT 기술을 적극 활용한 프로그램, 창의적이고 독창적인 콘텐츠, 새로운 도전을 격려하는 활동 등을 통해 노년기에도 지루하지 않고 흥미로운 경험을 제공할 수 있다.

셋째, 시설과 장비 시스템의 구비도 중요한 고려 요소이다. 신년년층은 고소득 및 고소비 세대로, 고급시설 및 최신 장비를 활용한 프로그램이 더욱 매력적으로 다가올 것이다.

(2) 다양한 재정 확보 방안 및 국가의 정책적 지원

노인여가복지시설의 재정 확보 및 국가의 정책적 지원을 위해서는 여러 가지 방안과 제도적인 지원이 필요하다. 노인여가복지시설은 대부분 정부 보조금과 사업수익을 중심으로 운영되고 있다. 이러한 시설에서 다양한 여가활동과 서비스를 제공하기 위해서는 다음과 같은 재정 확보 방안이 필요하다.

첫째, 후원금 및 자체 노력이다. 노인여가복지시설이 지역 사회와의 협력을 통해 후원금을 모집하고, 지역 기업, 단체, 개인 등으로부터 후원을 유도하는 노력을 기울일 수 있다. 또한, 시설 자체에서는 법인전입금 등의 자체 자금을 조성하여 운영 경비를 부분적으로나마 충당할 수 있다.

둘째, 중앙정부 및 지자체의 재정 지원이다. 중앙정부와 지자체는 노인여가복지시설에 대한 재정 지원을 강화할 필요가 있다. 정부 보조금 외에도 지자체에서 추가적인 지원을 제공하는 방안을 모색할 수 있다. 경로당의 경우, 「노인복지법」 개정을 통해 국가 또는 지방자치단체가 양곡구입비, 냉/난방비 등을 보조하거나 공과금을 감면하는 조항이 신설되었다.

셋째, 지자체 간 협력과 경험 공유이다. 지자체 간 협력을 강화하고 성공적인 사례를 공유하여 재정 확보와 지원에 대한 다양한 경험과 노하우를 교류할 수 있다. 중앙정부는 이러한 지자체 간 협력을 촉진하고, 성공적인 지원 사례를 발굴하여 다른 지역에도 확대할 수 있도록 지원할 수 있다.

넷째, 제도화 및 정책화이다. 재정 지원과 관련된 부처와의 긴밀한 협조와 약정을 통해 제도화 및 정책화된 지원체계를 구축하는 노력이 필요하다. 중앙정부는 재정 확보와 관련된 정책을 마련하고, 지자체에 대한 지원 방안을 적극적으로 제시하여 시설들이 안정적으로 운영될 수 있도록 도와야 한다.

(3) 소규모 노인여가복지시설 지역적 확대

2025년에는 노인인구가 천만 명 이상으로 급증하여 초고령사회로 진입하게 될 것으로 예측되며, 이에 따라 노인여가복지시설의 부족 문제가 더욱 심화될 전망이다. 현재의 노인여가복지시설은 수요를 충족시키기에 한계가 있고, 지역에 따라 접근성이 취약하며 이용에 제약이 있다. 이러한 상황을 해결하기 위해 노인복지관은 소규모 노인여가복지시설을 지역적 거점으로 지속적으로 확대하는 방향으로 나아가고 있다.

증가하는 노인인구와 지역적 특성을 고려하여 소규모 노인여가복지시설을 적극적으로 확충하는 노력이 이루어지고 있다. 이러한 시설은 노인들이 편안하게 이용할 수 있도록 지자체의 역량과 지역 특성에 맞게 설계되고 조성되어야 한다. 특히, 농어촌 지역과 같이 접근성이 떨어지는 지역에서는 시설의 안배와 관리가 더욱 중요하게 강조되고 있다.

노인문화센터 등의 소규모 노인여가복지시설은 노인들에게 다양한 프로그램과 서비스를 제공하여 지역사회와의 상호작용을 촉진하고, 건강한 노후생활을 지원한다. 이를 통해 지역사회의 노인들이 더 나은 여가와 복지 서비스를 경험하고 즐길 수 있도록 함으로써 노인인구 증가에 대응하는 전략으로 채택되고 있다.

(4) 노인여가복지시설 법적 · 제도적 근거 마련

노인여가복지시설에 대한 법적 · 제도적 근거를 마련하는 것은 노인복지를 향상시키고 안정적인 운영을 위해 매우 중요한 일이다. 특히, 노인교실이나 노인여가복지시설과 같은 시설은 현재 「노인복지법」 제36조에서만 언급되어 있어 법적 근거가 미비한 상황으로 인해 노인학교가 정부의 보조를 받지 못하고 있는 등의 문제가 발생하고 있다고 볼 수 있다.

법적 근거를 마련하고 지원을 확보하기 위해서는 다음과 같은 단계를 고려할 수 있다.

첫째, 법률 개정 및 보완이다. 현행 「노인복지법」에서 노인여가복지시설에 대한 규정이 미비하다면, 해당 법률을 개정하거나 보완하여 노인여가복지시설의 역할과 기능, 지원 방안 등을 명확히 규정할 필요가 있다.

둘째, 정부와 협력 및 제휴이다. 정부의 보조를 받기 위해서는 해당 분야의 주무부처나 관련 당국과 협력하는 것이 중요하다. 정부의 정책과 지침을 주시하면서 시설 운영에 대한 지원을 요청하고 협력할 수 있는 방안을 모색해야 한다.

셋째, 프로그램 향상 및 전문 강사 양성이다. 법적 근거를 갖추는 것 외에도, 시설의 프로그램을 향상시키고 전문 강사를 양성하여 노인학교의 수준을 높이는 노력이 필요하다. 이는 정부와 협력하여 교육 및 여가 프로그램의 질을 향상시키는 데 도움이 될 것이다.

넷째, 지자체와의 협업 강화이다. 지자체와의 협력을 강화하여 지역사회에 노인여가복지시설이 효과적으로 기능할 수 있도록 한다. 지자체와의 협약을 통해 지원을 받을 수 있는 방안을 모색해야 한다.

(5) 노인여가복지시설 상호 협력 및 네트워크 구축

노인여가복지시설 간의 상호 협력과 네트워크 구축은 노인복지를 향상시키고 노인들에게 높은 품질의 서비스를 제공하는 데 중요한 역할을 한다. 이를 위해 다음과 같은 접근 방법을 고려할 수 있다.

첫째, 전문가 및 기관 간 협력 강화이다. 노인복지 전문가와 기관 간의 협력을 강화하고 지식을 공유하는 플랫폼을 구축한다. 교육 세미나, 워크샵, 세미나 등을 통해 전문성을 공유하고 최신 트렌드에 대한 정보를 교환할 수 있다.

둘째, 운영 지침 및 정보 공유이다. 서로 다른 노인여가복지시설 간에 운영 지침을 공유하고, 효과적인 운영 모델을 개발하는데 협력한다. 정보 교환을 통해 얻은 경험과 노하우를 상호 나누어 발전시킨다.

셋째, 공동 프로그램 개발이다. 유사한 목적과 필요를 가진 노인여가복지시설들이 공동으로 프로그램을 개발하고 운영할 수 있도록 장려한다. 이는 자원을 효과적으로 활용하고 노인들에게 다양한 프로그램을 제공하는 데 도움이 된다.

넷째, 자원 공유 및 연결이다. 노인복지시설 간의 자원 공유를 강화하고, 필요시 서로의 시설을 연결하여 노인들이 다양한 서비스와 활동을 이용할 수 있도록 지원한다.

다섯째, 국가 차원에서의 전략 수립이다. 국가 차원에서 노인여가복지시설 간의 협력과 네트워크를 지원할 수 있는 정책 및 지침을 수립하고, 중앙에서 효과적인 지원을 제공한다.

여섯째, 사회통합을 위한 노력이다. 선진국들과 같이 노인여가활동을 사회 전반으로 확대하여 사회통합에 기여할 수 있는 방안을 모색한다. 교육, 보건, 문화, 복지 등 다양한 분야와 협력하여 노인들이 사회적으로 활발하게 참여할 수 있는 환경을 조성한다.

요점정리

1. 노인여가활동 의미

노인여가활동은 노년기에 즐길 수 있는 활동으로, 삶의 만족도를 높이고 신체와 정신적 건강을 유지하며 사회적 활동성을 증진시키는 데 중요한 역할을 한다.

2. 노인여가활동 유형

- 개인적인 활동: 개별적으로 즐길 수 있는 활동으로, 취미나 관심사에 따라 선택된다.
- 그룹 활동: 동호회, 친목 모임, 봉사활동 등 다수가 함께 참여하는 활동이다.

3. 노인여가활동 현황과 전망

- 현황: 노인여가활동은 다양한 프로그램과 시설을 통해 제공되고 있으며, 많은 노인들이 참여하고 있다.
- 전망: 노인인구의 증가에 따라 노인여가활동의 중요성이 더욱 부각될 것으로 예상된다.

4. 여가의 활성화 방안

- 프로그램 다양성과 접근성 강화
- 지역사회와의 협력을 통한 프로그램 개발 및 운영
- 노인들의 참여와 의견을 적극 수렴하여 프로그램 개선
- 디지털 기술을 활용한 온라인 여가활동의 확대
- 노인들이 자발적으로 참여하고 능동적으로 활동할 수 있는 환경 조성

Quiz

1. 노인여가활동을 분류할 때 봉사활동, 친구만남 등 사회공헌이나 사교를 목적으로 하는 활동 유형은 무엇인가?
2. 노인여가활동을 분류할 때 문화예술 공연, 창작활동, 미술, 연주 등에 직접 참여하는 활동 유형은 무엇인가?
3. 노인여가활동을 분류할 때 심신의 단련이나 교제를 목적으로 스포츠 활동에 실제 참여하는 경우의 유형은 무엇인가?

1: 사회 및 기타 활동

2: 문화예술참여 활동

3: 스포츠 참여 활동

PART 03

노인복지 관련 주요 이슈

CHAPTER 10

노인과 치매

학습목표

- 치매의 정의, 원인, 유형에 대해 알 수 있다.
- 치매의 위험요인, 치매의 진행단계와 증상을 알 수 있다.
- 치매환자에게 동반되는 질환 및 상태에 대해 알 수 있다.
- 한국의 치매정책에 대해 알 수 있다.

1. 치매의 이해

1) 치매의 정의

치매는 라틴어에서 유래된 "dementia"라는 말로, "정신적인 기능 상실"을 의미한다. 이는 뇌 기능의 지속적이고 전반적인 저하로 인해 인지능력이 감소하는 상태를 나타낸다. 치매는 일상생활에 상당한 영향을 미치며, 주로 기억력, 언어능력, 시공간 파악 능력, 판단력, 추상적 사고력 등 다양한 지적 능력의 손상으로 특징지어진다. 치는 노화와는 구분되는데, 노화가 자연적이고 정상적인 과정으로 치부되는 반면, 치매는 다양한 원인에 기인하여 뇌 기능이 점차적으로 악화되는 것을 나타낸다. 이로 인해 환자는 기억상실, 일상생활에서의 어려움, 의사소통 장애 등의 증상을 경험하게 된다.

치매는 다양한 형태와 원인을 가지고 있으며, 알츠하이머병, 혈관성 치매, 알코올성 치매 등이 흔히 알려져 있다. 각각의 치매 유형은 특정 뇌 부위나 기능에 중점적으로 영향을 미친다. 치매는 아직 완전히 치료할 수 있는 치료법이 없지만, 조기 발견과 적절한 관리가 중요하다. 현재는 증상 완화와 삶의 질 향상을 위한 다양한 치료 및 관리 방법이 연구되고 적용되고 있다. 이에 따라 가족과 환자 모두에게 필요한 돌봄과 지원이 제공되어야 한다.

2) 치매의 원인과 유형

치매는 일상생활에 큰 지장을 줄 수 있는 질환이다. 치매에 대한 정확한 이해와 예방을 위한 노력을 통해 치매의 발생을 줄이고, 조기 발견과 치료를 통해 치매 환자의 삶의 질을 향상시키는 것이 중요하다.

(1) 치매의 원인

치매는 다양한 원인에 의한 뇌손상이나 뇌병변으로 인지기능 저하가 나타나는 정신장애를 통칭하는 용어이다. 치매를 유발하는 원인질환은 내과, 신경과, 정신과 질환 등 다양하지만, 전체 치매의 절반 정도는 그 원인이 정확히 밝혀지지 않고 있다.

표 10-1 치매의 주요 원인

구분	원인 질환
퇴행성뇌질환	• 알츠하이머병, 픽병, 파킨슨병, 헌팅턴병, 루이제 치매, 진행성 해상마비
뇌혈관질환	• 다발성 뇌경색, 열공성 뇌경색, 빈스방거병, 만성경막하 출혈, 측두동맥염
뇌염증 및 감염대사장애	• AIDS, 크로이츠펠트-야콥병, 헤르페스성 뇌염, 뇌막염 후유증, 신경매독, 뇌종양, 경막하혈종, 정상압뇌수종

구분	원인 질환
결핍성장애	• 비타민B12 결핍, 엽산 결핍
중독성장애	• 약물 중독, 알코올 중독, 중금속 중독(납, 망간, 수은 등), 유기용매 중독
내분비장애	• 간성 뇌병증, 만성신부전, 저혈당, 저산소증, 갑상선 기능 항진 및 저하증

(2) 치매의 유형

① 알츠하이머형 치매

독일인 정신과 의사 알로이스 알츠하이머(Alois Alzheimer)의 이름을 따라 지어진 치매의 대표적인 질병이다. 알츠하이머형 치매(Alzheimer's Disease, AD)는 치매의 주요 유형 중 하나로, 중증의 인지기능 손상과 기억력 감퇴를 특징으로 하는 뇌질환이다. 이는 진행적인 신경세포 손상과 사망에 기인하며, 대부분 노인들에게 발병하나 일부 경우는 어린이와 청소년에게도 나타날 수 있다.

알츠하이머병의 주요 특징과 흐름에 대해 알아보면 다음과 같다.

첫째, 기억력 감퇴이다. 가장 초기에 나타나는 증상 중 하나로, 알츠하이머병 환자는 특히 단기 기억력에 문제를 겪는다.

둘째, 인지기능 손상이다. 환자는 사물을 인식하고 판단하는 능력이 감퇴하며, 언어능력, 시공간 파악 능력, 추상적 사고 등 다양한 인지기능이 손상된다.

셋째, 후진성 기억 손상이다. 병의 진행에 따라 뒤로 갈수록 과거의 기억이 손상되는 현상이 나타날 수 있다.

넷째, 평소 행동의 변화이다. 환자는 증상이 더 심해짐에 따라 일상적인 활동에서 혼란을 겪을 수 있다. 예를 들어, 길을 잃는, 일상적인 작업을 수행하는 데 어려움을 겪는 등의 행동 변화가 나타날 수 있다.

다섯째, 대인관계에 대한 어려움이다. 사람 간의 관계에서도 어려움을 겪게 되며, 가족이나 친구들을 인식하지 못하거나 대화의 흐름을 이해하지 못하는 등의 증상이 나타날 수 있다.

알츠하이머병의 원인은 정확히 밝혀지지 않았지만, 유전적인 요인, 뇌 내 단백질 이상 축적, 염증, 신경전달물질 이상 등이 관련되어 있다고 여겨지고 있다. 아직까지 효과적인 치료법은 없지만, 증상을 완화하고 진행을 늦추기 위한 다양한 연구와 치료법이 진행 중에 있다.

② 혈관성 치매

혈관성 치매(Vascular Dementia)는 뇌혈관에 문제가 생겨 뇌로의 혈류가 감소하거나 차단되어 발생하는 치매 유형 중 하나이다. 혈관성 치매는 주로 뇌혈관 질환, 혈전 형성, 혈관염 등이 원인이 된다.

혈관성 치매의 주요 원인은 다음과 같다.

첫째, 뇌혈관 질환이다. 뇌혈관에 문제가 생기면 혈류가 감소하거나 차단될 수 있다. 이로 인해 뇌 조직이 손상을 입고, 치매 증상이 발생할 수 있다.

둘째, 혈전 형성이다. 혈전(혈액 응고)이 혈관에서 생성되어 혈류를 차단할 수 있다. 이는 뇌로 향하는 혈류를 저해하고 치매 증상을 유발할 수 있다.

셋째, 혈관염이다. 혈관 벽에 염증이 발생하면 혈관이 좁아지거나 막힐 수 있다. 이로 인해 뇌에 적절한 혈류가 공급되지 않아 치매가 발생할 수 있다.

혈관성 치매의 증상은 다양하며 다른 치매 유형과 유사할 수 있다. 주요 증상에는 기억 손상, 판단력 감퇴, 사고력 감퇴, 언어 및 의사소통 문제, 일상생활에서의 어려움 등이 포함될 수 있다.

③ 파킨슨병에 의한 치매

파킨슨병은 주로 운동 기능에 영향을 미치는 신경계통의 질병으로, 치매의 일부 형태를 유발할 수 있다. 이를 "파킨슨병에 의한 치매" 또는 "파킨슨병성 치매(Parkinson's Disease Dementia, PDD)"라고 한다. 주로 파킨슨병을 앓는 환자들 중 일부에서 나타난다.

파킨슨병성 치매는 파킨슨병의 초기 증상이 나타난 후 몇 년에서 수 십

년 후에 발생할 수 있다. 이러한 치매는 파킨슨병 환자들의 두뇌에 파킨슨병과 관련된 신경 변화로 인해 발생한다. 주요 특징은 다음과 같다.

첫째, 운동 기능 저하이다. 파킨슨병 환자들은 떨림, 근육 경직, 움직임의 둔화 등의 운동 기능 저하 증상을 경험한다. 이러한 증상은 파킨슨병성 치매 환자에서도 계속 나타날 수 있다.

둘째, 인지기능 손상이다. 치매가 진행되면서 기억 손상, 사고력 감퇴, 판단력 저하 등의 인지기능 손상이 나타난다.

셋째, 시각적 환각이다. 파킨슨병성 치매는 종종 시각적 환각이 발생할 수 있다. 환자는 현실과 상관없는 시각적 경험을 할 수 있다.

넷째, 감정 변화이다. 우울, 불안, 감정의 변화도 파킨슨병성 치매의 특징 중 하나이다.

파킨슨병성 치매의 관리에는 약물치료, 물리치료, 언어치료, 감정 지원 등이 포함될 수 있다. 치매 증상의 경중과 개인의 건강 상태에 따라 치료 방향이 결정된다. 치료의 목표는 환자의 기능을 최대한 유지하고 삶의 질을 향상시키는 것이다.

④ 알코올성 치매

알코올성 치매(Alcohol-Related Dementia, ARD)는 장기간의 과음 또는 만성적인 알코올 남용으로 인해 발생하는 치매의 한 형태이다. 알코올성 치매는 주로 긴 시간 동안 지속적인 과음으로 인한 신경계통의 손상으로 특징지어진다. 이러한 치매는 알코올 중독으로 인한 뇌 손상으로 인해 발생하며, 일반적으로 알코올 사용량과 과음의 빈도가 많이 관련되어 있다.

알코올성 치매의 특징은 다음과 같다.

첫째, 기억 손상이다. 주로 기억력 감퇴가 나타나며, 최근의 사건이나 정보를 기억하는 데 어려움을 겪을 수 있다.

둘째, 인지기능 저하이다. 사고력 감퇴, 추론 능력 감퇴, 문제 해결 능력의 감소 등과 같은 인지기능 손상이 나타날 수 있다.

셋째, 비언어적 기술 손상이다. 말하는 능력, 글쓰기 능력, 읽기 능력 등 비언어적 기술에 손상이 생길 수 있다.

넷째, 전략적 기능 손상이다. 전략적인 기능인 계획 수립, 조직, 추상화에 어려움을 겪을 수 있다.

다섯째, 사회 기능 손상이다. 사회적 상호작용과 감정 제어에 문제가 생길 수 있다.

알코올성 치매의 예방은 주로 건강한 생활습관과 적절한 알코올 소비를 포함한다. 만약 이미 알코올 중독이 진행되고 있는 경우, 전문가의 도움을 받아 중독을 극복하고 뇌 손상의 진행을 늦추는 것이 중요하다.

알코올성 치매의 치료는 알코올 중독에 대한 치료와 함께, 신체적 · 심리적 · 사회적 측면에서의 종합적인 접근이 필요하다. 이는 종종 의료 전문가, 심리학자, 진료사, 사회복지사 등 다양한 전문가들의 협력을 포함할 수 있다. 개별적인 증상과 상황에 따라 맞춤형 치료 계획이 필요하며, 초기에 조치를 취하면 알코올성 치매의 진행을 줄일 수 있다.

3) 치매의 위험요인

치매의 대표적 위험요인으로는 연령, 교육 수준, 가족력, 출생 시 부모 연령, 두부외상, 흡연, 다운증후군의 가족력, 우울증의 과거력 등을 들 수 있다.

첫째, 연령이다. 치매는 주로 고령자에서 발생하며, 나이가 증가함에 따라 발생 위험이 증가한다. 65세 이상에서 특히 높은 빈도로 나타난다.

둘째, 교육수준이다. 높은 교육 수준을 가진 사람들은 치매 발생 위험이 낮을 수 있다. 교육은 뇌의 활동성을 증가시키고 치매의 영향을 완화할 수 있다.

셋째, 가족력이다. 가족력이 있는 경우, 특히 일찍 발병한 치매나 유전적인 형태의 치매에 대한 위험이 높아질 수 있다.

넷째, 출생 시 부모 연령이다. 부모의 나이가 고려될 때, 출생 시 부모의 연령이 치매 발생에 영향을 미칠 수 있다.

다섯째, 두부외상이다. 중대한 두부 손상이나 반복적인 소소한 두부 손상은 치매의 위험을 증가시킬 수 있다.

여섯째, 흡연이다. 심혈관 질환과 관련이 있어, 흡연이 치매 발생 위험을 증가시킬 수 있다.

일곱째, 다운증후군의 가족력이다. 다운증후군은 일부 경우에 치매의 발병과 관련이 있을 수 있다.

여덟째, 우울증의 과거력이다. 과거에 우울증이 있었던 경우, 치매 발생 위험이 높아질 수 있다.

이러한 위험요인들을 인지하고 건강한 라이프스타일을 유지하며, 의료 전문가의 조언을 듣는 것이 치매 예방에 도움이 될 수 있다.

4) 치매의 증상

(1) 인지기능장애

첫째, 기억력 저하이다. 수일 전 혹은 수 주일 전의 일에 대한 단기 기억력 저하가 먼저 생기고 병이 심해지면서 장기 기억력 저하가 온다.

둘째, 언어능력 저하이다. 언어 소통능력이 저하되어 말을 하는데 적절한 단어가 떠오르지 않아 말문이 자주 막히고 말수가 현저하게 줄어든다. 타인의 이야기를 이해하는 능력이 저하되어 엉뚱하게 이해하거나 전혀 이해하지 못하는 경우가 많다.

셋째, 지남력 저하이다. 날짜와 시간에 대한 개념이 떨어져 날짜, 요일,

계절 등을 착각하고 실수한다. 오랫동안 지내던 집도 자신의 집이 아니라고 부인하고 가족의 얼굴을 보고 알아보지 못하기도 한다. 일반적으로 시간에 대한 장애가 가장 먼저 생기고, 진행되면 날짜, 계절, 밤낮을 구분하지 못한다. 사람에 대한 지남력은 치매가 진행된 후에 손상되어, 가끔씩 만나는 사람을 알아보지 못하다가 말기에는 가까운 사람도 알아보지 못한다.

넷째, 시공간 파악 능력 저하이다. 공간개념이 떨어져 자주 다니던 곳에서도 길을 잃고 헤매게 되고 집안에서 화장실과 안방을 구분하지 못하는 경우도 있다.

다섯째, 실행능력기능 저하이다. 감각 및 운동기관이 온전한데도 불구하고 목적성 있는 행동을 못하는 경우로, 운동화 끈을 매지 못하는 등 순서를 밟아야 되는 일, 도구를 사용하는 일에 어려움을 느낀다. 치매가 진행됨에 따라 식사나 옷을 입는 등의 단순한 일도 어려워진다.

(2) 정신행동증상

첫째, 우울증이다. 우울증은 치매환자의 40~50%에서 나타나는 흔한 증상으로, 말수가 줄고 의욕이 없으며 우울한 기분을 표현하기도 하고 식욕감소, 잠을 지나치게 많이 자거나 못 자는 등 수면 양상의 변화, 자살사고 등이 나타난다. 종종 치료거부, 식사거부 문제로 이어지기도 한다.

둘째, 망상과 의심이다. 망상과 의심은 기억력이 저하된 치매환자가 기억이 나지 않는 부분에 대해 의심이 증가할 수 있다. 의심이 심해져서 다른 사람의 설득이나 설명으로는 바로잡아지지 않을 정도로 고착되어 있는 경우를 망상이라고 한다. 가장 흔한 망상은 누군가가 자신의 물건을 훔쳐 갔다는 도둑망상이다.

셋째, 환각과 착각이다. 환각과 착각은 환각 중에는 실제로 없는 소리를 듣는 환청이나 실제로 없는 것을 보는 환시가 가장 흔하게 나타난다. 또한 환각과는 달리 실제로 존재하는 것을 다르게 인지하는 착각 또는 오인이 있을 수 있어, 거울에 비친 자신의 모습을 다른 사람처럼 대하거나, 베개를 아기인 것처럼 다루는 행동 등이 있을 수 있다.

넷째, 초조 및 공격성이다. 쉽게 불안해하거나 이유 없이 자꾸 서성거리고 한자리에 오래 앉아있지 못하며 초조한 것처럼 행동한다. 초조 증상의 하나로 물건을 수집하거나 숨기기도 한다. 무의미해 보이는 부적절한 동작을 반복하거나, 동일한 문장, 질문, 불평 등을 되풀이하는 반복행동도 보인다. 또한 자주 화를 내기도 한다. 한번 화를 내면 걷잡을 수 없이 폭발적으로 나타나며 잠시 후에는 아무 일 없었다는 듯이 조용해진다. 이러한 증상은 신체적 통증, 급성 신체질환, 미숙한 돌봄 등이 원인이 된다. 또한 요양보호사의 심한 피로로 인한 우울감, 졸림, 불안, 화남, 인내력 상실 등이 환자에게도 영향을 줄 수 있다.

(3) 수면장애

치매 환자의 수면장애는 다양한 형태로 나타날 수 있다. 이러한 수면장애는 수면의 심도와 품질에 영향을 미치며, 일상생활에 부정적인 영향을 줄 수 있다. 구체적으로 설명하자면, 치매 환자의 수면장애는 다음과 같은 현상을 포함할 수 있다.

첫째, 잠들기가 어렵다. 치매로 인해 뇌의 기능이 손상되면서 잠들기 어려움이 발생할 수 있다. 환자는 잠에 들기 위해 오랜 시간을 필요로 하거나, 잠들고 나서도 자주 깨어나는 경향이 있다.

둘째, 수면의 깊이 감소이다. 치매로 인해 수면의 깊이가 감소할 수 있다. 깊은 수면 단계에 도달하기 어려워서 휴식과 회복이 충분하지 않을 수 있다.

셋째, 밤중 깨어남과 배회이다. 밤중에 잠에서 깨어나거나, 침대를 떠나 주변을 배회하는 현상이 나타날 수 있다. 이는 불안, 혼란, 또는 환자의 수면-각성 패턴의 변화로 인해 발생할 수 있다.

넷째, 일관성 없는 수면 스케줄이다. 치매 환자는 종종 일관된 수면 스케줄을 유지하기 어려워한다. 낮과 밤이 뒤섞이는 현상이 발생할 수 있으며, 낮에 지나치게 졸음을 느끼게 될 수 있다.

다섯째, 수면 무호흡 및 기타 수면장애이다. 치매 환자는 수면 무호흡 및 기타 수면장애를 겪을 수 있다. 이러한 장애는 수면의 품질을 저하시키고, 더 많은 건강 문제를 유발할 수 있다.

이러한 수면장애는 치매 환자의 일상생활에 부정적인 영향을 미칠 뿐만 아니라 가족 구성원 및 간병인에게도 부담을 주게 된다. 따라서 이러한 장애를 관리하고 개선하기 위해서는 의료 전문가와 협력하여 적절한 치료 및 관리 계획을 수립하는 것이 중요하다.

2. 치매의 진행 단계별 특징과 증상

1) 치매의 진행 단계별 특징과 증상

치매는 서서히 진행하는 질환이다. 처음에는 건망증으로 보일 수 있는 경도인지장애로 시작하여 시간이 흐를수록 분명한 인지장애로 인해 일상생활에 어려움이 생기는 치매 단계로 서서히 진행하게 된다.

인지기능 장애로 인해 일상생활의 독립적인 수행이 어려워지면 초기 치매 단계로 볼 수 있다. 단조롭고 익숙한 환경에서는 혼자서 생활이 가능한 경우도 있지만 이 단계에서는 임상면담 결과 분명한 인지 장애를 보이며 최근 생활사건과 시사문제를 잘 기억하지 못한다. 가까운 가족과 친구들은 그런 문제를 알아차리기 시작한다. 혼자 외출하는 것과 금전 관리에 지장이 생기기도 한다.

치매의 중기 이후에는 최근에 있었던 일은 물론이고 오래된 기억도 비교적 심하게 손상된다. 대체적으로 사회적 판단에 장애를 겪으며, 장소와 시간에 대한 인식장애가 나타나므로 다른 사람의 도움 없이는 생활이 어려워진다. 대상자는 종종 배우자의 이름을 잊기도 하고 주변 상황, 시간 등에 대해 알지 못하며 낮과 밤의 리듬이 자주 깨진다. 또한 망상과 환각과 같은 정신행동증상도 더욱 빈번하게 나타난다.

말기가 되면 지적 능력이 심하게 떨어지고 일상생활의 능력이 심하게 감퇴되어 지속적인 감독이 필요해진다. 말기에는 언어 구사 능력이 상실되어 말은 없고 단순히 알아들을 수 없는 소리만 내게 되며, 새로운 사건을 전혀 기억할 수 없고 과거의 기억도 얼마 남아있지 않게 된다. 시간, 장소, 사람에 대한 모든 것을 인식하지 못하며 주위에 발생하는 일에 대해 반응이나 관심을 보이지 않는다.

표 10-2 치매 단계별 특징과 증상

단계	특징	증상
초기	일상생활에 있어 약간의 도움이 필요한 상태	• 새로운 것을 외우는 것이 어렵다. • 간혹 시간이 헷갈릴 때가 있다. • 말을 할 때 적절한 단어가 떠오르지 않는다. • 우울이나 짜증 또는 의심 등의 증상이 나타나기 시작한다
중기	일상생활에 있어 상당한 도움이 필요한 상태	• 새로 외우는 것은 거의 불가능하고, 과거의 기억을 떠올리는 것도 어려움이 생긴다. • 시간 이외에 공간도 헷갈리기 시작한다. • 말을 하고 남의 말을 이해하는데 어려움이 더 심해진다. • 환각, 망상, 불안, 초조, 배회 등의 정신행동증상이 심해진다.
말기	주변의 도움이 없이는 일상생활이 전혀 유지되기 어려운 상태	• 대부분의 기억이 소실된다. • 가족이나 가까운 사람들도 알아보지 못한다. • 언어 능력이 더 떨어져서 의미 있는 대화가 거의 불가능하다. • 정신행동증상은 오히려 점점 줄어든다. • 대소변 조절, 보행, 식사하기 등 기본적인 일상에 어려움이 생기고 마지막에는 와상 상태(누워서 거의 아무런 반응이 없는 상태)가 시작된다

2) 동반질환과 돌봄

(1) 치매 환자에게 동반되는 질환 및 상태

치매 환자들은 정상 노인들에게도 흔한 신체질환뿐만 아니라 만성적인 뇌 질환과 정신 기능 저하로 인한 문제들까지 함께 보이게 된다. 섬망은 갑자기 의식과 주의력이 흐려지고 인지기능이 떨어지는 상태로, 치매 환자에게서 나타날 수 있다. 또한 낙상 및 골절, 요실금, 변실금, 영양실조, 경련, 말기에 발작을 보이는 경우도 있다. 또한 치매 약물 부작용으로 인해 인지기능 감퇴, 기립성저혈압, 안절부절못함, 변비 등이 나타날 수 있다.

(2) 치매돌봄

치매 대상자를 돌보는 요양보호사가 알아야 하는 중요한 것은 우리가 돌보는 대상은 치매라는 '병'이 아니라 치매를 앓고 있는 '사람'이라는 사실이다. 치매 대상자를 돌보다 보면 많은 도움을 주어야 한다. 그런데 의사소통이 잘 되지 않는 경우가 많다. 이러한 치매 대상자의 모습은 말을 듣지 않고 고집을 부리는 것처럼 보이기도 한다. 요양보호사가 많이 바쁘고 힘이 들다보면 자신도 모르게 치매 대상자를 '도움을 끊임없이 주어야 하는 병 자체'로만 볼 수 있다. 하지만 치매 대상자도 엄연히 한 사람의 인격체이다. 따라서 병과 사람 사이에서 균형을 잡는 올바른 시각이 필요하다.

치매 대상자의 돌봄에 있어 지켜야 할 몇 가지 사항들을 정리해보면 다음과 같다.

① 치매 환자가 혼자 할 수 있는 범위까지 스스로 할 수 있게 하고, 부족한 부분을 도와준다.

② 치매 환자들은 자신의 건강 문제를 명확히 인식하고 표현하지 못하는 경우가 많아 건강에 대해 세심한 관심이 필요하다.

③ 급작스럽게 생길 수 있는 여러 사고들에 미리 대비를 하는 것이 필요하다.

④ 치매환자도 존중받아야 하는 노인으로 대해야 한다.

(3) 치료

① 치매 대상자는 3~6개월 간격으로 병원에서 진료를 받는다.

② 약물요법

- 인지기능개선제, 아세틸콜린 분해효소 억제 약물을 복용한다.
- 우울증, 망상, 배회, 수면장애 등의 정신 행동증상은 항정신병약물, 항우울병약물, 항불안병약물, 항경련약물을 복용한다.

③ 비약물요법

- 환경개선은 가급적 단순하고 구조화되어 있으며 안정적인 환경을 제공한다.
- 행동개입은 행동 수정을 위해 강화, 필요 시 격리 등의 방법을 사용한다.
- 인지 및 활동 자극은 수공예, 간단한 물건 만들기, 원예, 독서, 그림그리기, 음악을 듣거나 노래 부르기 등 대상자에게 익숙하며 성공적으로 수행할 수 있는 활동을 한다.

(4) 예방

① 고혈압, 당뇨병, 심장병 등 성인병을 철저히 관리한다.

② 소량의 균형 잡힌 식사를 섭취하되 채소와 어류를 통해 항산화영양소를 섭취한다.

③ 적절한 운동을 꾸준히 규칙적으로 한다.

④ 독서 등 개인적인 취미활동을 꾸준히 한다.

⑤ 사교모임 등 사회활동을 지속한다.

⑥ 기억력 장애 증상를 보이는 경우 치매안심센터를 통해 조기 검진을 받게 한다.

3. 한국의 치매 정책

한국의 치매정책은 2020년부터 시행 중인 제4차 치매관리종합계획을 바탕으로, 2025년까지 치매 환자 수가 100만 명 이하로 감소하고, 치매 환자의 삶의 질이 향상되는 것을 목표로 하고 있다. 이를 위해 치매 조기발견율을 50%까지 높이고, 치매 환자의 인지기능 저하를 늦추는 치료제 개발을 위한 연구를 지원하며, 지역사회에서 치매 환자를 효과적으로 관리하기 위한 인프라를 확충하는 등의 노력을 기울이고 있다. 향후 한국의 치매정책은 초고령사회 진입에 따른 치매 환자 수의 증가에 대비하여, 지역사회 중심의 치매 관리체계 구축, 치매 치료·돌봄 서비스의 질 향상, 치매 환자 가족의 부담 경감, 치매 연구 및 기술 개발 강화 등에 중점을 두고 추진될 것으로 예상된다.

1) 우리나라 연차별 치매관리종합계획 정책

우리나라는 2008년 9월, 노인인구의 증가와 치매 유병률의 상승에 대응하여 "제1차 치매종합관리대책"을 발표했다. 이 대책은 치매 예방, 조기발견, 치료, 돌봄, 연구개발 등 치매 전주기 관리를 위한 종합적이고 체계적인 정책을 제시했다.

2011년 12월에는 「치매관리법」이 제정되어 치매 관리에 대한 법적 근거가 마련되었다. 또한, 2012년 12월에는 "제2차 치매관리종합계획"을 수립하여 치매 예방 · 조기발견 · 치료 · 돌봄을 위한 인프라 확충과 서비스 제공을 강화했다.

2016년 12월에는 "제3차 치매관리종합계획"을 수립하여 치매 국가책임제의 추진을 골자로 했다. 치매 국가책임제는 치매 환자와 가족의 부담을 완화하고, 치매 친화적 사회를 조성하기 위한 정책이다.

2021년 12월에는 "제4차 치매관리종합계획"을 수립하여 치매 관리를 선제적으로 강화하고, 지역사회 기반의 치매 돌봄을 확대하는 것을 목표로 했다.

표 10-3 우리나라의 연차별 치매관리종합계획 정책 비교

연도	치매관리종합계획	주요 내용
2008~2011	제1차 치매종합관리대책	치매 예방, 조기발견, 치료, 돌봄, 연구개발 등 치매 전주기 관리를 위한 종합적 정책 제시
2012~2015	제2차 치매관리종합계획	치매 예방 · 조기발견 · 치료 · 돌봄을 위한 인프라 확충과 서비스 제공 강화
2016~2020	제3차 치매관리종합계획	치매 국가책임제 추진, 치매 예방 · 조기발견 · 치료 · 돌봄 강화
2021~2025	제4차 치매관리종합계획	치매 관리 선제 강화, 지역사회 기반의 치매 돌봄 확대

이러한 치매관리종합계획의 추진으로 치매 관리 인프라가 크게 확충되었으며, 치매 인식 개선에도 기여했다. 그러나 치매는 고령화사회의 대표적인 질환으로, 그 유병률은 계속 증가할 것으로 예상된다. 따라서 치매 관리를 더욱 강화하기 위한 노력이 필요하다.

'치매국가책임제'는 2017년 9월 문재인 정부가 발표한 치매 정책의 핵심 내용으로, 치매를 개별 가정 차원이 아닌 국가 돌봄 차원에서 해결하겠다는 것이 핵심이다. 이를 위해 치매 조기 발견율을 높이고, 치매 치료제 개발을 지원하며, 지역사회에서 치매 환자를 효과적으로 관리하기 위한 인프라를 확충하는 등의 정책을 추진하고 있다.

표 10-4 제4차 치매관리 종합계획 기본 방향(2021~2025)

구분	그간의 실적 ('17.9~'20.8)	성과분석		'치매국가책임제'의 완성 (제4차치매관리종합계획. '21~'25)
인프라 확충	• 치매안심센터: 256개소 • 치매전담장기요양기관: 210개소 • 치매안심병원:4개소	성과	공적 인프라 기반 마련	• 치매안심센터 분소설치 • 치매전담형장기요양기관: 310개소 • 치매안심병원: 22개소(운영수가 도입)
		한계	양적 부족, 접근성 부족	
		방향	공급 확대, 서비스접근성 제고	
맞춤형 사례 관리	• 치매안심센터사례관리: 10.2만 건	성과	1:1치매상담, 검진, 사례관리	• 조치치매환자 집중관리경로개발 • 맞춤형서비스계획(케어플렌)수립 • 지역자원 연계 협력
		한계	대상자별 특성화 미흡	
		방향	차별화된 맞춤형 치매관리	
장기 요양 서비스	• 인지지원등급 신설: 1.7만 명 • 장기요양비 부담 경감폭 확대 • 단기보호제공 주 · 야간보호 기관: 88개소	성과	서비스대상 확대 및 부담경감	• 치매안심센터 쉼터 서비스 제공: 경증치매환자(장기요양 5등급 25만 명+인지지원 등급 1.7만 명) • 단기보호 제공 주 · 야간보호기관: 350개소 • 주거 + 장기요양서비스모형개발
		한계	인지지원등급 장기요양서비스이용자 :4천명	
		방향	서비스다양화로 지역 거주지원	
의료 지원	• 중증치매환자 의료비부담률 감소: 최대60%~10%) • 치매검사 건보 적용(치매진단: 30~40만 원→15만 원, MRI: 60만 원→14~33만 원)	성과	의료비용부담감소	• 치매환자가족 상담수가 도입 • 한국형 치매선별검사도구 개발 • 치매전문교육 표준화 및 전문성 제고
		한계	의료서비스전문화 미흡	
		방향	비용부담 추가 완화, 서비스품질향상	
사회적 지원	• 치매안심마을(339개) • 치매노인공공후견제 도입 • 국가치매 R&D 사업단출범 2020. 7)	성과	치매파트너즈, 치매안심마을 등 양적 확대	• 비대면기술 활용예방 검진 인지 강화 • 치매원인진단치료기술개발연구 (~'28) • 후견법인 기준 마련 및 후견지원신탁 도입 • 치매가족휴가제 연 이용한도: 6일 → 12일)
		한계	치매관련 부정적 인식 해소 미흡	
		방향	관련제도 내실화, 가족지원 확대	

2021년 12월에 수립된 제4차 치매관리종합계획은 다음과 같은 목표를 가지고 있다.

첫째, 치매 관리 선제 강화이다. 치매 예방, 조기 발견, 치료, 돌봄 등 치매 전주기 관리를 강화하여 치매 환자와 가족의 부담을 완화하고, 치매 친화적 사회를 조성한다.

둘째, 지역사회 기반의 치매 돌봄 확대이다. 지역사회 중심의 치매 관리 체계를 구축하여 치매 환자가 지역사회에서 안전하고 안정적으로 생활할 수 있도록 한다.

제4차 치매관리종합계획은 다음과 같은 과제를 추진하고 있다.

첫째, 치매 예방 및 조기 발견이다. 치매 예방을 위한 국가적 노력을 강화하고, 치매 조기 발견을 위한 인프라를 확충한다.

둘째, 치매 환자의 치료 및 돌봄이다. 치매 환자의 치료와 돌봄을 위한 서비스 확대 및 질 향상을 추진한다.

셋째, 치매 환자 가족의 부담 경감이다. 치매 환자 가족의 부담을 경감하기 위한 지원을 확대한다.

넷째, 치매 친화적 사회 조성이다. 치매 친화적 사회를 조성하기 위한 인식 개선 및 환경 조성을 추진한다.

제4차 치매관리종합계획의 추진으로 치매 환자와 가족의 삶의 질이 향상되고, 치매 친화적 사회가 조성되기를 기대한다.

2) 치매관리 전달체계

(1) 목적

중앙정부와 광역 및 기초단체 단위 치매 관련 계획을 조정 · 연계하고, 국가치매관리사업을 수행하는 데 있어서 효과적인 관리가 가능하도록 중앙-광역-치매안심센터로 이어지는 인프라 및 전달체계 구축체계이다.

(2) 추진체계

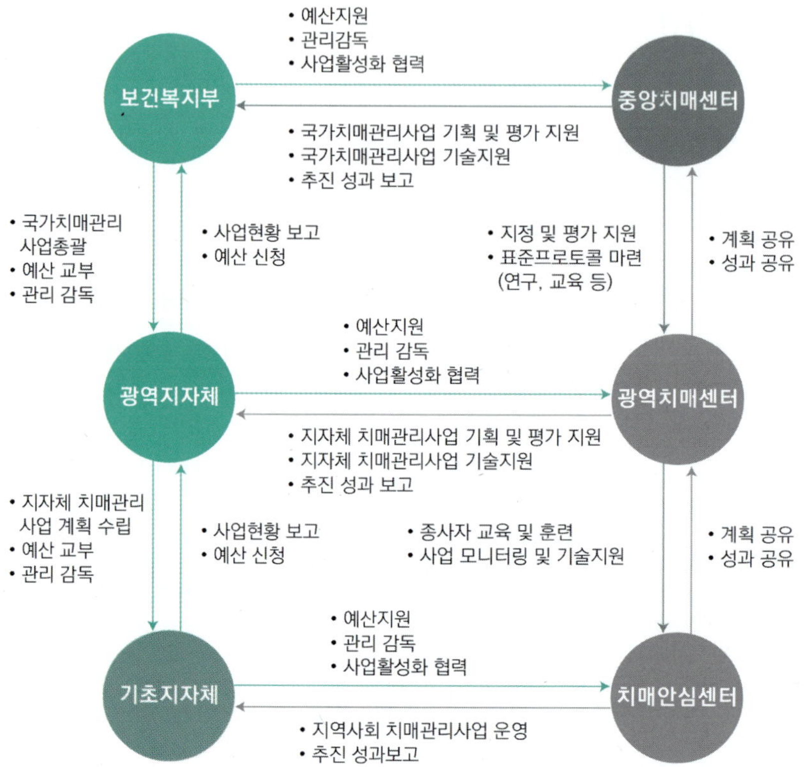

추진주체	역할
보건복지부	• 치매관리종합계획 수립 · 시행 및 평가 • 국가치매관리사업 총괄 및 전달체계 수립 및 관리 · 지원 • 중앙치매센터 설치 및 운영 • 광역치매센터 · 치매안심센터 예산 지원 및 지도 · 감독 • 광역치매센터 · 치매안심센터 운영지침 수립 • 성과평가를 통한 사업 질 관리 및 운영 효율화 도모
중앙치매센터	• 치매관리종합계획 수립 및 시행계획 추진실적 평가 지원 • 국가치매관리사업 기획 및 연구 • 치매관리사업수행기관 기술 지원 및 평가 지원 • 치매관리사업 운영지침 개발 및 보급 • 치매전문인력 종사자 교육 • 치매정보시스템 구축·운영 및 치매등록통계사업 지원 • 치매안심센터 업무 지원 • 치매 인식개선 교육 및 홍보
광역지자체 (시 · 도)	• 치매관리에 관한 시행계획 수립·시행 및 평가 • 지역치매관리사업 총괄 및 관리·지원 • 광역치매센터 설치 및 운영 • 광역치매센터·치매안심센터 행정적·재정적 관리·지원
광역치매센터	• 광역지자체의 치매관리시행계획 수립 및 시행지원 • 지역치매관리사업 기획 및 연구 • 치매안심센터 및 노인복지시설 등의 사업수행을 위한 기술지원 • 치매안심센터 성과평가 수행 지원 • 치매전문인력 종사자 교육 • 치매공공후견 사업 후견인 후보자 관리, 사업담당자 교육지원 등 • 지자체 내 치매 예방·치료 관련 기관 연계체계 마련 • 치매 예방 · 인식개선 교육 및 홍보
기초지자체 (시 · 군 · 구보건소)	• 치매관리에 관한 시행계획 수립 · 시행 • 치매안심센터 설치 및 운영 • 치매안심센터 행정적·재정적 관리 · 지원
치매안심센터	• 치매 관련 상담 및 조기검진 • 치매환자의 등록 · 관리 • 치매환자쉼터 운영 • 치매환자 가족지원사업 • 치매공공후견 사업 실시(대상자 발굴, 후견심판 청구 및 후견감독 등) • 치매 예방 · 인식개선 교육 및 홍보

3) 시설 현황

치매관리 수행기관은 중앙치매센터 1개소, 광역치매센터 17개소, 치매안심센터 256개소, 치매안심병원 10개소 및 공립요양병원 77개소가 설치·운영되고 있으며, 인천광역시, 광주광역시, 대전광역시, 울산광역시, 충청북도, 경상북도, 제주특별자치도는 광역치매센터, 치매안심센터 및 치매안심병원이 모두 설치되어 있다(2022. 12. 31. 기준).

4) 치매안심센터 운영

(1) 치매안심센터 소개

① 목적

치매 예방, 상담, 조기진단, 보건 · 복지 자원 연계 및 교육 등 유기적인 「치매 통합관리서비스」 제공으로 치매 중증화 억제 및 사회적 비용을 경감, 궁극적으로는 치매환자와 그 가족, 일반시민의 삶의 질 향상에 기여한다.

② 주요 업무 흐름도

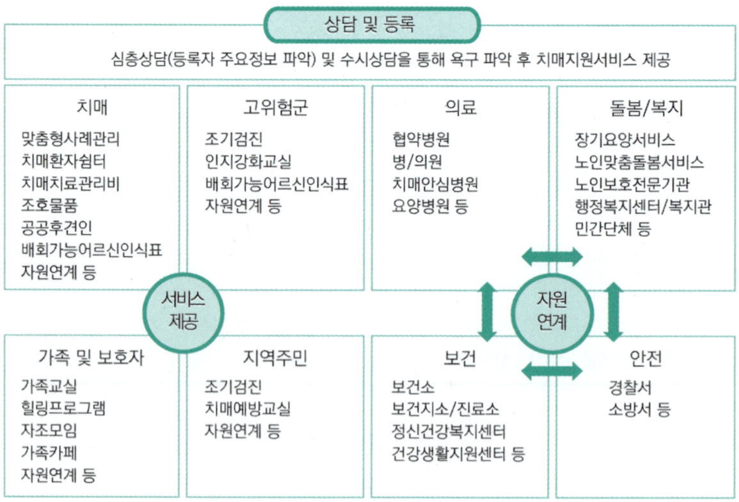

(2) 치매안심센터 기능 및 주요 사업

① 치매안심센터 기능

- 치매 관련 상담 및 조기검진
- 치매환자의 등록 · 관리
- 치매등록통계사업의 지원
- 치매의 예방 · 교육 및 홍보
- 치매환자쉼터운영
- 치매환자 가족지원사업
- 성년후견제 이용지원사업
- 치매 예방 · 인식개선 교육 및 홍보

② 치매안심센터 주요 사업

- (치매안심센터) 지역주민의 인지건강 상태에 따라 요구되는 다양한 서비스를 맞춤형으로 제공 또는 외부 서비스 연계: 치매 환자 및 가족들이 안심하고 살아가도록 전담 코디네이터를 1:1로 매칭하여 필요한 서비스를 연계하고, 전체 돌봄 경로 관리
- (치매조기검진) 치매의 위험이 높은 지역주민을 대상으로 치매선별검사 실시, 추가 검사 필요시 진단 및 감별검사 시행
- (치매예방관리) 치매 예방관련 콘텐츠 확산, 인지 훈련 프로그램 제공
- (맞춤형 사례관리) 구체적 · 포괄적 · 객관적 평가에 기초하여 대상자 및 가족의 요구에 부합하는 맞춤형 실행계획을 수립한 후 치매지원서비스(건강관리, 일상생활관리, 가정 내 안전관리, 가족지원 등)를 직접 제공하거나 외부 서비스를 연계, 모니터링
- (치매환자쉼터) 경증치매환자를 낮 시간 동안 보호하며 치매악화방지 및 사회적 교류를 증진, 치매환자를 돌보는 주보호자의 부양부담 경감

- (가족 및 보호자 지원) 보호자의 돌봄 역량 향상을 위한 교육, 보호자 간 정서 및 정보 교류 지원을 위한 프로그램 제공
- (인식개선) 치매와 더불어 살아갈 수 있는 사회적 공감대 형성 및 치매 친화적 환경 조성
- (치매역학 · 실태조사) 치매인구 규모를 연령 · 지역 · 중증도 등으로 파악하여 향후 변화 추이 및 사회경제적 특성 등 분석

(3) 치매안심센터 주요사업

① 상담 및 등록관리

② 치매 조기검진

③ 치매예방관리사업

④ 치매환자 쉼터

⑤ 치매지원서비스 관리사업: 배회가능 어르신 인식표 보급사업, 치매치료관리비 지원, 조호물품 제공, 치매환자 맞춤형사례관리사업쉼터

⑥ 치매가족 및 보호자 지원사업: 가족교실, 자조모임, 힐링프로그램, 동반치매환자 보호서비스

⑦ 치매 인식개선 사업: 한마음 치매극복 전국걷기 행사, 치매극복의 날 기념식 및 치매극복 주간행사, 치매안식개선 홍보 및 캠페인, 치매안심센터 홈페이지 관리 등

⑧ 치매 파트너사업

⑨ 치매안심마을 운영

⑩ 지역사회 자원강화 사업

5) 치매안심병원 및 공립요양병원사업

(1) 치매안심병원

① 「치매안심병원」이란 치매관리법 제16조의4에 따라 치매의 진단과 치료·요양 등 치매 관련 의료서비스를 전문적이고 체계적으로 제공하기 위하여 필요한 인력·시설 및 장비를 갖추었거나 갖출 능력이 있다고 인정하여 보건복지부장관이 지정한 기관

② 설치목적: 치매의 진단과 치료, 요양 등 치매 관련 의료서비스를 전문적이고 체계적으로 제공

③ 가정에서 돌보기 어려운 행동심리증상을 보이는 환자를 집중 치료 할 수 있는 시설을 갖추어 단기입원 치료를 통해 지역사회로 복귀하도록 유도

(2) 공립병원사업

① 공립요양병원 기능보강사업

② 공립요양병원 공공사업(치매환자지원 프로그램)

③ 공립요양병원 운영평가

(3) 실종노인의 방생예방 및 찾기 사업

① 목적

정당한 사유 없이 사고 또는 치매 등의 사유로 인하여 보호자로부터 이탈된 "실종노인"의 조속한 발견과 복귀를 지원함으로써, 노인을 안전하게 보호하고, 실종노인 가정의 복지 증진에 이바지

② 사업개요

• 발급대상 : 실종 위험이 있는 치매환자 및 만 60세 이상 어르신

- 신청기간 : 상시
- 신청기관 : 치매안심센터 본소 및 분소
- 발급단위 : 회당 인식표 1박스(인식표 80매), 보호자 보관용 실종대응카드 1개 제공
- 발급비용 : 치매안심센터 사업비

③ 치매공공후견사업

- 급속한 고령화로 치매 유병률은 계속 상승하여 65세 이상 치매 환자 수도 2019년 약 79만 명에서 2025년 약 108만 명, 2050년 약 302만 명을 넘을 것으로 추산
- 치매어르신은 기초연금 · 생계급여 등 통장관리와 의료행위에 대한 동의 등 신상 결정이 필요한 경우가 많으나, 정신적 제약으로 한계
- 2017년 9월「치매관리법」개정으로('18.9.20 시행) 후견 심판 청구절차, 후보자 추천절차, 비용지원 등이 규정되어 치매노인에 대한 성년후견 지원사업 실시 기반이 마련
- 의사결정능력 부족으로 어려움을 겪고 있는 치매노인에게 성년후견제도를 이용할 수 있도록 지원함으로써 인간으로서의 존엄성 보장

노인인구의 증가와 치매 환자 수의 증가에 따라 그 중요성이 더욱 커지고 있다. 치매안심센터 주요 사업을 통해 노인들이 건강하고 행복한 노후를 보낼 수 있도록 지원하는 것이 필요하다.

요점정리

1. 치매의 정의

치매는 진행성 인지기능 장애로, 기억, 사고 능력, 판단력, 언어 능력 등이 점차 감소하는 신경학적 질환이다.

2. 치매의 진행단계와 증상

- 초기단계: 기억력 저하, 사고 능력 감퇴 등 경미한 증상이 나타난다.
- 중기단계: 언어 장애, 실수, 혼란, 미각이나 후각의 변화 등이 나타난다.
- 말기단계: 인지 기능의 급격한 저하, 일상 생활 능력 상실, 운동 능력 저하 등이 나타난다.

3. 한국의 치매정책

- 5개년 계획을 통한 치매 관리 및 예방 정책 수립과 이행
- 치매 환자 및 가족 지원을 위한 국가 및 지자체의 다양한 지원 프로그램 제공
- 치매 예방을 위한 건강 증진 활동 및 인지 훈련 프로그램 운영
- 치매 관련 정보 제공 및 홍보활동 실시
- 치매는 인구고령화로 인해 중요한 공중보건 문제로 대두되고 있으며, 종합적인 대응이 필요한 분야 중 하나이다.

Quiz

1. 치매 단계별 특징과 증상에서 일상생활에 있어 약간의 도움이 필요한 상태의 치매는 어느 단계인가?
2. 치매 단계별 특징과 증상에서 일상생활에 있어 상당한 도움이 필요한 상태의 치매는 어느 단계인가?
3. 치매 단계별 특징과 증상에서 주변의 도움 없이는 일상생활이 전혀 유지되기 어려운 상태는 어느 단계인가?

1: 초기 단계

2: 중기 단계

3: 말기 단계

CHAPTER 11

노인인권, 노인학대

학습목표

- 인권의 의미와 노인의 인권 영역을 알 수 있다.
- 노인을 위한 유엔의 5대 원칙과 노인의 권리선언을 알 수 있다.
- 노인학대의 개념과 발생원인, 현황, 유형에 대해 알 수 있다.
- 노인학대 예방을 위한 법적·제도적 정책에 대해 알 수 있다.
- 노인학대 예방을 위한 유관기관의 역할에 대해 알 수 있다.

1. 노인인권

1) 인권의 의미

인권의 사전적 의미는 '사람이 사람답게 살기 위해 필요한 것으로서 당연히 인정된 기본적 권리' 또는 '인간이 자연인으로 누려야 할 당연한 권리'를 의미한다. 그러나 세계인권선언에서는 인권의 개념을 보다 적극적으로 해석하여 '인간의 권리(right of man)'를 넘어 '인간이 되기 위한 권리, 인간이 가져야 할 당연한 권리'로 보고 있다(국가인권위원회, 2004).

'세계인권선언'은 모든 민족과 모든 국가가 이룩해야 할 공통의 기준들로서,

차별받지 않을 권리(제2조), 생명, 자유 및 신체의 안전에 관한 권리(제3조), 법의 보호를 받을 권리(7조), 사생활의 비밀과 자유보장(제12조), 거주이전의 자유(제13조), 사유재산권(제17조), 사상 · 양심 · 종교의 자유(제18조), 언론의 자유(제19조), 집회 · 결사의 자유(제20조), 노동에 관한 권리(23조), 사회보장을 요구할 권리(25조), 교육받을 권리(26조), 문화 예술 향유의 권리(27조) 등을 선언하고 있다.

2) 노인의 인권영역

노인의 인권이란 노인들이 인간다운 삶을 누릴 수 있도록 보장받아야 할 권리를 말한다. 노인인권은 모든 사람에게 보장되는 인권의 범주에 포함되며, 노인이라는 이유로 차별받지 않고, 모든 사람이 평등하게 누릴 수 있는 권리이다. 노인의 인권은 크게 건강권, 주거권, 인간존엄성과 경제 · 노동권, 정치 · 종교 · 문화생활권, 교류 · 소통권, 자기결정권으로 구분할 수 있다.

(1) 건강권

노인의 신체 및 정신건강을 유지하고, 기능의 감퇴를 방지하고 회복할수 있도록 다양한 서비스를 제공하여 노인의 건강욕구를 충족시켜야 한다.

첫째, 필요한 의료 서비스를 받을 권리이다. 노인은 만성질환, 치매, 암 등 다양한 질병에 노출될 수 있다. 이러한 질병을 치료하기 위해서는 전문적인 의료 서비스가 필요하다. 노인 건강권은 노인들이 이러한 의료 서비스를 받을 수 있는 권리를 보장한다.

둘째, 의료 정보를 받을 권리이다. 노인은 자신의 건강 상태에 대해 정확한 정보를 받을 권리가 있다. 이를 통해 노인은 자신의 건강 상태를 이해하고, 적절한 치료를 받을 수 있다.

셋째, 의료 결정에 참여할 권리이다. 노인은 자신의 의료 결정에 참여할 권리가 있다. 이를 통해 노인은 자신의 건강 상태에 대해 의사와 함께 논의하고, 자신에게 맞는 치료 방법을 선택할 수 있다.

넷째, 의료 시설에서 인간으로서 존중받을 권리이다. 노인은 의료 시설에서 인간으로서 존중받을 권리가 있다. 이를 통해 노인은 의료 시설에서 차별이나 학대를 받지 않고, 안전하고 편안하게 생활할 수 있다.

노인의 건강권을 보장하기 위해서는 노인 건강보험의 확대 및 개선, 노인 건강증진 및 예방 사업의 확대, 노인 장기요양보험의 확대 및 개선, 치매 환자 및 가족에 대한 지원 확대 등과 같은 정책적 노력이 필요하다.

(2) 주거권

주거환경은 건전한 노후생활을 영위하는 다른 의미의 가정이며, 삶의 터전이다. 가정과 같은 편안하고 안락한 주거환경에서 안전한 생활을 영위할 수 있는 권리를 갖는다.

첫째, 노인주택 공급 확대이다. 노인주택은 노인들이 안전하고 편안하게 생활할 수 있도록 설계된 주거이다. 노인주택 공급 확대를 통해 노인들이 안정적인 주거를 마련할 수 있도록 해야 한다.

둘째, 노인 주거 지원 서비스 확대이다. 노인 주거 지원 서비스는 노인들이 주거비 부담을 완화하고, 주거 환경을 개선할 수 있도록 지원하는 서비스이다. 노인 주거 지원 서비스 확대를 통해 노인들이 안정적인 주거 생활을 할 수 있도록 해야 한다.

셋째, 노인차별금지이다. 노인에게 주거를 제공하는 과정에서 차별을 하지 않을 권리가 있다. 노인 차별금지를 통해 노인들이 차별 없이 주거를 제공받을 수 있도록 해야 한다.

(3) 인간 존엄권 및 경제 · 노동권

대한민국 「헌법」 제10조에 규정한 바와 같이 개인적 특성이나 상황에 관계없이 존엄한 존재로 대우받을 권리를 지니며, 성, 연령, 건강상태와 장애, 가족상황 등에 따라 차별받지 않고 '같은 것은 같게, 다른 것은 다르게'라는 원칙에 의거하여 평등한 처우를 받을 권리를 지닌다. 뿐만 아니라 감금, 폭행, 착취와 신체 및 정신적 학대를 받지 않고 안전하고 자유로운 생활을 할 권리를 지닌다.

첫째, 인간 존엄권이다. 차별받지 않을 권리, 폭력으로부터 보호받을 권리, 자기결정권, 사생활 보호권이 있으며, 노인들이 인간으로서의 존엄성을 유지하고, 인간다운 삶을 누릴 권리를 말한다.

둘째, 경제 · 노동권이다. 노동권, 사회보장권이 있으며, 노인들이 경제적 자립을 달성하고, 사회에 기여할 수 있도록 필요한 권리를 말한다.

(4) 정치 · 종교 · 문화생활권

노인의 정치 · 종교 · 문화생활권은 노인들이 정치, 종교, 문화 등 다양한 분야의 활동에 참여할 권리를 말한다. 정치 참여권, 종교 자유, 문화생활 참여권이 있다.

첫째, 정치 참여권이다. 노인들이 정치적 의사결정 과정에 참여할 권리를 말한다. 선거권, 피선거권, 공직자 임명권 등이 포함된다. 노인들은 선거권을 통해 자신의 정치적 의사를 표현하고, 피선거권을 통해 정치에 참여할 수 있다. 또한, 공직자 임명권을 통해 공직자를 선출하고, 감시할 수 있다.

둘째, 종교 자유권이다. 노인들이 자신의 종교를 자유롭게 선택하고, 실천할 권리를 말한다. 종교에 입교하거나 탈퇴할 권리, 종교 활동에 참여할 권리, 종교시설을 이용할 권리 등이 포함된다. 노인들은 종교에 입교하거나 탈퇴할 권리를 통해 자신의 종교적 신념에 따라 삶을 살아갈 수 있다.

셋째, 문화생활 참여권이다. 노인들이 다양한 문화 활동에 참여할 권리를 말한다. 여기에는 문화 시설을 이용할 권리, 문화행사에 참여할 권리, 문화 교육을 받을 권리 등이 포함된다.

(5) 교류 · 소통권

노인의 교류 · 소통권은 노인들이 다른 사람과 자유롭게 교류하고 소통할 권리를 말한다. 다른 사람과 만날 권리, 다른 사람과 대화할 권리, 다른 사람과 정보를 공유할 권리가 있다. 노인의 교류 · 소통권은 노인들이 인간다운 삶을 누리기 위해 매우 중요한 권리이다. 노인들은 나이가 들면서 신체적 · 정신적 기능이 저하되면서 사회적 고립을 경험할 수 있다. 이러한 사회적 고립은 노인들의 건강, 삶의 질에 부정적인 영향을 미칠 수 있다. 따라서 노인의 교류 · 소통권을 보장하기 위한 노력은 매우 중요하다.

(6) 자기결정권

노인들이 자신의 삶을 스스로 결정하고 관리할 권리를 말한다. 자신의 신체와 건강에 대한 결정권, 자신의 재산에 대한 결정권, 자신의 거주지에 대한 결정권, 자신의 인간관계에 대한 결정권, 자신의 삶의 방식에 대한 결정권 등은 노인들이 자신의 삶을 스스로 결정하고 관리할 수 있도록 하는 것은 매우 중요하다. 이를 위해서는 관련 정책 및 프로그램을 강화하고, 노인들의 의사결정에 대한 교육과 지원을 제공하는 것이 중요하다. 또한, 노인들의 의사결정에 대한 문화적 태도와 사회적 환경을 개선하는 것도 필요하다.

3) 노인을 위한 유엔의 5대 원칙

국제연합은 1991년 세계노인인권선언을 채택하여 노인의 인권을 보장하기 위한 국제적 기준을 제시했다. 세계노인인권선언은 노인의 인권을 다음과 같은 5대 원칙으로 규정하고 있다.

(1) **독립**(independence)

노인은 나이에 상관없이 자신의 삶을 스스로 결정하고 관리할 권리가 있다. 자신의 의사에 따라 일, 교육, 여가 활동에 참여할 권리가 있으며, 다른 사람과의 교류와 소통을 통해 자신의 삶을 풍요롭게 할 권리가 있다.

(2) **참여**(participation)

노인은 사회의 구성원으로서 정치, 경제, 사회, 문화 등 다양한 분야에 참여할 권리가 있다. 자신의 경험과 지식을 사회에 기여할 권리가 있으며, 다른 세대와 함께 평등하게 살아갈 권리가 있다.

(3) **보호**(protection)

노인은 차별과 폭력으로부터 보호받을 권리가 있다. 나이, 성별, 인종, 장애, 종교 등과 같은 이유로 차별받지 않을 권리가 있으며, 폭력으로부터 보호받을 권리가 있다.

(4) **자아실현**(self-fulfillment)

노인은 자신의 잠재력을 개발하고, 최대한의 능력을 발휘할 권리가 있다. 교육, 직업 훈련, 문화 활동 등 다양한 기회를 통해 자신의 능력을 개발할 권리가 있다.

(5) 존엄(dignity)

노인은 인간으로서의 존엄성을 지킬 권리가 있다. 나이에 상관없이 존중받고, 배려받을 권리가 있다.

이러한 5대 원칙은 노인이 인간다운 삶을 누릴 수 있도록 보장하기 위한 기본적인 기준이다. 노인의 인권을 보장하기 위해서는 이러한 원칙을 준수하는 것이 중요하다.

4) 노인 권리선언(Declaration of the Rights of the Elderly)

다양한 국가와 국제기구는 노인들의 권리를 강조하고 보호하기 위한 다양한 협약, 정책, 선언 등을 제정하고 있다.

(1) 마드리드 국제계약

마드리그 국제계약(The Madrid International Plan of Action on Ageing)은 2002년에 유엔에서 채택된 국제적인 협약이다. 이 협약은 고령화에 따른 권리 및 존엄성을 강조하며, 노인들의 권리를 강화하고 보호하기 위한 목적으로 제정되었다. 이 계약은 유엔에서 열린 "고령화에 따른 권리 및 존엄성" 제2차 세계노인대회에서 채택되었다.

주요 목표와 원칙은 다음과 같다.

첫째, 노인의 권리 보호이다. 노인들이 인권과 기본적인 자유를 존중받아야 하며, 특히 차별과 학대로부터 보호되어야 한다.

둘째, 건강 증진이다. 건강한 노화를 촉진하고, 노인들이 건강한 삶을 살 수 있도록 지원해야 한다. 이는 의료 서비스에의 동등한 접근, 예방 프로그램, 정신건강 지원 등을 포함한다.

셋째, 경제적 자립이다. 노인들은 경제적으로 자립할 수 있도록 지원되어야 한다. 이는 일자리 창출, 퇴직 후의 재교육 기회, 금융적 지원 등을 포함한다.

넷째, 사회 참여 증진이다. 노인들은 사회에서 존중받으며, 자발적인 활동 및 사회 참여를 통해 기여할 수 있어야 한다.

다섯째, 교육 및 문화 활동이다. 평생교육 기회를 확대하고, 문화적 참여를 증진해야 한다.

여섯째, 주거와 환경이다. 안전하고 적절한 주거 환경을 보장하고, 환경의 접근성을 향상시켜야 한다.

일곱째, 국제협력이다. 국제적인 차원에서 고령화에 따른 문제를 해결하기 위해 협력을 강화해야 한다.

(2) 노인권리선언의 권리

노인인구의 증가와 고령화사회의 진전에 따라 노인권리선언의 중요성은 더욱 커질 것으로 예상된다. 모든 노인들이 존엄과 가치를 인정받고, 행복한 노후를 보낼 수 있는 사회를 만들어야 할 것이다.

첫째, 원조받을 권리다. 노인들은 필요한 원조를 받을 권리가 있다. 이는 건강, 경제, 사회적인 측면에서의 지원 등을 포함한다. 노인들은 삶의 어려움에 대처할 수 있도록 필요한 지원을 받을 권리를 가진다.

둘째, 거주의 권리다. 노인들이 안전하고 쾌적한 주거 환경을 가질 권리를 갖는다. 노인들은 자유롭게 주거지를 선택하고 유지할 수 있어야 하며, 그들의 주거권이 존중되어야 한다.

셋째, 식사에 대한 권리다. 노인들이 영양적으로 균형 잡힌 식사를 받을 권리를 갖는다. 건강한 식사와 적절한 영양 공급은 노인의 건강을 유지하는데 중요하다.

넷째, 의복에 대한 권리다. 노인들이 적절하고 편안한 의복을 입을 권리를 가진다. 의복은 노인들의 편안함과 존엄성을 존중하는 일부로 간주되어야 한다.

다섯째, 신체적 건강을 돌볼 수 있는 권리다. 노인들이 자신의 신체적 건강을 돌보고 유지할 권리를 가진다. 의료 서비스에 접근하고 필요한 치료를 받을 수 있어야 한다.

여섯째, 정신적 건강을 돌볼 수 있는 권리다. 정신적 건강도 노인들에게 중요한 측면이다. 노인들이 정신적 건강을 돌볼 수 있도록 필요한 지원을 받을 권리를 가진다.

일곱째, 여가에 대한 권리다. 여가는 노인들이 활동하고 행복한 삶을 살 수 있는 일부로 간주되어야 한다. 노인들은 여가 활동에 참여하고 문화적, 사회적 활동을 즐길 권리를 가진다.

여덟째, 노동의 권리다. 노인들은 노동에 참여하고 창조적인 방식으로 기여할 권리를 가진다. 이는 노인의 기술과 경험이 존중되고 인정받는 것을 의미한다.

아홉째, 안정에 대한 권리다. 노인들은 안정된 환경에서 생활하고 적절한 사회적 지원을 받을 권리를 갖는다. 불확실성과 불안정성으로부터 보호되어야 한다.

열째, 존경받을 권리다. 노인들은 존엄성과 존중받을 권리를 가진다. 그들의 의견과 경험은 존중되어야 하며, 차별과 모욕으로부터 보호되어야 한다.

이러한 권리들은 노인들이 건강하고 존엄한 삶을 살 수 있도록 보장하고, 그들의 인권과 존엄성을 존중하는 데 기여한다.

2. 노인학대

1) 노인학대의 개념과 발생 원인

(1) 노인학대의 개념

노인학대는 노인의 가족 또는 타인이 노인에게 신체적, 언어·정서적, 성적, 경제적으로 고통이나 장해를 주는 행위, 또는 노인에게 필요한 최소한의 적절한 보호조차 제공하지 않는 방임, 자기방임 및 유기를 의미한다. 노인학대와 관련하여 「노인복지법」 제39조의9에서는 '누구든지 65세 이상의 사람에 대하여 학대행위를 하여서는 아니 된다.'라고 명시하였다.

(2) 노인학대의 발생 요인

① 인구사회학적 특성 요인

노인 자신의 성별, 연령, 학력, 결혼 상태 등이 학대 발생의 원인이 될 수 있다. 남성노인에 비해 여성노인이 학대당하는 비율이 높고, 학력 수준이 낮고 연령이 높을수록 경제적 상황이나 대처능력이 떨어져 학대 위험이 높다.

② 건강, 경제, 심리적 기능 요인

노인의 건강이 나쁘거나 일상생활에서의 의존성이 높을수록 학대 가능성이 더 높은 것으로 나타났다. 왜냐하면 노인의존성 증가는 대개 부양의무자의 스트레스나 과중한 부양부담을 촉발하여 노인학대로 이어지는 경우가 많기 때문이다. 노인의 심리적 특성도 학대의 위험요인이 될 수 있다. 노인 스스로 학대에 익숙해지고 적극적인 대응이 이루어지지 않을수록, 자아존중감이 낮아 가정 내에서 심각한 문제를 일으키거나 무기력해질 경우 학대를 받을 가능성이 높다.

③ 가족상황적 요인

가족과의 동거 여부, 부양자의 특성, 자녀와의 관계 등에 따라 학대가 발생할 수 있다. 부양자와 동거하는 경우 신체적 · 심리적 학대가 동시에 발생할 수 있으며, 동거하지 않을 경우 방임이나 유기 등의 학대가 나타날 수 있다.

부양자 특성에 따른 학대로 남성 부양자는 신체적 학대를, 여성 부양자는 방임 행위를 하는 경우가 많은 것으로 나타났다. 부양자가 무절제하고 충동적인 성격일 경우와 알코올중독, 마약중독 등의 물질중독 그리고 정서장애, 정신장애의 문제가 있을 경우에 학대가 나타난다. 부양자의 부양부담과 스트레스는 노인학대의 직접적인 원인으로 작동할 수 있다. 또한, 자녀와의 좋지 못한 과거의 관계가 학대로 이어지는 경우도 있다.

④ 사회관계망 요인

노인과 부양자가 사회적으로 고립될 경우 노인학대가 발생할 확률이 높아진다. 노인이나 부양자가 이웃, 친구, 친척 또는 전문가의 도움이 필요한 상황에서도 활용할 수 있는 사회적 지지망이 없을 경우 학대를 일으키는 원인이 된다.

⑤ 사회문화적 요인

사회서비스체계의 인지 및 이용, 노인차별주의, 가족주의 같은 사회문화적 요인이 노인학대 발생의 원인이 된다. 노인학대를 예방하거나 해결할 수 있도록 지원하는 사회서비스 체계가 발전하지 못한 곳에서는 노인학대가 증가하는 것으로 나타났다. 노인 공경의식이 낮아지고, 노인차별주의가 확산되어 노인이 사회적으로 열등한 지위에 처하게 되고, 부적절한 대우를 받을 가능성이 높아진다. 강한 가족주의 의식은 노인학대를 은폐하거나 반복적 발생을 촉진할 수 있다. 자녀나 부양자가 노인에게 학대 행위를 하여도 강한 가족주의에서는 사회적 비난을 피하기 위해 이를 숨기고, 반복되는 것을 묵인하기도 한다.

2) 노인학대 현황

(1) 피해노인

학대 피해는 남성노인보다 여성노인이 더 많고, 정서적 학대가 가장 높게 나타났다. 연령대별로는 70대가 가장 많고, 80대가 그 다음이다. 최근 배우자의 학대가 증가하고 있다. 노인학대 발생장소는 가정이 가장 많고, 생활 및 이용시설에서 일어나는 학대는 비교적 적은 것으로 나타났다.

노인학대는 지속적으로 증가 추이를 보이고 있으며, 21년의 경우 전년대비 8.2% 증가(6,259건 → 6,774건)하였다. 코로나19 영향으로 가정 내 체류기간이 길어짐에 따라 동거가족 간의 갈등, 생활시설의 경우 시설 출입 제한, 돌봄종사자의 과도한 업무 등으로 인해 노인학대의 발생 가능성이 높아진 것으로 보인다.

표 11-1 2020년 학대피해노인 성별 및 연령

단계	59세 이하	60~64세	65~69세	70~74세	75~79세	80~84세	85~89세	90~94세	95~98세	100세 이상	계
남	-	-	258	326	375	337	174	60	19	-	1,549
여	-	-	982	1,059	964	881	516	223	73	12	4,710
계	-	-	1,240	1,385	1,339	1,218	690	283	92	12	6,259

출처: 노인보호전문기관, 「2020 노인학대현황보고서」.

표 11-2 2020년 노인학대유형별

구분	신체적	정서	성적	경제	방임	자기 방임	유기	중복학대	계
건수	571	501	38	230	92	1,218	15	4,722	6,259

출처: 노인보호전문기관, 「2020 노인학대현황보고서」.

(2) 학대행위자

학대행위자는 아들이 가장 많고, 배우자, 딸 순으로 보고되었다.

표 11-3 2020년 학대 행위자와 학대 피해노인과의 관계

구분	피해자 본인	친족							타인	기관	계
		배우자	아들	며느리	딸	사위	손자녀	친척			
건수	221	2,120	2,288	123	589	28	168	64	223	874	6,698

출처: 노인보호전문기관, 「2020 노인학대현황보고서」.

학대피해노인 학대발생장소는 생활시설의 경우 노인의료복지시설, 이용시설은 재가노인복지시설이 많다.

표 11-4 학대피해노인 학대발생장소

구분	가정내	생활시설		이용시설		병원	공공장소	기타	계
		노인주거복지시설	노인의료복지시설	노인여가복지시설	재가노인복지시설				
건수	5,505	38	483	4	88	37	39	65	6,259

출처: 노인보호전문기관, 「2020 노인학대현황보고서」

(3) 노인보호전문기관

노인보호전문기관은 「노인복지법」 제39조 제5항에 기초하여 보건복지부와 각 지방자치단체가 지정한 노인복지시설로 노인학대 예방 및 피해자 지

원을 위해 설립된 공공기관이다. 노인보호전문기관은 다음과 같은 역할을 수행한다.

① 노인학대 신고 접수 및 처리

노인보호전문기관은 노인학대 신고를 접수하고, 신고 내용을 조사하여 학대 여부를 판단한다. 학대 사실이 확인되면, 학대자를 처벌하고 피해자를 보호하기 위한 조치를 취한다.

② 노인학대 예방 및 교육

노인보호전문기관은 노인학대 예방을 위한 교육 및 홍보를 실시한다. 또한, 노인학대 예방을 위한 정책 및 사업을 개발하고 시행한다.

③ 노인학대 피해자 지원

노인보호전문기관은 노인학대 피해자에게 법률, 의료, 심리, 경제 등 다양한 분야의 지원을 제공한다. 또한, 노인학대 피해자가 건강하고 안정된 삶을 살 수 있도록 종합적인 지원을 제공한다. 노인학대 신고는 1577-1389(노인보호전문기관 전국통합콜센터)로 할 수 있다.

3) 노인학대 유형

노인학대는 매우 복잡하고 다양한 요인들이 얽혀서 발생하게 되는데, 노인학대의 종류는 신체적 · 정서적 · 성적 · 경제적 학대, 방임, 자기방임, 유기 등으로 구분할 수 있다.

(1) 신체적 학대

물리적인 힘이나 도구를 이용하여 노인에게 신체적 손상, 고통, 장애 등을 유발하는 행위를 말한다.

표 11-5 신체적 학대 내용

학대 행위	세부 학대 내용
노인을 폭행한다.	• 밀치거나 넘어뜨린다. • 발로 찬다. • 주먹으로 폭행한다. • 몸을 벽에 박거나 바닥에 내리치는 행위 등을 가한다. • 머리나 목 또는 몸을 강하게 잡거나 흔든다. • 목을 조른다. • 손 또는 몸으로 강하게 억압하며 짓누른다. • 몸을 발로 밟는다. • 질질 끌고 다닌다. • 머리채를 잡아당기거나 움켜잡아 뽑는다. • 할퀴거나 꼬집는다. • 입으로 물어뜯는다. • 몽둥이, 빗자루 등의 도구로 노인을 폭행한다. • 물건을 던져 노인에게 상해를 입힌다. • 칼이나 흉기를 사용하여 노인에게 상해를 입힌다. • 담뱃불 또는 도구를 이용하여 노인에게 화상을 입힌다.
노인을 제한된 공간에 강제로 가두거나, 노인의 거주지 출입을 통제한다.	• 집 안의 제한된 공간에서 나가지 못하게 통제한다. • 집 밖으로 나가지 못하게 통제한다. • 제한된 공간에 장치(자물쇠 등)를 설치하여 출입을 통제한다. • 집 밖으로 끌어내거나 쫓아낸다. • 집에 들어오지 못하게 한다. • 노인의 거주지 주변 출입을 통제한다.
노인의 신체를 강제로 억압한다.	• 침대 등에 묶어 움직이지 못하게 한다. • 신체 일부 또는 모두를 사용하지 못하게 장치(예: 끈으로 묶어두기, 수갑 채우기, 손·발목 묶기 등)를 설치한다.
신체적 해를 가져올 위험성이 큰 행위로 노인을 협박하거나 위협한다.	• 칼이나 가위 등 흉기를 사용하여 협박하거나 위협한다. • 물건을 던지거나 기물파손을 하는 등의 행위로 협박하거나 위협한다.
노인의 신체적 생존을 위협할 수 있는 행위를 한다.	• 기본 생존 유지에 필요한 장치(가스, 난방, 전기, 수도)로부터 단절시킨다. • 기본 생존 유지에 필요한 식사 또는 음료를 보관하는 물품(밥통, 냉장고)으로부터 단절시킨다. • 기본 생존 유지에 필요한 식사 또는 음료로부터 단절시킨다. • 치료 및 생존 유지에 필요한 약물(심장관련, 당뇨, 혈압 등)로부터 단절시킨다.

학대 행위	세부 학대 내용
노인의 신체적 생존을 위협할 수 있는 행위를 한다.	• 기본 생존 유지에 필요한 장치(가스, 난방, 전기, 수도)를 단절시킨다. • 기본 생존 유지에 필요한 식사 또는 음료를 보관하는 물품(밥통, 냉장고)으로부터 단절시킨다. • 기본 생존 유지에 필요한 식사 또는 음료로부터 단절시킨다. • 치료 및 생존 유지에 필요한 약물(심장관련, 당뇨, 혈압 등)로부터 단절시킨다.
약물을 사용하여 노인의 신체를 통제하거나 저해한다.	• 의료적으로 불필요한 약물이나 주사를 강제로 복용 · 투입하게 한다.
노인이 원하지 않거나 수행하기 어려운 노동을 하게 한다.	• 원치 않는 의사를 보였음에도 불구하고 일(노동)을 하도록 강요한다. • 강제로 수감하거나 위협하여 일(노동)을 강요한다. • 일을 수행하기 어려운 정신 및 신체적 상황임에도 불구하고 일(노동)을 하도록 강요한다. • 정신 및 신체적 악화를 가져올 수 있는 조건에서 일(노동)을 하도록 강요한다.

(2) 정서적 학대

정서적 학대는 비난, 모욕, 위협, 협박 등의 언어 및 비언어적 행위를 통하여 노인에게 정서적으로 고통을 주는 것이다. 신체적 학대에 비해 학대라는 인식을 못하지만, 당사자가 받는 충격은 신체적 학대보다 덜하지 않다.

표 11-6 정서적 학대 내용

학대 행위	세부 학대 내용
노인과의 접촉을 기피한다.	• 쳐다보지 않고 무시한다. • 말을 걸지 않거나 대화를 하지 않는다. • 말과 행동을 지속적으로 무시하고 반응을 보이지 않는다. • 일상생활(식사, 일상물품 사용 등)을 타 가구원과 별도로 하게 한다.
노인의 사회관계 유지를 방해한다.	• 친구나 친지들과 만나거나 연락하는 것을 방해한다. • 친구나 친지 등이 방문하는 것을 싫어한다. • 비방이나 모욕, 위협, 협박 등으로 타인이 노인과 관계를 유지하는 것을 싫어하게 만든다. • 일상적인 사회활동이나 종교 활동을 노골적으로 방해한다. • 비방이나 유언비어로 노인의 경제활동을 저해한다. • 이성교제를 방해한다.

학대 행위	세부 학대 내용
노인을 위협 · 협박하는 언어적 표현이나 감정을 상하게 하는 행동을 한다.	• 죽이겠다고 협박한다. • '시설로 보낸다' 또는 '집에서 나가라' 등의 위협 · 협박을 한다. • 요구를 무조건 무시한다. • 고함을 지르거나 욕을 한다. • 혐오스러운 말을 한다. • 수치심을 느끼게 하는 모욕적인 말을 한다. • 자존심을 상하게 하는 말을 한다. • 창피를 준다. • 비웃거나 조소를 한다. • 재앙을 가져오는 사람으로 취급한다.
노인과 관련된 결정 사항의 의사결정 과정에서 소외시킨다.	• 거취 결정에서 노인을 배제한다. • 소지품 처분을 결정할 때 노인의 의사를 반영하지 않는다. • 집안 경조사에 참여시키지 않는다.

(3) 성적 학대

성적 수치심 유발 행위 및 성희롱, 성추행 등 노인의 의사에 반하여 강제적으로 행하는 모든 성적 행위를 말한다.

표 11-7 성적 학대 내용

학대 행위	세부 학대 내용
노인에게 성폭력을 행한다.	• 원치 않음에도 불구하고 강제적으로 성관계를 갖는다. • 원치 않음에도 불구하고 강제적으로 성관계를 강요하거나 시도한다. • 원치 않음에도 불구하고 입맞춤, 애무 등을 요구한다. • 원치 않음에도 불구하고 가슴이나 엉덩이 등 신체 일부를 만진다. • 판단능력이 없거나 의사표현을 할 수 없는 노인을 성폭행한다.
노인에게 성적 수치심을 주는 표현이나 행동을 한다.	• 신체를 빗대어 수치심을 주는 언행을 한다. • 성적 언행 등으로 노인에게 굴욕감이나 혐오감을 느끼게 한다. • 사람들이 보고 있음에도 불구하고 노인의 성적 신체부위를 드러내고 옷 또는 기저귀를 교체한다. • 사람들이 보고 있음에도 불구하고 노인을 알몸으로 목욕시킨다. • 원하지 않거나 판단 능력이 부족한 노인의 성적 신체부위를 몰래 촬영한다. • 원치 않음에도 불구하고 학대 행위자의 성기 및 자위행위를 보게 한다. • 원치 않음에도 불구하고 포르노 잡지나 비디오를 보게 한다. • 원하지 않거나, 판단능력이 부족한 노인임에도 불구하고 노인의 성적 신체부위 전체 또는 일부를 드러내 놓는다.

(4) 경제적 학대

노인의 자산을 당사자의 동의 없이 사용하거나 부당하게 착취하여 이용하는 행위 및 노동에 대해 합당한 보상을 하지 않는 행위를 말한다.

표 11-8 경제적 학대 내용

학대 행위	세부 학대 내용
노인의 소득 및 재산, 임금을 가로채거나 임의로 사용한다.	• 임금, 연금, 임대료, 재산 등을 가로챈다. • 의사표현 능력이 없는 노인의 연금, 재산 등을 가로챈다. - 저축, 주식 등을 임의로 사용한다. • 공공부조(예: 국민기초생활보장 수급자 생계비) 급여를 가로채거나 임의로 사용한다. • 허락 없이 노인명의의 은행계좌로부터 현금을 인출하여 사용한다. • 노인 소유의 귀중한 물건을 빼앗는다. • 귀중한 물건을 파괴하는 등 재산적 피해를 준다. • 빌린 돈을 갚지 않거나 귀중한 물건을 돌려주지 않는다. • 노동에 대한 대가를 정당하게 지급하지 않는다.
노인의 재산에 관한 법률적 권리를 침해하는 행위를 한다.	• 부동산을 노인의 동의 없이 임의로 사용하거나 강제로 명의 변경한다. • 수표 및 기타 금융 · 법적 서류에 서명을 날조한다. • 노인의 신용을 이용하여 이익을 취한다(명의 도용). • 허락 없이 노인명의로 은행 등에서 대출을 받는다. • 허락 없이 노인명의의 은행계좌, 보험 등을 해약한다. • 사기나 강압, 부당한 위력으로 유언장, 계약서, 위임장 등에 서명을 허위로 작성하거나 변조한다. • 대리권을 노인이 원하지 않는 방법으로 악용한다. • 노인부양을 전제로 재산 상속을 약속받거나 재산을 증여받았으나 부양의무를 이행하지 않는다.
노인의 재산 사용 또는 관리에 대한 결정을 통제한다	• 희망하는 재산 사용을 이유 없이 제한하거나 강요한다. • 돈을 일상생활에서 마음대로 사용하지 못하게 한다. • 재산을 노인이 원하지 않는 방법으로 사용하도록 강요한다. • 재산관리 관련 결정을 제한하거나 강요한다. • 노인명의 재산을 불법적으로 소유하려고 협박한다. • 수표 및 기타 금융 · 법적 서류에 서명을 강요한다.

(5) 방임

부양 의무자로서의 책임이나 의무를 의도적 혹은 비의도적으로 거부, 불이행하거나 포기하여 노인에게 의식주 및 의료를 적절하게 제공하지 않는 것을 말한다.

표 11-9 방임 내용

학대 행위	세부 학대 내용
거동이 불편한 노인의 의식주 등 일상생활 관련 보호를 제공하지 않는다.	• 스스로 식사하기 힘든 노인을 방치한다. • 스스로 배변처리가 어려운 노인을 방치한다. • 스스로 청결유지(목욕, 빨래 등) 또는 환경관리(청소 등)가 불가능함에도 불구하고 이를 방치한다. • 심각한 질환(치매 등)이 있는 노인을 홀로 거주하게 한다. • 안정된 주거공간을 제공하지 않고 떠돌게 한다. • 부적절한 주거 공간(컨테이너 등)에 거주하는 것을 방치한다.
경제적 능력이 없는 노인의 생존을 위한 경제적인 보호를 제공하지 않는다.	• 경제적 능력이 없는 노인의 기본적 생존을 위한 생활비를 지원하지 않거나 중단한다. • 경제적 능력이 없는 노인의 생활관련 업무(세금 및 각종 요금 납부)를 방치한다. • 경제적 능력이 없는 노인의 사회적 활동(용돈, 종교 활동비, 경조사비 등)을 위한 경제적 지원을 제공하지 않는다.
의료 관련 욕구가 있는 노인에게 의료적 보호를 제공하지 않는다.	• 필요한 보장구(틀니, 보청기, 돋보기, 지팡이, 휠체어 등)를 제공하지 않는다. • 필요한 의료적 처치를 제공하지 않거나 거부 · 방해하거나 소홀히 한다. • 질병으로 인해 거동이 불편한 노인의 간병을 소홀히 한다(악취, 욕창, 염증 등 발생).

(6) 자기방임

노인 스스로 의식주 제공 및 의료 처치 등의 최소한의 자기보호 관련 행위를 의도적으로 포기하거나 비의도적으로 관리하지 않아 심신이 위험한 상황 또는 사망에 이르게 되는 경우를 말한다.

표 11-10 자기방임 내용

학대 행위	세부 학대 내용
자신을 돌보지 않거나, 돌봄을 거부함으로써 노인의 생명이 위협받는다.	• 노인 자신이 의료처치 또는 약복용 등 의사의 지시에 따른 치료 행위를 거부한다. • 건강, 생활, 환경 등의 위험한 상황에서 노인이 도움을 요청하지 않거나 거부한다. • 노인 스스로 생존을 위해 필수적인 의식주 관련 행위를 거부함으로써 생명이 위협받는다. • 일상생활 수행을 위한 신체적 · 정신적 능력을 상실한 노인이 돌봄을 거부함으로써 생명이 위협받는다. • 건강에 치명적임에도 불구하고 노인이 약물이나 알코올 남용을 지속한다. • 노인이 자살을 시도한다.

(7) 유기

스스로 독립할 수 없는 노인을 격리하거나 방치하는 행위를 말한다.

표 11-11 유기 내용

학대 행위	세부 학대 내용
의존적인 노인을 유기한다.	• 연락을 두절하거나 왕래를 하지 않는다. • 시설, 병원에 입소시키고 연락과 왕래를 두절한다. • 인지기능을 상실한 노인(치매, 약물중독, 알코올중독, 정신질환 등)을 고의적으로 가출 또는 배회하게 한다. • 낯선 장소에 버린다. • 배회하는 상태에서 발견된 노인에 대하여 부양의무자가 부양의무 이행을 거부한다.

3. 노인학대 예방을 위한 법적 · 제도적 장치

노인학대는 매우 복잡하고 다양한 요인들이 얽혀서 발생하게 되는데 노인학대의 종류는 신체적 · 정서적 · 성적 · 경제적 학대, 방임, 자기방임, 유기 등으로 구분할 수 있다.

1) 법적 · 제도적 근거

노인학대의 방지 및 예방에 대해서는 「노인복지법」에 명시되어 있다. 본법 제39조의6에서는 노인학대 신고의무와 절차를 정하였다. 누구든지 노인학대를 알게 된 때에는 노인보호전문기관 또는 수사기관에 신고할 수 있으며, 특히 요양보호사가 직무상 노인학대를 알게 된 때에는 즉시 노인보호전문기관 또는 수사기관에 신고할 것을 의무화하고 있다. 신고하지 않으면 500만 원 이하의 과태료를 물게 된다.

노인복지법 제61조의2(과태료)

다음 어느 하나에 해당하는 자에게는 500만 원 이하의 과태료를 부과한다.
〈개정 2018. 12. 11.〉

1. 제39조의11 제2항에 따른 명령을 위반하여 보고 또는 자료제출을 하지 아니하거나 거짓으로 보고하거나 거짓 자료를 제출한 자
2. 제39조의6 제2항을 위반하여 노인학대를 신고하지 아니한 사람
3. 제39조의17 제5항을 위반하여 취업자등에 대하여 노인학대관련범죄 경력을 확인하지 아니한 노인관련기관의 장

노인복지법 제39조의6(노인학대 신고의무와 절차 등)

다음 각 호의 어느 하나에 해당하는 자는 그 직무상 65세 이상의 사람에 대한 노인학대를 알게 된 때에는 즉시 노인보호전문기관 또는 수사기관에 신고하여야 한다.
〈개정 2018. 12. 11.〉

5. 「사회복지사업」 제14조에 따른 사회복지전담공무원 및 같은 법 제34조에 따른 사회복지관, 부랑인 및 노숙인보호를 위한 시설의 장과 그 종사자
6. 「노인장기요양보험법」 제31조에 따른 장기요양기관 및 제32조에 따른 재가장기요양기관의 장과 그 종사자

2) 노인학대 예방을 위한 유관기관의 역할

노인학대의 특성으로는 지속성, 복합성, 반복성, 은폐성이 있다. 이러한 노인학대 예방 및 방지를 위해서는 중앙행정기관을 위시한 다양한 유관기관이 협력체계를 구축해야만 한다. 노인학대 예방 및 방지를 위한 유관기관의 역할은 다음과 같다.

표 11-12 노인학대 예방을 위한 유관기관

구분	역할
보건복지부	• 노인보호업무와 관련한 법 · 제도적 정책 수립, 노인복지시설에 대한 행정 · 재정적 지원 등
시 · 도	• 시설에 확인 업무지도 및 감독, 노인복지법 제39조의5 제2항에 따라 보호조치를 의뢰받은 학대 피해노인에 확인 행정적인 조치 등
시 · 군 · 구	• 학대 피해노인 및 보호자 또는 학대 행위자의 신분조회 요청 등에 대한 협조, 필요시 관계 공무원 또는 노인복지상담원으로 하여금 노인복지시설과 노인 또는 관계인에 대한 조사, 노인인권 보호 및 학대예방 관련 위원회 설치 운영 등
노인보호전문기관	• 노인학대 사례의 신고접수, 신고된 시설학대 사례에 확인 개입, 시설의 학대사례 판정에 대한 자문, 학대사례에 대한 사례관리 절차지원 등
노인복지시설	• 시설 내 노인학대 의심사례 및 학대사례 발견 시 노인보호전문기관 또는 수사기관에 신고, 학대 피해노인 및 학대 행위자에 대한 상담 및 개입 협조 • 보호가 필요한 학대 피해노인에 대한 입소 의뢰 시 신속한 보호 • 시설 내 종사자 및 이용자 대상 노인학대 예방교육 실시
사법경찰	• 노인학대 신고사례에 대한 현장조사, 노인학대 행위자의 형사재판을 요하는 사례에 대한 수사 전담, 응급조치를 요하는 노인학대 사례를 일시보호시설 또는 의료기관에 의뢰
의료기관	• 다분야의 보건의료전문가로 구성된 학대노인 보호팀을 구성 · 운영하며, 의뢰받은 피학대 노인에게 종합적인 의료서비스 제공, 노인학대 판정을 위한 의학적 진단, 소견, 증언 진술
법률기관	• 피해 노인의 법률적 보호 및 학대 행위자에 대한 보호처분을 포함한 판정, 후견인의 지정, 피해 노인을 가족과 격리함 등

요점정리

1. 인권의 의미

노인의 인권 영역은 노인이 가진 권리와 자유로운 존엄성을 보장하고 지키는 영역을 의미한다. 이는 나이가 들어가더라도 모든 개인은 인권을 보장받아야 하며, 나이에 상관없이 존엄성과 삶의 질을 유지할 수 있어야 한다는 것을 의미한다.

2. 노인학대의 개념과 발생원인

노인학대는 노인에 대한 폭력, 방치, 부당한 대우 등의 부정적인 행위를 말한다. 이로 인해 노인의 신체적, 정서적, 금전적, 사회적 피해가 발생할 수 있다. 주요 발생원인은 가속 내 갈등, 가족의 스트레스와 부담, 노인에 대한 부정적 태도나 인식, 그리고 노인의 의존성 증가 등이 있다.

3. 노인학대의 유형

① 신체적 학대: 폭행, 구타, 성폭행 등의 신체적인 고통을 초래한다.

② 정서적 학대: 욕설, 협박, 고립 등의 정서적인 고통을 초래한다.

③ 경제적 학대: 노인의 재산이나 금전적 자원을 부당하게 이용하거나 훼손하는 행위이다.

④ 자기방임: 노인 자신이 자신의 건강, 안전 또는 삶의 질을 유지하거나 개선하는 데 필요한 적절한 돌봄 또는 서비스를 제공하지 않는 행동이다.

⑤ 유기: 노인을 버리거나 버려두는 행위이다.

Quiz

1. 노인을 위한 유엔의 5대 원칙 중 나이에 상관없이 자신의 삶을 스스로 결정하고 관리할 권리는 무엇인가?
2. 노인을 위한 유엔의 5대 원칙 중 사회구성원으로서 정치, 경제, 사회, 문화 등 다양한 분야에 참여할 권리는 무엇인가?
3. 노인을 위한 유엔의 5대 원칙 중 차별과 폭력으로부터 보호 받을 권리는 무엇인가?

1: 독립의 원칙

2: 참여의 원칙

3: 보호의 원칙

CHAPTER 12

호스피스와 웰다잉

학습목표

- 호스피스의 정의와 특징, 철학과 목적, 선정기준에 대해 알 수 있다.
- 호스피스케어의 주요 내용, 호스피스 제도화 과정에 대해 알 수 있다.
- 웰다잉의 이해에서 죽음에 대한 정의, 유형에 대해 알 수 있다.
- 노년기와 죽음의 의미, 죽음의 태도, 준비교육의 과정에 대해 알 수 있다.

1. 호스피스

1) 호스피스의 이해

(1) 호스피스의 정의

호스피스의 어원은 라틴어 "hospes"에서 유래되었다. "hospes"는 "손님" 또는 "숙박객"을 의미하는 단어이다. 현대적인 의미의 호스피스는 1960년대 영국에서 처음 시작되었다. 영국의 의사 시슬리 손더스(Cicely Saunders)는 말기 환자를 위한 통합적인 돌봄을 제공하기 위해 호스피스 운동을 시작했다. 손더스는 호스피스를 "삶의 마지막 순간까지 존엄과 품위를 유지할 수 있도록 돕는 곳"으로 정의했다.

호스피스(hospice)는 환자의 편안함과 존엄성을 최우선으로 하며 주로 말기 질환을 가진 환자와 그 가족에게 종단간호, 통증 완화, 정서적 지원 등을 제공하는 의료 서비스를 의미한다. 특히 말기 질환으로 인해 치료가 불가능하거나 효과적인 치료의 기회가 제한된 환자들을 대상으로 한다.

(2) 호스피스의 특징

호스피스의 특징과 서비스에는 다음과 같은 것들이 포함된다.

첫째, 종단간호(End-of-life care)이다. 말기 질환으로 인한 증상 완화와 편안한 환경을 제공하는 종단간호 서비스를 중심으로 한다.

둘째, 통증 완화 및 다른 증상 관리이다. 환자의 통증, 호흡 곤란, 구토, 식욕감소 등의 불편한 증상을 완화하기 위한 치료 및 관리를 제공한다.

셋째, 심리적 지원이다. 환자와 가족을 위한 심리적 지원을 통해 정서적인 부담을 완화하고 힘든 시간을 공유할 수 있는 환경을 조성한다.

넷째, 가족 및 보호자 교육이다. 환자의 가족과 보호자에게 종단간호 및 관리에 대한 교육을 제공하여, 환자의 요구에 적절하게 대응할 수 있도록 한다.

다섯째, 종교적 지원이다. 종교적인 요구에 맞춘 지원을 제공하여 환자와 가족이 종교적으로 위로받을 수 있도록 한다.

여섯째, 가정에서의 치료이다. 일반적으로 환자의 가정에서 제공된다. 가정에서의 치료는 환자의 편안함과 가족의 편의성을 고려한다.

호스피스 서비스는 종종 의료진, 간호사, 심리상담사, 사회복지사, 종교가 등 다양한 전문가들의 팀으로 구성되어 환자와 가족에 종합적인 지원을 제공한다. 이는 종단간호와 함께 미래에 대한 의사결정, 신체적 편안함, 정서적 지지를 제공함으로써 종종 필수적이다.

2) 호스피스의 철학과 목적

호스피스 운동이 과학의 발달로 인한 인간존엄성에 대한 경시, 노인 소외, 임종환자에 대한 소홀, 윤리관 및 가치관의 혼란에 대한 반응으로 발전하였으며, 이러한 맥락에서 돌봄의 개념을 강조하고 환자에 대한 연민으로 표현되는 사랑을 내재시켰다는 내용이 강조되고 있다.

첫째, 과학의 발전과 인간존엄성에 대한 반응이다. 과학의 발달로 인한 의료 기술의 증가와 함께 발생한 인간존엄성에 대한 경시에 대한 반응으로 생겨났다. 고급 의료 기술과 치료 중심의 접근으로 인해 환자의 존엄성이 훼손되고, 이에 대한 대안으로 호스피스 운동이 부상하게 되었다.

둘째, 노인 소외와 임종환자에 대한 소홀이다. 현대사회에서 발생하는 문제 중 하나로 언급되고 있다. 이러한 취약한 군집에 대한 관심과 돌봄을 제공함으로써 이러한 사회적 문제에 대응하고 있다.

셋째, 윤리관 및 가치관의 혼란에 대한 반응이다. 과학의 발전이 의료 분야에서 다양한 윤리적·도덕적 문제들을 제기하게 되었다. 이러한 윤리관 및 가치관의 혼란에 대한 반응으로, 환자 중심의 윤리적 돌봄을 강조하고 있다.

넷째, 돌봄의 개념 강조와 연민으로 표현되는 사랑이다. 전통적인 의료의 치료 중심 접근에서 벗어나 돌봄의 개념을 강조하고 있다. 환자에 대한 연민과 사랑이 내재되어 있다는 것은 단순히 의료적인 조치뿐만 아니라, 환자의 신체, 정신, 사회적 요구를 종합적으로 고려하며, 그들에게 편안함과 존엄성을 제공하고자 하는 것을 의미한다.

이러한 맥락에서 호스피스 운동은 과학의 발전으로 인한 도전과 인간다운 돌봄에 대한 필요성을 강조하며, 환자에 대한 연민과 사랑을 내재시키는 방향으로 발전해왔다.

호스피스의 철학과 기본 원칙은 다음과 같이 요약할 수 있다(Corr et al. 1997).

① 말기 환자를 보호하는 시설이 아니라 철학이다. 말기 환자와 가족을 위한 전인적 돌봄을 제공하는 철학이다. 특정한 시설이나 프로그램이 아니라, 말기 환자와 가족의 삶의 질을 향상시키기 위한 가치와 태도를 의미한다.

② 죽음의 문제를 다루는 것이 아니라 삶의 문제를 다루는 것이다. 죽음을 피하거나 회피하는 것이 아니라, 삶의 마지막 순간까지 존엄과 품위를 유지할 수 있도록 돕는 것이다. 말기 환자가 남은 삶을 의미 있게 마무리할 수 있도록 지원한다.

③ 남은 생의 삶의 질을 증진하기 위한 노력이다. 말기 환자의 신체적·정신적·사회적·영적 고통을 완화하여 삶의 질을 향상시키기 위한 노력이다. 말기 환자가 삶의 마지막 순간까지 행복하고 만족스러운 삶을 살 수 있도록 돕는다.

④ 말기 환자와 그 가족을 기본 단위로 하여 서비스를 제공한다. 말기 환자와 가족을 하나의 단위로 보고, 함께 돌본다. 가족이 말기 환자를 돌보는 데 필요한 정보를 제공하고, 교육을 실시하며, 정서적 지원을 제공한다.

⑤ 생물적·심리적·영적 욕구를 충족하기 위한 총체적 케어이다. 말기 환자의 신체적·정신적·사회적·영적 욕구를 모두 고려하여 총체적인 돌봄을 제공한다. 통증 완화, 심리적 안정, 사회적 관계 유지, 영적 위로 등 다양한 서비스를 제공한다.

⑥ 환자가 사망한 후에 유가족에 대한 지속적 케어와 지지를 제공한다. 환자가 사망한 후에도 유가족에 대한 지속적인 케어와 지지를 제공한다. 유가족이 상실감을 극복하고, 삶을 재건할 수 있도록 지원한다.

⑦ 다분야의 팀 접근법을 활용하여, 전문 기술과 인간의 존엄성 유지를

위한 노력을 동시에 기울인다. 의사, 간호사, 사회복지사, 심리학자, 종교인 등 다양한 전문가가 협업하여 서비스를 제공한다. 전문적인 기술을 바탕으로 말기 환자의 신체적 · 정신적 · 사회적 · 영적 욕구를 충족시키면서, 인간의 존엄성을 유지하기 위한 노력을 동시에 기울인다.

⑧ 호스피스 프로그램은 연중무휴 24시간 서비스를 제공한다. 말기 환자와 가족의 필요에 따라 연중무휴 24시간 서비스를 제공한다. 말기 환자가 언제 어디서나 필요한 서비스를 받을 수 있도록 한다.

⑨ 호스피스 프로그램에서는 환자나 가족뿐 아니라 팀 구성원과 자원봉사자에게도 지지를 제공한다. 환자나 가족뿐 아니라 팀 구성원과 자원봉사자에게도 지지를 제공한다. 말기 환자와 가족을 돌보는 과정에서 어려움을 겪는 사람들에게 심리적 · 정서적 지원을 제공한다.

⑩ 환자와 가족의 특성을 고려하여 개별화된 서비스를 제공한다. 환자와 가족의 특성을 고려하여 개별화된 서비스를 제공한다. 환자와 가족의 요구와 필요를 파악하여, 그에 맞는 맞춤형 서비스를 제공한다.

이러한 철학과 기본 원칙을 바탕으로, 말기 환자와 가족의 삶의 질을 향상시키기 위한 중요한 역할을 하고 있다. 또한, 이러한 철학에 기초하여 제공되는 목적은 질병치료 자체가 아니라 환자를 좀 더 편안하게 하고, 여생을 좀 더 의미 있게 보낼 수 있도록 하는 데 있다.

첫째, 질병에 따르는 고통과 통증을 완화 내지 해결해 주고

둘째, 여생을 충만하게 해 주고 죽음을 수용하여 편안하게 죽음을 맞이하도록 하며

셋째, 환자와 가족에게 필요한 자원이나 정보를 제공하고

넷째, 환자의 죽음 후에는 사별한 가족의 적응을 돕는 것을 세부 목표로 한다(노유자, 2000).

3) 호스피스 서비스 대상자를 선정하는 기준

대상자를 선정하는 기준은 국가와 의료체계에 따라 다를 수 있지만, 일반적으로 다음과 같은 기준이 사용된다.

첫째, 말기질환 진단으로 환자는 말기질환으로 판정되어야 한다. 이는 치료가 더 이상 효과적이지 않거나, 환자가 더 이상 치료를 원하지 않을 정도로 질병이 진행되었음을 의미한다.

둘째, 예상 수명은 환자의 예상 수명이 일반적으로 6개월 이하인 경우 호스피스 서비스 대상으로 선정될 수 있다. 이것은 예측이 어려운 경우도 있으며, 의료전문가들이 종합적인 평가를 통해 판단한다.

셋째, 증상의 심각성으로 환자가 통증, 호흡곤란, 구토 등의 증상으로 심각한 불편함을 겪고 있는 경우 호스피스 서비스를 받을 자격이 있을 수 있다.

넷째, 의료진, 특히 종단간호 전문가들의 의견이 고려된다. 의사, 간호사, 사회복지사 등의 의견을 종합하여 환자의 상태와 필요성을 평가한다.

다섯째, 환자 및 가족의 의향은 환자와 그 가족이 호스피스 서비스를 원하는지 여부도 고려된다. 종단간호는 주로 환자와 가족의 의향을 중시하는 서비스이기 때문이다.

여섯째, 치료 중단 의사결정은 환자가 치료 중단을 원하는 경우, 즉 더 이상 치료를 받지 않고 편안한 죽음을 맞이하고자 하는 경우 호스피스 서비스가 필요할 수 있다.

일곱째, 다단계 평가는 종단간호 서비스 대상자를 판별하기 위해서는 다단계적인 평가가 필요하다. 환자의 의료 기록, 신체적 상태, 정서적 요구 등을 종합적으로 고려하여 결정된다.

호스피스 서비스를 받기 위해서는 위의 기준들 중 일부 또는 전체를 충족해야 하며, 이는 전문 의료진과 함께 고려되고 결정된다.

4) 호스피스 유형

호스피스 서비스는 다양한 형태로 제공된다. 주로 말기 환자와 그 가족을 지원하는 목적으로 설계되었으며, 다양한 환경에서 제공될 수 있다.

첫째, 가정에서의 호스피스이다. 많은 호스피스 서비스가 환자의 가정에서 돌봄을 제공한다. 환자가 가족과 함께 편안한 환경에서 삶의 마지막을 보낼 수 있도록 지원한다.

둘째, 병원 내 호스피스이다. 일부 병원은 병원 내에서 종단간호 서비스를 제공하는 호스피스 프로그램을 운영한다. 이는 특별한 환경에서 종단간호를 받고자 하는 환자를 위한 서비스로 제공된다.

셋째, 노인 요양 시설 호스피스이다. 노인 요양 시설에서도 종단간호 서비스를 받을 수 있다. 노인 요양 시설 호스피스는 해당 시설에 거주하는 말기 환자에게 제공된다.

넷째, 주거 시설 호스피스이다. 아파트, 주거 시설 등에서 생활하는 환자를 위한 호스피스 서비스가 제공될 수 있다. 이는 환자의 편의를 고려하여 일상적인 환경에서 종단간호를 받을 수 있도록 하는 형태이다.

다섯째, 종교 기반 호스피스이다. 종교 단체나 기관에서 운영되는 종단간호 프로그램도 있다. 종교 지도자의 지원과 함께 종단간호 서비스를 제공할 수 있다.

여섯째, 커뮤니티 기반 호스피스이다. 지역사회에서 운영되는 호스피스 프로그램도 있다. 이러한 프로그램은 지역 사회 구성원들을 위해 종단간호 서비스를 제공하며, 가까운 환경에서 지원을 받을 수 있다.

일곱째, 병원 외 파트너십 호스피스이다. 어떤 경우에는 병원 외의 의료기관과 협력하여 환자에게 종단간호 서비스를 제공하는 호스피스 프로그램이 있다.

이렇듯 호스피스 서비스는 다양한 형태로 제공되며, 이는 환자의 상황과 선호도, 지역적인 환경 등에 따라 다를 수 있다. 종단간호 팀은 종단환자와 가족의 니즈에 부응하여 적절한 서비스를 제공하기 위해 노력한다.

5) 호스피스케어의 주요 내용

호스피스의 유형이나 말기 환자의 상태에 따라 다르지만, 일반적으로 직접 서비스와 간접 서비스로 나누어진다. 직접 서비스는 말기환자의 사정, 투약 및 처치, 신체 케어, 정서적 케어, 영적 케어, 상담 및 교육, 가족관리 등으로 구성되어 있다. 간접 서비스는 환자 주변의 시설 및 환경 관리, 환자에게 필요한 도구 제공, 의뢰 및 사례회의, 사업인력 관리 및 교육, 기록 및 보고 등 호스피스 대상자 관리를 위해 수반되는 업무로 구성되어 있다(한국보건사회연구원, 1995).

표 12-1 호스피스케어의 주요 내용

구분	케어 영역	케어내용	세부 케어 활동
직접 서비스	사정	상태 측정 및 관찰	• 정서 상태, 죽음 인지, 활력과 증상, 통증, 영적 상태의 측정 • 가족문제 사정, 유가족 사정, 가족지지 사정
		검사물 채취	• 혈액, 소변, 질, 항문
	신체 케어	비치료적 케어	• 구강간호, 개인위생, 냉온찜질, 체위 변경, 침상 정리, 식이제공, 운동요법, 수면 돕기
		치료적 케어	• 욕창치료, 정맥주사, 신체 마사지, 자연배뇨 유도 • 산소요법, 방광 세척, 관장, 회음부 관리, 드레싱, 복막투석
	상담 · 교육	사회지원상담	• 기초생활보장 수급신청, 사망진단서 신청, 유가족 직업 안내
		신앙상담	• 종교기관 안내, 신앙생활 유지 및 상담
		교육	• 질환의 증상, 치료 및 관리교육 피부 관리, 검사, 소변주머니 관리, 경련 시 처치 등
		시범교육	• 기본간호 및 관리교육

구분	케어 영역	케어내용	세부 케어 활동
	투약 · 처치	증상치료	• 통증 조절 및 증상 완화, 질환치료
		마약투약 및 관리	• 환자 사망 후 마약 수거 및 관리, 기록 및 보고
	정서 케어	정신적 지지	• 경청, 산책 동행, 곁에 있어 주기, 위로, 감정표현 격려
	영적 케어	영적 케어	• 관련 정보 제공, 신앙으로 격려, 경전 읽어 주기, 죽음 준비지지, 임종활동 준비
	가족 관리	가족사정	• 가족역동, 가족 건강 및 경제 상태, 질병 가족원의 의뢰
		역할조정	• 가족 간 불화 중재, 역할분담 재조정
		정서 및 영적 지지	• 장례식 참석, 경청, 가족 간 의사소통 조정, 종교기관 안내
		사후관리	• 유가족모임 주선, 애도과정 극복 정보물 보내기
간접서비스	환경관리		• 생활공간 재배치, 환기, 주위정돈
	물품 및 도구 제공		• 흡인기, 물침대, 휠체어, 의사소통도구(언어카드 등), 테이프, 책, 녹음기, 이완요법
	의뢰		• 다른 병원, 종교기관, 주치의와 사회복지사에 대한 의뢰
	인력교육 및 관리		• 호스피스팀 관리, 자원봉사자 교육 및 관리
	회의		• 사례관정회의 케어 계획 수립을 위한 팀회의, 점검회의
	기록 및 보고		• 케어 활동 기록, 인수인계
	장례		• 장례관련 활동 지원, 시신 기중 의뢰

출처: 한국보건사회연구원(1995). 말기환자 관리를 위한 호스피스의 제도화 방안.

6) 호스피스 제도화 과정

(1) 1단계: 호스피스 운동의 확산(1980년대)

① 활동 시작과 협회 설립(1980년대): 1980년대에 한국에서 호스피스 운동이 시작되었다. 1984년에는 한국 호스피스 협회가 설립되어 활동을 조직화하고 의료계와 사회에 호스피스에 대한 필요성을 알리기 시작했다.

② 센터 설립(1990년대): 1990년대에는 주요 도시인 서울, 부산, 대구 등에 호스피스 센터가 설립되었다. 이로써 환자들이 전문적인 종단간호 서비스를 받을 수 있는 장소가 확대되었다.

(2) 2단계: 호스피스 법제화(1997~2017년)

① 「암관리법」 개정(1997년): 1997년에는 암관리법에 호스피스 서비스에 대한 내용이 포함되었다. 이를 통해 종단간호 서비스의 법적 근거가 마련되었고, 정부는 이를 통해 호스피스 서비스의 중요성을 인정하게 되었다.

② 「호스피스 · 완화의료법」 제정(2008년): 2008년에는 호스피스 · 완화의료에 관한 법률이 제정되었다. 이 법률은 호스피스 · 완화의료의 제공과 관련된 다양한 측면을 규정하여, 서비스 제공자 및 환자에게 일정한 기준과 지침을 제공하게 되었다.

(3) 3단계: 호스피스 서비스의 확대(2017년~현재)

① 기관 수 증가(2017년 이후): 「호스피스 · 완화의료법」 제정 이후, 호스피스 서비스가 점차 확대되고 있다. 2023년 7월 기준으로 전국에는 180여 개의 호스피스 · 완화의료기관이 운영되어 말기 환자와 가족에게 서비스를 제공하고 있다.

② 인식과 이용 증가: 호스피스 서비스에 대한 인식이 높아지면서 말기 환자와 가족의 이용 비율도 증가하고 있다. 이는 종단간호 서비스에 대한 사회적 수용과 인식의 확산을 나타낸다.

호스피스 제도화는 환자와 가족에게 종단간호 서비스를 제공하고, 이를 통해 말기 환자들이 존엄한 삶을 마무리할 수 있도록 하는 데에 중점이 있다. 앞으로는 제도의 안정성과 서비스의 질적 향상을 위한 지속적인 노력이 필요하며, 사회적으로도 호스피스 서비스에 대한 인식과 이해를 높이는 데 더 많은 노력을 기울여야 할 것이다.

2. 웰다잉(Well-Dying)의 이해

"웰다잉(Well-dying)"이란 죽음에 대한 잘 준비된 태도와 적절한 지원을 통해 존엄하고 평화로운 죽음을 맞이하는 것을 의미한다. 이는 죽음을 인식하고 받아들이는 과정에서 심리적 · 정서적 · 사회적 · 영적인 측면을 포함한다. 웰다잉은 종종 죽음을 어떤 의미에서도 타인과 함께 공유하는 것으로 간주된다. 죽음과 삶의 마지막 단계에서 의료, 간호, 정신적 · 영적 지원을 받아 삶의 질을 최대한 유지하고 죽음을 대비하는 것을 의미하기도 하다. 웰다잉은 개인과 가족이 죽음을 받아들이고 이해하는 데 도움이 되며, 죽음과 관련된 미지의 과정에 대한 두려움을 완화할 수 있다.

1) 죽음에 대한 정의

죽음은 생명체가 삶의 기능을 영원히 잃는 상태를 나타낸다. 즉, 심장박동, 호흡, 뇌파, 근육 반응 등이 모두 사라지는 것을 의미한다. 이것은 생물학적인 측면과 함께 문화, 종교, 철학, 사회 등 다양한 영역에서 다르게 해석되고 경험될 수 있는 주제이다.

첫째, 생물학적 측면이다. 생물학적으로 죽음은 생명체의 모든 신체 기능이 영구적으로 중단되는 상태를 의미한다. 심장이 멈추고 호흡이 중단되면 생체 활동이 더 이상 유지되지 않는다.

둘째, 의료적 측면이다. 의료 분야에서는 죽음을 심장 정지, 호흡 중단과 같은 생체 표식들을 기준으로 판단한다. 의료적으로 죽음이 선언되면 종종 가족이나 의료진이 통지를 받게 된다.

셋째, 철학적 측면이다. 철학적으로는 죽음에 대한 이해가 다양하다. 어떤 철학적 입장에서는 죽음을 자연스러운 생명의 주기의 일부로 간주하며,

다른 곳에서는 죽음이 새로운 시작이나 영원한 휴식으로 해석될 수 있다.

넷째, 종교적 측면이다. 종교적으로는 죽음은 종종 영적인 이행을 나타낸다. 다양한 종교에서는 죽은 후의 세계, 부활, 윤회 등에 대한 믿음이 죽음에 대한 의미를 형성한다.

다섯째, 사회문화적 측면이다. 사회와 문화에 따라 죽음에 대한 태도와 의미가 크게 다르다. 어떤 문화에서는 죽음을 자연스러운 변화로 받아들이는 반면, 다른 문화에서는 죽음을 슬픔과 이별의 순간으로 여기기도 한다.

여섯째, 심리학적 측면이다. 심리학적으로는 죽음에 대한 감정, 두려움, 슬픔 등이 개인의 심리적 상태에 큰 영향을 미친다. 죽음에 대한 세계관과 태도는 각자의 경험과 신념에 크게 영향을 받는다.

죽음은 인간 존재에 있어서 피할 수 없는 현실이며, 이를 둘러싼 다양한 관점들은 인간의 복잡한 삶을 이해하는 데에 큰 영향을 미친다.

에릭슨(Erikson)은 노년기가 인간 발달과정의 마지막 단계로서 이 시기의 발달과업은 자아통합이라고 하였다. 노인은 다가오는 죽음에 직면하여 자신의 살아온 삶을 정리하고 긍정적으로 인식하여 과거 및 현재의 인생을 바라던 대로 살았다고 만족스럽고 의미 있게 받아들이고 다가올 죽음을 인정하고 기다리는 태도를 갖게 되는 과업을 수행해야 한다.

박석돈 외(2016)는 노년기에 있어 자신 또는 배우자의 죽음이나 동년배의 죽음에 대한 적응은 불가피한 과업으로 다가오고 있어 노년기 과업에 있어 '좋은 죽음'을 준비하는 것이 매우 필요하다. 인간은 누구나 죽지만, 노년기만큼 죽음의 문제가 일상의 삶과 직접적으로 연관된 시기는 없다. 그러므로 노년기에는 인생에 대한 재평가와 함께 죽음에 대한 대비를 해야 하며, 죽음에 대한 태도와 대처방안은 노년기의 삶 전체를 좌우할 수 있는 중요한 요인이다.

미국은 1960년대 처음으로 죽음 준비교육이 학교 현장에 도입됐다. 유럽은 1970년대 독일을 시작으로 스웨덴 등 여러 나라에서 이루어지고 있으며 일본의 경우 1986년에 학교 현장에서 죽음교육이 확산됐다. 우리나라는 2000년대에 들어 죽음 준비교육의 움직임이 시작됐다. 죽음 준비교육이 죽음에 대한 불안감을 감소시키고 자살충동을 예방하는 데에 긍정적인 영향을 미쳤다는 연구결과가 발표되고 있다(경향신문, 2018. 3. 17). 그럼에도 불구하고 우리나라는 인간은 죽음의 문제를 회피하고 죽음에 대해서는 생각하기조차 싫어하는 경향이 있다. 효 의식이 강하여 죽음의 문제는 사회적으로 '반금기 영역'으로 여겼으며, 노인의 죽음문제를 언급하는 자체가 불경으로 간주되어 왔다. 그런 이유들로 인해 죽음에 대한 연구는 물론 노년기 죽음문제의 해결을 지원하기 위한 사회복지 개입활동은 활성화되지 못하고 있다.

2) 죽음의 유형

죽음의 유형에는 생물학적 죽음, 의학적 죽음, 법적 죽음, 사회적 죽음이 있다(노유자, 2000).

첫째, 생물학적 죽음이다. 생명체의 생체 기능이 영구적으로 중단되어 더 이상 활동하지 않는 상태를 나타낸다. 이것은 일반적으로 신체의 주요 기능인 심장 및 호흡의 중단을 통해 확인된다.

- 심장 정지(Cardiac Arrest): 생물학적 죽음은 일반적으로 심장이 더 이상 충분한 혈액을 체내로 펌핑하지 않고 멈추는 상태인 심장 정지와 관련이 있다. 심장이 정지하면 산소와 영양분이 전신에 공급되지 않으며, 신체의 생명유지 기능이 더 이상 유지되지 않는다.
- 호흡 중단(Respiratory Arrest): 생물학적 죽음은 또한 호흡 중단을 포함한다. 심장이 정지하면 폐도 산소를 체내로 흡입할 수 없게 되며, 이로

인해 호흡 중단이 발생한다.

- 뇌 활동 중단(Brain Activity Cessation): 일반적으로 생물학적 죽음은 뇌 활동의 중단과 관련이 있다. 뇌가 충분한 산소를 받지 못하면 뇌의 기능이 손상되고, 결국 뇌 활동이 중단된다.
- 체온 하락(Body Temperature Drop): 생물학적 죽음 후에는 신체의 열생산이 중단되므로 체온이 점차 하락하게 된다.
- 혈액 응고(Blood Clotting): 생물학적 죽음으로 인해 혈액 순환이 중단되면 혈액 응고가 발생한다. 이는 혈관 내부에서 혈액이 응고되어 혈류가 차단되는 현상을 의미한다.

생물학적 죽음은 일반적으로 불가피한 상태이며, 의료적으로는 이러한 상태를 파악하고 생명을 유지할 수 있는 조치를 취할 수 있는 경우에 한해 실시될 수 있다. 의료진은 이러한 상황에서 적절한 응급처치 또는 생명유지책이를 시행할 수 있지만, 어떠한 경우에도 모든 상황에서 생물학적 죽음은 결국 불가피하게 발생한다.

둘째, 의학적 죽음이다. 주로 의료적인 관점에서 살펴보는 죽음의 개념으로, 생명체의 신체적 기능이 영구적으로 중단되었을 때를 나타낸다. 의학적 죽음은 주로 의료진이 사용하는 용어로, 다양한 생체 신호와 생체 기능의 중단을 기반으로 판단된다. 이는 생물학적인 측면에서 심장, 호흡, 뇌 활동 등의 중단을 의미한다. 이러한 의학적 죽음의 지표는 주로 의료진이 상태를 평가하고 실제로 환자의 생명을 유지하기 어려운 경우를 나타내기 위해 사용된다. 의학적 죽음은 생물학적인 죽음의 측면을 강조하며, 의료적 판단과 조치에 기반한다.

셋째, 법적 죽음이다. 의사가 죽음을 판정한 후 이를 기초로 죽음을 법적으로 인정한 경우를 말한다. 일반적으로, 의학적 죽음과 법적 죽음은 서로 다른 측면을 갖고 있다. 법적 죽음은 법적으로 정의되어 있으며, 특정 법적 기준이 충족될 때 개인이 법적으로 죽은 것으로 인정된다.

- 의사 확인(Medical Pronouncement): 의사는 환자가 사망한 것을 확인하고, 이를 기록하여 법적 죽음이 인정될 수 있다. 의료진은 종종 죽음을 선고하고 이를 사인하는 역할을 한다.
- 법정 죽음 선고(Legal Pronouncement): 법정에서도 죽음이 선고될 수 있다. 죽은 것으로 선고된 사람의 재산 처리, 상속 등의 법적 문제를 다루기 위해 법정에서 죽음이 확인된다.
- 사망 인증시(Death Certificate): 법적 죽음은 종종 사망 인증서를 통해 공식적으로 기록된다. 이 문서는 죽음의 원인, 시간 및 장소 등을 기재하며, 법적 효력을 갖는다.
- 자동 의료 장치의 중단(Cessation of Automatic Medical Devices): 일부 국가에서는 자동 의료 장치를 사용하는 환자의 경우, 해당 장치를 중단하거나 제거함으로써 법적 죽음이 확인될 수 있다.
- 법정의 결정(Legal Determination): 법정에서의 판결이나 법정 절차를 통해 죽음이 정식으로 확인될 수 있다.

법적 죽음의 기준은 지역 및 국가에 따라 상이하며, 각 국가는 법적 죽음을 인정하기 위한 절차 및 규정을 제정하고 있다. 이러한 절차는 사회적, 의료적, 법적인 측면을 모두 고려하여 개발되었다.

넷째, 사회적 죽음이다. 생명은 유지되고 있지만 인간으로서의 기능을 전혀 할 수 없는 상태로, 살아있으면서도 사회적으로는 죽은 자로 취급되는 경우를 나타낸다. 이는 주로 식물인간 상태를 예로 들 수 있다. 식물인간은 의학적으로는 생명은 유지되지만 의식, 감각, 의지 등의 기능이 상실된 상태를 의미한다. 다만, 이러한 사회적 죽음의 관점은 자의적인 의지가 반드시 포함되어야 하며, 의학적이거나 법적 죽음이 전제되어야 한다는 중요한 점이 강조되고 있다. 즉, 개인이 스스로 그러한 상태를 선택하거나 의학적,

법적으로 인정받은 상태여야만 사회적 죽음으로 인식될 수 있다. 사회적 죽음은 이러한 의미에서는 생물학적 생존과는 별개로, 인간으로서의 삶의 특성과 기능을 잃은 상태로서 살아있기는 하지만 사회적으로는 존재하지 않는 것으로 취급되는 상황을 가리킨다. 이러한 주장은 주로 의학적 또는 법적 죽음의 정의와 상호작용하며, 개인의 의지와 사회적 합의가 필요한 매우 복잡한 주제 중 하나이다.

3) 안락사

안락사는 불치의 질병이나 심각한 고통과 고통스러운 상태에 있는 환자가 죽음을 편안하게 맞이할 수 있도록 하는 의료 행위를 가리킨다. 이는 종종 환자의 명시적인 의사에 기반하며, 고통 완화와 함께 존엄하고 안락한 환경에서의 죽음을 돕는 것을 목표로 한다.

- 의료진 참여는 안락사는 의료 전문가들과의 협력을 필요로 한다. 의사, 간호사, 상담사 등이 함께 협력하여 환자를 지원하고 죽음을 편안하게 만들기 위한 노력을 기울인다.
- 고통 완화는 안락사의 주요 목표는 환자의 고통을 최소화하고 편안한 상태에서 죽을 수 있도록 하는 것이다. 통증 관리, 호스피스케어, 정신적 지지 등이 제공된다.
- 자 의지는 안락사는 환자의 명백한 의지에 기반한다. 환자가 자신의 죽음을 자의적으로 선택하고자 하는 경우, 그 의사를 존중하고 따른다.
- 법적 규제는 많은 국가와 지역에서는 안락사에 대한 법적 규제가 존재한다. 일부 국가에서는 안락사가 합법적으로 인정되어 있지만, 다른 국가에서는 여전히 논란이 되고 있다.
- 자의적 안락사와 강제적 안락사는 크게 자의적 안락사(환자의 명백한 의지에

따른 안락사)와 강제적 안락사(타인의 의사에 따른 안락사)로 나눌 수 있다. 자의적 안락사는 환자의 의지를 최우선으로 하며, 강제적 안락사는 환자의 의지를 무시하고 타인이 결정하는 경우를 가리킨다.

안락사는 윤리적 · 법적 · 종교적 측면에서 다양한 의견을 모으고 있다. 자의적 안락사의 경우에도 의견 차이가 크며, 이는 인간의 삶과 죽음에 대한 깊은 고민과 논의를 유발하고 있다.

안락사는 국가별로 다르게 인정되거나 금지되는 경우가 있다. 2022년 기준 일부 국가에서는 자의적 안락사가 합법적으로 허용되어 있다.

- 네덜란드는 자의적 안락사를 합법적으로 인정하는 선진 국가 중 하나로 알려져 있다. 특정 조건을 충족한 환자가 의사의 지원을 받아 안락사를 선택할 수 있다.
- 벨기에는 네덜란드와 유사하게 자의적 안락사를 합법적으로 인정하고 있다. 특정 조건과 절차를 따라가며 의사와의 협의를 거친 후에 환자가 안락사를 선택할 수 있다.
- 스위스는 자의적 안락사를 합법적으로 인정하는 국가 중 하나이다. 스위스에서는 조력자살 단체인 디그니타스(Dignitas)가 안락사를 지원하고 있다. 디그니타스는 말기 환자나 불치병 환자가 의사의 도움을 받아 자살할 수 있도록 지원하는 단체이다. 환자가 자살을 결정하기 위한 충분한 정보를 제공하고, 자살을 위한 절차를 안내한다. 또한, 환자가 자살을 결정한 후에도 심리적 · 정서적 지원을 제공한다. 2023년 7월 기준으로 1천 명 이상의 환자가 조력자살을 지원받았다.
- 캐나다는 일부 지역에서는 자의적 안락사가 합법적으로 허용되고 있다. 예를 들어, 캐나다의 온타리오 주에서는 특정 조건을 충족한 환자가 의사의 지원을 받아 안락사를 선택할 수 있다.
- 룩셈부르크는 자의적 안락사를 일부 범위에서 허용하고 있다.

자의적 안락사가 합법적으로 인정되는 국가들은 의료 윤리, 법적 규제, 환자의 권리 등을 꼼꼼히 고려한 정교한 시스템을 가지고 있다. 그러나 이는 국가에 따라 상황이 다르며, 안락사에 대한 태도는 의료, 법률, 종교적 관점에서 큰 차이를 보이고 있다.

3. 노년기와 죽음의 이해

1) 죽음의 의미

노년기는 신체적 · 정신적 · 사회적 변화가 급격하게 일어나는 시기이다. 이러한 변화는 노인을 죽음에 한 걸음 더 가까이 다가가게 한다. 따라서 노년기에는 죽음의 의미를 직시하고, 죽음에 대한 준비를 하는 것이 중요하다. 죽음의 의미를 직시하는 것은 죽음에 대한 두려움을 극복하고, 죽음을 삶의 자연스러운 과정으로 받아들이는 데 도움이 된다. 또한, 죽음과 관련하여 나타나는 변화에 적극적으로 대처할 수 있는 힘을 준다.

이기옥(2004)의 주장에 따르면, 한국인은 죽음에 대해 여러 가지 의미를 부여하고 있다는 것을 나타내고 있다. 이는 한국 문화, 종교, 전통 등의 영향을 받은 것으로 보인다.

① 죽음은 시간의 제약 또는 종말이다. 죽음을 삶의 끝으로 보는 것이다. 죽음은 삶의 시간적 제약을 벗어나는 것이며, 삶의 종말을 의미한다. 이러한 관점은 불교의 “인생무상(人生無常)” 사상과 일맥상통한다.

② 죽음은 현세에서의 존재 소멸이며, 무(無)의 상태가 되는 것이다. 죽음을 존재의 소멸로 보는 것이다. 죽음은 육체의 소멸과 함께 영혼의 소멸을 의미한다. 이러한 관점은 불교의 “무아(無我)” 사상과 일맥상통한다.

③ 죽음은 삶의 연장, 즉 또 다른 새로운 세계나 윤회나 환생, 영생을

의미한다. 죽음을 삶의 연장으로 보는 것이다. 죽음은 현세에서의 삶이 끝나지만, 또 다른 세계에서의 삶이 시작되는 것을 의미한다. 이러한 관점은 불교의 "윤회(輪廻)" 사상과 샤머니즘의 "저승" 사상과 일맥상통한다.

④ 죽음은 삶의 경험, 가족 등과 같은 소중한 것의 상실이다. 죽음을 상실로 보는 것이다. 죽음은 사랑하는 사람, 소중한 추억, 삶의 의미 등을 잃는 것을 의미한다. 이러한 관점은 모든 사람이 공통적으로 가지고 있는 죽음에 대한 생각이다.

⑤ 죽음은 형벌이다. 죽음을 불행한 일로 보는 것이다. 죽음은 과거의 잘못에 대한 벌을 받는 것으로 여겨진다. 이러한 관점은 종교적·문화적 배경에 따라 달라질 수 있다.

⑥ 죽음은 힘든 삶에서의 해방이고 쉼이다. 죽음을 해방으로 보는 것이다. 죽음은 힘든 삶에서 벗어나는 것이며, 편안한 휴식을 의미한다. 이러한 관점은 삶에 지쳐 있거나, 고통스러운 질병을 앓고 있는 사람들에게서 나타날 수 있다.

⑦ 죽음은 섬뜩한 저승사자 또는 부드러운 성령이다. 죽음을 초자연적인 존재로 보는 것이다. 죽음은 저승사자나 성령과 같은 초자연적인 존재에 의해 주관되는 것으로 여겨진다. 이러한 관점은 샤머니즘의 영향을 받은 것으로 볼 수 있다.

⑧ 죽음을 통하여 차별성을 극복하고 잘못된 관계를 개선하는 계기가 되며, 사랑했던 사람과의 재결합을 이룬다. 죽음을 변화의 기회로 보는 것이다. 죽음은 차별성, 잘못된 관계, 사랑하는 사람과의 이별 등의 문제를 해결하고, 새로운 삶을 시작하는 계기가 될 수 있다. 이러한 관점은 종교적·문화적 배경에 따라 달라질 수 있다.

⑨ 죽음은 자연스러운 현상이다. 죽음을 삶의 자연스러운 과정으로 보는

것이다. 죽음은 누구에게나 찾아오는 필연적인 현상이며, 두려워할 필요가 없다고 여겨진다. 이러한 관점은 현대에 들어서면서 점차 증가하고 있는 것으로 보인다.

우리나라는 죽음에 대한 의미는 시대에 따라 변화하고 있다. 과거에는 죽음을 부정적인 것으로 인식하는 경향이 있었지만, 최근에는 죽음을 삶의 자연스러운 과정으로 받아들이는 경향이 증가하고 있다. 이러한 변화는 현대 사회의 변화, 교육의 변화, 종교의 변화 등과 관련이 있는 것으로 보인다.

2) 죽음에 대한 태도

죽음에 대한 태도는 문화, 종교, 철학, 개인적인 경험 등에 크게 영향을 받는다. 다양한 태도가 존재하지만, 일반적으로는 몇 가지 주요한 측면이 있을 수 있다.

첫째, 종교적 태도이다. 몇몇 종교는 죽음을 부활과 새로운 삶으로 이어지는 과정으로 이해한다. 부활, 천국, 지옥 등의 개념이 존재하며, 이는 종교별로 다르게 해석될 수 있다.

둘째, 윤회와 환생이다. 일부 종교는 죽음을 윤회와 환생의 일환으로 간주한다. 죽음 후에도 계속해서 새로운 형태로 태어날 수 있다고 믿는 것이다.

셋째, 철학적 태도이다. 몇몇 철학적 입장에서는 죽음이 삶에 의미를 부여하고, 한편으로는 무의미하게 느껴질 수 있다고 주장한다. 죽음을 통해 삶의 가치와 의미를 찾는 것도 있다.

넷째, 심리적 태도이다. 죽음에 대한 두려움은 자연스러운 본능일 수 있다. 반면에 어떤 사람들은 죽음을 자연스러운 현상으로 수용하며, 이를 마주하려는 노력을 기울이기도 한다.

다섯째, 죽음의 고통과 해방이다. 일부 사람들은 죽음을 통해 고통이 끝나고 해방된다고 생각한다. 특히 심리적인 고통이나 신체적인 고통을 겪는 경우, 죽음을 통한 해방으로 이해하는 경우가 있다.

여섯째, 사회적 태도이다. 각 문화나 사회에서는 죽음에 대한 특별한 의례와 관습이 존재한다. 장례, 묘지, 추모 등의 요소가 사회적으로 정형화되어 있다.

일곱째, 죽음의 통령(通靈)과 분리다. 어떤 사회에서는 죽음을 타인과의 헤어짐으로 이해하며, 죽음이 단절과 분리의 경험으로 삼는 경우도 있다.

이러한 다양한 태도는 개인마다 크게 다를 수 있으며, 삶의 경험과 환경이 각자의 죽음에 대한 태도를 형성하는 데 영향을 미친다.

죽음에 대한 태도에 영향을 미치는 요인을 죽음에 대해 부정적 태도를 갖게 되었을 때에 나타나는 죽음 불안을 야기하는 요인을 중심으로 하여 살펴보면 다음과 같다(전영기, 2000). 개인의 인구사회적 특성, 가족환경, 건강 상태, 심리특성 그리고 사회적 지지 요인이 죽음에 관한 태도에 의미 있는 영향을 미친다.

표 12-2 죽음 불안에 영향을 미치는 요인

요인	죽음 불안의 수준
인구사회적 특성	• 여성: 죽음에 따르는 신체심리적 고통에 대한 불안 수준이 높음 • 남성: 인생 계획과 목표를 실행하지 못한 것에 대해 불안해함 • 연령: 긍정적 또는 부정적 관계가 있다는 상반된 연구 결과 • 결혼 상태: 이혼 또는 별거 노인의 불안 수준이 더 높음 • 교육 수준: 교육 수준이 낮을수록 죽음 불안 수준이 높음 • 종교: 종교가 있는 노인은 죽음 불안 수준이 낮지만, 종교 유무보다는 신앙심과 내세에 대한 믿음 정도가 더 중요한 요소임
건강 상태	• 질병이 있고 건강 평가가 부정적일수록 죽음 불안 수준이 높음
심리특성	• 분노, 불평, 불만 수준이 높을수록 죽음불안 수준이 높음 • 고독 수준이 높을수록 죽음불안 수준이 높음 • 자아통합 수준이 낮고 부정적 자아개념을 가지고 있을수록 불안 수준이 높음 • 삶의 만족도가 낮을수록 죽음에 대해 거부적 태도를 보임

요인	죽음 불안의 수준
가족환경	• 가구형태: 독거노인의 죽음불안 수준이 가장 높음 • 가족수입: 수입이 많을 때와 적을 때 상반된 결과 • 가족관계: 가족 간의 유대관계와는 의미 있는 관련성이 없음
사회적 지지	• 사회관계망이 위축되고 사회적 지지 수준이 낮을수록 불안 수준이 높음

3) 죽음 준비교육의 과정

죽음 준비교육은 삶의 마지막 단계에서 죽음과 임종에 대한 이해를 촉진하고, 개인과 가족이 적절한 지원과 돌봄을 받을 수 있도록 돕는 교육 과정이다. 이러한 교육은 종종 의료 전문가, 심리 상담가, 종교 지도자 등의 전문가들이 참여하며, 다양한 주제를 다루게 된다.

첫째, 죽음과 임종에 대한 이해이다. 교육 참여자들에게 죽음과 임종에 대한 과학적·의료적·종교적인 이해를 제공한다. 이는 신체적 변화, 의료 옵션, 종교 및 문화적 신념 등을 다루는 것을 포함할 수 있다.

둘째, 의료 결정 및 진료 선택이다. 교육은 군중의료에 대한 이해, 생명 유지 장치 사용 여부, 의료 결정을 위한 사전 계획 등을 다룬다. 개인이 자신의 의료 결정을 어떻게 할지에 대한 정보와 자기 결정을 존중하는 방법을 강조할 수 있다.

셋째, 치료적 의료 결정 및 호스피스 관리다. 교육은 치료적 의료 결정, 호스피스케어, 적절한 증상 관리 등을 다룬다. 교육 참여자들은 자신이 받고자 하는 치료의 범위에 대해 미리 생각하고 의사소통할 수 있는 기회를 얻을 수 있다.

넷째, 심리적 지원과 정서적 관리다. 교육은 죽음과 임종에 대한 정서적인 측면에 대한 이해를 제공하며, 가족과의 관계, 이별의 과정, 사후 계획 등을 다룰 수 있다. 심리 상담과 정서적 지원이 중요한 부분이 될 수 있다.

다섯째, 가족 및 친지와의 의사소통이다. 교육은 가족과 친지들과의 의사소통에 중점을 둔다. 죽음 전에 미리 대화를 통해 각자의 의견을 이해하고, 갈등을 예방하며, 서로에 대한 지지와 이해를 나누는 방법을 다룬다.

여섯째, 법적 및 문서적 측면이다. 교육은 법적인 측면에 대한 정보도 다룰 수 있다. 예를 들어, 사전의료의향서, 유언, 장례 및 장소 선택 등이 이에 해당된다.

죽음 준비교육은 종종 종교 담당자, 의료 전문가, 심리 상담가 등과 협력하여 다양한 관점에서 풍부한 정보를 제공한다. 이는 개인이 자신의 죽음과 임종에 대한 선택을 더 잘 이해하고 준비할 수 있도록 돕는 데 목적이 있다.

4) 죽음 준비교육의 목적

죽음 준비의 목적은 죽음과 임종에 대한 이해를 높이고, 개인이 자신의 죽음에 대한 의지를 표현하고 준비할 수 있도록 돕는 것이다. 다양한 이유로 이러한 종류의 교육이 중요하다고 간주된다.

첫째, 자기 결정권 강화이다. 죽음 준비교육은 개인에게 자기 결정권을 강화한다. 자신의 의료 결정, 죽음에 관한 선호사항, 치료 방향 등을 미리 생각하고 문서로 남기는 등의 프로세스를 통해 개인은 자신의 의지를 명확히 할 수 있다.

둘째, 종교 및 문화적 이해다. 다양한 종교와 문화에서는 죽음에 대한 태도와 관행이 다르다. 죽음 준비 교육은 다양한 신념체계와 문화적 전통에 대한 이해를 증진시킨다. 이를 통해 종교나 문화적인 가치에 기반한 적절한 죽음의 경험을 조성할 수 있다.

셋째, 가족과의 의사소통 촉진이다. 죽음 준비는 가족과의 의사소통을 촉진한다. 가족 구성원들이 서로의 의견과 선호사항을 알아가면서, 갈등을 예방하고 서로를 지지하며 어려운 시간을 함께 할 수 있도록 돕는다.

넷째, 죽음과의 심리적 대비다. 죽음 준비는 개인과 가족들이 죽음과의 심리적 대비를 할 수 있도록 도와준다. 죽음은 가족과 개인에게 감정적으로 어려운 시간일 수 있으며, 죽음에 대한 이해와 준비를 통해 이를 완화하는 데 도움이 된다.

다섯째, 의료 결정에 대한 명확성이다. 교육을 통해 의료 결정에 대한 명확성을 확보할 수 있다. 죽음이 가까워질 때 의료 결정이 필요한데, 개인이 자신의 선호사항을 명확하게 표현할 수 있도록 하는 것이 중요하다.

여섯째, 존엄한 죽음의 추구이다. 죽음 준비는 존엄한 죽음을 추구하는 데 기여할 수 있다. 이는 개인이 자신의 선호사항과 가치관에 따라 존엄한 방식으로 마지막 순간을 보낼 수 있도록 도와주는 것을 의미한다.

죽음 준비의 목적은 결국 개인이 자신의 삶의 끝을 준비하고 통제할 수 있도록 지원하는 것이며, 이는 삶의 마지막 단계를 더 의미 있고 존엄하게 만들어 줄 수 있다.

죽음 준비교육에서는 생애주기별 맞춤교육이 필요하다. 죽음에 대한 인간 본연의 불안 감정은 공통분모로 자리하고 있지만, 생애 발달에 따라 인식의 태도 삶의 관계를 맺는 방식이 다르기 때문에 각각의 관점에 따른 변별적 죽음 교육이 이뤄져야 한다. 전문가들은 유언장을 쓰고 장례식 계획을 세우는 등 죽음을 준비하는 것도 죽음 준비교육의 일환이라고 말한다(경향신문, 2018. 3. 17). 죽음에 대한 불안을 줄이고 노인이 죽음을 사전에 준비하고 아름답게 생애를 마감할 수 있도록 도와주는 일은 중요하다. 최근 들어 노인복지관에서는 노인을 대상으로 죽음 준비교육 프로그램을 운영하는 사례가 늘어나고 있다.

유정(2008)은 그의 저서 「유정의 죽음 준비학교」를 통해 실제 노인과 함께 했던 죽음 준비학교 교육과정을 아래와 같이 제시했다.

표 12-3 죽음 준비학교 교육과정의 예시

회차	교육 내용
1교시	마음 열기: 죽음의 색깔, 죽음의 기억
2교시	인생 그래프 그리기: 내 인생의 오르막과 내리막
3교시	나의 사망기 쓰기: 남은 사람들에게 기억되고 싶은가?
4교시	꼭 한 번 만나고 싶은 사람: 죽어 헤어져도 잊지 못할 이름이여!
5교시	내 인생이 한 달 남았다면: 버리고 싶은 것과 꼭 하고 싶은 일
6교시	무엇을 남기고 갈까: 현장학습(화장장, 납골당, 산골공원, 자연장지를 가다!)
6교시	참관수업: 청각장애 노인들의 죽음준비 프로그램
8교시	유언장 쓰기: 마지막 바람과 당부
9교시	봉사활동: 배워서 남 주자!

출처: 유경의 죽음준비학교

5) 죽음의 단계

죽음에 직면한 사람들은 매우 복잡한 심리 반응을 보이므로, 이들을 원조하기 위해서는 임종이나 죽음의 단계에 환자가 어떻게 반응하고 어떤 단계를 거쳐 적응해 가는지 정확히 이해해야 한다. 죽음의 단계는 종종 사람이 죽음과 마주할 때 경험할 수 있는 다양한 감정과 심리적 변화를 나타내는 개념이다. 이러한 단계는 각 개인의 경험에 따라 다를 수 있으며, 반드시 순서대로 경험되지 않을 수 있다.

엘리자베스 퀴블러-로스(Elisabeth Kübler-Ross, 1926년 7월 8일~2004년 8월 24일)는 스위스 출신의 미국의 정신과 의사이자 임종 연구 분야의 개척자이다. 『죽음과 임종에 관하여』를 출간하였고, 분노의 5단계 이론을 처음으로 주장한 인물이다. 그녀는 2007년 미국 국립 여성 명예의 전당에 이름을 올리게 되었다. 취리히대학교에서 정신의학을 공부한 후, 미국으로 이주하여 시카고의 로크펠러 병원에서 임상 심리학자로 일했다. 1965년 그녀는 시카고 신학교의 학생 넷이 자신들의 연구 프로젝트를 도와달라며 찾아왔다. 몇 차례의 만남을 통해 그들은 불치병으로 죽어가는 환자들에게 '죽음과 죽어감'에 관해 묻고 그 환자들을 스승으로 삼는 것이 가장 좋은 방법이라는 결론을 내렸다. 이 연구를 통해 죽어가는 환자들이 일반적으로 5단계의 심리적 반응을 경험한다는 것을 발견했다. ① 부정단계: 죽음을 부정하고, 현실을 받아들이지 못하는 단계, ② 분노단계: 죽음에 대한 분노, 불만, 좌절을 느끼는 단계, ③ 타협단계: 죽음을 피하기 위해 기도하거나, 타협을 시도하는 단계, ④ 우울단계 죽음에 대한 슬픔, 절망, 고독을 느끼는 단계, ⑤ 수용단계: 죽음을 받아들이고, 삶을 회상하고 정리하는 5단계 이론은 죽어가는 환자들의 심리적 변화를 이해하는 데 중요한 역할을 했으며, 죽음 연구 분야의 발전에 기여했다.

퀴블러-로스는 죽음 준비 교육 프로그램의 개발에도 기여했다. 그녀는 죽음에 대한 두려움과 불안을 해소하고, 죽음을 삶의 자연스러운 과정으로 받아들이는 데 도움이 되는 교육 프로그램을 개발했다. 이 프로그램은 전 세계적으로 널리 보급되었으며, 많은 사람들에게 죽음에 대한 올바른 이해와 준비를 돕고 있다. 퀴블러-로스는 죽음 연구 분야의 선구자로서, 죽음에 대한 인식을 변화시키는 데 크게 기여한 인물이다. 그녀의 연구와 업적은 죽음 준비교육 프로그램의 개발, 호스피스 운동의 확산 등 다양한 분야에 영향을 미쳤다.

표 12-4 퀴블러-로스(Kubler-Ross)의 죽음에 대한 적응 단계

단계	반응
부정 단계	• 죽음을 거부하고 부정하며, 고립 상태에 빠져드는 단계 • 아니야, 그럴 리 없어' 등으로 죽음이라는 현실을 거부하고 오진이라 생각하고 다른 병원을 찾아다님 • 부정을 통해 죽음과 관련된 심각한 감정에서 자신을 보호하려 함 • 이 단계의 마지막에는 사랑하는 사람이나 전문가에게 죽음에 관해 조금씩 표현하려는 징조를 보임

단계	반응
분노 단계	• 죽음을 더 이상 부정할 수 없게 되고 감정은 분노와 원망으로 변함 • "왜 하필 내가 죽어야 하나?"라고 하면서 주위 사람이나 신에게 원망, 시기, 질투, 화, 분노의 감정을 표현함 • 분노는 임종과정의 자연스러운 반응이므로, 주위 사람은 환자의 표현을 비판하지 말고 감정을 표출하도록 도와주어야 함 • 절박하게 다가온 죽음을 초인적 능력이나 의학 또는 신과의 타협을 통하여 잠시동안 연기하려고 함
타협 단계	• "내가 죽어가고 있구나. 그러나...."라고 하며, 선행을 전제 조건으로 신과 생명을 타협하며, 의사의 지시를 잘 따르고 열심히 기도한다면 아마도 신이 죽음을 연기해 줄 것이라고 믿음
우울 단계	• 체념, 절망과 비탄의 감정 상태에 빠져드는 시기로서, 죽음을 더 이상 부정하지 않고 우울 상태로 접어들게 됨 • 가족, 친지와 이별하기 위하여 사전에 자신을 분리할 준비를 함 • 과거나 현재의 상실에 대해 우울해하며, 미래의 상실에 대한 예비적 우울감을 경험함 • 이 두 가지 우울은 필요 불가결한 것이며, 이 단계를 거쳐야 체념하고 평온하게 죽음을 맞이할 수 있음
수용 단계	• 우울감도 분노감도 느끼지 않으며, 거의 아무런 감정도 갖지 않게 됨 • 행복의 단계는 아니며, 아무 감정이 없는 단계로서 침착함과 평온함을 보이고 '이제 떠날 시간이다'라는 태도를 보임 • 대부분의 환자가 병원보다 집에서 임종하기를 원함

6) 노년기 죽음과 관련된 과제

첫째, 노인케어 및 죽음에 관한 교육 프로그램이다. 노년기에 죽음과 관련된 과제에 대한 교육 프로그램을 개발하고 보급해야 한다. 이 프로그램은 노인들뿐만 아니라 가족, 의료 전문가, 사회복지사 등 다양한 이해관계자들에게 죽음과 임종에 대한 이해를 증진시키고 대처 방법을 제공할 수 있다.

둘째, 사전 의료계획 및 의향서 지원이다. 정부는 노인들이 자신의 의지를 표현하고 사전에 의료계획을 수립할 수 있도록 지원해야 한다. 이를 위해 국가는 의료계획과 의향서 작성을 돕는 상담 서비스를 제공하고 보급해야 한다.

셋째, 장기간 요양 서비스 강화이다. 노년기에는 건강 문제로 인해 장기간 요양이 필요한 경우가 많다. 국가는 효과적이고 현명한 장기간 요양 서비스를 제공하고 이를 위한 금융적 지원을 강화해야 한다.

넷째, 정신건강 서비스 확대이다. 노인의 정신적인 건강은 죽음과 관련된 과제를 다루는 데 중요하다. 국가는 노인을 위한 정신건강 서비스를 확대하고, 정신건강 전문가들의 교육 및 지원을 강화해야 한다.

다섯째, 가족과의 상담 및 지원 프로그램이다. 노인의 죽음은 가족에게도 영향을 미친다. 국가는 가족들을 위한 상담 및 지원 프로그램을 개발하고 제공하여 가족 간 의사소통을 원활하게 하고, 죽음과 관련된 감정에 대한 지원을 제공해야 한다.

여섯째, 종교 및 윤리적 측면 고려다. 다양한 종교 및 윤리적 신념을 고려하여 죽음과 관련된 서비스를 제공해야 한다. 이는 종교적인 의식과 윤리적인 가치에 맞는 죽음의 방식을 존중하고 지원하는 것을 의미한다.

일곱째, 사회적 통합과 커뮤니티 참여 촉진이다. 노인들이 죽음과 관련된 과제를 직면할 때, 사회적 통합과 커뮤니티 참여는 중요하다. 정부는 노인들이 지역사회에서 활발하게 참여하고 자신의 경험을 나눌 수 있는 환경을 조성해야 한다.

이러한 정책적인 부분들은 노인들이 죽음과 관련된 과제를 보다 효과적으로 대처하고, 자신의 의지를 존중하며 죽음을 마주하는 데 도움을 줄 수 있다.

요점정리

1. 호스피스의 정의와 특징

호스피스는 말기 환자와 그 가족에게 삶의 질을 향상시키고 편안한 죽음을 지원하는 종단적인 의료 서비스를 제공하는 전문 분야이다. 주요 목표는 삶의 마지막 단계에서 환자와 가족에게 신체적 · 정서적 · 사회적 · 영적인 지원을 제공하여 존엄한 죽음을 가능하게 하는 것이다.

2. 호스피스의 서비스 대상자 선정 기준

호스피스 서비스 대상자는 말기 질환, 특히 6개월 이내에 사망이 예상되는 환자로서, 치료 목적이 아닌 증상 관리와 삶의 질 개선에 중점을 둔 의료 서비스가 필요한 경우이다.

3. 웰다잉과 죽음에 대한 이해

웰다잉은 인간이 죽음을 받아들이고 준비하는 과정을 의미한다. 이는 죽음을 인정하고 받아들이는 것과 관련이 있으며, 종종 종교적이거나 영적인 차원을 가지기도 한다.

Quiz

1. 환자의 편안함과 존엄성을 최우선으로 하며 주로 말기 질환을 가진 환자와 그 가족에게 종단간호, 통증 완화, 정서적 지원 등을 제공하는 의료 서비스를 의미하는 것은 무엇인가?
2. 일부 병원은 병원 내에서 종단간호 서비스를 제공하는 호스피스 프로그램을 운영하는 곳은 무엇인가?
3. 죽음에 대한 잘 준비된 태도와 적절한 지원을 통해 존엄하고 평화로운 죽음을 맞이하는 것을 의미하는 것은 무엇인가?

1: 호스피스

2: 병원 내 호스피스

3: 웰다잉

CHAPTER 13

고령친화산업

학습목표

- 고령친화산업의 개념과 등장배경에 대해 알 수 있다.
- 고령친화산업의 정의 및 범위와 세부산업별 정의에 대해 알 수 있다.
- 고령친화산업의 특징에 대해 알 수 있다.
- 고령친화산업의 新산업화의 국내동향에 대해 알 수 있다.
- 고령친화산업 정책방향 및 전략과 선망에 대해 알 수 있디.

1. 고령친화산업의 이해

1) 고령친화산업의 개념

고령친화산업은 고령화사회에 대응하여 노인들의 삶의 질을 향상시키고 지원하는 산업으로, 전 세계적으로 성장하고 있는 중요한 시장이다. 이는 일본의 실버산업과 유사한 개념이지만, 현재는 고령친화산업이라는 용어로 더 널리 사용되고 있다.

고령친화산업은 크게 두 가지 분야로 나눌 수 있다. 첫째, 노인의 신체적 · 인지적 기능 저하를 보완하고 건강을 유지하기 위한 의료 · 복지 분야로 의료기기, 요양시설, 노인용 식품, 의약품 등이 포함된다. 둘째, 노인의 사회적 참여와 경제활동을 지원하기 위한 분야로는 교육, 여가, 일자리, 금융 등이 해당한다.

유엔 경제사회이사회(ECOSOC)에 따르면, 2020년 기준으로 전 세계 고령친화산업 시장 규모는 약 1,000조 달러에 달하며, 2030년에는 2,000조 달러에 이를 것으로 전망되고 있다. 한국도 이 성장세에 부응하여 2023년 기준 고령친화산업 시장 규모가 약 160조 원이며, 2025년에는 200조 원에 이를 것으로 예상되고 있다.

고령친화산업은 노인들의 삶의 질을 향상시키는 동시에 국가 경제 발전에도 기여할 수 있는 잠재력이 큰 산업이다. 정부는 이를 지원하기 위한 다양한 정책을 추진하고 있으며, 관련 기업과 연구기관의 활발한 투자와 연구개발이 이루어지고 있다. 이러한 노력을 통해 고령친화산업은 미래의 중요한 경제 동력 중 하나로 자리매김하고 있다.

2) 고령친화산업 등장 배경

고령친화산업은 전 세계적으로 노인인구의 증가와 경제력 향상, 가족 구조의 변화, 국가의 복지책임 이행의 한계 등과 같은 사회경제적 변화에 따라 등장하게 되었다.

미국의 경우 1950년대 초반부터 노인들을 위한 제품과 서비스에 대한 수요가 증가하기 시작했다. 이는 제2차 세계대전 이후 베이비붐세대의 출산으로 인해 노인인구가 증가했기 때문이다. 1970년대에는 복지민영화정책에 따라 민간기업의 참여가 확대되면서 고령친화산업이 더욱 활성화되었다.

일본의 경우 1970년대부터 본격적으로 민간기업이 실버타운 건설에 참여하면서 고령친화산업이 시작되었다. 이는 일본의 고령화 속도가 세계에서 가장 빠르게 진행되었기 때문이다.

우리나라의 경우 1989년 경기도 수원에 유료 양로시설인 유당마을이 설립되면서 고령친화산업이 시작되었다. 1993년에는 「노인복지법」의 개정을 통해 민간기업이나 개인의 유료노인복지시설 설립·운영을 허용하면서 고령친화산업이 더욱 활성화되었다. 2006년에는 「고령친화산업 진흥법」이 제정되면서 고령친화산업의 발전을 위한 기틀이 마련되었다.

최근에는 4차 산업혁명의 영향으로 고령친화산업의 발전이 더욱 가속화되고 있다. 인공지능(AI), 사물인터넷(IoT), 빅데이터 등 첨단 기술이 접목된 고령친화 제품과 서비스가 개발되면서 노인들의 삶의 질 향상에 기여하고 있다.

고령친화산업이 등장한 배경은 여러 측면에서 볼 수 있다.

첫째, 노인인구의 증가가 그 중요한 원인 중 하나이다. 노인인구의 증가는 노후생활에 필요한 소비와 서비스에 대한 수요의 증가를 의미한다. 이는 노인 소비자의 절대수가가 증가하고, 이들이 차지하는 소비시장 비중이 증가함을 의미한다. 이에 따라 기업들은 노인 소비자를 대상으로 한 제품과 서비스를 개발하고 마케팅에 관심을 기울이게 되었다.

둘째, 노인인구의 경제력 향상이 고령친화산업의 등장을 촉진했다. 경제적 여유가 있는 노인인구가 증가하면서 고령친화시장의 규모가 더욱 커졌다. 국민연금 등의 사회보장제도와 개인의 노후소득 준비로 노인의 경제력은 향상되었다. 이로써 노인 소비자의 구매력이 증가하며, 이에 부응하는 고령친화산업이 발전하게 되었다.

셋째, 노인의 복지서비스에 대한 인식 변화가 영향을 미쳤다. 경제력이 향상된 노인들은 무료로 제공되는 기존의 노인복지서비스로는 욕구를 충족하기 어려워졌다. 이로써 부가적인 서비스에 대한 수요가 증가하며, 고령친화산업이 나타나게 되었다.

넷째, 가족 구조의 변화와 노인부양기능의 약화도 고령친화산업 등장에 영향을 미쳤다. 가족 내 노인부양인력의 부족과 노인을 가족이 동거부양하는 비율의 감소로 노인복지시설과 서비스에 대한 수요가 증가했다.

다섯째, 국가의 복지책임의 한계와 민영화 추진도 고령친화산업의 등장에 영향을 미쳤다. 선진국에서는 국가가 전적으로 복지를 책임지는 한계를 느끼고 민간기업과 비영리단체를 복지의 주요 공급주체로 유도하는 복지민영화 정책을 추진하면서 고령친화산업이 민간기업의 참여로 더욱 활성화되었다.

여섯째, 학술적 연구가 고령친화산업의 발전에 기여했다. 다양한 학문 분야에서 이루어진 노인 소비자와 고령친화시장에 대한 연구 결과가 산업의 성공적 발전을 뒷받침했다. 이를 통해 기업들은 노인 소비자의 욕구를 파악하고 이에 적합한 전략을 수립할 수 있게 되었다.

이러한 다양한 배경요인들이 결합하여 고령친화산업이 현재의 모습을 갖추게 되었고, 이는 노인들의 더 나은 삶의 질을 지원하는 산업으로 성장하고 있다.

3) 고령친화산업의 정의 및 범위

고령친화산업 조사 및 분류체계 설정을 위해서는 우선 고령친화산업에 대한 정의와 그 정의에 맞는 포괄 범위가 사전 설정되어야 한다.

(1) 고령친화산업의 정의

고령친화산업은 유사한 성질을 가진 산업 활동에 종사하는 생산단위의 집합으로 정의된다. 산업 활동은 각 생산단위가 노동, 자본, 원료 등의 자원을 투입하여 재화 또는 서비스를 생산하거나 제공하는 일련의 활동과정으로 정의된다.

이러한 정의에 따르면, 고령친화산업은 다음과 같은 특성을 갖는다.

첫째, 고령자를 수요자로 하는 산업이다. 고령친화산업은 고령자를 수요자로 하는 산업으로, 고령자의 신체적, 정신적 특성을 고려하여 제품 및 서비스를 개발하고 제공한다.

둘째, 유사한 성질을 가진 산업 활동에 종사하는 생산단위의 집합이다. 고령친화산업은 유사한 성질을 가진 산업 활동에 종사하는 생산단위의 집합으로, 이러한 생산단위는 각기 다른 분야에서 고령자를 위한 제품 및 서비스를 제공한다.

통계청은 이러한 정의에 기반하여 고령친화산업을 다음과 같이 분류하고 있다.

- 고령친화 제조업은 의약품, 의료기기, 식품, 화장품, 용구용품 등이다.
- 고령친화 서비스업은 요양, 금융 · 자산관리, 주거, 여가 · 관광 · 문화, 급식, 건강지원 등이다.

이러한 분류체계는 고령친화산업의 특성을 이해하고 분석하는 데 도움이 된다.

(2) 고령친화산업의 범위

고령친화산업은 사업장에서 행하여지는 경제활동의 종류에 따라 구분된다. 산업분류는 산업의 종류를 체계적으로 구분한 것으로, 이는 산업의 범위를 설정하는 기준이 된다. 따라서 산업 특성이 반영된 고령친화산업 분류체계를 구축하기 위해서는 다음과 같은 작업이 선행되어야 한다.

첫째, 고령친화산업에 대한 정의다. 고령친화산업의 범위를 명확하게 정의하기 위해 고령친화산업의 특성을 고려하여 조작적으로 정의해야 한다.

둘째, 고령친화산업의 범위 설정이다. 고령친화산업의 정의에 따라 고령친화산업의 범위를 체계적으로 설정해야 한다.

고령친화산업의 시장규모추정을 위한 분류체계를 구축하는 경우, 다음과 같은 기준과 원칙을 고려할 수 있다.

- 산업의 특성은 고령친화산업은 고령자의 신체적 · 정신적 특성을 고려하여 개발되고 제공되는 산업이다. 따라서 고령친화산업 분류체계는 이러한 특성을 반영하여야 한다.
- 산업의 연관성은 고령친화산업은 다양한 산업과 연관되어 있다. 따라서 고령친화산업 분류체계는 이러한 연관성을 고려하여야 한다.
- 산업의 유사성은 고령친화산업은 다양한 분야에 걸쳐 있다. 따라서 고령친화산업 분류체계는 이러한 유사성을 고려하여야 한다.

이러한 기준과 원칙을 고려하여 설계된 고령친화산업 분류체계는 고령친화산업의 시장규모추정뿐만 아니라 정책 수립 및 지원, 연구개발 지원 등 다양한 목적에 활용될 수 있다.

고령친화산업이란 고령자를 수요자로 하는 고령친화 제품 및 서비스와 관련된 산업으로, 고령친화 제조업의 경우 의약품, 의료기기, 식품, 화장품, 용구용품 등 분야를 관련업으로 고령친화 서비스업의 경우 요양, 금융 · 자산관리, 주거, 여가 · 관광 · 문화, 급식, 건강지원 등 분야를 관련업으로 포함하고 있다. 즉, 고령자가 일상생활을 영위하면서 발생하는 수요 및 노화에 따른 수요를 충족시키기 위한 모든 산업이 고령친화산업 범주에 속한다고 할 수 있다. 특히, 고령자라 함은 현재의 고령자는 물론 노루를 대비하는 미래의 고령자도 포함되기 때문에 이들이 고령층으로 편입되었을 때를 대비하여 소비 · 투자하는 제품과 서비스 모두 고령친화산업 범주에 속한다.

4) 고령친화산업 세부 산업별 정의

고령친화산업 범위는 「고령친화산업 진흥법」에서 명시한 정의와 2021년 수행되었던 「고령친화산업 품목분류 정비」를 근간으로 10개 부문 산업을 기본 적용하였다.

① 고령친화 용품 제조업은 노인 또는 노인성 질병을 가진 자를 대상으로 건강관리, 돌봄, 일상생활의 편의를 도모하기 위하여 노인의 신체적·정신적 거주 환경적 특성을 배려한 제품을 생산하는 산업이다.

② 고령친화 의약품 제조업은 질병을 진단, 치료, 처치 및 경감, 예방을 목적으로 신체구조와 기능에 약리학적 영향을 주는 지춤 중 노인이 주로 사용하는 것을 생산하는 산업(기구·기계 또는 장치는 용품이나 의료기기로 분류)이다.

③ 고령친화 의료기기 제조업은 질병을 진단, 치료, 예방하거나 저하된 신체구조와 기능을 진단, 경감, 보정하는 목적으로 단독 또는 조합하여 사용되는 기구, 기계, 장치, 재료 중 노인이 주로 사용하는 것을 생산하는 산업이다.

④ 고령친화 식품 제조업은 식품, 식품첨가물 및 건강기능식품에 해당하는 제품 중 노인이 주로 사용하는 것을 생산하는 산업이다.

⑤ 고령친화 화장품 제조업은 신체 전반의 청결을 유지하고 피부와 모발을 미화하며 건강을 유지 또는 증진하기 위해 인체에 바르고 문지르거나 뿌리는 등의 방법으로 사용되는 제품 중 노인이 주로 사용하는 것을 생산하는 산업(화장품은 경미한 효과를 나타내는 것에 한정하며, 인체에 큰 영향을 줄 수 있는 제품은 의약품으로 분류)이다.

⑥ 고령친화 요양 서비스업은 노인 또는 노인성 질병을 가진 자를 대상으로 심신 기능 유지 및 향상을 위해 간호 및 치료와 그 밖의 일상생활

에 필요한 편의 서비스를 제공하는 산업이다.

⑦ 고령친화 여가 서비스업은 노인이 문화적 요소를 체험하거나 심신을 함양하는 등 삶의 질을 향상시키는 자유 시간 동한 행하는 강제되지 아니한 활동에 필요한 서비스를 생산하거나 제공하는 산업 중 노인이 주로 소비하는 것을 제공하는 산업이다.

⑧ 고령친화 주거 서비스업은 노인이 주거를 소유·임대하고 거주하는 전 과정에서 얻을 수 있는 물리적·심리적 만족감을 얻을 수 있도록 지원하는 서비스를 제공하는 산업이다.

⑨ 고령친화 급식 서비스업은 노인이 일상생활을 영위할 때 도움을 줄 수 있도록 노인 다수를 대상으로 식사 서비스를 제공하는 산업이다.

* 고령친화사업의 취지와 맞지 않는 치료·업무·학업을 위해 급식서비스를 제공하는 시설, 기관 및 사업체는 대상에서 제외한다.

⑩ 고령친화 금융 서비스업은 노인이 안정적 소득 기반을 확보하고 금전적 이익을 얻게 하는 금융상품과 이를 지원하는 서비스를 제공하는 산업이다.

고령친화 10개 부문 산업 중에는 고령자뿐만 아니라 전 연령층을 대상으로 제품이나 서비스를 제공하는 고령친화 의약품, 의료기기, 식품, 화장품, 여가서비스업 등이 있으며, 이는 전 연령층을 고려하여 노인이 주로 소비하는 제품 및 서비스에 초점을 맞춘 광범위한 산업 분야를 의미한다.

5) 고령친화산업의 특징

고령친화산업은 건강 기능이 감퇴하고 있는 고령층을 대상으로 하는 산업으로, 시장경쟁력과 수익성뿐만 아니라 노인의 안전과 삶의 질에 대한 고유한 제도(노인 요양보험 등)와의 상호작용이 중요하다. 또한, 베이비붐세대의 고령층 진입과 기대수명 증가에 따른 건강한 삶과 돌봄자 감소로 인한 고령자 자립의 중요성이 증대되면서 다양한 환경변화에 대한 수요와 공급의 관심이 증가하고 있다.

고령친화산업은 「고령친화산업 진흥법」에 따라 14개의 다양한 세부 산업 분야로 이루어져 있어, 제조업, 서비스업, 사회복지시설, 금융업 등을 포괄하고 있다. 이로 인해 산업 간의 특성이 상이하며, 통계 생산 시에는 업종별 특성을 고려하여 진행되어야 한다. 특히, 고령자의 소비량을 고려한 통계 생산이 필요하며, 정부의 적극적인 지원과 역할을 통해 민간의 기존 산업과 접목하여 기업의 성장산업으로 발전할 수 있는 가능성이 크다.

고령친화산업의 특징은 다음과 같다.

(1) 공공성과 수익성 측면 병존

고령친화산업은 노인에게 복지를 제공한다는 공공성 측면과 민간 사업자의 수익성 측면이 병존한다.

① 민간 사업자의 수익성 측면

첫째, 시장원리와 경제적 이익으로 고령친화산업은 노인인구의 증가에 따라 수요가 증가하는 시장에서 발전하고 있다. 민간 사업자들은 이러한 시장 기회에 대응하여 노인들을 대상으로 한 제품과 서비스를 개발하고 제공함으로써 경제적 이익을 창출할 수 있다.

둘째, 경쟁력 강화와 산업 성장으로 경쟁이 치열한 상황에서 민간 기업들은 노인들의 욕구에 맞는 차별화된 제품과 서비스를 개발함으로써 경쟁력을 향상시키고, 이를 통해 산업 성장을 이끌어낼 수 있다.

② 노인복지적 측면에서의 공공성

첫째, 사회적 가치와 사회적 책임으로 노인들에게 건강, 복지, 안전, 사회참여 등을 향상시키기 위한 제품과 서비스를 제공하는 것은 사회적 가치를 창출하는 일이다. 이는 민간 기업들이 사회적 책임을 수행하며 사회적 평가에서 긍정적인 평가를 받을 수 있도록 한다.

둘째, 정부의 지원 및 규제로 정부가 고령친화산업을 적극적으로 지원하고, 법적으로 이를 규제하며 공공성을 강조하고 있다. 세제 혜택, 연구 개발 지원, 표준 및 규제 제도 등을 통해 민간 기업들이 노인들에게 고품질의 서비스를 제공할 수 있도록 지원하고 있다.

③ 사회적 상호작용

첫째, 소비자와 기업 간의 상호작용으로 노인들은 고령친화산업의 제품과 서비스를 통해 자신의 욕구를 충족시키고, 민간 기업들은 노인들의 욕구를 고려하여 제품과 서비스를 제공함으로써 소비자와 기업 간의 상호작용이 일어난다.

둘째, 소비 패턴의 변화는 노인들의 소비 패턴이 변화하면서, 민간 기업들은 이를 파악하고 고령친화 제품과 서비스를 개발하여 수익을 창출할 수 있다.

(2) 중소기업에 적합

고령친화산업은 다품종소량생산이 주류이기 때문에 중소기업에 적합하다.

① 다품종소량생산과 중소기업의 유연성

첫째, 노인들의 다양한 욕구에 맞추어 다양한 제품과 서비스가 필요하다. 중소기업은 다품종소량생산을 통해 작은 규모에서도 다양한 제품을 유연하게 개발하고 제공할 수 있다.

둘째, 커스터마이징(Customizing) 가능성이다. 중소기업은 대량생산보다는 소량생산에 더 적합하며, 이는 노인들의 다양한 욕구에 맞게 제품을 커스터마이징하여 생산할 수 있는 유연성을 제공한다.

② 시장규모의 확대와 중소기업의 참여

첫째, 고령 인구의 증가로 인해 고령친화산업의 시장규모가 크게 확대되고 있다. 이는 중소기업들에게 새로운 사업 기회를 제공하고 성장을 이끌어 낼 수 있는 기반이 된다.

둘째, 고령친화산업은 건강, 의료, 복지, 건축, ICT 등 다양한 산업 분야에 걸쳐 있어, 중소기업들은 자신들의 전문 분야에서 참여하면서 특화된 제품과 서비스를 개발할 수 있다.

③ 노인 시장의 특성에 따른 중소기업의 유리한 위치

첫째, 노인들은 상품과 서비스에 대한 구입력이 한정적이고, 세분화된 욕구를 가지고 있다. 중소기업은 더욱 민첩하게 이러한 특성에 대응하고, 세심한 서비스를 제공할 수 있는 유리한 위치에 있다.

둘째, 중소기업들은 기존의 대기업보다 창의성과 혁신에 민감하게 대응할 수 있다. 이는 다양한 욕구를 반영한 새로운 제품과 서비스를 개발하고 시장에 선보일 수 있는 장점으로 이어진다.

④ 정부의 지원과 정책적 활성화

많은 국가에서는 중소기업의 역할을 강조하며, 고령친화산업 분야에서의 중소기업 육성을 위한 다양한 지원책을 제공하고 있다. 세제 혜택, 자금 지원, 기술 개발 지원 등이 여기에 해당한다.

(3) 원스톱 융합서비스

이동성이 적고 지속적 서비스를 필요로 하는 경우가 많은 점을 감안할 때 원스톱 융합서비스가 이루어지는 경향이 있다.

① 실버타운

첫째, 다양한 서비스의 통합은 고령 인구가 많이 거주하는 지역에서는 보건, 의료, 여가, 복지 등의 다양한 서비스가 통합된 실버타운이 형성되고 있다. 이는 노인들이 편리하게 다양한 서비스를 이용하고 욕구에 맞게 조화롭게 생활할 수 있도록 한다.

둘째, 지속적인 관리와 지원은 이러한 지역에서는 건강, 의료, 문화, 교육 등 다양한 욕구를 고려한 서비스를 원스톱으로 제공함으로써 노인들의 지속적인 관리와 지원을 실현하고 있다.

② 고령친화복지시설

첫째, 종합적인 복지서비스 제공은 고령인구가 많은 지역에서는 종합적인 복지 서비스를 제공하는 시설들이 등장하고 있다. 이는 건강 체크, 식사 제공, 교육 프로그램, 문화 활동 등을 한 곳에서 제공하여 노인들이 이동성이 적은 상태에서도 편리하게 이용할 수 있도록 한다.

둘째, 다양한 연령층 고려로 복지시설들은 노인들의 연령층에 맞게 다양한 서비스를 제공하고, 필요에 따라 상호 연계된 서비스를 제공하여 종합적으로 부응할 수 있도록 구성되어 있다.

③ 디지털 헬스케어 플랫폼

건강 관리 및 의료 서비스 통합은 디지털 헬스케어 플랫폼은 건강 관리, 의료서비스, 건강 모니터링 등을 하나의 플랫폼에서 통합하여 제공한다. 노인들은 스마트폰이나 태블릿을 통해 필요한 서비스를 이용하고, 자신의 건강 상태를 실시간으로 모니터링할 수 있다.

④ 노동집약적 산업

노동집약적 산업은 인력이 많이 필요한 산업을 의미한다. 고령친화산업은 많은 부분에서 인적 중심 서비스를 제공하고 있다. 노동력이 크게 요구되는 특성을 가지고 있다.

첫째, 인간중심 서비스는 고령인구에 대한 서비스는 종종 의료, 간병, 사회복지, 문화 활동, 교육 등과 같이 인간 간의 상호 작용이 중요한 서비스를 포함한다. 이러한 서비스는 기계나 자동화로 대체하기 어려운 특성을 가지고 있어 인력이 필요하다.

둘째, 간병서비스와 의료서비스는 노인들의 건강 및 복지를 위한 서비스 중 많은 부분이 간병 서비스와 의료 서비스를 포함한다. 이러한 서비스는 전문적인 의료 및 간병 인력이 필요하며, 노동력 투입이 높다.

셋째, 고령친화산업에서는 노인들과의 사회적 상호 작용이 중요하다고 간주되어, 이를 위한 다양한 프로그램 및 서비스가 제공된다. 이는 인간 간의 관계와 소통이 중요한 역할을 하며, 이를 위해서는 인력이 필수적이다.

넷째, 문화 및 여가 활동은 노인들을 위한 문화 및 여가 활동도 고령친화산업의 일환이며, 이는 종종 인간 중심의 서비스를 필요로 한다. 노인들과의 상호작용, 지원, 활동 주도 등은 노동력이 수반된다.

노동집약적 산업의 특성 때문에, 고령친화산업에서는 적절한 교육과 훈련을 받은 노동력의 중요성이 부각되어 있다. 또한, 기술과 자동화를 통해 일부 업무를 효율적으로 처리하고 노동력을 지원하는 방안도 연구되고 있다.

2. 고령친화산업의 新산업화

한국의 고령화 속도가 가장 빠른 국가로서 2017년에 고령사회에 진입했고, 2025년에는 고령인구 비율이 20.6%로 높아질 것으로 예측된다. 2022년 기준으로 한국의 65세 이상 고령인구는 전체 인구의 17.5%를 차지하며, 2025년에는 20.6%로 예상되어 초고령사회로 진입할 것으로 예측되고 있다(통계청, 2022). 특히, 높은 경제력을 가진 베이비붐세대(1955~1963년)가 고령층에 본격적으로 진입하면서 고령친화산업의 수요가 더욱 확대될 것으로 예상된다. 국내 고령친화산업의 규모는 2020년에 총 67.4조 원으로 추산되며, 제조업은 19.9조 원, 서비스업은 47.5조 원을 차지했다(KHIDI, 2021). 해외 고령자 케어 산업도 2019년의 3,224억 불에서 2025년에는 3,845억 불로 예상되어 있으며, 연평균 약 3.2% 성장할 것으로 전망되고 있다(ARC Inc, 2020).

1) 고령친화산업 소비자(고령자) 특성 변화

(1) 가구 특성

첫째, 고령자 1인 가구 비율은 2022년 기준으로 고령자 가구 중 1인 가구가 약 36.1%로 나타났다. 이는 혼자 사는 고령자들의 비율이 상당히 높다는 것을 의미한다.

둘째, 고령자 1인 가구의 특성은 1인 가구로 살고 있는 고령자들은 자신만을 위한 건강관리와 스트레스 관리에 더욱 민감할 수 있다. 혼자사는 경우에는 응급 상황에 대한 대비나 정기적인 건강관리에 대한 도움이 필요할 수 있다.

셋째, 건강관리와 돌봄 수요 증대는 이러한 상황에서 고령자 1인 가구들을 위한 건강관리 서비스 및 돌봄 서비스에 대한 수요가 증가할 것으로 예상된다. 가정에서의 의료 서비스, 일상적인 돌봄 서비스, 건강 감시 등에 대한 요구가 늘어날 것이다.

넷째, 사회적 돌봄의 중요성은 혼자 사는 고령자들을 위한 사회적 돌봄 시스템이 강화되어야 한다. 지역사회, 정부, 비영리 단체 등이 협력하여 혼자 사는 고령자들이 안전하고 건강하게 생활할 수 있도록 지원하는 시스템이 필요하다.

(2) 소비 성향

첫째, 베이비붐세대의 필수재 중심 소비는 베이비붐세대는 주로 식료품, 주거, 보건 등의 필수 재화와 서비스에 높은 소비를 집중하고 있는 것으로 나타난다. 이는 기본적인 생활 필수품에 대한 수요가 높은 특성을 반영한다.

둘째, 여가소비 증가와 고령층의 특성은 세대별로 여가와 취미에 대한 소득탄력성이 낮아지고 있다고 언급되어 있다. 이는 현재 세대들이 고정된 소득 범위에서 여가 소비를 늘리기 어려워지고 있다는 의미일 수 있다.

셋째, 고령층의 소득과 자산 증가로 인한 여가소비 증대 전망은 향후 고령층의 소득과 자산이 늘어날 경우, 여가와 취미에 대한 소비가 더욱 확대될 것으로 예상된다. 이는 고령층이 노후에 여가 생활을 더욱 풍요롭게 즐길 수 있을 것을 시사한다.

(3) 자산 · 소득

첫째, 자산 및 소득 수준이 높다. 베이비붐세대는 현재까지의 경제적 성공으로 높은 자산과 소득을 보유하고 있는 것으로 나타난다. 그러나 은퇴 후에도 소득에 공백이 존재한다는 문제가 있다.

둘째, 자산 집중과 부동산으로 베이비붐세대의 경우, 자산이 부동산에 주로 집중되어 있다고 언급되고 있다. 이로 인해 부동산 시장의 변동성에 노

Part 01 고령사회와 노인의 이해
Part 02 노인복지정책과 실천
Part 03 노인복지 관련 주요 이슈

출되어 은퇴 후 소득의 불안정성이 증가할 수 있다.

셋째, 연령별 실물자산 보유율은 60세 이상 연령대에서 실물자산 보유율이 높게 나타나며, 연령이 낮아짐에 따라 감소하는 경향을 보인다. 이는 고령층에서는 주로 부동산 등의 실물자산을 보유하고 있다는 것을 시사한다.

넷째, 은퇴 후 공백기는 장년층 임금근로자의 권고퇴직연령이 51.8세이지만, 국민연금 지급 연령은 65세로 약 13년의 공백기가 발생한다는 정보가 제공되었다. 이는 은퇴 후에도 일정 기간 동안 추가 소득이 제한될 수 있음을 나타낸다.

다섯째, 자산 유동화의 필요성은 부동산 집중으로 인한 소득의 불안정성과 은퇴 후 소득 공백을 해소하기 위해서는 자산을 유동화하는 것이 필요하다. 자산을 효과적으로 운용하여 은퇴 후의 생활을 안정화시키는 것이 중요하다.

2) 고령친화산업 트렌드 변화(고품질화)

(1) 베이비붐세대 은퇴 본격화

첫째, 고령자의 재산, 소득, 소비성향 변화는 베이비붐세대의 은퇴로 인해 고령자들의 재산과 소득 수준이 증대될 것으로 예상되며, 이에 따라 소비성향도 변화할 것으로 전망된다.

둘째, 다변화된 시장 구조는 고령자의 소비성향 변화에 따라 시장 구조가 다양화되고, low-tech 제품에서부터 맞춤형 및 기술 접목 high-tech 제품까지 다양한 제품들이 수요될 것으로 예상된다.

셋째, 고품질 서비스 수요의 확대는 고령자들의 증가된 소비성향에 따라 요양서비스도 고품질 서비스가 요구될 것으로 예상된다. 특히, 노인복지시설 및 요양시설 이상의 서비스에 대한 수요가 늘어날 것으로 보인다.

넷째, 대기업의 실버타운 진출 확대는 대기업들은 고령자 시장에서의 비즈니스 기회를 확보하기 위해 실버타운(고령자들을 위한 도시)에서의 진출을 더욱 확대할 것으로 전망된다. 이는 다양한 산업 분야에서의 실버 마케팅과 제품 개발을 의미할 수 있다.

(2) 디지털 전환

첫째, ICT를 통한 노인 돌봄 강화는 정보통신기술을 도입하여 고령자의 건강 상태를 실시간으로 모니터링하고, 의료 서비스에 빠르게 접근할 수 있도록 지원한다. 스마트 기기나 센서를 활용하여 홈 케어, 원격 의료 등을 통해 노인 돌봄의 효율성을 향상시킨다.

둘째, AgeTech의 다양한 응용은 AgeTech는 돌봄 기술뿐만 아니라, 고령자의 일상 생활을 개선하기 위한 다양한 기술과 서비스를 개발하고 있다. 이는 스마트 홈 기술, 소셜 커머스, 레크리에이션, 교육 등의 분야에 적용되어 노인들의 삶의 질을 높이는 데 기여한다.

셋째, 고령자의 독립과 사회 참여 촉진은 ICT를 활용한 서비스와 기술은 고령자들이 더 오랜 기간 동안 독립적으로 생활하며 사회에 참여할 수 있도록 지원한다. 스마트 기기를 통한 소통, 온라인 활동, 교육 등이 이에 해당한다.

넷째, 스마트 시설 및 스마트 돌봄환경은 고령자를 위한 스마트 시설과 환경이 개발되고 있다. 스마트 환경은 안전하고 편리한 고령자 돌봄 서비스를 제공하며, 스마트 거주 시설에서는 자동화 기술과 편의 시설이 통합되어 있다.

다섯째, 고령자 친화적 기술의 보급은 AgeTech는 고령자들이 쉽게 사용할 수 있는 기술을 개발하는 것에 중점을 두고 있다. 사용자 친화적이며 직관적인 인터페이스를 통해 높은 접근성을 제공하여 고령자들이 기술을 보다 편리하게 활용할 수 있도록 돕고 있다.

3) 국내 고령친화산업과 고령친화 경제(Silver Economy)는 초기 단계

① 고령친화산업의 특징은 고령친화산업의 성장 잠재성은 높지만, 현재는 대부분 영세기업이 주도하고 있으며 자본금, 매출액, 종사자수 등에서 영세기업이 대다수를 차지하고 있어 성장에 제한이 있다.

② 산업육성의 한계는 고령친화제조업에서는 대기업의 투자가 저조하고, 장기요양보험과 연계된 용품 위주의 제품이 주를 이루고 있다. 혁신 제품들이 더 큰 시장으로 확대되지 못하고 있다.

③ 연령별, 건강상태별 소비행태가 부족하다. 연령, 건강상태, 가구형태 등에 따른 고령자 집단의 소비행태에 대한 연구와 분석이 부족하며. 다양한 고령자 요구에 맞춰진 맞춤형 제품과 서비스의 부재등이 있다.

④ 시장 불확실성과 비즈니스 모델의 경직성으로 시장 불확실성 및 가격 구조, 경직된 비즈니스 모델로 혁신 제품이 큰 시장으로 확장되지 못하고 있다.

⑤ 새로운 시장 형성의 필요성으로 변화하는 트렌드와 새로운 소비 계층(新고령층, 베이비붐세대)의 출현으로 인해 고품질화, 디지털전환, 자립지원에 대한 수요가 높아지며 개인 맞춤형 수요를 충족할 수 있는 시장 형성이 필요하다.

고령친화산업의 도전과제를 극복하고 발전시키기 위해서는 정책적 지원, 기술 혁신, 다양한 시장 조사 및 연구 등이 필요하다. 특히, 신고령층의 다양한 요구에 부응할 수 있는 창의적이고 혁신적인 솔루션과 비즈니스 모델의 개발이 중요하다.

3. 고령친화산업 발전 정책방향 및 전략

고령친화산업 발전 정책방향 및 전략은 노인인구의 증가에 대응하여 고령사회에 대비하고 경제적 기회를 창출하기 위해 필요한 계획과 방안을 제시하는 것이다. 이를 위해 관계부처가 합동으로 협력하여 고령친화산업을 육성하고 발전시키는 데 중점을 두고 있다.

1) 다변화된 수요 대응을 위한 기술 개발 및 서비스 역량 강화

공급자 육성 및 지원 등 산업정책 측면에 중점을 두고, 다변화된 수용에 대응하기 위한 기술 개발 및 서비스 역량을 강화하여야 한다.

표 13-1 고령친화산업 정책 추진 전략

(전략 1) 고령친화산업 고도화 기반 마련
• 디지털 신기술은 신체적 · 정신적 노쇠를 보조해 주는 솔루션 • 생소한 고부가 고령친화 제품의 확산을 위한 재정적 · 제도적 지원 [1] 기술을 통한 생활지원: Age Tech 개발 + 기술 수용성 확대 ① 고령자 생활지원을 위한 연구개발 지원 확대 ② 디지털 격차 해소를 통한 고령층의 기술 수용성 확대 [2] 고령친화산업 확산: 수요기반 확충, 인식개선, 실증 확대 ① 고령친화제품 및 서비스의 수요확대 지원 ② 고령친화우수 제품 및 서비스 지정제도 확대 및 활성화
(전략 2-1) 편안하고 안전한 일상생활
• AIP(Aging in Place)를 위해 주거 · 여가 등으로 서비스 확대 • 고령층의 풍요로운 생활 지속을 위한 재정적 뒷받침 방안 마련 [1] 노후의 편안한 보금자리 마련: 고령친화 주택 및 도시 확산 ① 고령친화적 주택공급 유도 ② 고령친화도시 조성 촉진 ③ 고령자를 위한 서비스 확산 지원 [2] 활기찬 일상 지원: 다양한 여가활동과 사회참여 방안 마련 ① (사회생활) 평생교육, 전문성 활용 등 사회생활 참여기회 확대 ② (문화생활) 고령자를 위한 다양 · 고령친화적 문화시설 확대 ③ (체육활동) 건강을 위한 자발적 참여와 생활체육 활성화

[3] 노후대비, 자산관리 등 고령자 니즈를 충족하는 금융상품 개발
① 공적연금 · 보험 보완 ② 고령친화 금융상품 개발 · 확산 촉진
③ 고령자 금융역량 강화

(전략 2-2) 신체적 · 정신적 건강함이 유지되는 건강수명 연장

- 소득, 연령과 상관없이 모든 고령자의 가장 큰 욕구는 신체적 · 정신적 건강 유지 → 치료보다는 건강한 삶의 유지라는 '건강수요'가 핵심

[1] 디지털 헬스케어: 치료(Cure) → 관리(Care) 중심
① 건강생활 실천을 위한 건강관리서비스 지원
② 의료서비스 질 제고를 위한 혁신의료기술 활용
[2] 돌봄 로봇: 투자 · 지원 분야 확대 + 선제적 제도개선
① 돌봄로봇 기술 개발 및 보급 확대
② 돌봄로봇 기술가이드라인 개발 및 관리체계 방안 마련

(전략 3) 근거법령 및 추진체계 개편

- 법령 개정을 통해 정책지원 대상이 되는 산업 범위 명확화
- 정책 추진동력 확보를 위한 컨트롤타워 마련

[1] 고령친화산업 범위 명확화 - 고령친화산업 분류체계 개편
[2] 정책추진체계 개편 및 민 · 관 네트워크 강화
① 고령친화산업 육성 · 지원체계 확립
② 기업 · 대학 · 연구소 등 민간 중심 네트워크 · 클러스터 형성

2) 윤석열정부의 관련 국정과제(120대 국정과제, 2022. 7)

윤석열정부의 3대 국정목표는 "따뜻한 동행, 모두가 행복한 사회"이다. 이 목표는 어려운 이웃과 사회적 약자를 따뜻하게 보살펴 한 사람도 소외되지 않는 사회를 만들고자 한다.

첫째, 맞춤형 복지 및 지원 강화다. 어려운 이웃과 사회적 약자를 위해 맞춤형 복지 서비스 및 지원체계를 더욱 강화한다. 도움이 필요한 곳을 더 효과적으로 파악하고 지원하는 시스템을 구축하여 안전망을 더욱 확장한다.

둘째, 상생의 근로환경 조성이다. 노동의 가치를 존중하며, 상생의 근로환경을 조성하여 국민들이 행복하게 일할 수 있도록 노력한다. 공정하고 안정된 근로환경을 제공하고, 일자리 창출을 통해 사회적 약자들의 경제적 안정을 지원한다.

셋째, 즐거움과 문화의 증진이다. 국민들의 일상에 즐거움을 주는 문화 활동을 촉진하여 국내외에서 감동을 주는 글로벌 문화강국으로 나아가기 위해 노력한다. 예술과 문화를 통해 국민들에게 긍정적인 영향을 미치고, 문화 산업의 발전을 촉진한다.

넷째, 국민 안심사회 구현이다. 국민의 생명과 안전을 최우선으로 삼아, 안전사회를 구현하기 위한 다양한 정책과 시스템을 강화한다. 재난 대응체계의 강화, 안전한 환경 조성, 범죄 예방과 대응 등을 통해 국민들이 안심하고 살 수 있는 사회를 약속한다.

표 13-2 윤석열정부의 관련 국정과제

(과제 44) 사회서비스 혁신을 통한 복지 · 돌봄서비스 고도화(보건복지부)
• 다양한 공급주체가 질 높은 서비스를 제공하고, 누구나 서비스를 이용할 수 있는 보편적 복지 · 돌봄 체계로 사회서비스를 혁신
(과제 45) 100세 시대 일자리 · 건강 · 돌봄체계 강화(보건복지부)
• 어르신들이 건강하고 질 높은 노후를 보내실 수 있도록 일자리 · 건강 · 돌봄 지원 • (어르신 일자리) 능동적이고 활력 있는 노후를 위한 노인일자리 확대 및 내실화 - 다양한 수요에 대응할 수 있는 사회서비스형 일자리와 시장형 일자리를 확충하고, 기업사회공헌 등 외부자원을 활용한 선도모델 추진 • (지역사회 돌봄) 지역사회 계속 거주를 위한 예방적 · 통합적 돌봄 강화 - 노인맞춤돌봄서비스 종류와 제공시간을 확대하고, 노인돌봄 및 치매돌봄 체계에서 통합시스템 등을 통한 맞춤형 사례관리를 강화 - 시 · 군 · 구 중심 지역 내 다양한 의료 · 돌봄 기관을 연계하여 커뮤니티케어 실현 • (4차산업혁명 기반) 다양한 기술을 활용한 생활밀착형 돌봄 확산 기반 조성 - 활동 감지 센서 등을 활용한 응급안전안심서비스와 보건소 AI-IoT기반 건강관리사업 등을 확대하여 스마트 기술 활용 돌봄 확산 - 고령친화산업과 연계하여 돌봄로봇 등 복지 기술 R&D를 강화하고 복지관 · 요양시설 등을 리빙랩으로 지정 등 돌봄 기술개발 지원 • (장기요양) 지역사회 계속 거주 지원 방향으로 서비스 강화 및 질 제고 - 의료와 돌봄을 통합적으로 제공할 수 있는 재택의료센터 등 확대 추진 - 계약 의사제 내실화 등을 통해 의료 · 요양 복합 제공 지원 및 가정에서도 충분한 서비스를 받도록 통합재가 등 재가서비스 강화 - 장기요양서비스 질 향상을 위한 공립요양시설 확충, 시설 환경개선 병행 • (요양-간병지원 내실화) 환자 특성을 고려한 지원 체계 마련 및 부담 완화 - 급성기병원 중심 간호간병통합서비스 확대와 함께 요양병원 특성에 맞는 간병서비스 모델 마련 및 모니터링 · 평가 등을 통한 쏠림 방지

3) 고령층 케어 서비스의 디지털 혁신

국내 이동통신 사업자들은 AI 기반의 디지털 기술을 활용하여 고령층 케어 서비스에 적용한 다양한 서비스를 출시하고 있다. 이러한 서비스들은 고령자의 건강 모니터링, 의료 서비스, 스마트홈 솔루션, 실버존 등 다양한 영역에 걸쳐 있다.

(1) SK텔레콤

① 지자체 및 사회적 기업과의 협력은 지자체와 사회적 기업 "행복한 에코폰"과 협력하여 서비스를 제공하고 지속적인 업데이트 및 발전을 목표로 한다.

② 기술 지원은 SK텔레콤은 자사의 인공지능(AI) 및 사물인터넷(IoT) 기술을 활용하여 노인 돌봄 서비스를 제공한다. 음성인식 AI 스피커 '누구' 외에도 스위치, 문열림 감지센서 등의 추가적인 기기를 제공한다.

③ 다양한 서비스 제공은 서비스는 음성인식 AI 스피커를 통해 감성 대화, 뉴스, 날씨, 운세 등의 부가 콘텐츠를 제공하여 독거 어르신의 외로움을 달래는 서비스를 시행한다. 향후에는 복약 지도, 일정 알림, 치매 사전 예방 진단이 가능한 게임, 건강 관련 콘텐츠 구독 서비스 등의 특화 서비스를 지속적으로 확대할 계획이다.

(2) KT

① AI 로봇 다솜이와 돌봄 서비스는 KT는 AI 로봇 다솜이를 중심으로 노인 및 어린이 돌봄 서비스를 확장하고 있다. 다솜이는 지속적인 업그레이드를 통해 높은 수준의 음성인식, 감정인식, 학습 능력을 갖추어 현재는 더욱 정교한 돌봄 서비스를 제공하고 있다.

② 협력 기업과의 파트너십 강화는 KT는 스테이지 파이브, 누와 로보틱스, 아쇼카 한국과의 협력을 강화하였다. 이들 기업과의 협력을 통해 새로운 AI 반려로봇 및 로봇 서비스를 개발하여 출시하였다. 이로써 더 다양한 돌봄 옵션을 제공하고 있다.

③ 다양한 돌봄 서비스 확대는 2022년에 계획된 로봇 출시 이후, KT는 더욱 다양한 돌봄 서비스를 제공하고 있다. 이에는 치매케어, 말벗 서비스, 복약 지도뿐만 아니라, 현재에 맞춘 새로운 맞춤형 활동 콘텐츠를 지속적으로 제공하고 있다.

④ 사회적 기관 및 지자체와의 협력 강화는 KT는 사회적 기관 및 지자체와의 협력을 더욱 강화하여 지역사회에서의 돌봄 서비스를 효과적으로 제공하고 있다. 이는 현재의 돌봄 프로그램이 지역사회의 다양한 요구와 상황에 적응할 수 있도록 지속적인 협력을 의미한다.

⑤ 고급화된 기술 적용은 KT는 최신 기술 동향을 반영하여 AI, 사물인터넷(IoT), 음성인식 등의 기술을 더욱 고도화하고 적용하고 있다. 이를 통해 로봇 서비스의 정확성과 효율성을 향상시키고 있다.

(3) LG유플러스

① 한컴 말랑말랑 행복케어로 LG유플러스는 한컴위드와 협약을 통해 "한컴 말랑말랑 행복케어"를 운영하고 있다. 이 프로그램은 인지훈련 치매예방 가상현실(VR) 및 상호교감 가능한 인공지능 로봇활용 프로그램, 웨어러블 기반 바이탈 체크, 위치 확인 기능 등을 제공하고 있다. 또한, 통신 인프라 및 IoT 디바이스, AR/VR 기반 시니어 전용 콘텐츠 공동개발 등을 통해 건강관리 서비스를 제공하고 있다.

② 디지털 경로당 구축 및 협약은 대한노인중앙회와 디지털 경로당 구축 업무 협약을 통해 전국 6만여 개 경로당에 유무선 통신 인프라를 설치

하고 있다. ICT 기술을 활용하여 고령자의 사회적 활동 역량과 돌봄 시스템을 강화하고, 향후에는 AI 로봇 도입도 검토하고 있다.

③ 국내 스타트업 및 서비스 플랫폼 협업은 LG유플러스는 국내 스타트업들과 협력하여 다양한 서비스를 제공하고 있다.

- 케어닷은 전국 요양시설 정보 및 간병인 매칭 플랫폼을 개발하고 있다.
- 메이븐플로스는 고령층 대상 병원 진료 관련 서비스를 제공하는 앱 '고위드유'를 개발하고 있다.
- 효돌 및 마인즈랩은 AI 시니어 돌봄 로봇을 개발하며 터치 인터랙션, 일상 과업 알람, 단체 메시지 송수신 등의 기능을 제공한다.
- 와이닷츠은 노인 인지 향상 능력 개선 지원 치매예방을 위한 AI로봇 '피오'를 개발하고 있다.
- 아리아케어 코리아는 치매 사전진단 및 예방 솔루션 '스마케어'를 출시하고 있다.

4) 親고령사회 전망

親고령사회 시장은 고령화사회의 진전에 따라 지속적으로 성장할 것으로 전망된다.

첫째, 기존 고령층과는 전혀 다른 親고령층인 '베이비붐세대(1955~1963년생)'가 주 소비층으로 본격적으로 등장하면서 고령친화산업과 시장의 변화가 가속화될 것으로 예상된다. 2021년 기준으로 베이비붐세대가 차지하는 인구구성비는 약 25%로, 경제활동인구 기준으로는 30%를 넘는 영향력을 가진 세대이다. 이들 세대는 급격한 경제, 사회, 문화적 성장과 진화를 경험하면서 이전 세대(1945~1954년생, 2022년 기준 70대)와는 완전히 다른 라이프스타일과 소비 특성을 보인다. 풍부한 사회경력 경제력을 갖추고 있어 이전 고령층과는 차별화된 라이프스타일로 오팔(OPAL)세대, 액티브 시니어, 욜드 등으로 불린다.

시장에서는 대기업을 중심으로 MZ세대를 대체할 정도로 베이비붐세재 중심의 액티브 시니어 시장으로의 전환을 시도하는 '시니어 시프트(Senior Shift)'가 이미 오랜 기간 동안 본격화되어 왔다. 이러한 시니어 시프트는 다양한 비즈니스 기회를 창출하고, 시니어 시장에 대한 새로운 관심을 불러일으키고 있다.

표 13-3 기존 시니어 vs 액티브 시니어 라이프스타일 비교

구분	기분 시니어	액티브 시니어
세대 특성	수동적, 보수적, 동질적	적극적, 다양성, 미래지향적
경제력	의존적, 경제력 보유층 적음	독립적, 경제력 보유층 두터움
노년의식	인생의 황혼기	새로운 인생의 시작
가치관	본인을 노년층으로 인식	실제보다 5~10년은 더 젊다고 생각
소비관	검소함	합리적인 소비 생활
취미활동	취미 없음, 동일 세대 간 교류	다양한 취미, 다른 세대 간 교류
레저관	일 중시, 여가 활용 미숙	여유에 가치를 두면 생활
여행	단체여행 선호	여유 있는 부부 여행, 자유 여행
노후 준비	자녀세대에 의존	스스로 노후 준비
보유 재산	자녀에게 상속	자신의 노후 준비를 위해 사용

출처: 삼정KPGM 경제연구원, 고령사회 진입과 시니어 비즈니스의 기회(2017)

둘째, 액티브 시니어의 디지털 리터러시 능력은 고령친화산업과 시장의 핵심 동인 중 하나로 작용하고 있다. 이들은 디지털 네이티브인 2030대에 필적할 만한 디지털 이용 행태를 보여주고 있다. 특히 50대와 60대 이상 세대는 코로나19 팬데믹으로 인해 비대면 활동이 증가함에 따라 온라인 및 앱 결제액 규모와 건수가 젊은 세대보다 큰 폭으로 증가하고 있다. 이러한 현상은 고령층이 가진 뛰어난 디지털 리터러시 능력과 젊은 세대에 비해

여유 있는 경제력을 기반으로, 본인이 추구하는 가치를 위해 적극적인 정보 탐색과 선택적 소비행태를 보여주고 있다.

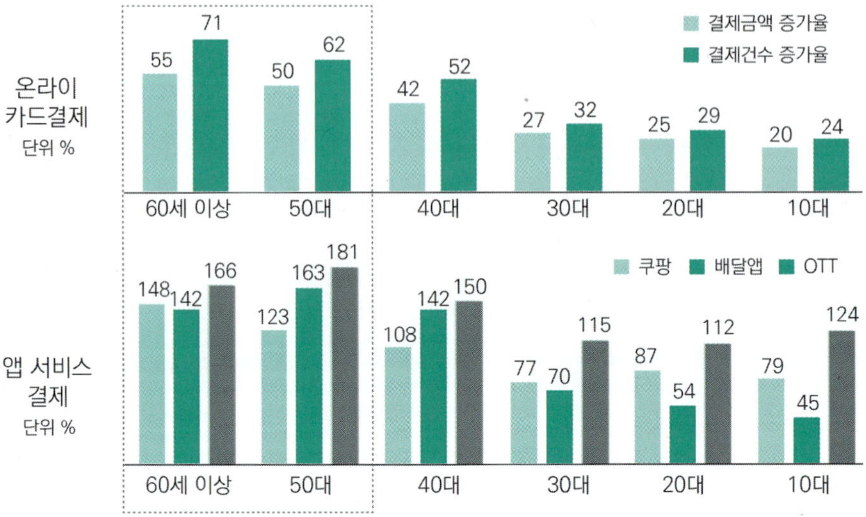

그림 13-1 2019년 대비 2020년 온라인/앱 결제 증가율

고령친화산업과 시장의 변화를 이끌어내는 新고령층, 액티브 시니어를 이해하는 핵심키워드로 롯데그룹 대홍기획에서는 다음과 같이 5가지를 제안하고 있다.

표 13-4 新고령층을 이해하는 핵심 키워드

쓸모 있는 프리미엄	삶의 가치로 실속과 합리 선호 타인의 시선이나 잣대보다는 본인이 살아온 경험을 토대로 소신껏 프리미엄 라이프를 향유
큐어보다는 케어	관리 목적 고가 시술/케어 경험 동산 등 일상적 건강관리 체력과 마인드 여유 도움 주는 헬스트로닉 제품 선호
디지털 프론티어	온라인 쇼핑, OTT, 배송 등 앱 이용/결제금액 전년 대비 폭증 인스타, 페북 등 SNS 이용 활발 웹에서 맵으로 이동 중
믿음의 벨트라는 놀이터	지인 모임을 취미처럼 즐기며 얻고 싶은 정보는 주로 지인 모임을 통해 적극적으로 수집, 경험, 전파
감성적 연결고리	자주 사용하는 브랜드가 꼭 좋아하는 브랜드는 아님 감성적 연결고리 강화브랜드에게 기회가 올 것 전망

셋째, 장기화된 팬데믹의 영향으로 디지털 리터러시가 뛰어난 액티브시니어뿐만 아니라 기존 고령층까지 디지털 기반 비대면 서비스의 이용이 확산되고 있다. 팬데믹 이전에는 많은 고령층이 디지털 기기 사용에 어려움을 겪어 온전히 디지털 서비스를 이용하지 못하고 소외되었다. 그러나 팬데믹으로 인해 디지털 비대면 서비스를 피할 수 없는 상황이 반복되면서 고령층의 디지털 사용 능력이 향상되고, 코로나19 팬데믹 이후 고령친화시장의 디지털 전환 기반이 형성되고 있다.

한국보건사회연구원의 '코로나19가 노인 생활에 미친 영향 전화조사' 결과에 따르면, 팬데믹 이전에 비해 고령층의 PC/태블릭/스마트폰 등의 디지털 기기 사용량이 44.5% 증가한 것으로 나타났다. 한국지능정보사회진흥원의 '2021 디지털 정보격차 실태조사'에 따르면, 2021년 고령층의 디지털 정보화 수준은 2019년 대비 2020년과 2021년에 계속해서 높아지고 있으며, 이는 고령층의 디지털 정보화 수준이 향상되고 있는 추세를 보여준다. 이러한 변화는 고령층이 디지털 기술을 적극적으로 활용하는 흐름을 나타내며, 고령친화산업에서 디지털 서비스의 중요성이 더욱 부각되고 있음을 시사한다.

경제력과 디지털 리터러시를 갖춘 액티브 시니어가 고령친화산업 시장의 주 소비층으로 본격 진입하면서, 기존 고령친화산업도 새로운 변화를 겪을 것으로 예상된다. 액티브 시니어는 디지털 네이티브인 2030대에 필적할 만한 디지털 이용행태를 보이고 있으며, 고령친화산업은 이러한 소비층의 특성을 고려하여 새로운 전략을 도입할 필요가 있다. 액티브 시니어의 디지털 리터러시와 경제력은 기존 고령층과는 차별화된 특성을 가지고 있다. 이러한 특성을 고려하여 기존 고령친화산업은 다양한 디지털 기술을 융합한 새로운 형태로 전환할 것으로 예상된다. 이는 디지털 기술의 도입과 활용을 통해 고령친화 산업이 더욱 혁신적이고 효율적인 서비스를 제공할 수 있게 될 것을 의미한다. 또한, 액티브 시니어와 기존 고령층의 디지털 서비스 경험이 누적되면서, 두 그룹 간의 상호작용과 공존이 더욱 강화될 것으로 기대된다. 새로운 고령친화산업은 이러한 다양한 요인들을 고려하여 더 나은 서비스 및 제품을 개발하고, 시장의 선두 주자로서의 역할을 수행할 것으로 전망된다.

- **오팔(OPAL)세대:** 일본에서 만들어진 개념으로 'Old People with Active Lives'의 약어로 우리나라 베이비부머 중 출산율이 가장 높았던 1958년생과 동일한 발음으로 상징성을 보여 가장 많이 사용
- **액티브 시니어:** 미국 시카고대학의 심리학 교수였던 뉴가튼은 75세 이후를 노인, 50~75세까지는 액티브 시니어로 구분
- **욜드:** 일본에서 처음 만들어진 신조어로 1946~1964년 태어난 베이비붐 세대가 주도하는 '젊은 노인층'을 의미

5) 친고령산업의 기술

코로나19 팬데믹으로 인해 디지털 기반의 비대면 서비스의 확대가 일어나면서 다양한 산업 분야에서 디지털 전환이 가속화되었다. 특히, 고령친화(시니어 케어) 시장에서도 이러한 디지털 전환은 중요한 아젠다로 부상하고 있다. 고령자의 심리적·신체적 변화에 중점을 둔 디지털 기술의 발전은 노인들에게 높은 수준의 케어를 제공할 수 있는 새로운 기회를 제공하고 있다. 빅데이터, 인공지능(AI), 사물인터넷(IoT), 클라우드, 로봇 기술 등이 시니어 케어 분야에서 주목받고 있다.

- 빅데이터와 AI 기술은 건강 데이터를 분석하여 노인들의 건강 상태를

예측하고 진단하는 데 사용될 수 있다. 예를 들어, 건강 지표를 실시간으로 모니터링하고 이를 분석하여 의료 전문가에게 즉각적인 정보를 제공함으로써 조기 진단 및 예방에 도움을 줄 수 있다.

- IoT는 각종 센서를 통해 환경 데이터를 수집하고 이를 활용하여 거주 환경을 더 안전하고 편리하게 만들 수 있다. 스마트 홈 기술을 활용하여 고령자의 일상생활을 모니터링하고 필요한 지원을 제공할 수 있다.
- 클라우드 서비스는 건강 기록 및 의료 데이터를 안전하게 저장하고 필요한 곳에서 언제든지 접근할 수 있게 해 준다. 의료 전문가와의 원격 상담 및 의료 서비스의 효율적인 제공에 기여할 수 있다.
- 로봇 기술은 도움이 필요한 노인들에게 도움을 주는 데 활용된다. 의료 로봇이나 도우미 로봇은 신체적인 지원부터 정서적인 지원까지 다양한 역할을 수행할 수 있다.

또한, 최근에는 노인들의 삶의 질을 향상시키기 위해 최첨단 기술을 활용하는 분야가 주목받고 있다. 이러한 기술을 일컫는 다양한 용어들이 등장하고 있으며, 이를 통칭하여 '시니어테크(Age-Tech)'나 '에이지테크(Age-Tech)'라고 부르기도 한다. 여기에는 노인인구가 증가함에 따라 발생하는 사회적 문제를 해결하고 노인들이 더 편안하고 안전하게 생활할 수 있도록 돕는 기술들이 포함된다.

- 제론테크놀로지(Gerontechnology)는 노인들의 일상생활에서 발생하는 문제를 기술적으로 해결하기 위해 사용되는 기술을 의미한다. 이는 의료 기술뿐만 아니라, 일상생활에서의 활용을 중점으로 두고 있다.
- 복지기술(Welfare Technology)은 노르딕 국가들을 중심으로 사용되는 용어로, 노인들이 더 나은 삶의 질을 누릴 수 있도록 돕기 위한 기술을 포함한다. 건강 관리, 의료, 안전 등을 포함하는 종합적인 영역을 다룬다.

Part 01 고령사회와 노인의 이해
Part 02 노인복지정책과 실천
Part 03 노인복지 관련 주요 이슈

- AAL(Ambient/Active Assisted Living)은 유럽에서 사용되는 개념으로, 주거 환경에서 노인들이 더 독립적으로 살 수 있도록 지원하는 기술을 포함한다. 주로 스마트 홈 기술과 관련이 있다.

표 13-5 에이지테크(Age-tech)의 개념적 정의 및 핵심분야

구분	내용
개념적 정의	• 기존의 단순한 돌봄위주 기술을 넘어, 고령자를 위한 모든 기술 · 혁신 제품 · 서비스로 확장된 의미 • 현재 노인세대뿐 아니라 미래 노인세대(베이비붐세대, 중년층) 제품 · 서비스까지 포함 • 유사 용어: 고령친화기술 / 돌봄기술 / Care Technology / AIP Technology (Aging In Place) / 노년기술학(Gerontechnology)
핵심 분야	① 고령자 자립생활기술(AIP*Tech) - 주거 스마트홈(안전), 시니어영양, 헬스케어, 운동 · 재활, 이동, 정서지원 · 감성서비스 * AIP: Aging In Place 살던 곳에서 나이 들어감. ② 고령자 돌봄기술(Care Tech) - 노인 돌봄인력의 신체적 부담 경감 및 미래 돌봄인력 부족 대비 위한 돌봄 로봇 등 개발 ③ 사람중심의 고령자 기술수용 서비스(Senior Technology Adoption Service) - End-user(고령자)가 기술을 잘 사용할 수 있도록 기술수용도를 높이기 위해 제품(기술)과 연계된 서비스모델

마지막으로, 고령화로 인한 변화에 대응하기 위해 다양한 에이지테크(에이지 테크놀로지)가 적용되고 있다. 고령화는 노인들의 생활, 건강, 안전, 사회 참여 등 다양한 측면에서 새로운 욕구와 도전을 유발하고 있다.

표 13-6 에이지테크(Age-tech) 적용 분야

구분	내용
신체 지원	• (기본 욕구) 생리적, 육체적 노화가 나타나면서 신체적 기능이 퇴화하게 되며, 이에 따른 불편함으로부터 발생하는 가장 기본적으로 생겨나는 욕구 • (에이지테크) 저하된 운동 능력을 지원하는 대표적인 디지털 기술로는 보행보조로봇, 케어로봇 등으로 시니어케어로봇 개발은 오래전부터 진행, 최근 AI 기술 발달로 자율주행, 환자와의 자동응답, 대화 기능 확대 · 적용

구분	내용
정서 지원	• (기본 욕구) 은퇴, 배우자나 친구의 죽음, 내향성 증가 등 사회적으로 고립감을 느끼게 되면서 발생 정서적 안정 욕구 발생 • (에이지테크) IT 디바이스와 AI의 소통(communication) 기능 활용 정서 지원 목소리/움직임 인지·소통 가능한 애완용 로봇, 정서 로봇 개발며, 음성인식 기반 AI 스피커와 결합된 케어 서비스는 이미 시장에 빠르게 보급 중. 특히, 국내에서는 통신사와 지자체가 제휴한 AI 스피커 기반의노인 돌봄 서비스 확산 중임.
여가활동 및 정보지원	• (기본 욕구) 시간의 여유가 생기고, 향상된 삶의 질을 원하면서 발생, 활동반경의 축소 등으로 사회적 접촉과 정보소스가 줄어들면서 발생 • (에이지테크) 맞춤형 정보 검색 어려움을 지원, 최근 국내 IPTV, OTT 서비스에서 시니어를 위한 실버 채널과 콘텐츠 신설·확대, 노년층을 위한 다양한 인터넷 포털 서비스 및 커뮤니티 증가 추세
사회활동 지원	• (기본 욕구) 팬데믹 비대면 서비스 증가로 쇼핑, 모바일 뱅킹 등 일상생활 유지 활동의 보조 필요 발생 • (에이지테크) 노년층의 시각과 경험에 맞는 디지털 편의성 향상, 시니어 전용 화면 제작, 디지털 컨시어지 서비스 등 보다 적극적인 디지털 기술 도입 필요
보안/안전 지원	• (기본 욕구) 불안감 상승과 독거노인의 증가로 발생, 물리적 보안 중요성 증가 • (에이지테크) IoT 기술 기반 독거노인 보안 서비스, (정부 지원)클라우드 기반의 보안/안전 지원을 위해 보안 기능이 탑재된 로봇 개발 중

고령친화산업의 수요자인 시니어는 다양한 신체적·사회적·경제적 환경과 수준을 고려해야 한다. 특히 액티브 시니어도 다양한 시장에서 존재하고 있어서, 이들을 단일한 동일한 집단으로 일반화하는 것은 어려움이 있다. 각 개인의 욕구와 선호도는 그들이 경험하고 있는 환경과 상황에 따라 크게 달라질 수 있다.

고령친화산업에서는 디지털 융합형이나 에이지테크와 관련된 새로운 사업이 늘어나고 있는데, 이에 따라 기존의 통계 분류 기준을 탄력적으로 조정하는 것이 필요하다. 산업의 가치사슬이 디지털 기술과 에이지테크의 활용으로 더 다양해지고 확장되고 있기 때문에, 이를 반영한 통계 및 분류체계의 업데이트가 필요하다는 점이 중요하다.

Part
01
고령사회와 노인의 이해

Part
02
노인복지정책과 실천

Part
03
노인복지 관련 주요 이슈

6) 고령친화산업의 과제

(1) 세부 산업별 범주의 탄력적 대응 필요

고령친화산업 新산업화 요인을 고려할 때 세부 산업별 범주의 탄력적 대응이 필요하다.

첫째, 베이비붐 세대의 고령층 본격 진입이다. 베이비붐 세대가 점차적으로 고령층으로 진입하면서 이들의 경제력과 소비 특성이 기존 고령층과는 다르게 나타나고 있다. 이로 인해 기존 고령층과 차별화된 라이프스타일 및 소비 트렌드가 등장하고 있다.

둘째, 코로나19 팬데믹으로 인한 디지털 기반 신기술 가속화이다. 코로나19 팬데믹으로 인해 비대면 환경이 확산되면서 디지털 기반의 신기술이 가속화되고 있다. 이로써 고령친화산업도 디지털 트랜스포메이션을 가속화하여 새로운 형태의 제품과 서비스를 개발하고 있다.

고령친화산업은 빠르게 변화하고 있는 동적인 환경에서 다양한 세부 산업에서 발생하는 변화에 탄력적으로 대응해야 한다. 실태조사를 통해 미래 시장의 동향을 파악하고 이를 반영하여 제품 및 서비스를 적절하게 조정하고 개발하는 것이 중요하다. 또한, 새로운 기술과 소비자 행동 패턴을 고려하여 혁신적이고 차별화된 솔루션을 모색하는 것이 고령친화산업이 지속적으로 성장하고 발전하는 데 도움이 될 것이다. 산업의 다양한 측면에서 변화에 대한 적극적이고 유연한 대응이 중요하며, 이를 통해 새로운 비즈니스 기회를 창출할 수 있을 것이다.

표 13-7 고령친화산업 세부 산업별 주요 변화 내용

산업 구분	주요 변화 내용
용품 제조업	• (현재) 고령친화 용품은 '지팡이나 기저귀, 휠체어, 보조기, 저주파치료기, 신발 등' 주로 복지용구 보조기 등에 국한 • (미래) 용품과 의료기기, 주거 및 요양의 개념이 점차 연계되고 있는 상황이므로 고령자 생활의 관점에서 기존 고령친화용품의 범주 확대를 통한 시장 수요 대응 필요(예: 고령자를 위한 서비스 및 운동제품, 스마트 돌봄(AI 로봇), 디지털 소통(IoT 위험감지시스템), 이동성(웨어러블 로봇) 등)
의약품 제조업	• (현재) 고령친화 의약품은 노인질환의 '치료' 및 '수술 재활 치료' 중심 • (미래) '건강한 삶의 반려자'로서의 일상 지원을 위한 '로봇 재활의 접목', 빅데이터 기반 '맞춤형 의약품' 제공 등으로 활성화될 전망, 변화를 반영한 범주 확대 검토 필요
의료기기 제조업	• (현재) 고령친화 의료기기는 노인질환의 '치료'및'수술 재활 치료' 중심 • (미래) ICT 기술과 BT, NT, 로봇 기술 등이 재활기기에 접목함으로써 재활로봇, 디지털 치료기기(DTx) 등 4차 산업기술을 활용한 의료기기까지 범위 확대 전망, 변화를 반영한 범주 확대 검토 필요
식품 제조업	• (현재) 고령친화 식품은 고령친화산업진흥법 시행령에서 '건강기능식품 및 급식서비스'를 '노인을 위한 식품 및 급식서비스'로 확대 개정되면서 건강기능식품과 고령친화식품 중심으로 자리매김 중 • (미래) 코로나-19 이후 건강에 관한 관심이 커지면서 '간편식 케어 푸드 · 메디푸드' 및 급식서비스 활성화에 따른 급식용식품이 확대될 전망, 변화를 반영한 범주 확대 검토 필요
화장품 제조업	• (현재) 고령친화 화장품은 노인의 '노화방지' 중심 • (미래) 신고령층의 활발한 사회활동으로 외무관리에 대한 관심 증가로 '항노화제품'과 '미용 기기 기반 에이지리스 제품', '개인 맞춤형 화장품'으로 확대될 전망, 변화를 반영한 범주 확대 검토 필요
요양 서비스업	• (현재) 고령친화 요양서비스는 '노인장기요양보험 지원의 공공서비스' 중심 * 단, 공공-민간, 급여-비급여서비스 관련 통계 부족으로 정확한 시장규모 산출이 어려우나, 지속적인 조사를 통해 정교화할 필요 • (미래) 코로나-19 이후 비대면 서비스 연계 모델로 바이오테크, 원격의료, 메타버스, 실버용 로봇 등'에 대한 수요 증가 및 IoT 안심폰, 독거 어르신 안전 건강관리 솔루션 사업 등의 민간서비스 확대 전망, 변화를 반영한 범주 확대 검토 필요
여가 서비스업	• (현재) 고령친화 여가서비스는 'TV와 걷기' 등 수동적 여가 중심 • (미래) 고령층의 여가활동은 여행 · 숙박, 교육 · 자기계발, 콘텐츠 기반 커머스 연계, 호텔 · 리조트 기반 웰니스 프로그램(요가 · 명상 · 필라테스, 안티에이징 테라피 등), 오프라인에서 온라인, OTT와 유튜브 소비에서 크리에이터(유튜버)까지 확장될 전망, 변화를 반영한 범주 확대 검토 필요

산업 구분	주요 변화 내용
주거 서비스업	• (현재) 고령친화 주거서비스는 '양로시설', '노인공동생활가정', '노인복지주택' 등 복지시설 중심 • (미래) 병원과 노인시설 중심의 분리 정책에서 지역사회 중심의 통합정책(지역사회 돌봄)과 노인이 희망하는 '살던 집 계속거주(Aging in Place, AIP)'로 전환 중. 관련 시범사업이 진행 중이며, 향후 다양한 주거모델(예: 고령친화도시 · 마을, 대학연계형 · 유년세대연계형 · 청년세대연계형 은퇴자 마을, 치매마을, 프리미엄 시니어 레지던스, 혁신주거 등)로 확장할 전망, 변화를 반영한 범주 확대 검토 필요
급식 서비스업	• (현재) 고령친화 급식서비스는 집단급식소 중 '고령자 급식 서비스 제공 기관 · 시설 · 사업체' 직영 중심 • (미래) 향후 민간 급식 사업체로의 위탁 확장 및 개인 취향과 필요에 맞춘 고도화된 '구독형 식단' 등으로 확장할 전망, 변화를 반영한 범주 확대 검토 필요
금융 서비스업	• (현재) 고령친화 금융서비스는 '퇴직연금, 연금저축, 주택연금'의 안정적 개인소득 중심(공공서비스 성격의 국민연금 제외) • (미래) '요양 · 치매를 대비한 건강리스크 관리', '부동산 자산의 유동화, 증여 · 상속상의 갈등 예방' 및 디지털 금융 편리성과 안전성 '재무리스크 관리 영역'까지 확대될 것으로 전망, 변화를 반영한 범주 확대 검토 필요

(2) 고령친화산업 변화에 따른 심층분석 필요

新고령층의 생활영역별 행태 파악을 통한 고령친화산업 변화 심층분석이 필요하다.

① 생활영역별 행태 파악

- 주거는 주거 환경에서의 특별한 요구사항, 스마트홈 기술의 수용 정도 등을 파악한다.
- 건강은 건강에 대한 관심도, 건강 관리에 사용하는 기술 및 서비스 이용 현황을 파악한다.
- 레저 및 여가는 여가 활동, 취미, 문화 소비에 대한 선호도와 디지털 기술의 활용 여부를 파악한다.
- 사회 참여는 지역사회 참여, 소통 방식, 봉사활동 등을 분석하여 사회적 참여의 변화를 이해한다.

② 고령친화산업 변화 심층분석

- 세부 산업별 변화는 제조업과 서비스업의 세부 산업에서 어떠한 변화가 발생하고 있는지를 분석한다.
- 디지털 기술 접목은 어떠한 디지털 기술이 어떤 분야에 어떻게 접목되고 있는지를 파악하여 미래 동향을 예측한다.
- 새로운 산업구조는 새로운 고령친화산업이 형성되는 구조를 분석하고 이를 현실적인 시나리오로 모델링한다.

③ 조사대상 범주와 분류 기준 조정

- 신고령층의 세분화는 기존 고령층에 비해 경제력과 소비 특성이 다양한 신고령층의 세분화를 고려하며 다양한 연령대, 소득 수준, 교육 수준 등을 고려하여 세분화된 그룹을 설정한다.
- 디지털 리터러시 수준은 신고령층의 디지털 리터러시 수준에 따라 그룹을 나누어 디지털 서비스 이용 패턴을 파악하고 디지털 네이티브와 액티브 시니어의 차이 등을 고려하여 범주를 조정한다.
- 생활 영역별 우선순위는 주거, 건강, 레저, 사회 참여 등의 영역에서 신고령층이 우선적으로 관심을 가지는 부분을 고려하고 어떤 생활 영역이 가장 중요하다고 인식되는지 파악하여 범주를 조절한다.
- 디지털 도입 상태는 디지털 서비스 및 기술 도입 상태에 따라 그룹을 형성하여 조사하고 스마트 기기 사용 정도, 온라인 서비스 이용 경험 등을 기준으로 그룹을 나눈다.
- 스마트 돌봄 제품 및 서비스 선호도는 스마트 돌봄 제품 및 서비스에 대한 신고령층의 선호도를 파악하여 조사 대상을 설정하고 어떤 스마트 돌봄 제품이나 서비스가 높은 수요를 가질 것인지 고려한다.

④ 스마트 돌봄 제품 및 서비스에 대한 실태조사

- 수요 및 사용 현황 조사는 스마트 돌봄 제품 및 서비스에 대한 시장의 현재 수요와 사용 현황을 파악하고 어떤 제품이나 서비스가 더 많은 관심을 받고 있는지 확인한다.
- 선호도 및 우선순위는 사용자들이 어떤 종류의 스마트 돌봄 제품이나 서비스를 선호하는지 조사하고 다양한 제품과 서비스에 대한 우선순위 및 선호도를 파악한다.
- 만족도 및 사용 경험은 기존에 사용하고 있는 스마트 돌봄 제품이나 서비스에 대한 만족도를 조사하고 사용자들의 경험과 의견을 수집하여 어떠한 측면에서 개선이 필요한지 확인한다.
- 가격 및 접근성은 가격 대비 성능에 대한 인식을 파악하고, 스마트 돌봄 제품이나 서비스의 가격 수준이 어떻게 인식되는지 조사하고 접근성에 대한 부담이나 우려사항을 파악하여 시장 진입 전략을 수립한다.
- 신기술 수용도는 최신 기술 및 트렌드에 대한 수용도를 조사하여 미래 시장 동향을 예측하고 인공지능, 빅데이터, IoT 등과의 통합에 대한 관심을 파악한다.
- 경쟁 환경 및 산업 동향은 스마트 돌봄 시장에서의 경쟁 상황과 산업 동향을 파악하여 기업이나 서비스 제공자의 입지를 이해하고. 경쟁사들의 전략 및 제품 라인업을 조사한다.
- 홍보 및 마케팅 채널 이용 현황은 사용자들이 제품이나 서비스를 어떠한 경로를 통해 알게 되었는지를 조사하여 효율적인 마케팅 전략을 수립한다.

⑤ 새로운 고령친화산업 구조 파악

- 新고령층의 라이프스타일 파악은 응답자들의 주거, 건강, 여가, 사회

참여 등 다양한 영역에서의 라이프스타일을 조사하고 주거 환경, 건강 관리, 여가 활동, 사회 참여 방식 등을 포함한 라이프스타일 특성을 정확하게 파악한다.

- 소비 특성과 선호도 조사는 응답자들의 구매 행동, 선호도, 우선순위 등을 조사하여 어떤 제품과 서비스가 新고령층에게 인기를 끌고 있는지를 파악하고 향후 소비 트렌드를 예측하기 위해 현재의 소비 특성을 분석한다.
- 디지털 기술 활용 현황 조사는 新고령층이 어떻게 디지털 기술을 활용하고 있는지를 조사하고 스마트 기기, 앱, 온라인 서비스 등을 통해 디지털 기술의 수용도와 활용 범위를 확인한다.
- 스마트 돌봄 제품 및 서비스 수요 조사는 스마트 돌봄 제품 및 서비스에 대한 수요와 선호도를 조사하여 어떤 종류의 제품과 서비스가 新고령층에게 필요로 되고 있는지를 확인하고 기존 돌봄 서비스와의 차별성을 파악하여 새로운 시장 진입 기회를 찾는다.
- 새로운 고령친화산업 아이디어 도출은 위의 정보를 종합하여 新고령층의 라이프스타일과 소비 특성에 맞춘 고령친화 제품 및 서비스에 대한 새로운 아이디어를 도출하고 디지털 기술을 효과적으로 활용하여 새로운 가치를 제공할 수 있는 제품과 서비스를 고려한다.
- 산업별 구조 파악은 고령친화산업의 세부 산업에서 어떠한 변화가 예상되는지 파악하고 디지털 기술이 해당 산업에 어떻게 접목되고 있는지를 분석하여 향후 동향을 예측한다.
- 시장 진입 전략 수립은 새로운 고령친화산업 구조를 기반으로 시장 진입 전략을 수립하고 타겟 고객층, 마케팅 전략, 제품·서비스 개발 방향 등을 고려하여 효과적인 비즈니스 모델을 수립한다.

요점정리

1. 고령친화산업의 개념

고령친화산업은 고령화사회에서 노인들의 삶의 질을 향상시키고 경제적인 활동을 지원하기 위한 산업을 말한다. 이는 노인들의 생활 편의성과 행복감을 증진시키고 동시에 경제적 가치를 창출하는 데 중점을 둔다.

2. 고령친화산업의 정의 및 범위

고령친화산업은 노인들의 건강, 복지, 문화, 레저, 여가 등의 다양한 분야에 걸친 산업을 포함한다. 이는 의료, 보건, 노인 케어, 스마트 노인 생활 도우미, 문화 예술 활동 등을 포함한다.

3. 新산업화의 국내 동향

국내에서는 고령친화산업에 대한 관심과 투자가 증가하고 있으며, 정부와 기업이 협력하여 다양한 고령친화 서비스를 개발하고 있다.

4. 親고령사회의 전망

고령인구의 증가에 따라 고령친화산업은 더욱 중요해질 것으로 예상된다. 노인들의 삶의 질 향상과 경제적 활동 지원에 큰 기여를 할 것으로 예상된다.

Quiz

1. 고령화사회에서 고령자들의 삶의 질을 향상시키고 그들의 경제적 · 사회적 참여를 촉진하는 데 초점을 맞춘 산업은 무엇인가?
2. 산업 구조의 변화와 기술 혁신을 통해 새로운 산업이 형성되는 과정을 무엇인가?
3. 전쟁 후 베이비붐의 사회적 경향에서 태어난 세대, 우리나라에서는 1955~1963년에 태어난 세대는 무엇인가?

1: 고령친화산업

2: 新산업화

3: 베이비붐세대

참고문헌

국민건강보험공단(2022). 2021년 건강보험 통계연보.

강인(2003). 성공적 노화의 지각에 관한 연구. **노인복지연구**, 20(2), 95-116.

고수현 · 윤선오(2006). **노인복지론**. 양서원.

고재욱 · 구재관 · 김재경 · 우정옥 · 정명희 · 정하선 · 조현상(2018). **노인복지론**. 양서원.

권중돈(2002). 교회의 노인교육 및 여가프로그램 전문화 방안. 대한예수교장로회 대전지역 사회선교협의회, 고령화사회 노인선교의 방향, 28-46.

권중돈(2010). 고독사 예방을 위한 노인돌봄서비스 강화방안. 이낙연. **노인고독사, 막을 수 없나**(pp. 49-69).

권중돈(2011). **노인돌봄기본서비스의 실제: 기본교육**. 보건복지부.

권중돈(2012). **치매환자와 가족복지**. 학지사.

권중돈(2016). **노인복지론**(6판). 학지사.

권중돈(2021). **인간행동과 사회복지실천: 이론과 적용**(2판). 학지사

권중돈(2022). **노인복지론**. 학지사.

권진숙(2010). 한국 사례관리실천의 혼돈과 대안. **사례관리연구**, 1(1), 1-22.

권진숙 · 박지영(2015). **사례관리의 이론과 실제**(3판). 학지사.

기영화(2007). **노인교육의 실제**. 학지사.

김근홍(2005). **한독노인복지이해**. 학문사.

김동배(1999). **미래사회와 노인여가활동**. 미래사회와 노후생활 한국노인문제연구소. 통권.

김동배(2008). 노인과 자원봉사. 한국노년학회 편. **노년학의 이해**. 대영출판사.

김동배 · 원영희 · 이금룡(2000). 노인의 자원봉사활동 및 여가 교육프로그램개발 연구. 교육부.

김동진(2007). **활기찬 노년을 위한 여가활동**. 서울대학교출판부.

김상균(2005). **사회복지개론**. 나남출판사.

김성순(1991). **고령화사회와 복지정책**. 홍익재.

김성순(1994). **생활노년학**. 운산문화사.

김영진(1992). 뇌사를 인정해야 하는가? **세종의학**, 9(1), 9-19.

김영호 · 오정옥 · 전향미(2002). **자원봉사의 이론과 실제**. 창지사.

김정순(2007). 시설노인과 재가노인의 건강상태와 간호요구비교. 전북대학교 대학원 석사학위논문.

김종일 · 최혜지(2006). **쉽게 쓴 노인복지론**. 청목출판사.

김한식 · 전영진 · 이재문 · 이은모(2019). **노인복지론**. 정민사.

김현수 · 박재룡(1992). 실버산업의 현황과 전망. **월간 삼성경제 2월호**, 31.

김형방(2007). **노인복지학개론**. 학현사.

김형수(2000). 노인자살의 이해와 일차적 예방. **한국인구학**, 23(2). 한국인구학회.

김형수(2006). 노인과 자살. **노인복지연구**, 10, 25-45.

김형수 · 허평화(2011). 노인자살예방 전략에 관한 모색. **한국콘텐츠학회**, 11(3), 309- 317.

김희수 · 홍성훈 · 이은숙(2009). **노인상담의 이해**. 양서원.

노길희 · 박일연 · 백종진 · 이경자(2021). **노인복지론**. 지식공동체.

노동부(2004a). 고령자인재은행 운영현황.

노동부(2004b). 사회적 일자리창출사업 시행계획.

노동부(2006). 고령자 고용촉진 기본계획.

노동부(2007). 고용형태별 근로실태조사.

노동부(2008a). 고령자 고용지원안내.

노동부(2008b). 임금구조 기본통계조사.

노동부(2009). 2009년 노동백서.

노병일(2020). **노인복지론**. 동문사.

노원노인종합복지관(2003). 노인복지관의 자원봉사자 관리.

노유자(2000). 죽음, 임종, 호스피스. 한국노년학회 편. **노년학의 이해**(pp. 314-334).

노유자 · 한성숙 · 안성희 · 김춘길(1994). **호스피스와 죽음**. 현문사.

문국진(1980). **최신 법의학**. 일조각.

박광준(2004). **고령사회의 노인복지정책 국제 비교적 관점**. 학현사.

박석돈 · 박순미 · 이경희(2018). **노인복지론**(3판). 양성원.
박성훈(2021). **현대 노인복지론**. 정민사.
박수빈(2017). 이제는 정신건강이다-국내 사회문화적 특성 고려한 정신보건 R&D, 지원필요.
박신영(2003). 고령화 시대 노인주거정책, 밝은 노후를 만들어 가는 사람들의 모임 창립 5주년기념 세미나 자료집.
박연정(2015). **선진국 한국의 우울**. 예뭄. (원저 2014년도 발행).
박재간(2006). **노인복지론**. 푸른북.
박차상(2005). **한국노인복지론**. 학지사.
박차상 · 김옥희 · 엄기욱 · 이경남 · 정상양(2009). **한국노인복지론**(3판). 학지사.
박현식 · 조성희 · 김욱 · 김정현(2014). **노인복지론**. 양서원.
방하남(2011). 노후소득보장의 문제와 개혁 방안. **황해문학, 70**.
배지연(2004). 노인자살에 관한 사례분석: 신문기사내용을 중심으로. **노인복지연구, 23**, 65-82.
변용만 · 전영록 · 전대성 · 배기효 · 임구원 · 이진구(2011). **노인복지론**. 정민사.
변재관 · 김서용(2001). 노인학대의 실태 및 정책방안. 까리따스방배종합사회복지관. 노인학대 세미나자료집-노인학대실태 및 방향성 모색, 15-40.
보건복지부(2008). 요양보호사 표준교재(이론).
보건복지부(2009a). 2008년도 노인실태조사.
보건복지부(2009b). 노인장기요양보험시행 1년의 주요 통계현황.
보건복지부(2010). 2010년도 노인장기요양보험 급여비용.
보건복지부(2011a). 2011년도 보건복지통계연보.
보건복지부(2011b). 장기요양 급여비용 등에 관한 고시.
보건복지부(2012a). 노인돌봄서비스사업안내.
보건복지부(2012b). 의료급여사업안내.
보건복지부(2012c). 국민기초생활보장사업안내.
보건복지부(2012d). 기초노령연금사업안내.
보건복지부(2012e). 노인보건복지사업안내.
보건복지부(2014). 요양보호사 표준교재(이론).

보건복지부(2016). 2016년 치매역학조사.

보건복지부(2017a). 2017년 노인보건복지사업안내.

보건복지부(2017b). 2017년 노인실태조사.

보건복지부(2019). 요양보호사 양성 표준교재.

보건복지부(2022). 2022년 노인복지시설현황.

보건복지부(2023a). 2023년 노인사업안내 Ⅰ Ⅱ.

보건복지부(2023b). 2023년 요양보호사 양성 표준교재.

보건복지부 · 인구보건복지협회(2012). 노인의 안전한 성생활을 위한 연구.

보건복지부 · 중앙노인보호전문기관(2008-2011). 노인학대 현황.

보건복지부 · 한국보건산업진흥원(2021). 2021년 고령친화산업 제조 · 서비스업 실태 조사 및 분석.

서혜경 · 정순둘 · 최광현(2006). **노인상담입문**. 집문당.

손광훈(2009). **사회복지실천기술론**. 공동체.

송진영 · 유광수(2020). **노인복지론**. 지식공동체.

신영전(2006). **보건의료개혁의 새로운 모색**. 한울.

양난주(2015). 「사회복지법」 전면개정안 마련연구. 보건복지부.

엄명용 · 노충래 · 김용석(2008). **사회복지실천기술의 이해**. 학지사.

오봉욱 · 전동일 · 고경은 · 오미숙 · 심의경(2019). **초고령사회를 대비하는 노인복지론**. 정민사.

원석조(2014). **사회보장론**. 양서원.

원석조(2017). **노인복지론**(2판). 공동체.

원영희(2000). 노인과 여가. 한국노년학회 편. **노년학의 이해**. 대영문화사.

유경(2009). **유경의 죽음준비학교**. 궁리출판.

유경 · 유경호 · 강연옥 · 이주일 · 김지현(2014). **노화와 심리**. 학지사.

유문무(2006). **현대자본주의와 한국의 사회복지**. 한국학술정보.

유성호 · 강숙연(2015). 유배우자 노인의 성생활 실태, 2002년도 학술대회 자료집. 한국노인과 학술단체연합회.

유용식 · 권오균 · 김나영(2020). **노인복지론**. 학지사.

유정원 · 권오균(2015). 경기도종합사회복지관 편황 및 재정립 기초연구. 경기복지재단.

윤은자 · 김홍규(1998). 죽음의 이해: 코오리엔테이션의 시각. **대한간호학회지**, 28(2), 270-279.

이견직(2006). 고령친화산업의 활성화 전략(11). 저출산고령사회위원회.

이근홍(2021). **노인복지론**. 지식공동체.

이금룡(1999). 노인자원봉사활성화에 대한 담론 한국노인의 전화/밝은노후모임. **노인복지 정책연구**, 15, 91-130.

이금룡(2001). 한국 노인의 사회참여. 한국성인교육학회. **한국 노인교육의 비전과 전망**, 56-66.

이기옥 · 이미진 · 이지영(2006). 노인 휴대전화 교육프로그램 만족도평가. **한국노년학**, 26(4), 733-748.

이동수(2004). 노인의 여가활동참여가 인지된 삶의 질에 미치는 영향. 경성대학교 대학원 박사학위논문.

이설희(2002). 와상노인 및 호스피스와 관련된 노인간호. 한국노인복지시설협회. 전국노인복지시설 직원연수회자료집, 17-26.

이소정(2009). 우리나라 노인의 사회참여 유형분석. **한국인구학**, 32(1), 71-91.

이소정 · 이수형(2009). 우리나라 노인자살예방사업의 현황과 과제. **보건복지포럼**, 2009(10), 32-42.

이영균(1992). **죽음의 정의**. 고려의학.

이영환(2001). 영국의 노인주택정책과 관련법. **노인복지정책연구**, 21, 211-258.

이은희(2018). **노인복지론**. 학지사.

이은희 · 박양숙(2017). **새로 쓴 노인복지론**. 학지사.

이의훈(1998). 55+시장의 전망 및 시장공략을 위한 마케팅전략. *Marketing Communication Review*, 106-122.

이의훈 · 신주영(2004). 라이프스타일을 통한 실버 시장 세분화 연구. **한국노년학**, 24(2), 1-20.

이인수(2001). **노인복지론**. 양서원.

이인수(2004). **21세기 노인복지론**. 대왕사.

이인수 · 김미주 · 신은영(2004). **21세기 국내외 노인복지와 실버산업**. 대왕사.

이인재 · 류진석 · 권문일 · 김진구(1999). **사회보장**. 나남출판.

이준우 · 최희철(2014). **사례와 함께하는 사회복지실천론**. 인간과 복지.

이진혁 · 임창복(2005). 도시형 유료노인복지시설의 동향과 건축계획적 제안에 관한 연구. **대한건축학회논문집**, 21(3).

이해영(2015). **노인복지론**. 창지사.

이혜원(2002). **노인복지론**. 위풍출판사.

이희성(2012). 노인의 주거안정과 주거복지 증진을 위한 법 제도적 개선방안. **노동법논총**, 26집, 181-223.

임병우(2012). 근거이론을 적용한 노년기 사회활동 경험에 관한 연구. **한국정책연구**, 12(4).

임병우 · 임중철 · 주경희(2021). **노인복지론**. 지식공동체.

장동일(2003). 노인복지회관 이용노인의 욕구와 프로그램의 개선 방안. **노인복지연구**, 19.

장동일(2008). **사회복지행정론**. 동문사.

장인협(1993). **사회사업실천방법론**. 서울대학교출판부.

장인협(1996). **사회사업실천방법론(상)**. 서울대학교출판부.

장충남(2006). 노령화 사회에 대응하는 노인주거시설 활성화 방안연구. 광운대학교 경영대학원 석사학위논문.

전영기(2000). 죽음불안에 영향을 미치는 요인에 관한 연구. 목원대학교 산업정보대학원 석사학위논문.

전영숙(2008). 노인여가교육 프로그램이 여가태도와 여가 유능감에 미치는 영향. **임상사회사업연구**, 5(1).

정경희(2018). 노인의 가족현황과 전망. **보건복지포럼**, 2018(10), 6-18.

정순돌(2004). **사례관리실천의 이해 한국적 경험**. 학지사.

정순돌 · 고미영(2003). 재가노인을 위한 사례관리 서비스의 효과성 연구팀접근모델을 중심으로. **한국사회복지학**, 54, 273-294.

정순둘(2005). **사례관리실천의 이해**. 학지사.

정순둘 · 김혜경 · 박화옥 · 김범중 · 곽민영 · 양옥남(2020). **노인복지론**. 공동체.

정옥분 · 김동배 · 정순화 · 손화회(2016). **노인복지론(2판)**. 학지사.

정은미(2001). 노년기 활동관련 연구의 이론적 고찰. 원광대학교 테크노경영대학원 석사학위논문. 제15호.
조소영(1997). 소규모사업장 보건관리사업내용에 관한 연구. 대한보건협회 보건협회 보건종합 학술대회자료집.
조소영(2001a). 경로당활성화를 위한 시범사업. 노인복지연구회, 11. 한국노인복지학회.
조소영(2001b). **노인시설관리론**. 학문사.
조영구 · 이재문 · 이은모(2016). **노인복지론**. 정민사.
조추용 · 김양이 · 윤은경(2015). **노인복지론**. 창지사.
최성재 · 장인협(2010). **고령화사회의 노인복지학**. 서울대학교출판문화원.
최성재 · 장인협(2002). **노인복지학**. 서울대학교출판사.
최영대(2014). **사례관리의 이론과 실제**. 공동체.
최일섭(1996). **21세기복지사회를 위한 정책구상**(12: 한국형복지)(21세기총서 12). 박영률출판사.
최해경(2016). **노인복지론**. 학지사.
최해경(2021). **노인복지론**. 학지사.
한국노동연구원(2004). 고령화시대의 노동시장과 고용정책.
한국노인의 전화(1997). 전화상담사례분석집.
한국노인인력개발원(2008). 중소기업체 노인일자리 확대방안.
한국보건사회연구원(1994). 노인 생활실태 분석 및 정책과제.
한국노인인력개발원(2013a). 2013년 노인일자리사업 실태조사.
한국노인인력개발원(2013b). 노인일자리 확대를 위한 중장기 정책방향.
한국노인인력개발원(2014). 노인일자리 통계 동향.
한국노인인력개발원(2015a). 노인일자리 및 사회활동지원사업 개편방향 연구.
한국노인인력개발원(2015b). 우리나라 노인의 취업실태 및 기업의 노인인력 수요에 관한 연구.
한국보건사회연구원(2010). 전국노인학대실태조사.
한국보건산업진흥원(2011). 고령친화산업 실태조사 및 산업분석.
한국보건산업진흥원(2012a). 고령친화산업 육성 사업.
한국보건산업진흥원(2012b). 고령친화산업 현황 및 전망.
한국보건산업진흥원(2012c). 고령친화용품산업 실태조사.

한국보건산업진흥원(2014a). 고령친화산업 실태조사 및 산업분석.

한국보건산업진흥원(2014b). 고령친화서비스 산업 개발 및 활성화 방안.

한국보건산업진흥원(2015). 고령친화산업 시장동향.

한국보건산업진흥원(2017a). 4차 산업혁명에 따른 고령친화산업 대응 방안.

한국보건산업진흥원(2017b). 고령친화산업과 4차 산업혁명.

한국사례관리학회 편(2012). **사례관리론**. 학지사.

한국일보(2018). 독거노인 돌봄서비스 확산. 2018년 1월 5일자.

한국임상사회사업학회(2017). **노인복지론**. 양서원.

한국자살예방협회(2008). 노인자살 예방을 위한 실천적 정책 수립 방안에 관한 연구. 보건복지가족부.

한정란(2015). **노인교육론**. 학지사.

한정란(2021). **노인교육론: 노인을 위한, 노인에 대한, 노인에 의한 교육**. 학지사.

한정란 · 박성희 · 원영희 · 최일선(2008). 노인교육의 체계화 및 활성화 방안 연구. 보건복지가족부.

행정안전부(2014). 자원봉사활동 실태조사 및 활성화 방안 연구.

행정안전부(2017). 자원봉사활동 실태조사 및 활성화 방안 연구.

허정무(2002). **노인교육이론과 실천방법론**. 양서원.

허준수(2002). 중고령자의 실업 및 노동시장 차별. 중고령자의 직업능력개발 지원 대책. 한국직업능력개발원.

현외성(2001). 한국 노인복지법의 형성과 변천과정. **노인복지연구**, 14, 67-99.

현외성 · 김수영 · 조추용 · 이은희 · 윤은경(2000). **한국노인복지학강론**. 유풍출판사.

현외성 · 장필립 · 홍태용 · 김은자 · 조추용 · 김혜경 · 손덕옥 · 남정자 · 김용환 · 윤은경(2001). **노인케어론**. 양서원.

현외성 · 정재욱 · 마은경 · 이은정 · 문정란 · 김용환 · 강환세 · 박선애 · 정민화(2012). **사회복지사 관리론**. 공동체.

홍숙자(1999). **노년학개론**. 하우동설.

홍숙자(2010). **노년학개론(개정판)**. 도서출판 하우.

보건복지부(http://www.mohw.go.kr)

대한노인회(http://www.koreapeople.co.kr)
복지로(http://www.bokjiro.go.kr)
국가법령정보센터(http://www.law.go.kr)
두피디아(http://www.doopedia.co.kr)

Atchely, R. C., & Barusch, A. (2004). *Social forces and aging: An introduction to social gerontology* (10th ed.). Belmont, CA: Wordsworth.

Atchley, R. C., & Miller, S. J. (1983). Types of elderly couples, In T. H. Brubaker (Ed.), *Family relationships in later life* (pp. 77-90).

Atchley, R. C. (1976). *The sociology of retirement*. New York: Schenkman.

Atchley, R. C. (1980). *Social forces in later life* (2nd ed.). Belmont, CA Wadsworth.

Atchley, R. C., & Barusch, A, S. (2003). *Social forces and aging An introduction to social gerontology* (10th ed.). Belmont, CA: Wadsworth Tompson Learning.

Barmmel, G., & Barmmel, L. L. (1993). 여가와 인간행동. 백산출판사.

Beck, A. T., Kovacs, M., & Weissman, A. (1979). Assessment of suicidal intention: The scale for suicide ideation. *Journal of Consulting and Clinical Psychology, 47*(2), 343-352

Bischof, L. J. (1976). *Adult psychology* (2nd ed.). New York: Haper & Row.

Breen, L. Z. (1960). The aging individual. In C. Tibbitts (Ed.), *Handbook of social gerontology* (pp. 145-162). Chicago: University of Chicago ress.

Butler, R. N., & Lewis, M. (1977). *Aging and mental health*(2nd ed.). Si, Louis: The C. V. Mosby.

Butler, R. N., & Lewis, M. I. (1973). *Aging and mental health: Positive psychosocial approaches*. Saint Louis, MO: The C. V. Mosby Co.

Carp, F. M. (2000). *Elder abuse in the family*. New York: Springer. Chicago Association Press.

Corr, C. A., Nabe, C. M., & Corr, D. M. (1997). *Death & dying, life & living* (2nd ed.). Pacific Grove, CA: Brooks/Cole.

Cowgill, D. O., & Holmes, L. D. (1972). *Aging and modernization*. New York:

Appleton Century-Crofts.

Cross, K, P. (1979). Adults Learners: Characteristics, needs and interests. In R. E. Peterson (Ed.), *Lifelong learning in America* (pp. 75-141). CA: Jossey-Bass Inc.

Cumming, E., & Henry, W. E. (1961). *Growing old: The process of disengagement.*

Dennis, W. (1966) Creative Productivity Between the Ages of 20-80 Years. *Journal of Geology, 21.*

Havighurst, R. J. (1973). Social role, work, leisure and education. In C. Eisdorfer & M. P. (Ed.), *The Psychology of adult development and socialization.* Washington, DC: American Psychological Association.

Hayslip, B., & Peveto, C. A. (2005). *Cultural changes in attitudes toward death, dying and bereavement.* New York: Springer.

Hendricks, J. A., & Hendricks, C. D. (1992). *Aging in Mass society: Myths and Realities* (4th ed.). NY: Harper Collins.

Homans, G. (1974). *Social behavior: its elementary forms* (Revised Edition). New York.

Horn, J. L., & Cattel, R. B. (1967). Age differences in fluid and crystallized intelligence. *Acta Psychologica, 26.*

Kastenbaum, R. (1991). *Death, society, and human experience* (4th ed.). New York.

Kleemeier, R. W. (1962). Intellectual change in the senior. *Proceedings of the Social Statistic Section of the American Statistical Association, 1.*

Knowles, M. (1977). The modern practice of adult education. *Andragogy versus pedagogy.*

Kübler-Ross, E. (1969). *On death and dying.* New York: Macmillan.

Kuypers, J. A., & Bengtson, V. L. (1973). Social Breakdown and Competence: A Model of Normal aging. *Human Development, 26.*

Lawton(Eds.). *The psychology of adult development and aging* (pp. 598-618). Washington, DC, US: American Psychological Association.

Lemon, B. W., Bengtson, V. L., & Peterson, J. A. (1972). An exploration of the activity theory of aging: Activity types and life satisfaction among in-movers to a retirement community. *Journal of Gerontology, 27*, 511-523.

McDonald, P. A., & Haney, M. (2003). 노인상담연습[*Counseling the older adult: A training manual in clinical gerontology* (2nd ed.)].

Moxley, D. P. (1989). *The practice of case management*. New York: Sage.

Neugarten, B. L. (1974), Age Groups in American Society and the Rise of the Young-Old. *The Annals of the American Academy of Political and Social Science, 415*(1), 187-198.

Neugarten, B., & Weinstein, K. (1964). The changing American grandparent. *Journal of Marriage and the Family, 26*, 199-204. New York: Basic Books.

O'Connor, G. (1988), Case management: System and practice. *Social Casework, 33*(1), 97-106.

Pattison, E. M. (1977). *The experience of dying*. Englewood Cliffs, NJ: Prentice-Hall.

Publishing Co. Atchley, R. C.(1988). *Social forces and aging*. California: Wadsworth, Atchley.

Riegel, K. F. et al. (1976). A study of the dropout rates in logitudinal research on aging and the prediction of death. *Journal of Personality and Social Psychology, 5*, 342-348.

Riley, M., & Fonet, A. (1968). *Aging and society: an inventory of research findings*. New York: Russell Sage.

Rose, A. M. (1965). The subculture of aging. In A, M. Rose & W. A. Peterson (Eds.), *Older people and their social world*. Philadelphia, PA: F. A, Davis.

Saunders, C. (Ed.) (1990). *Hospice and palliative care: an interdisciplinary approach*. London: Edward Arnold.

Siegler, L. G., McCarty, S. M., & Logue, P. E. (1982). Wechsler memory scale scores, selective attrition and distance from death. *Journal of Gerontology, 37*.

Vanderplasschen, W., Rapp, R. C., Wolf, J. R., & Broekaert, E. (2004). The Development and implementation of case management for substance use disorders in North Amen and Europe. *Psychiatric Service, 55*(8), 913-922.

Weisman, A. (1972). *On dying and denying*. New York: Behavioral Publications.

http://www.geps.or.kr

http://www.hira.or.kr

http://www.kaswcs.or.kr

http://www.kfpb.org

http://www.khidi.or.kr

http://www.kisa.or.kr/main.jsp

http://www.koreapeople.co.kr

http://www.longtermcare.or.kr

http://www.moel.go.kr/pension

http://www.mps.go.kr

http://www.mw.go.k

http://www.nhic.or.kr

http://www.noinboho.or.kr

http://www.nps.or.kr

http://www.silverpower.or.kr

http://www.socialservice.or.kr

http://www.tp.or.kr

https://health.cdc.go.kr

http://likms.assembly.go.kr

찾아보기

ㄱ

ㄴ

ㄷ

ㄹ

ㅁ

ㅈ

ㅊ

저 · 자 · 약 · 력

김 영 미

- 현) 영산대학교 노인복지상담학과 교수
- 전) 영산대학교 사회복지학과 교수
- 전) 부산여자대학교 사회복지학과 교수
- 전) 신라대학교 특임교수
- 신라대학교 사회복지학 박사
- 동아대학교 사회복지학 석사

제2판

노인복지론

1판 1쇄 발행 2022년 8월 30일
2판 1쇄 발행 2024년 2월 28일
2판 3쇄 발행 2025년 8월 30일

저 자 | 김영미
발 행 인 | 박철용
발 행 처 | 양서원
주 소 | 경기도 파주시 직지길 522 파주출판도시
전 화 | 031-955-8000(代)
팩 스 | 031-955-8005
홈페이지 | www.yswpub.co.kr
이 메 일 | yswgroup@naver.com
출판등록 | 1987년 11월 24일 제 406-2003-037 호

ISBN 978-89-994-1453-4

정가 23,000원